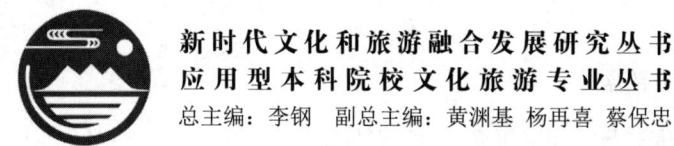

新时代文化和旅游融合发展研究丛书
应用型本科院校文化旅游专业丛书

总主编：李钢　副总主编：黄渊基　杨再喜　蔡保忠

文化和旅游资源普查评价与开发利用研究

黄渊基　吴宇辉　夏军◎编著

北京·旅游教育出版社

图书在版编目（CIP）数据

文化和旅游资源普查评价与开发利用研究 / 黄渊基，吴宇辉，夏军编著. -- 北京：旅游教育出版社，2023.12

（新时代文化和旅游融合发展研究丛书·应用型本科院校文化旅游专业丛书）

ISBN 978-7-5637-4623-1

Ⅰ. ①文… Ⅱ. ①黄… ②吴… ③夏… Ⅲ. ①旅游文化－旅游业发展－中国－高等学校－教材 Ⅳ. ①F592.3

中国国家版本馆CIP数据核字(2023)第235265号

新时代文化和旅游融合发展研究丛书
应用型本科院校文化旅游专业丛书

文化和旅游资源普查评价与开发利用研究

黄渊基　吴宇辉　夏　军　编著

责任编辑	贾东丽
出版单位	旅游教育出版社
地　　址	北京市朝阳区定福庄南里1号
邮　　编	100024
发行电话	（010）65778403　65728372　65767462（传真）
本社网址	www.tepcb.com
E－mail	tepfx@163.com
排版单位	北京旅教文化传播有限公司
印刷单位	唐山玺诚印务有限公司
经销单位	新华书店
开　　本	787毫米×1092毫米　1/16
印　　张	22
字　　数	345千字
版　　次	2023年12月第1版
印　　次	2023年12月第1次印刷
定　　价	68.00元

（图书如有装订差错请与发行部联系）

新时代文化和旅游融合发展研究丛书

应用型本科院校文化旅游专业丛书

编委会

编委会主任：李 钢　黄创霞

编委会副主任：李常健　何福林　陈灿军

编委会委员：黄渊基　杨再喜　谢韶光　潘清远　姚先林　蔡保忠

　　　　　　李晓红　刘 进　黄 萌　吴翠燕

编委会成员（以姓氏笔画为序）：

　　　　　　王 丹　王 跃　刘幼平　刘旸沛筠　刘 辉　李爱军

　　　　　　李 满　肖 可　肖辉军　吴宇辉　何 真　张宝辉

　　　　　　张施冲　张 程　欧阳平彪　郑 毅　钟杨宇　郭莉芝

　　　　　　黄华勇　梁茂林　傅宏星　曾 荣　曾 旎

代序
FOREWORD

建设什么样的旅游理论体系，培养什么样的旅游人才

戴 斌*

坚持以文塑旅、以旅彰文，推进文化和旅游深度融合发展，是党的二十大作出的战略部署，也是学术共同体必须回答而且必须要回答好的时代之问。习近平总书记对旅游工作作出重要指示强调：新时代新征程，旅游发展面临新机遇新挑战。要以习近平新时代中国特色社会主义思想为指导，完整准确全面贯彻新发展理念，坚持守正创新、提质增效、融合发展，统筹政府与市场、供给与需求、保护与开发、国内与国际、发展与安全，着力完善现代旅游业体系，加快建设旅游强国，让旅游业更好服务美好生活、促进经济发展、构筑精神家园、展示中国形象、增进文明互鉴。新时代新征程，我们应建设什么样的旅游理论体系？培养什么样的旅游人才？

新时代新征程，应着力构建以人民为中心的当代旅游发展理论体系

一、大众旅游全面发展，新时代需要重构学术研究的价值取向和理论意义

20世纪80年代发展旅游是为了创汇，90年代中后期聚焦于拉动消费、投资和就业，现在更加强调为了人民群众"诗与远方"的美好生活，强调文化和旅游深度融合，推进旅游业高质量发展。随着全面小康社会的建成，大众旅游进入全面发展新阶段，"吃不

---

* 戴斌，中国旅游研究院（文化和旅游部数据中心）院长，博士、教授、博士生导师。

愁、穿不愁，还有余钱去旅游"成为城乡居民对美好生活的共同向往和刚性需求，也是每年"两会"热词和社会各界共同关注的焦点。当代旅游是人口规模巨大的发展中国家的旅游，也是地区之间、城市之间、不同年龄段之间发展不平衡不充分的旅游，更是中国式现代化进程中精神享受和文化休闲需求持续增长的旅游。我们既要看到有人拥有丰富的旅游经验，随时都可以来一场说走就走的旅行，每到节假日就飞到世界各地度假，也要看到有人还没有去过一次旅游景区，也没有享受过一次真正意义的观光旅游。高线城市的95后开始追求个性化和多样性的旅游体验，60后则在开启康养旅居新生活，而低线城市的"小镇青年"才刚刚成为旅游初体验者，更有数以亿计的农村居民、低收入群体和行动障碍者的休闲方式仍然是几千年不变的走亲访友、晒太阳和打纸牌。直面现实可能是沉重的，更可能是灼热的，无论如何，作为一名理论工作者都不能对国家战略和人民期盼视而不见，而是应在与实践同行的过程中，系统回答"新时代旅游发展为什么"这一根本问题。

科学技术的进步，特别是数字化和人工智能，ChatGPT、Sora等大数据模型，正在深刻改变旅行方式、文化空间、旅游场景和体验内容。多年以来，我们习惯于将山山水水的自然环境和丰富多彩的历史文化当作旅游资源的全部，习惯于将旅游业视为传统的劳动密集型、经验驱动型的传统服务业，习惯于认为政府具有信息、数据、人才的垄断优势和行政动员能力，将开大会、发文件、做规划、定标准、创牌子视为政府主导型旅游发展战略的全部。受基金项目、论著发表和考核体系的影响，理论界在范式精致化和定量研究方面配置了太多的学术资源，应用研究则更多聚焦于旅游资源开发、目的地营销和行业管理。随着社会主义市场经济体制的完善和"大众创业、万众创新"的进展，金融资本、产业资本和社会资本广泛进入旅游消费的各个环节，不同所有制、不同规模的旅游景区和度假区、旅游住宿商、旅游零售商、餐饮和休闲项目运营商、旅行服务商共同构成了生生不息的产业生态，一个投资机构和市场主体推动旅游业高质量发展的时代已经到来。大数据、人工智能和高端装备领域的科技进步让知识和技能很容易在更广泛的人群中横向传播，而不完全是自上而下的纵向传播，旅游领域正在孕育新一轮的现象级创业创新热潮。不得不承认，在投资、研发、创业、创新，包括文化、艺术、体育、科技、时尚与旅游融合发展方面，市场主体已经走在了理论工作者和专家学者的前面，行政与市场、系统与行业、官员与企业家之间的关系也在消解与重构。我们需要深刻认识并且系统回答"新时代旅游发展依靠谁"这一现实问题，并努力让更多人认识到这一点：没有充分竞争的市场，没有与新质生产力相匹配的投资机构和市场主体，就没有旅游业的高质量发展。

文化和旅游深度融合的国家战略和创新实践，是新时代建设国家旅游发展理论的现实背景。2018 年国家机构改革以来，文旅融合成为理论界和学术研究重点关注的现实课题，也是业界和媒体讨论的热点话题。受全国哲学社会科学规划办公室、文化和旅游部的委托，中国旅游研究院和全国旅游学术共同体承担了一批重大和重点课题，发表成千上万的专著和论文，提报若干资政建言成果，初步回答了为什么融、融什么、谁来融等理论问题。现在的问题是，绝大多数的学术成果还没有转化为社会影响力和产业推动力，相当多的理论问题和现实课题还缺乏基金支持，也少有理论和科研工作者"揭榜挂帅"的勇气。直面文旅融合重大需求和现实问题，用深厚的学理和社会科学研究方法推动旅游业高质量发展的高水平成果还相对不足。如果任由学术界只在期刊发表的小圈子里，为了高影响因子而加速内卷，终将面临与行政主体、市场主体和消费主体渐行渐远的危险，就算发表再多的论文，拥有再多的"帽子"和"牌子"，也摆脱不了道统不存的无力感和意义悬置的虚无感。是重回"风声雨声读书声，声声入耳；家事国事天下事，事事关心"知识分子传统的时候了，是重做"我是江南第一燕，为衔春色上云梢"知行合一启蒙者的时候了。旅游学术共同体要系统把握并务实推进"新时代旅游发展做什么"的战略选择，从理论、学术和教育诸方面推进文化和旅游在更深程度、更广范围和更高层次的融合发展。

二、国家旅游发展理论需要价值引领的勇气、学科建构的能力和持续创新的体系

　　坚持以人民为中心的发展理念，重构大众旅游价值取向。改革开放以来，旅游业的经济属性日益彰显，市场化和专业性程度越来越高。作为管理学科门类工商管理一级学科下的旅游管理，很容易将创汇、消费、投资、就业、资源开发、政策设计等内容作为学科建设的方向和学术研究的重点。需要反思的是，发展旅游的目标固然有赚取外汇、扩大消费、带动就业等经济功能，也有稳定预期、提振信心、国泰民安的情绪价值，还有促进人的全面发展、城市更新和乡村振兴、对外对港澳台文化交流和文明互鉴的社会功能。学习习近平文化思想，研究中国式现代化对旅游业提出了哪些新要求，旅游发展在中华民族伟大复兴中扮演什么新角色，在全球文明倡议中发挥什么新作用，以及为何和如何提升人民群众包括旅游在内的精神享受和文化消费水平，是新时代旅游理论建设和学术研究的首要任务。如果只是从消费拉动和经济增长的视角研究旅游，完全以效率为导向，就会得出旅游资源和生产要素配置给高收入者并努力提升其旅游频次的结论。马克思主义经济学会告诉我们这样做的结果只能是总需求不足和总供给过剩，中国特色

社会主义理论更是证明这条路行不通。只有让最大多数的城乡居民参与旅游，让"读万卷书，行万里路"的梦想照进小康社会的现实，让"书生意气的研学、家国天下的旅游"伴随中小学生的成长，让每一位小镇青年都能有"说走就走的旅行"，才会有温暖向前的旅游中国。

培育新质生产力，推动旅游业高质量发展。新质生产力代表先进生产力的演进方向，是由技术革命性突破、生产要素创新性配置、产业深度转型升级而催生的先进生产力质态。新质生产力以劳动者、劳动资料、劳动对象及其优化组合的跃升为基本内涵，具有强大的发展动能，能够引领创造新的社会生产时代。新质生产力是新时代对包括旅游在内所有产业发展方式的重构，用新质生产力对劳动者、劳动资料和劳动对象的优化组合提升旅游产业的全要素生产率。导入和培育新质生产力，推动旅游业从传统服务业转向现代服务业，非得从劳动者、劳动工具和劳动对象三个方面入手不可。在新时代旅游消费需求变迁的情境下，需要新型旅游投资机构、市场主体和新型旅游从业者来推动产业高质量发展。我们不能继续将星级饭店、旅行社和旅游景区当成旅游业的全部，也不能只是把导游、领队、讲解员、酒店和餐饮服务员、景区管理者和专家学者当成旅游从业人员的全部。随着市场边界的变化，越来越多的跨界者成为旅游业的新生力量。没有新质生产者就不会有新质生产力，我们需要具有现代思维、国际视野和专业能力的新质旅游人，特别是具有原始创新能力的企业家、职业经理人和高技能劳动者。如果不能提高2825万直接从业人员的综合素质和专业能力，再先进的科学技术也不能实现旅游产业的转型升级。我们需要导入和培育人工智能等新质生产要素，加持和赋能旅行社、酒店、民宿、旅游景区、度假区、旅游零售等传统业态。没有人工智能、高端装备和现代商业模式的赋能，我们就走不出大众旅游初级阶段陷阱。我们需要秉持"近悦远来，主客共享"的新理念，以全新的开放视野，创造出更多"旅游+""+旅游"的新业态。新质生产力与科学技术和高端装备制造密切相关，同时也要看到，没有文化的引领，没有艺术和时尚生活的加持，我们就无法将当代生活和现代文明转化为新质旅游资源，而只会在山山水水和文化遗产等传统资源里打转转。

坚持绿色发展理念，推动绿色旅游理论创新与经验总结。我们要看到旅游业对经济社会发展和文明演化的积极影响和促进作用，也要看到诸如旅游"飞地"、过度旅游、文化冲突、道德弱化、环境破坏等需要正视的负面问题。就是从经济影响的角度看，旅游业对不同国家和地区的影响也不尽相同，欠发达国家和地区在全球旅游经济体系中获得的份额相对较低。只有让世界各国各地区都能够从旅游发展中获得经济增长、就业岗位增加、削减贫困、推进社区振兴、保护传统和文化遗产等方面的收益，这个世界才能变得更好，旅游业才可能持续发展下去。党的十八大以来，以习近平同志为核心的党中央从中华民族永续发展的高度出发，深刻把握生态文明建设在新时代中国特色社会主义事业中的重要地位和战略意义，形成了习近平生态文明思想，奠定了绿色旅游和可持续发展的理论基础和实践方向。"绿水青山就是金山银山""冰天雪地也是金山银山"，指引了青海打造国际生态旅游目的地、桂林建设世界级旅游城市、阿尔山实现"旅游业一定会火起来"，以及全国范围内的避暑旅游、冰雪旅游、森林旅游、温泉康养旅游创新发展的新方向。研究绿色旅游和可持续发展，不能只有基础理论和政策设计，也要密切关注旅游投资机构和市场主体，特别是中旅旅行、广之旅、飞猪、携程、去哪儿、马蜂窝等旅行商推出的绿色线路和生态产品。通过主流媒体、行业媒体和抖音、小红书、B站等新媒体提示游客在行程中爱护生态环境、尊重当地文化遗产和风俗民情，培育起广大游客的绿色消费观念。在理论建构的过程中，重点关注旅游活动与自然环境、游客权利与居民权益、经济增长与社会发展之间的协同促进。为此，旅游学者和科研机构在绿色旅游、生态旅游、可持续旅游、负责任旅游的研发创新和宣传推广过程中，稳步建立可独立发挥作用也可以连线成片的监测点、案例库和数据库。

践行全球文明倡议和大国外交思想，发展文明旅游，讲好新时代的中国旅游故事。 2018 年以来，中国旅游业进入了一个文化和旅游深度融合的新时代。旅游能够为文化培育市场，也需要当代文化和现代文明引领旅游业发展新方向。没有文化的产业是走不远的，没有思想建构和价值引领的产业也是走不远的。旅游学者要打破学科层级和学术范式的固有藩篱，以更加开放的心态，重构知识生产和传播的学科体系、学术体系和话语体系。团结旅游学术共同体、旅游投资机构和市场主体，为加快建设世界旅游共同体而贡献自己的才情与智慧。除了图书馆、工作室和学术论坛，旅游学者也应在生活场域中寻求文化建设和文明对话的可能性。我去天津参加海棠花节和五大道旅游论坛，晚上去安里甘艺术中心欣赏了以"春天和花"为主题的室内交响乐。120 多年历史的教堂、青春感拉满的乐园，还有蓝色多瑙河上飘浮的茉莉花香，彼时的我，分不清什么是诗，什么是远方，也不会去想什么是文化、什么是旅游，只是觉得一切都那么古老又那么年轻的样子，真的很好。

三、国家旅游发展理论需要有信仰的建设者遵循科研实践的规律，将理论与实践相结合的道路进行到底

理论的力量首先来自建设者发自内心的信仰，没有真正的信仰，就不会产生有效的**传播、接受和行动**。在理论建设、传播和接受的过程中，经由调查研究、数据分析和理

论抽象而来的概念、观点和命题，包括语言、文字、平台和渠道在内的传播体系固然重要，但是知识分子和专家学者发自内心的认同更为关键。《共产党宣言》《资本论》《国家与革命》等马克思主义经典著作，无论语言文字，还是概念及其展开的逻辑，在一百年前的中国，即使留过洋的教授也有很大的阅读障碍，传播和接受更有坐牢杀头的危险，为什么还有那么多人去翻译、去传播、去实践？因为这些文字闪耀着理性的光辉和实践的热情，指明了救国救民的方向，给先知者以信仰，予先行者以力量。才有了瞿秋白的首次将《国际歌》翻译成中文，才有了李大钊、李汉俊、郭沫若、陈启修、潘冬舟、侯外庐、王思华、郭大力、王亚南等知识分子接力传播、翻译《资本论》，倾尽毕生的才华和心血，有人甚至献出了宝贵的生命。作为一名知识分子和专家学者，如果徒有个人名利而无国家视野，只有个人恩怨而无铁肩道义，则道统何在？价值何在？我们今天的努力和成就，能经得起后人的审视吗？今天的中国，经历了20世纪80年代入境旅游的"黄金十年"和21世纪前二十年市场化取向的大众旅游初级阶段，迫切需要回答旅游发展"为了谁""依靠谁""做什么"等时代之问。唯有从人民立场出发，努力让人人都能在这块美丽的国土上、在这颗蓝色的星球上尽享属于自己的"诗与远方"，方能建设既有时代价值，也有历史意义的国家旅游发展理论。

旅游演化进程中有理论问题，也有实践课题，还有人文主题，旅游学者和理论工作者既要研究问题，也要关心主义。20世纪80年代，旅游、酒店、接待等学科建设与实践水乳交融，你中有我，我中有你。学院派的期刊是政府官员、业界经理人的案头书，政府的机关报和协会的内刊也是大学图书馆借阅率很高的参考文献，学者可以到基层和一线对话，官员和经理人可以到院校讲课。那时的旅游教育和学术研究可能没有成熟的理论体系，可是一切都是生机盎然和无限可能的样子啊！当时只道是寻常罢了。90年代中后期开始，基金立项、学术期刊、同行评议、专业评奖机构在学科体系拥有越来越多的话语权，在现有的学科分层和专业分类的框架中，旅游理论成为旅游理论家的事情，旅游学术成为旅游学者的专属。我们应当，也可以吸纳一切可以吸纳的自然科学、工程科学、社会科学乃至医学、军事学研究方法和工具，但是这并不意味着旅游领域的一切问题都可以纳入科学范式，更不可以用"自然科学原理"去分析所有的旅游活动，并试图重构一个"旅游理想国"。必须直面的事实是，这一观念普遍影响了旅游学科的主流平台、权威机构和一线学者，并波及研究生培养和本科生教育。几乎所有从事旅游研究的学者，包括具有人文学科背景和接受过社会科学训练的学者，也在基本治学方法上严守逻辑实证论的门庭，认为凡是在经验上不能验证、实验上不能重复、期刊中不能发表的问题，都是没有意义的，也是无法讨论的。按照这一思路，与文化和旅游融合发展密切相关的若干思想性话题就无法深入讨论，打通行政、市场和学术各界的共识就无法得到真正的构建，学术共同体的理论成果也无法转换为推动旅游业高质量发展的精神力量。须知，没有实践的思想，就没有思想的实践；没有理论指导的实践是盲目的实践，而没有经过实践检验的理论则是空洞的、悬置的理论。在建设国家旅游发展理论的过程中，我们需要再别康桥，寻一支思想的长篙，向知行合一的历史最深处漫溯，满载一船知识的星辉，在星辉斑斓的旅游产业里放歌。

高校应当，也可以成为国家旅游发展理论建设、创新和传播的主阵地，着力引导学生对旅游产业的认同感和责任心。实践性很强的旅游管理学科，应循国际惯例而构建新型产教合作关系，为现代旅游业培养用得上、留得下的产业后备军，也为旅游发展理论构建理论与实践的互动界面。如果任由学术研究、人才培养与产业需求渐行渐远，理论建设就会成为小圈子里的自说自话，就算有些影响，也不过是"茶杯里的风暴"而已。一千余所旅游院校，每年培养的旅游管理、酒店管理、会展管理的毕业生数以十万计，为什么很少在旅游领域就业？甚至每次有关旅游管理招生就业的讨论，除了吐槽，还是吐槽？高质量专业教育的缺失是主要原因。从幼儿园卷到高三，对社会基本无感的十八岁娃娃，刚进了大学校园，就加上"未来产业领袖"的光环，好吗？学完教学计划规定的课程，文献阅读、概念推演和论文写作的确得到了很好的训练，但是对产业的实感几乎为零。再一番放羊式的实习下来，就是被现实摁在地上摩擦的感觉，除了考公、考编、考研，心甘情愿地进入旅游业而倾尽才情与努力者，能有几人？无论是专业思政，还是课程思政，都应该告诉学生一个真实的旅游业，培养学生快乐工作和幸福生活的阳光心态。正是从这个意义上讲，先培养今天的快乐学生，再谈明天的产业领袖。

新时代新征程，应努力培养国家需要、行业认可的旅游人才

一、新时代的旅游人才必须是国家需要、时代呼唤的，也应当为行业所认可

旅游人才必须是国家需要的和时代呼唤的。从历史上看，任何一个时代的进步，都离不开善于思考并勇于作为的国士，比如提出"仓廪实而知礼节，衣食足而知荣辱"的管仲、变法强国的商鞅和王安石、"鞠躬尽瘁，死而后已"的诸葛亮，以及1840年以来科学救国、实业救国、教育救国的仁人志士。任何一个产业的成长和进步，都需要变革创新的企业家，比如张瑞敏、任正非、曹德旺等。任何一个学科的繁荣和进步，都需要一批富有创新精神、历史意识和专业能力的思想者和理论家，如孙冶方、陈准等经济学

家和"两弹一星"功勋。他们都是国家的栋梁之材,也是时代发展的推动者。

旅游人才固然有其专业性,但是不能因此而过于强调学科背景和工作岗位的特殊性。所有愿意为了人民的旅游权利、为了旅游业的高质量发展而奋斗者,都是时代呼唤、国家需要的旅游人才。《中国旅游人才发展报告(1949—2021)》有个"两个多数"的研究结论:近年来高校培养的旅游管理和酒店管理毕业生大多数都去了旅游以外的领域就业,旅游企业的高级管理人员特别是创业创新人才则大多数来自其他专业,比如携程、去哪儿、马蜂窝、七天、途家的创始人多有计算机学科或者商科的背景。仔细想想,也没有什么值得惊异的。在市场经济条件下,人才流动是由价格决定的,价格的背后是供求关系。从国际酒店集团前100名的高管团队的专业背景来看,也是商科居多,其中酒店管理名校毕业生占了三成,与国内相比,已经很高了。从旅游行政部门的管理者或者公务员的专业背景来看,所谓科班出身者就更少了。随着就业观念的变化,自由职业和灵活就业越来越成为包括旅游管理在内的高校毕业生的新选择,包括网络主播、自媒体人员、文案写手、快递员、外卖员、群众演员,灵活就业者已经达到2亿人。

旅游人才必须是服务行业,也为行业所认可的。旅游人才的内涵是不断丰富的,外延是动态演化的。能够戴个帽子当然好,那是体制或者同行的认可,假如戴不了帽子,但是行业认可了,也一样是人才,将来历史会记住的。盛世王朝需要开拓雄图大业的君王,需要开疆拓土的将帅和保境安民的官员,也需要伟大的科学家、思想家和文学家。① 无论是理念,还是实践,都不能简单地把旅游人才与学历和职称挂钩,更不能只将博士、教授当作人才,那些从市场中拼杀出来的企业家,为旅游业创造价值的管理人员、服务人员和技术人员就不是人才?没有这个道理嘛!旅游强国、中国服务业和旅游业高质量发展,都离不开企业家、经理人、专业技术人员和基层一线的大国工匠。现在的问题是,教育、科技、文化和旅游部门搭建了很多平台,培养了大批学术名家,可是除了圈子里的热闹,又回应了多少旅游产业实践重点、难点和热点问题,并获得了行业的真正认可呢?如果高端人才一直在"基金申请和论文发表"中打转转,出了再多影响因子高的论文又如何?也许是时候对奉若神明的"影响因子"认真审视了:我们每年发表的论文和文章可谓是汗牛充栋,可是到底影响了谁?这是一个问题。

旅游人才还应当是自我驱动的,坐言起行并切实引领产业创新发展的。创造性人才的成长看上去具有相当大的偶然性,但无不是理想牵引和价值驱动的天选之才。正如爱因斯坦所观察到的那样:几乎所有与人的本性有关的基础工作都是由非专业的物理学家

---

① 电影《妖猫传》有句台词,是杨贵妃看完"云想衣裳花想容"应制诗后说的,"李白,大唐有你,才真的了不起"。

做的，他们仅仅把物理学看成自己的一大爱好而不是生活的全部，比如多才多艺的苏格兰人布莱克、德国医生迈耶、美国冒险家伦福德，还有英国酿酒师焦耳，他在工作之余做了有关能量守恒的几个最重要的实验。[①] 但是放在一个更大的时空看，似乎又是必然，全社会对科学的尊重、对异己的包容，天才学者的自我驱动，都是不可或缺的要素。戴帽子的大师、名师或许可以培养，但是那些开山立派的宗师又哪里是培养出来的啊！多数人是因为看见而相信，但是对于战略领军人才和历史托命之人而言，他们是因为相信而看见。他们如同盗火的普罗米修斯，如同填海的精卫，如同逐日的夸父，倒下也是一片泽被后人的森林。

二、新时代的旅游人才需要专业培养，更需要实践锻炼，以及竞争与淘汰

高等教育和职业教育是旅游人才培育的主渠道，需要规模化的制式教育，也需要年轻人的自我修养。 古代中国并没有近代意义上的科学，特别是基于实验室的科学体系，为什么也能出那么多的数学家、天文学家和工程师，创造璀璨的科技文明？虽然有这么多人才，工业革命为什么却没有发源于中国？在众多的"李约瑟之谜"的解答中，我认同林毅夫教授的观点：在以经验为基础的技术发明过程中，人口规模是技术发明率的主要决定因素。中国在现代时期落后于西方世界，是因为中国没有及时从以经验为基础的发明方式，转换到基于科学和实验的创新上来。同时期的欧洲，至少经由18世纪的科学革命已经成功地实现了这种转变。[②] 现代科学的进步，进而生产力的进步和市场主体的商业创新，越来越依赖科学家严谨的科学方法、理论验证和生产实践。严谨科学方法的显著特征就是把有关自然的假说和积累的经验"数学化"，并与严谨的实验检验相结合。[③] 旅游人才的培养更离不开以高等教育、职业教育为代表的国民教育体系和相应的科技支撑平台，包括初等、中等和高等职业教育，也包括学士、硕士和博士学位教育，以及实体化的理论和科学研究机构、博士后科研流动站和工作站、国家重点实验室等支撑平台。

如果将人才看作是人口基数的函数，那么拥有2850万直接就业人员的旅游业，不用高等教育、科学研究和系统性的职业发展计划，也会有百分之一的人成为各方面的领军人物和行业骨干，哪怕是千分之一，也是很可观的数字。这么想对不对呢？当然是不对的。我们可以举出无数的例证说"刘项原来不读书"，或者历史上的不少状元终其一生也是寂寂无闻，也可以列举更多的栋梁之材饱读圣贤之书，或者接受了系统的专业训

---

① 爱因斯坦，英费尔德. 物理学的进化 [M]. 张卜天，译. 北京：商务印书馆，2019：41.
② 林毅夫. 制度、技术与中国农业发展 [M]. 上海：上海三联书店、上海人民出版社，1994：257.
③ Needham, 1969, 转引自林毅夫. 制度、技术与中国农业发展 [M]. 上海：上海三联书店、上海人民出版社，1994.

练。同志们多是从事教育、科研和管理工作，或者将来要从事教育、科研和管理工作的，在看到问题并努力改进的同时，更要有教育自信和科学自信。那些以小概率案例得出"博士有啥了不起，不读书也照样成才"的结论，要么是柠檬精附体，要么是无知无畏，或者说是一种轻佻的姿态。

在我的心目中，理想的人才培养空间是一座空气中氤氲着咖啡香的图书馆、一个绿茵茵的大操场，加一群白发先生和白衣少年。不论是本科生还是博士生，都要尽可能多地在图书馆停留些时光。不能只读教科书和期刊论文，要多读些经济学、管理学、文学、历史学、哲学、自然科学方面的经典著作。不能只在手机上刷短视频，要多看《人民日报》《光明日报》《经济日报》《经济研究》，才能了解天下事。基础厚实了，眼界开阔了，知道自己将来要成为什么样的人，要为谁服务，浑身就有使不完的力气，用不尽的才华。唯有响应国家需要、时代呼唤和行业需求，才能够经得起旅游者的评价和从业者的审视，并为历史所记忆。

只有经过产业实践和市场竞争而胜出的旅游人才，方能不负时代不负旅游，名至而实归。人才培养的主阵地在综合性大学和职业院校，但景区、度假区、国家公园、酒店、民宿、旅行社和在线旅游平台更是值得关注的社会大学和实践课堂。为落实"三定"规定的高层次新型人才培养任务，中国旅游研究院（文化和旅游部数据中心）持续推进产学研结合的学术共同体建设，通过博士后工作站、重点实验室、专题研修班、会议论坛、行业咨询和专题授课，培养出将教员作为自己终身职业的人才。我们将结合亚太经济合作组织（APEC）的专题资助项目，在峨眉山风景名胜区设立"数字化旅游人才培养基地"，通过实践教学培养行业所需的专门人才。对于真正的人才来说，不能总幻想着戴着学位帽子走出校园，等别人把舞台搭好，观众组织好，自己再范儿十足地出场。没那么回事！绝大多数人，绝大多数时间，在绝大多数地方，都是配角或者群众演员，而不是角儿。要想成角儿，就要在实践中摔打，就要与同龄人竞争，与自己较劲。这么多年来，每当自己被问及"为什么几十年如一日地熬夜，身体还这么好"，都不知道怎么回答是好，因为真实的答案有些残酷吧——身体不好的人早就被淘汰了。就像热带雨林，地球上最适合植物生长的地方，也是空间竞争最激烈的地方，"高耸入云的巨树高达40米，粗大的树枝四处伸展着抢夺阳光"①。自然界的生物和社会中的人一样，不

---

① 爱登堡.我们星球的生命[M].林华,译.北京：中信出版集团,2021:78.之所以阅读这本看上去与旅游研究很远的非学术著作，是因为自己对科普著作和传记作品的偏好，也是因为文化自信不能走向自我封闭，而是要以更加开放的心胸欣赏和接纳人类文明的一切先进成果。本书第6页的一段话也让我印象深刻："只有当无数有机个体最充分地利用每一种资源、每个机会的时候，只有当千百万物种的生命相互关联、彼此维持的时候，我们的星球才能有效运行。"

经过脱胎换骨的蜕变，就不可能有枝繁叶茂的华盖。

旅游业真正需要的人才得有理想，更得有化理想为现实的行动力。人才培养的方式应当是多种多样的，学校教育、家庭教育、社会教育和实践培养，总之需要全身心投入的学习，而不仅仅是大脑的训练。为什么说穷人的孩子早当家？从小就得开始学着煮饭、烧菜、洗衣、照看弟弟妹妹，抓紧一切可能的时光看书学习，没有那么多的工夫去想那么多为什么。反观我们培养出的旅游人才，多是立志读万卷书，做大学问，奔着立功、立言、立德去的。事实上，真正能够成名成家者又有几人，绝大多数还不是活成了柴米油盐和家长里短？这没什么，只要我们尽力了，以所学所思所行助力旅游业品质提升和现代化转型，都是当代中国所需要的旅游人才。人尽其才，则天下皆才。

旅游领军人才需要宽松的环境和包容的心态。中国科学院院士、北京大学副校长张平文说，"北大数学科学学院的天才不是培养出来的，而是保护出来的"。清华大学强调"要为杰出人才营造一个好的环境，让他们在这个环境中自主学习和研究"。[①] 如果把杂草、杂树和杂质都去除了，只剩下横平竖直的人工林，哪怕我们再努力，收获的也可能只是平庸。一种想把什么都安排得妥妥帖帖的父系思维，只能导致什么都要等待安排的婴儿思维。在一个演化的自然科学体系中，提出一个问题往往要比解决一个问题更重要。解决问题也许只是数学演算或者反复实验的事情。而提出新的问题，新的可能性，从新的角度看旧的问题，却需要创造性的想象力，标志着科学的真进步。[②] 从这个意义上说，自然科学、工程技术领域的开创者，社会科学和人文学科的"历史托命之人"，经济学和工商管理等领域的"颠覆性创新"或者"破坏性创造"，都需要自由思想和思想自由的包容，才可能让每个人在任何可能的方向自由地探索，进而提升整个社会人才与人力资源的比率。

说到包容与宽容，我想起在挪威国立美术馆看名画《呐喊》的感受来。伟大的作品是由伟大的艺术家创作的，问题是峡湾城市奥斯陆可以容纳一个抑郁症患者或者精神病人蒙克，就像荷兰和法国可以包容凡·高和高更那样。从这个意义上讲，艺术创作的高度取决于观众的数量和质量，或者更直接地说是市场的厚度。现实呢？我们可能很难容下那些各方面都比自己优秀的人。忌妒是人的天性，也许大家中间的最优秀者可以没有忌妒心，但是平凡如我辈者倒是常有的。问题是如何把忌妒心化作前行和超越的动力，

[①] 赵婀娜，吴月.强基础研究育拔尖人才［N］.人民日报，2022-03-18（11）.

[②] 爱因斯坦，英费尔德.物理学的进化［M］.张卜天，译.北京：商务印书馆，2019：72.在广泛的阅读和求学经历中，自然科学、工程技术和社会科学之间的互通互鉴是常有的事，多数情况下，其有效性仅限于哲学或者原理层面。一旦走向仿生学意义的操作，则需要经过科学和伦理的双重考验，比如达尔文的进化论已经成为人类知识图谱的重要组成，但是社会达尔文主义则很难通过"人是目的而不是手段"的拷问。

而不是拉高踩低、远交近攻的破坏力。这需要每个人加强自我修养，也需要大环境的制度保障和小环境的机制保护。

三、新时代的旅游人才要到地方基层，到产业一线，到祖国最需要的地方去

旅游管理是实践性很强的学科，旅游人才应当是行动研究的倡导者和践行者。 生活丰富多彩，经济有那么多产业，社会有那么多事业，旅游只是其中小小的组成部分。不是为了发论文和评职称，而是为了让这个世界一天天变得更美好，这才是人才该有的样子。19岁就参与"曼哈顿工程"的核物理学家，和丈夫阳早一起将自己的一生献给中国奶牛养殖事业的农业科学家寒春，写下这样的句子：世界上的事，只要下定决心并用心去做，一定会变得有意思，并成为你的专业，我觉得我不属于任何一个专业，我做的任何事情都是我的专业。我的老家蚌埠位于淮河岸边，是一座中等发达城市，而不是典型的旅游城市。在研究蚌埠"十四五"旅游业高质量发展规划时，我反复强调要着眼于300多万城乡居民的文化需求和休闲消费，建设公共文化项目和休闲基础设施，培育当地的旅游市场主体和创业创新者。当地的禾泉山庄和卫食园两个项目之所以给人留下了深刻印象，是因为其带头人和入选"旅游思想者"[①]的企业家一样，都是知行合一的专业人才。

到旅游产业第一线去，广阔天地，大有作为。 历史已经证明并将继续证明，只有经过基层的历练和实践的磨炼，才会有专业的尊严和学者的独立性。每年数以万计的旅游管理毕业生，不能总沿着"本科—硕士—博士—发表—基金—教授—博导—大师"这条路子无休止地走下去，也不能总想着从官员那里分些权力，从老板那里打些秋风，以便在同行面前做出高人一等的模样来。不能再内卷了，走出书斋和实验室，外面的天地很是广阔，除了写论文、评职称、做课题，我们还有很多工作可以做。2022年，浙江在全省范围内开展艺术家驻村制度，对于乡村振兴和人才成长都是十分有益的。这么多高校和科研机构，能不能推出专业志愿者制度？我看是必要的，也是可行的。

到旅游教育第一线去，言高为师，身正为范。 1985—1995年这十年间，一大批优秀的初中毕业生报考了中等师范学校，学成后充实到县乡中小学的教学第一线。现在看来，他们中的大多数并不比升入高中再上大学的同龄人生活得更好，但他们是一个时代

[①] "旅游思想者"由中国旅游研究院创设于2015年4月，在中国旅游科学年会或旅游管理博士后论坛定期发布。该奖项旨在致敬旅游领域知行合一的创业创新者，感谢他们以前瞻思想、卓越才情和不懈努力，持续提升游客、员工和居民的获得感，提升中国在世界旅游业的影响力。首位"旅游思想者"颁于梁建章博士和携程旅行网联合创始团队。

的师资典范，是今天各行各业骨干人才的托举者。[①] 现在越来越多的旅游院校之所以有名，是因为教员有名而不是毕业生有名，而教员之所以有名，是因为论文发得多而不是教书教得好。这不正常啊！

我们发布过旅游业急需人才的调研报告，其中就有"双师型人才"。不仅旅游教育，旅游科研和产业实践领域都需要类似的复合型人才。复合型人才不是要艺术家、科学家变成企业家或者反之，而是不同领域、不同层级的人才，在旅游需求的牵引下聚集到同一个时空，面向旅游市场，面向基层一线，形成人才复合体。中国旅游研究院出站的一名博士后，"双一流"高校的旅游管理博士，放弃去几所院校和旅游集团的机会，而决定要去南方的某职业院校任教，让我由衷地感到高兴：你们知道了什么是自己真正想要的，你们走向旅游教学第一线的身影，传道授业解惑的样子，真的很美啊！

到旅游科研的第一线去，建设以人民为中心的当代旅游发展理论。在学位论文开题或者基金申请时，青年学者经常被要求回答理论价值或者说科学问题是什么。结论往往是从文献特别是本领域的知名期刊和知名学者的论著中获得的。我从不反对研究生和青年学者在文献综述上下功夫，相反，这是科班训练的基本功，也是理论著述而非观点表达的分水岭。问题是我们现在只停留在理论对话这个层面，进一步地，只与知名学者发表在期刊上的论文对话。事实上，好的理论是看它对世界的解释力，更好的理论是看它对实践的指导性，知行合一的行动研究才能出大成果。现在有些社会科学的文献从现行的评价指标上看很厉害的样子，其实不过是茶杯里的风暴，贡献其实很有限。希望当代旅游学者，也是未来中国旅游发展理论和生产实践、管理实践的领军人才，既要与理论对话，也要与实践对话，通过与本土的实践对话更能够产出原创理论和伟大思想。不要把"学"与"术"分得那么开，尤其不能有"君子不器"的自我精英化。马克思主义理论及其中国化的代表，都是如此，既与现有的理论（广义，不只是学术意义上的理论）对话，更与丰富多彩的生产和生活实践对话。

很多高校将公开发表C刊论文作为博士论文答辩或者是博士后出站的前置条件，虽然我对此一直就不认同，这相当于把学位授予权变相让渡给了期刊审稿人或者责任编辑，但是也不得不承认这是现阶段必须接受的规则。既然是发表导向，青年学者就必须

[①] 我还想致敬乡村教师之外的另一个群体——赤脚医生，他们是活跃于20世纪六七十年代农村的半农半医的基层卫生人员。1965年，毛泽东同志在同身边医务人员谈话时提出："把医疗卫生工作的重点放到农村去。"作为一种制度安排，以王桂珍为代表的成千上万的赤脚医生真正使我国的卫生防疫体系深入到农村，用最经济、最实用的方式解了农村缺医少药的燃眉之急，使科学的医疗方法开始走近数亿农民，进入千万自然村落。世界银行和联合国称"赤脚医生的出现是中国第一次卫生革命"。这样的群体还有很多很多，比如乌兰牧骑、大庆油田、铁道兵部队的工程技术人员等，都是旅游人才应当致敬和看齐的。

也只能按学校要求的八股文来写，但是心里要清楚：思想高于理论，理论高于学术。要谨防年纪轻轻的，正是理论创造力最为活跃的时候，即锁进了《肖申克的救赎》揭示的"体制化"：这些围墙很奇怪，刚来的时候，你会恨它，慢慢你就会习惯它，日子久了，你会发现你离不开它，那就是被体制化了。哪怕多年以后自由了，却因为无法适应高墙外的自由而郁郁离世，因为没有人告诉他不可以做什么，也不会有人指引他应该做什么。尽管这是我一刷再刷的经典，每次看到这一段时我还是不由自主地落泪而忧郁起来：这么年轻的面孔，连真正的自由都没有尝试过，就老去了。更令人不安的是，这么多的院长、校长和导师，不管看到了还是没有看到这一点，都不得不像电影《狗十三》里的父亲那样，一边流着痛苦的泪水，一边将女儿强行纳入到自己也不认同的规范之中。

到国际交流的第一线去，讲好新时代的中国故事，分享当代中国的旅游经验。告诉世界一个小康社会的旅游梦想照进现实、人民旅游权利日渐彰显的中国，"旧时王谢堂前燕，飞入寻常百姓家"的中国。告诉世界一个旅游企业数字化转型、旅游产业高质量发展的中国，"无边落木萧萧下，不尽长江滚滚来"的中国。告诉世界一个政府统筹疫情防控和企业纾困扶持的中国，"周公吐哺，天下归心"的中国。告诉世界一个习近平生态文明思想指导旅游业和旅游可持续发展的中国，"绿水青山就是金山银山，冰天雪地也是金山银山"的中国。还要告诉世界一个旅游教育繁荣、旅游学术创新和旅游思想进步的中国，"有些鸟儿是注定不会被关在牢笼里的，它们的每一片羽毛都闪耀着自由的光辉"的中国。

前言
PREFACE

党的二十大报告指出："坚持以文塑旅、以旅彰文，推进文化和旅游深度融合发展。"文化和旅游融合，既有历史根源，也是现实所需，更是未来趋向。文化和旅游融合，既是一个理论问题，也是一个实践课题。位于国家历史文化名城湖南省永州市的湖南科技学院，植根地方悠久厚重的历史文化土壤，观照地方蓬勃发展的文旅产业实践，深入开展文旅融合理论研究，不断创新文旅融合人才培养机制，努力服务文旅融合产业发展，着力打造旅游管理、文化产业管理、航空服务艺术与管理等文化和旅游类专业群，取得了显著成效。

习近平总书记在全国教育大会上强调，要提升教育服务经济社会发展能力，着重培养创新型、复合型、应用型人才。作为地方应用型本科院校，如何通过学科、课程、教材建设，完善人才培养体系、创新人才培养模式、提高人才培养质量，如何贯彻落实立德树人根本任务，紧密结合党和国家大政方针，培养一代又一代德智体美劳全面发展的社会主义建设者和接班人，培养一代又一代在社会主义现代化建设中可堪大用、能担重任的栋梁之材，如何通过人才培养、学科建设、专业发展、科学研究、社会服务、文化传承创新积极服务党和国家战略，加快构建中国特色哲学社会科学体系，努力推动经济社会高质量发展，这些仍是需要努力破解的重要理论和现实问题。

在文旅融合的大背景下，文化和旅游类学科成为典型的交叉学科。文化和旅游的理论创新和实践发展为学科专业注入了新的动力。为进一步推进新形势下文旅融合理论创新和实践发展，加强新文科背景下文化和旅游类专业建设和学科建设，助力培养堪当重任的社会主义时代新人，我们组织编写了"新时代文化和旅游融合发展研究丛书·应用型本科院校文化旅游专业丛书"，涉及文旅融合、旅游文化、乡村振兴、乡村旅游、美丽乡村、农旅融合、文化创意、资源普查、研学旅游、会展旅游、航空服务、学科前沿、专业英语、地方文化以及学科竞赛、调研论文和实践报告等方面。丛书除支撑国家和省级一流本科专业建设、一流本科课程建设，助力相关专业教学、教研教改、实训操练、专业认证、新文科建设和人才培养外，还支撑相关应用特色学科和科研平台建设。丛书既突出理论性、学术性和战略性，又紧扣时代主题、实践前沿和产业动态。在贯彻党的路线、方针、政策和国家有关法律、法规的基础上，丛书融入课程思政元素，符合学科发展理论前沿和时代特征。丛书内容新颖生动、案例多样、可读性强，具备较强的理论性、学术性、时代性、实用性、可读性和可操作性。

本丛书得到湖南省普通高等学校"十三五"专业综合改革试点项目"旅游管理"、湖南省一流本科专业建设点"旅游管理"、湖南省"十四五"双一流建设应用特色学科"马克思主义理论"和"中国语言文学"、湖南省一流本科课程"永州旅游文化"和"茶艺与茶道"、国家级一流本科专业建设点"英语"和"日语"、湖南省中国特色社会主义理论体系研究中心湖南科技学院基地、湖南省当代中国马克思主义研究中心湖南科技学院基地、湖南省普通高等学校哲学社会科学重点研究基地"乡村振兴与区域经济发展研究中心""南岭走廊与潇湘文化研究基地""永州地域文化与文化自信研究基地""湘粤优势特色产业协同发展研究基地""思想教育与道德文化研究基地"、湖南省社科研究基地"湖湘文化对外交流传播研究基地""湖南省舜文化研究基地""湖南省濂溪学研究基地""湖南省李达与马克思主义'三化'研究基地"、湘粤社科智库联盟等平台和项目资助。

编者
2023 年 12 月

目录
CONTENTS

第一章 文化和旅游资源普查概述 ………………………………………… 1
第一节 相关概念界定 ……………………………………………………… 1
第二节 普查工作的背景、目的和意义 …………………………………… 5
第三节 普查工作的原则 …………………………………………………… 7
第四节 普查工作的对象、任务、内容和要求 …………………………… 9
第五节 普查工作的主要依据、方式方法和技术路线 …………………… 12

第二章 文化和旅游资源普查工作流程 …………………………………… 18
第一节 普查前一般准备工作 ……………………………………………… 18
第二节 普查前基础资料收集与整理工作 ………………………………… 21
第三节 实地普查工作 ……………………………………………………… 30
第四节 普查后资料整理工作 ……………………………………………… 32
第五节 普查成果集成及验收 ……………………………………………… 33
第六节 普查成果宣传运用 ………………………………………………… 35

第三章 文化和旅游资源分类 ……………………………………………… 38
第一节 分类原则 …………………………………………………………… 38
第二节 分类依据 …………………………………………………………… 39
第三节 文化资源的分类 …………………………………………………… 41
第四节 旅游资源的分类 …………………………………………………… 44

第四章　文化资源普查 ... 51
第一节　不可移动文物 ... 51
第二节　可移动文物 ... 56
第三节　非物质文化遗产 ... 61
第四节　古籍 ... 65
第五节　美术馆藏品 ... 69
第六节　地方戏曲剧种 ... 74
第七节　传统器乐乐种 ... 78
第八节　公共文化资源 ... 81
第九节　红色文化资源 ... 84

第五章　旅游资源普查 ... 90
第一节　地文景观 ... 90
第二节　水域景观 ... 96
第三节　生物景观 ... 102
第四节　天象与气候景观 ... 106
第五节　建筑与设施 ... 110
第六节　历史遗迹 ... 117
第七节　旅游购品 ... 121
第八节　人文活动 ... 126
第九节　旅游资源普查难点问题及注意事项 ... 130

第六章　文化和旅游资源评价 ... 136
第一节　资源评价的意义、原则与标准 ... 136
第二节　资源定性评价法 ... 138
第三节　资源定量评价法 ... 144
第四节　资源等级评价和统计评价 ... 149
第五节　资源空间分布评价 ... 154
第六节　资源开发条件评价 ... 156

第七章 普查报表填写及数据库平台开发 159
- 第一节 《旅游资源单体调查表》的设计与填写 160
- 第二节 《旅游资源普查区实际资料表》的设计与填写 170
- 第三节 《普查区资源名录表》的设计与填写 174
- 第四节 《不可移动文物登记表》的设计与填写 175
- 第五节 《国有单位文物收藏情况调查登记表》《可移动文物认定信息登记表》《文物登记卡》的设计与填写 179
- 第六节 《非物质文化遗产普查登记表》的设计与填写 186
- 第七节 《全国古籍普查登记表》的设计与填写 187
- 第八节 《全国美术馆藏品普查登记表》的设计与填写 188
- 第九节 《戏曲剧种数据表》的设计与填写 189
- 第十节 《传统器乐乐种调查表》的设计与填写 190
- 第十一节 普查信息化系统开发与建设 192

第八章 文化和旅游资源图编制 206
- 第一节 资源图编制基础理论概述 206
- 第二节 资源图编制流程 210
- 第三节 资源图编制技术与内容框架 211
- 第四节 资源图编制的注意事项 213

第九章 文化和旅游资源普查报告撰写 215
- 第一节 资源普查报告的核心构成 215
- 第二节 旅游资源普查报告的结构布局 216
- 第三节 旅游资源普查评价报告的区域表达内容 218

第十章 资源普查质量管控、安全保密与宣传推介 236
- 第一节 资源普查的质量管控工作 236
- 第二节 资源普查的安全与保密工作 240
- 第三节 资源普查的宣传推介工作 244

第十一章　文化和旅游资源保护 248
第一节　资源的环境容量 248
第二节　文化和旅游资源保护的重要性及影响因素 252
第三节　文化和旅游资源保护的困境与对策 254
第四节　文化和旅游资源保护的典型案例 257
第五节　文化和旅游资源的可持续发展路径 258

第十二章　文化和旅游资源开发与利用 262
第一节　资源开发与利用的基本原则 262
第二节　资源开发内容与利用策略 264
第三节　创新视角下的资源开发利用策略 266
第四节　文化和旅游资源开发利用典型案例 268

第十三章　文化和旅游规划与策划 271
第一节　文化和旅游空间布局规划策划 271
第二节　文化和旅游产品规划策划 278
第三节　文化和旅游项目规划策划 283
第四节　文化和旅游线路规划策划 286
第五节　文化和旅游形象规划策划 290
第六节　文化和旅游基础设施与服务设施规划策划 292
第七节　文化和旅游营销规划策划 298
第八节　文化和旅游规划策划的投资及效益综合评估 306
第九节　文化和旅游规划策划的保障体系构建 310

参考文献 315

后记 325

第一章 文化和旅游资源普查概述

第一节 相关概念界定

资源是一切能被开发利用的物质信息和能量。文化和旅游资源普查是利用现代技术手段，对一定区域内的文化和旅游资源开展调查，进行记录整理、分类定级和系统管理的过程。

一、文化资源

王子平认为，文化资源是一切可以用来开发生产，从而创造出财富的文化活动形式及其成果[①]。黄永林提出，文化资源指的是人类生存发展需要的、以一切文化产品和精神现象为指向的精神要素，泛指人们从事各种文化活动可以利用的各种资源的总和，是人类生存和发展最宝贵的财富[②]。吴圣刚指出，文化资源指的是人类生存发展需要的、以一切文化产品和精神现象为指向的精神要素，和自然资源一样，文化资源也是人类生存发展需要的重要资源[③]。丹增认为，人类发展进程中所创造的一切含有文化意味的文明成果以及承载着一定文化意义的活动、物体、事件以及一些名人、名城等，都可以认为是某种形式的文化资源[④]。田川流指出，文化资源是人类自身创造的、能为人类的生存和发展服务的一切优秀的物质成果和精神成果的统称；是人类除自然资源外最重要的资源，它既存在于人类的物质领域，又存在于人类的精神领域，构成了人类赖以生存的基础，也是人类社会发展的重要推动力[⑤]。日本文化资源学会则提出，所谓文化资源，

---

① 王子平.资源论[M].石家庄：河北科学技术出版社，2001.
② 黄永林.从资源到产业的文化创意：中国文化产业发展现状评述[M].武汉：华中师范大学出版社，2012：85.
③ 吴圣刚.文化资源及其利用[J].山西师范大学学报（社会科学版），2005（6）：134-136.
④ 丹增.文化产业论[M].北京：人民出版社，2008：116.
⑤ 田川流.艺术管理学概论[M].南京：东南大学出版社，2011：41.

是为了理解一定时代的社会和文化，成为其线索的珍贵的资料之总和，我们把它称为文化资料体。在文化资料体中包括了没有被博物馆以及资料库所收藏的建筑物以及都市景观，或者传统的艺能以及祭礼等有形、无形的文化①。综上所述，文化资源是人类在进行社会活动的过程中所创造的物质文化资源和精神文化资源的总和。只要是用以满足人类物质文化追求以及精神文明追求的资源，都属于文化资源。

二、旅游资源

旅游资源是一切可供旅游利用的事物、现象和活动。《旅游资源分类、调查与评价》（GB/T 18972—2017）将旅游资源定义为"自然界和人类社会凡能对旅游者产生吸引力，可以为旅游业开发利用，并产生经济效益、社会效益和环境效益的各种事物和现象"。

三、资源分类和资源基本类型

资源分类是将资源划分为相对区分的类型。资源基本类型指按照资源分类标准划分出的基本单位。

文化资源的分类目前暂时不像旅游资源一样有国家标准作为统一的划分依据。根据相关法律法规、标准、规范、制度、文件、通知、方案、意见等（详见本章第五节），我们可将文化资源划分为不可移动文物、可移动文物、非物质文化遗产、古籍、美术馆藏品、地方戏曲剧种、传统器乐乐种、公共文化资源、红色文化资源、其他文化资源10大类，每个大类又可分为若干小类。

旅游资源的分类，根据《旅游资源分类、调查与评价》（GB/T 18972—2017），可划分为8个主类、23个亚类、110个基本类型。8个主类分别为：地文景观、水域景观、生物景观、天象与气候景观、建筑与设施、历史遗迹、旅游购品、人文活动。

需要说明的是，文化资源与旅游资源是有重合的，也就是说，有些文化资源也是旅游资源，有些旅游资源也是文化资源，或者说，很多资源既有文化属性，也有旅游属性。而且，文化资源的各大类、各小类和旅游资源的各大类、各小类之间，都可能有重合。因此，文化资源的不可移动文物、可移动文物、非物质文化遗产、古籍、美术馆藏品、地方戏曲剧种、传统器乐乐种、公共文化资源、红色文化资源、其他文化资源10大类，旅游资源的地文景观、水域景观、生物景观、天象与气候景观、建筑与设施、历史

---

① 陈志勤.论作为文化资源的非物质文化遗产的利用和管理：兼及日本的经验与探索[J]，江南大学学报（人文社会科学版），2021（01）：124.

遗迹、旅游购品、人文活动 8 主类，并不是绝对的区分，需要在实际中具体分析确定。

四、资源单体

资源单体指可作为独立观赏或利用的资源基本类型的单独个体。包括"独立型资源单体"和由同一类型的独立单体结合在一起形成的"集合型资源单体"。

这里还有一个旅游资源综合体的概念。旅游资源综合体是指在地理上有清晰或相对模糊的界线的一定区域范围内，由若干不同类型的资源单体群聚构成的，具有构成关系、衍生关系、伴生关系的旅游资源组合体。

例如：浯溪碑林的《大唐中兴颂》碑是一个独立型资源单体，浯溪碑林的一片石刻组合在一起是一个集合型资源单体，浯溪碑林除了石刻，还有柳公护樟、元颜塑像、陶铸像等资源单体，在这个意义上浯溪碑林是一个旅游资源综合体。

五、资源普查

资源普查指按照一定的资源分类标准，对资源单体特征等内容进行记录和研究。其方式以收集、分析、转化、利用相关资料和研究成果为主，并逐个对每个资源单体进行现场调查核实，包括访谈座谈、实地观察、测量记录、绘图摄影摄像等，必要时进行采样和室内分析。按照调查方式和精度要求的不同，可以将资源普查分为概查和详查。

（一）概查

概查指为了解和掌握特定区域或专门类型的文化和旅游资源，对涉及的文化和旅游资源单体进行普遍性调查。其主要工作是对已有的相关文献进行整理，必要时对个别特别重要的资源进行调查。资源概查在工作程序上可以简化。比如可以不成立专门调查组，调查人员由项目参与组织协调委派；资料收集限定在专门目的所需要的范围内；可以不填写或选择填写"资源单体调查表"等。

（二）详查

详查一般在概查的基础上进行，应完成包括前期准备、实地调查等程序在内的全部调查程序，对每一个资源单体进行调查。详查要求成立专门的调查组，且调查组成员应具备地理地质、历史文化、生物生态、文物保护、园林建筑、景观美学等相关专业背景，并需要借助定位仪器、测量仪器、影像设备等工具进行专门的实地调查，完成每一个资源单体的"资源单体调查表"。

六、普查区

普查区指由实施单位或普查工作委托单位划定的单次资源普查的所有区域，一般以行政区划或旅游区为单位。

七、资源评价

资源评价是指按照某些标准来确定某一资源在全部资源或同类资源中的地位，从纵向和横向两方面对资源进行比较，以确定某一资源的重要程度和开发价值。

八、资源等级

资源等级，主要参考一些标准、规范如《旅游资源分类、调查与评价》（GB/T 18972—2017）等的评分体系，对资源单体进行赋分，按照所得分值和等级指标，确定资源的等级。如旅游资源单体可分为五级，从高到低的评价分值分别为：五级资源，得分值域≥90分；四级资源，得分值域：75~89分；三级资源，得分值域：60~74分；二级资源，得分值域：45~59分；一级资源，得分值域：30~44分；未获等级资源，得分≤29分。赋分时，评价项目为"资源要素价值""资源影响力""附加值"，前两项总分值为100分，"附加值"分正分和负分。

九、资源开发

资源开发是指借助现代科学技术手段，把潜在的资源改造为文化和旅游吸引物，并促使文化和旅游活动得以实现的技术、经济活动。资源开发不仅是将资源本身开发成对游客具有吸引力的吸引物，还要为游客提供满足文化和旅游活动所需要的其他条件，如交通、住宿、饮食、休闲、购物、文创、体验等。

十、资源保护

资源保护是指维护资源的固有价值，使之不受污染和破坏，保持自然景观和人文景观的原有特色，同时对已遭受破坏的资源进行治理。

十一、资源利用

资源利用主要指以适当的方式利用资源，使其产生经济效益、社会效益和生态效益的过程。

十二、资源图

资源图是指在资源普查中以资源名称、资源坐标、资源类型、资源等级等为基本信息，依托基础地理信息数据生成的资源分布图。可分为资源总图、资源类型图和资源等级图（含优良级资源图）等。

十三、普查报告

普查报告是资源普查工作的总结性工作，要求总结普查的工作，分析资源的情况，探讨存在的问题，提出解决的对策建议。

第二节　普查工作的背景、目的和意义

一、普查工作的背景

文化和旅游资源是文化和旅游业发展的载体，文化和旅游资源普查是文化和旅游业高质量发展的根本性、基础性工作，正确认识、全面了解文化和旅游资源总体概况，是资源保护、产品开发、规划编制和科学决策的前提条件，是一项十分重要的工作。2019年，文化和旅游部制定《中华文化资源普查工程实施方案》，协调推进文物、非物质文化遗产、古籍、美术馆藏品、地方戏曲剧种、传统器乐乐种的全国普查。同时，印发《旅游资源普查工作技术规程》，开展旅游资源普查试点工作，确定海南、贵州、四川、青海、浙江、内蒙古、重庆7个省（区、市）为全国旅游资源普查试点省份，先行先试，积极探索，取得了良好成效，为全国开展旅游资源普查工作提供了样板和示范。2020年，湖南省文化和旅游厅决定采取试点先行、有序推广的办法，明确株洲市、湘西土家族苗族自治州为工作试点区域，率先开展文化和旅游资源普查工作。2022年，文化和旅游部印发《关于开展旅游资源普查工作的通知》（办资源发〔2022〕94号），决定在总结试点经验的基础上，全面开展旅游资源普查工作。2023年，国务院发布《关于开展第四次全国文物普查的通知》（国发〔2023〕18号）。在此之前，国家分别于1956年、1981年、2007年开展过三次全国文物普查工作。2005年，文化部办公厅下发《关于开展非物质文化遗产普查工作的通知》（办社图函〔2005〕21号），对非物质文化遗产开展普查工作，之后，国务院先后于2006年、2008年、2011年、2014

年和 2021 年公布了五批国家级非物质文化遗产代表性项目名录，2022 年，文化和旅游部办公厅发布《关于开展第六批国家级非物质文化遗产代表性传承人推荐申报工作的通知》（办非遗发〔2022〕85 号）。2007 年，文化部下发《关于印发〈全国古籍普查工作方案〉等文件的通知》（文社图发〔2007〕31 号），对古籍开展普查工作。2011 年，文化部办公厅发布《关于加快推进全国古籍普查登记工作的通知》（办社文函〔2011〕518 号），对全国古籍开展普查登记。2020 年，文化和旅游部发布《关于公布第六批国家珍贵古籍名录和第六批全国古籍重点保护单位名单的通知》（文旅公共发〔2020〕73 号）。2012 年，国务院发布《关于开展第一次全国可移动文物普查的通知》（国发〔2012〕54 号），对可移动文物开展普查工作。2013 年，文化部发布《关于开展全国美术馆藏品普查工作的通知》（文艺函〔2013〕1609 号），对美术馆藏品开展普查工作。2015 年，文化部发布《关于开展全国地方戏曲剧种普查工作的通知》（文艺函〔2015〕629 号），对地方戏曲剧种开展普查工作。2017 年，中共中央办公厅、国务院办公厅印发《关于实施中华优秀传统文化传承发展工程的意见》，强调对优秀传统文化进行保护传承发展并明确提出："实施中华文化资源普查工程，构建准确权威、开放共享的中华文化资源公共数据平台。"《中华人民共和国国民经济和社会发展第十四个五年规划和 2035 年远景目标纲要》也明确提出"开展中华文化资源普查"任务。

二、普查工作的目的和意义

开展文化和资源普查有利于全面理清文化和旅游资源家底，为优化文旅空间布局、科学编制文旅发展规划提供基础依据；有利于加强资源科学保护和合理开发，促进优质文旅资源向优质文旅产品转化；有利于向广大群众展示更多、更优、更具特色的文旅资源，增强人民群众对中华文化的自信和对祖国大好河山的热爱，提升民族自豪感和认同感[①]。

（一）摸清家底，科学评估区域发展潜力

通过对文化和旅游资源的客观查录，全面、深入地了解地方的文化和旅游资源存量的现状，摸清这些资源的类别、性质、特征、等级与构成、地理分布、可利用程度和可利用潜力等，明确地方的文化和旅游业的发展潜力和重点区域，实现资源优势向发展优势的转变。

---

① 文化和旅游部办公厅.关于开展旅游资源普查工作的通知［EB/OL］.（2022-06-01）［2023-01-05］.https：//zwgk.mct.gov.cn/zfxxgkml/zykf/202206/t20220601_933315.

（二）保护利用，有效支撑发展战略实施

资源调查的根本目的在于保护和使用。以行政区划为工作单元，全方位、全覆盖地开展文化和旅游资源普查工作，可以进一步有效保护、整合地方的文化和旅游资源，为地方发现和培育新的旅游经济增长点，提升各级党政部门及各行各业对文旅融合的认知；为全面、科学编制和完善各类文化、旅游业发展规划，实现文化和旅游资源的信息化、数字化管理，拓宽旅游市场，实现项目与资本对接，提供真实、客观、可靠、权威、科学的数据和信息。

（三）提高认识，推动创新高质量发展

文化和旅游资源普查既是对文化和旅游资源实体的发现，又是对文化和旅游资源效益的再认识，是让资源的经济效益、社会效益和环境效益实现有机统一并得到充分发挥。以文化和旅游资源为基础，推动"文化+""+文化""旅游+""+旅游"，为文化和旅游业发展拓展新空间、提供新产品、打造新业态，加快推动文化和旅游业转型升级，实现高质量发展。

第三节　普查工作的原则

一、一般普适原则

文化和旅游资源普查要在充分调研和梳理文化和旅游资源普查工作规律和特点的基础上，总结出普查工作的一般性程序、任务、成果和技术要求。要基于普查人员实操视角，搭建系统流程体系。明确各程序执行主体，细化工作内容细则，量化技术标准。借助大数据、云计算等现代信息技术，革新普查手段与成果呈现模式，提升效率，构建文旅资源动态管理模型，推动普查成果在多领域深度应用。

二、科学系统原则

文化和旅游资源普查是一项具有科学研究性质的工作，普查过程必须贯彻科学系统的原则，保证调查过程的科学性、连续性，严格按照国家规范要求的调查过程进行；保证调查内容的科学性，做到单体划分准确、性质确定科学、特色描述突出、结构分析合理、内容简洁明确，能够充分、正确地反映调查区的文化和旅游资源及其特点。同时，文化和旅游资源普查是一个由浅入深、由一般到深入的循序渐进的过程，调查中要充分

分析、转化、利用各种相关资料和成果，完成野外调查、数据统计、表格填写、报告撰写等工作，并对上述收集到的直接或间接资料，进行深刻、细致的总结、研究和提炼，使普查工作能够按照从室内到野外再到室内的程序有序进行，贯彻系统性原则。

三、客观规范原则

文化和旅游资源普查是一项技术性工作，要求在普查过程中深入实地进行现场调查，切实贯彻客观规范的原则，杜绝弄虚作假、夸大事实、不尊重科学、不符合实际的事件发生。同时，整个普查工作要以文化和旅游资源调查的相关国家标准、规范、文件、制度、通知、方案、意见等为开展工作的基本遵循。实地调查是文化和旅游资源普查工作的核心，在收集、分析、转化、利用各种有关资料和研究成果的基础上，要求对资料中提及的每一个资源单体进行实地调查。对于资料中未涉及的则需要从旅游吸引的角度重新对其加工塑造并加以收录。

四、定量分析原则

在文化和旅游资源普查过程中，要求深刻领会资源单体的内涵，准确把握资源的性质，充分利用各种技术如定位、勘查、测量、绘图、摄影、摄像等手段，准确测定出各旅游资源单体的量化数据，使定性描述上升到量化分析的层次，使每一种基本类型都有一定的量值组合。可以通过对其单个量值进行赋分运算得出它们的数学值，从而使不同资源单体的数学值有大小区别，进一步反映出单体质量的差异。同一种基本类型的单体，由于其性状存在差异，其量值组合的数学值也不尽相同，掌握这些量值，并对其进行必要的数值评价，求得量值组合，有利于了解资源单体及资源整体结构。

五、完整全面原则

文化和旅游资源普查工作要求对文化和旅游资源进行完整性、全面性的统计整理，在这个过程中，对于重要的、级别高的文化和旅游资源一定要实地走访、实地调查，充分记录和描述其性质和特点。同时，对于级别相对较低的文化和旅游资源，也一定要尽力详细调查，以反映文化和旅游资源的完整性及其在空间上的组合程度，以便在后续资源的开发过程中与周边环境相协调，呈现文化和旅游产品的丰富性、立体化。

六、可操作性原则

以普查人员易理解和易操作为前提，以流程化为主线，实现各程序工作主体明确化、工作内容清晰化和技术要求具体化。

七、信息网络原则

利用现代信息网络技术如 GIS、遥感卫星数据等，建立旅游资源数据库，创新普查工作方式、方法和成果展示形式，提高普查工作效率，实现文化和旅游资源动态化管理，扩大普查成果应用范围。

第四节　普查工作的对象、任务、内容和要求

一、普查工作对象和范围

如前文所述，文化资源的普查工作对象主要有不可移动文物、可移动文物、非物质文化遗产、古籍、美术馆藏品、地方戏曲剧种、传统器乐乐种、公共文化资源、红色文化资源、其他文化资源等。如不可移动文物普查范围是我国境内地上、地下、水下的不可移动文物，对已认定、登记的不可移动文物进行复查，同时调查、认定、登记新发现的不可移动文物。可移动文物的普查对象和范围是各类国有单位所收藏保管的国有可移动文物，包括普查前已经认定和在普查中新认定的国有可移动文物，主要有一些重要实物、艺术品、文献、手稿、图书资料、代表性实物等。未来，我们认为还可向非国有单位的可移动文物进行拓展。非物质文化遗产的普查对象和范围主要为 10 大类：民间文学，传统音乐，传统舞蹈，传统戏剧，曲艺，传统体育、游艺与杂技，传统美术，传统技艺，传统医药，民俗。古籍普查的对象和范围为我国境内各收藏机构或个人所藏，产生于 1912 年以前，具有文物价值、学术价值和艺术价值的文献典籍，包括汉文古籍和少数民族文字古籍，以及甲骨、简帛、敦煌遗书、碑帖拓本、古地图等文献，其中，部分文献的收录年限可适当延伸。美术馆藏品普查的范围是我国境内（不包括港澳台地区）文化行政主管部门归口管理的各级各类国有美术馆（含书画名家纪念馆、艺术馆）在普查标准时点时所收藏的已入账的藏品。地方戏曲剧种的普查对象和范围主要为各地区、各民族的传统戏曲剧种，包括皮影戏、木偶戏等不同戏曲样式。传统器乐乐种的普查对象和范围主要是我国传统的吹管乐器、弹拨乐器、打击乐器、拉弦乐器 4 类乐器演奏的乐种，包括各地、各民族的传统器乐乐种，包含纯器乐乐种，以及作为其他艺术形式伴奏（如声乐、舞蹈、曲艺、杂技、武术等）的乐种样式。公共文化资源的普查

对象和范围则可根据《公共文化资源分类》（GB/T 36309—2018）分为公共文化设施、公共文化产品、公共文化活动、公共文化服务、公共文化主体5个门类，每个门类又可细分。红色文化资源的普查对象和范围是我国的红色文化资源。其他文化资源是未列入上述类别的文化资源。

旅游资源的普查工作对象和范围为《旅游资源分类、调查与评价》（GB/T 18972—2017）中规定的地文景观、水域景观、生物景观、天象与气候景观、建筑与设施、历史遗迹、旅游购品、人文活动8个主类。其中具有较高开发价值，同一地区内或相同类型旅游资源单体中更具代表性、重点保护及稀缺保护资源单体，更具长远意义或开创意义的旅游资源单体为重点普查对象。

二、普查工作任务

在对区域内文化和旅游资源所开展的普查工作中，不同阶段一般有不同的工作任务目标。

在实地考察前，主要完成对普查区域内所有资源单体的网络数据、政府资料的收集整理，建立资源预名录，同时对资源单体进行有效筛选，逐步剔除短时间内不具有开发价值，不利于当地资源保护或有严重破坏行为、处于敏感区域，对于当地居民生产与生活有较强破坏性的资源单体，根据分类标准对资源进行初步的分类评价。

在实地考察中，主要做好调绘、测定、制图、野外记录、实地影像拍摄记录以及资源类别评定、等级评定等工作。

在实地考察后，主要是运用普查收集到的数据建立数据库或更新数据库状态及管理系统。通过对所收集信息的提取、总结、凝练与宏观分析，撰写该地区的资源普查报告，总结该地区资源总体分布特征、资源基本类型分布特征、资源自然地域分布特征、资源行政地域分布特征等，为未来该地区资源保护及发展规划提供可靠依据。

三、普查工作内容

根据国家法律法规、标准、规范等以及符合地方文旅资源特点的专项普查工作文件，由当地文化和旅游行政管理部门负责组织和实施，通过培训等方式使普查团队熟练掌握普查工作方式方法。

旅游资源普查工作内容主要是通过资料收集、实地调查、数据导入等方法，根据资源单体的行政区位（省、市、县、乡、镇逐级排）、演化机制，囊括资源单体物理层面的形成机制及民间故事与神话传说、形态特征（长、宽、高等基础测量数据）、内在性质、关联事物、美感、吸引力等，对调查区资源信息进行详细记录，并根据相关国家规范对资源单体进行合理分类，从观赏游憩使用价值，历史文化科学使用价值，珍稀奇特程度，规模、丰度与概率，完整性，知名度和影像，适游期和使用范围等角度对资源单体进行评价，并建立专属数据库。

文化资源普查工作内容主要是调查、整理、记录文化资源的名称、位置、种类、数量、质量、特点、分布状况、生存环境、保护现状及存在的问题，提出保护发展的建议。

四、普查工作要求[①]

1. 加强领导，认真组织

文化和旅游行政部门要高度重视资源普查工作，增强工作责任感，积极争取当地政府的人力、财力支持，切实加强组织领导，广泛动员和组织各方力量参与普查，形成工作合力，营造良好工作氛围，保障普查工作开展。制定公共疫情防控、安全生产等工作预案，确保普查工作安全有序开展。

2. 严格标准、科学普查

参照相关国家标准、规范、文件、制度、通知、方案、意见以及符合地方省市文旅资源特点的专项普查工作文件，科学合理设置本地文化和旅游资源分类，充分运用地理信息系统、遥感技术等手段，建设文化和旅游资源信息管理平台，提高工作效率和准确性。

3. 因地制宜、量力而行

根据地方财力以及当地文化和旅游业发展需要，充分吸收借鉴试点省份成功经验，量力而行、稳妥有序地推进文化和旅游资源普查。鼓励引导当地院校文化和旅游专业师生参与文化和旅游资源普查志愿服务，提高专业技能，增强实践能力。对开展文化和旅游资源详查有困难的地区，可采取文化和旅游资源概查方式，简化工作流程，结合本地资源优势进行重点调查，灵活推进普查工作开展。

4. 梳理成果、强化利用

加强对文化和旅游资源普查数据的梳理分析，科学认识和审视文化和旅游资源禀赋和优势，发挥好普查成果在强化资源保护、促进科学规划、推进产品建设、精准定位市场、提升品牌形象、推进产业发展等方面的积极作用。

---

① 文化和旅游部办公厅.关于开展旅游资源普查工作的通知［EB/OL］.（2022-06-01）［2023-01-05］.https：//zwgk.mct.gov.cn/zfxxgkml/zykf/202206/t20220601_933315.

第五节　普查工作的主要依据、方式方法和技术路线

一、普查工作的主要依据

文化和旅游资源普查工作的主要依据，包括但不限于以下这些。

（一）国家法律、行政法规和部门规章

（1）《中华人民共和国旅游法》

（2）《中华人民共和国文物保护法》

（3）《中华人民共和国非物质文化遗产法》

（4）《风景名胜区条例》

（5）《中华人民共和国自然保护区条例》

（6）《中华人民共和国公共文化服务保障法》

（7）《中华人民共和国网络安全法》

（8）《中华人民共和国统计法》

（9）《国家级旅游度假区管理办法》

（10）《国家旅游科技示范园区管理办法（暂行）》

（11）《地质遗迹保护管理规定》

（12）《国家文化产业示范基地管理办法》

（13）《国家级文化生态保护区管理办法》

（14）《国家级专项规划管理暂行办法》

（15）《文化和旅游规划管理办法》

（二）国家、行业标准和规范

（1）《旅游资源分类、调查与评价》（GB/T 18972—2017）

（2）《公共文化资源分类》（GB/T 36309—2018）

（3）《旅游区（点）质量等级的划分与评定》（GB/T 17775—2003）

（4）《旅游饭店星级的划分与评定》（GB/T 14305—2010）

（5）《旅游规划通则》（GB/T 18971—2003）

（6）《旅游基础信息资源规范》（LB/T 079—2020）

（7）《旅游信息资源交换系统设计规范》（LB/T 080—2020）

（8）《旅游度假区等级划分》（GB/T 26358—2022）

（9）《国家生态旅游示范区建设与运营规范》（GB/T 26362—2010）

（10）《民族民俗文化旅游示范区认定》（GB/T 26363—2010）

（11）《可移动文物三维数字化采集与加工》（WW/T 0115—2023）

（12）《可移动文物二维数字化采集与加工》（WW/T 0114—2023）

（13）《大遗址保护规划规范》（WW/Z 0072—2015）

（14）《文物保护利用规范 名人故居》（WW/T 0076—2017）

（15）《文物保护利用规范 工业遗产》（WW/T 0091—2018）

（16）《古籍普查规范》（WH/T 21—2006）

（17）《美术馆藏品登记著录规范（WH/T 80—2019）》

（18）《非物质文化遗产数字化保护 数字资源采集和著录》系列行业标准：

①《非物质文化遗产数字化保护 数字资源采集和著录 第1部分：总则》（WH/T 99.1—2023）

②《非物质文化遗产数字化保护 数字资源采集和著录 第2部分：民间文学》（WH/T 99.2—2023）

③《非物质文化遗产数字化保护 数字资源采集和著录 第3部分：传统音乐》（WH/T 99.3—2023）

④《非物质文化遗产数字化保护 数字资源采集和著录 第4部分：传统舞蹈》（WH/T 99.4—2023）

⑤《非物质文化遗产数字化保护 数字资源采集和著录 第5部分：传统戏剧》（WH/T 99.5—2023）

⑥《非物质文化遗产数字化保护 数字资源采集和著录 第6部分：曲艺》（WH/T 99.6—2023）

⑦《非物质文化遗产数字化保护 数字资源采集和著录 第7部分：传统体育、游艺与杂技》（WH/T 99.7—2023）

⑧《非物质文化遗产数字化保护 数字资源采集和著录 第8部分：传统美术》（WH/T 99.8—2023）

⑨《非物质文化遗产数字化保护 数字资源采集和著录 第9部分：传统技艺》（WH/T 99.9—2023）

⑩《非物质文化遗产数字化保护 数字资源采集和著录 第10部分：传统医药》（WH/T 99.10—2023）

⑪《非物质文化遗产数字化保护 数字资源采集和著录 第 11 部分：民俗》（WH/T 99.11—2023）

（三）公约、通知、方案、意见、制度等

（1）《文化和旅游部办公厅关于开展旅游资源普查工作的通知》（办资源发〔2022〕94 号）

（2）《国务院关于开展第四次全国文物普查的通知》（国发〔2023〕18 号）

（3）《国务院关于开展第一次全国可移动文物普查的通知》（国发〔2012〕54 号）

（4）《文化部办公厅关于开展非物质文化遗产普查工作的通知》（办社图函〔2005〕21 号）

（5）《文化和旅游部关于推荐申报第五批国家级非物质文化遗产代表性项目的通知》（文旅非遗发〔2019〕81 号）

（6）《文化和旅游部办公厅关于开展第六批国家级非物质文化遗产代表性传承人推荐申报工作的通知》（办非遗发〔2022〕85 号）

（7）《文化部关于开展全国地方戏曲剧种普查工作的通知》（文艺函〔2015〕629 号）

（8）《文化部办公厅关于颁布〈全国地方戏曲剧种普查报表制度〉的通知》（办艺函〔2015〕634 号）

（9）《文化部关于印发〈全国古籍普查工作方案〉等文件的通知》（文社图发〔2007〕31 号）

（10）《文化和旅游部关于公布第六批国家珍贵古籍名录和第六批全国古籍重点保护单位名单的通知》（文旅公共发〔2020〕73 号）

（11）《文化部关于开展全国美术馆藏品普查工作的通知》（文艺函〔2013〕1609 号）

（12）《文化部关于发布全国美术馆藏品普查工作标准工作规程的通知》（文艺发〔2014〕31 号）

（13）《关于加快推进全国古籍普查登记工作的通知（办社文函〔2011〕518 号）》

（14）《第四次全国文物普查总体方案》

（15）《第三次全国文物普查实施方案及相关标准、规范》

（16）《第三次全国文物普查工作手册》

（17）《第一次全国可移动文物普查工作手册》

（18）《中国非物质文化遗产普查手册》

（19）《全国地方戏曲剧种普查报表制度》

（20）《全国美术馆藏品普查工作标准》

（21）《全国美术馆藏品普查工作规程》

（22）《全国古籍普查工作方案》

（23）《文化保护传承利用工程实施方案》

（24）《2016—2020年红色旅游发展规划纲要》

（25）《关于实施中华优秀传统文化传承发展工程的意见》

（26）《保护世界文化和自然遗产公约》

（27）《保护非物质文化遗产公约》

（28）《国家级非物质文化遗产代表性项目名录》

（29）《中华文化资源普查工程实施方案》

（30）《旅游资源普查工作技术规程》

二、普查的方式方法

（一）文案调查法（间接调查法）

通过搜集文化和旅游资源现有的信息数据与资料，选取文化和旅游资源普查项目相关内容进行研究分析。该方法对确定一个调查区的资源特色和资源价值具有重要意义。该方法包括对现有资料的收集、预测和对调查过程中所取得的资料的统计、分析等，主要适用于调查区资料较多且对于旅游资源分析有价值的区域。

（二）访问调查法

采用访问、询问、访谈等方式，了解调查区各种资源的类型、分布、结构、特点等情况，尤其是非物质性的资源，如民风民俗、神话传说、历史故事、名人逸事等。访问对象包括地方政府工作人员、景区景点工作人员、教育事业从业者、社区（乡村）居民等。

（三）观察调查法

普查人员在现场对所调查的文化和旅游资源进行直接观察或借助仪器设备进行记录，以获得文化和旅游资源信息资料。

（四）田野勘测法

通过实地观察、踏勘、测量、填绘、摄像、记录等形式直接了解资源单体，获得宝贵的第一手资料，通过专业人员的感性认识和客观分析，得到翔实可靠的结果。

（五）问卷调查法

向被调查者发放调查问卷来进行调查，通过问卷的收集、整理、分析，得到旅游资源的有关信息。

（六）现代科技分析法（3S）

现代科技的应用为资源调查带来了许多方便。在进行野外实地考察时，使用现代声像摄录设备，如照相机、摄像机等，可以将野外考察过程全面地记录下来，真实地显现出资源赋存地的原貌。现代科技手段在资源调查中的应用主要采用遥感技术（RS）、全球定位系统（GPS）、地理信息系统（GIS）、现代测量技术、物探技术等手段。

三、普查工作的技术路线

主要依据各种标准和文件，坚持一般普适、科学系统、客观规范、定量分析、完整全面、可操作性强、信息网络化等原则，确定文化和旅游资源普查工作的技术路线。

（一）统筹规划

文化和旅游资源普查工作应由文旅行政部门统筹规划，统一部署，统一实施。各地依据当地实际情况及相关工作通知方案、国家标准规范、技术规程、文件制度，制定本区域内的普查方案与计划，统一组织实施。

（二）统一标准

（1）统一开发普查系统。利用遥感、地理信息、全球定位系统、互联网、大数据等技术，建立普查系统，根据普查工作需要设置相关功能。采用全国范围基于遥感影像数据制作的正射影像图作为普查系统基础底图，根据实际情况确定遥感影像主体时相，以亚米级分辨率卫星遥感影像为主，2米/5米分辨率卫星遥感影像及航空遥感影像为辅；预置所有文化和旅游资源基础信息，在普查底图导入资源坐标与位置信息，作为复查参照；文化和旅游行政部门统一提供本辖区配合基本建设考古工作、文物资源专项调查、区域性专题调查、文化和旅游规划调查中的新发现成果，相关行业名录等，在普查系统预置相关信息，作为普查线索；预置各级文化和旅游资源名录信息。相关信息按县级行政单元在普查系统下发。

（2）统一制定普查标准规范。普查实施标准化管理，各地统一执行普查标准规范。主要依据《旅游资源分类、调查与评价》《旅游资源普查工作技术规程》《公共文化资源分类》等国家标准、规范、文件、制度、通知、方案、意见等，可结合地方实际情况和政府部门要求进行创新，科学开展普查工作。如文物普查制定有不可移动文物认定、分类、定名、年代、计量标准，指导和规范普查中不可移动文物认定等各项工作，按不可移动文物六大类别制定普查登记表和著录说明，规范普查信息采集工作，制定有不可移动文物信息采集、数据处理、数据汇总、目录编制、工作报告编制及建档备案工作规范。

（三）突出重点

以县域为基本单元，根据统一的普查底图、采集软件，结合文化和旅游管理相关资料，开展实地调查。以全面调查、新发现的文化和旅游资源为重点；对于已发现的文化和旅游资源，主要调查其资源单体的现状和资源的周边环境状况，逐一核准每一处资源情况，采集基础信息，补充更新相关信息，重点是掌握当前最新状况，了解变化情况；对于普查中新发现的资源，详细采集基础信息，应重点突出资源价值载体部分，为开展资源认定和评价提供依据。

（四）分级把关

细化普查工作开展的区域，实行乡镇（街道）自查、区县验查、市州核查、省级专查相结合的四级核查的质量管理及资源定级体制，以便全面调查、记录，及时发现潜在的文化和旅游资源以及濒危的文化和旅游资源，为接下来的文化和旅游资源保护、开发提供依据。普查工作队完成现场数据采集后，县级普查机构基于普查系统对普查内容进行初审，合格后上报；市级、省级普查机构逐级审核，合格后上报；最后由国家部委相关机构进行最终审核。

（五）保证质量

为了保证普查资料、信息及普查成果的真实、完整和科学，普查实行严格的质量控制。质量控制应贯穿普查全过程，其范围应包括普查野外到达率和调查区域覆盖率，以及普查资料、信息登记和录入，数据整合、汇总等各项技术环节。可适时开展普查成果质量抽查。结合统计抽样调查的理论和方法，制定抽查方案，开展抽查样本的抽选、任务包制作、实地调查、内业审核、结果测算等工作，抽查各地资源普查的准确性、规范性，客观评价普查质量。

（六）注重运用

普查成果经最终审定批准后，向社会公布。相关成果与相关部门共享，充分发挥普查成果在服务行业名录认定公布、推进文化和旅游业发展中的基础作用。面向政府机关、科研机构和社会公众提供不同层级的数据服务，满足各行各业对普查成果的需求，最大限度发挥国情国力调查的综合效益。

思考链接

第二章　文化和旅游资源普查工作流程

第一节　普查前一般准备工作

一、人员队伍准备

组建普查领导小组和工作机构，成立专门的文化和旅游资源普查工作专班，负责全省普查工作的顶层设计、统筹协调和组织实施，组织开展普查工作的质量检查、抽查验收和成果复核。要会集各个部门、各个领域的相关专业人才，一起参与文化和旅游资源普查工作。可以成立专门的文化和旅游资源普查专家指导小组，对普查工作进行咨询、指导与验收，小组参与普查工作全过程，包括各阶段工作方案的审定，技术标准、工作规程和各类普查成果的评审等。可以根据文化和旅游资源普查的实际情况邀请科研院所、高等院校等单位的专业人员进入工作专班。

组建实地普查队伍。文化和旅游资源普查项目组成员一般应由不同学科的专业人员组成，他们应具备与该调查区环境、资源、开发有关的专业知识，专业背景应包括旅游管理、文化产业、地理科学、生物科学、建筑园林、城市规划、历史文化、文博考古、环境保护、政治党建、艺术美学、民族民俗等方面。

根据普查区实际情况，为便于项目运作和按时完成工作任务，从资源调查、评价、统计汇总、资料收集和区域资源开发的需要出发，项目组将调查区分为不同的调查分区，调查人员也分为不同小组，每个调查分区可设组长、副组长各一名，由富有经验的人员担任，负责各调查分区的野外调查工作和随后的数据统计整理分析和文本编制等工作。

二、明确普查实施规范和技术标准细则

统一开发普查系统，充分利用已有成果，合理应用文化和旅游管理工作基础和先进

技术，采取国家整体控制和地方实地调查相结合的方法，准确查清文化和旅游资源的基础信息，经县级、市级、省级、国家级逐级检查后，汇总建立全国文化和旅游资源大数据库，在此基础上开展普查成果汇总分析等工作。

依据《中华人民共和国旅游法》、《中华人民共和国文物保护法》、《中华人民共和国非物质文化遗产法》、《旅游资源分类、调查与评价》（GB/T 18972—2017）、《旅游资源普查工作技术规程》、《第四次全国文物普查总体方案》、《公共文化资源分类》（GB/T 36309—2018）等法律法规、标准、规范、文件、制度、通知、方案、意见等，参照调查区地方标准、规范、文件、制度、通知、方案等规定，结合地方实际和地方政府部门要求，制定合理适用的文化和旅游普查实施规范、技术规程，指导文化和旅游资源普查工作。

三、明确普查对象、范围，确定普查内容、时间和地点，制定普查方案

普查的对象和范围包括文化资源和旅游资源。

（1）文化资源：前文已述，主要包括可移动文物、不可移动文物、非物质文化遗产、古籍、美术馆藏品、地方戏曲剧种、传统器乐乐种、公共文化资源、红色文化资源、其他文化资源。

（2）旅游资源：根据《旅游资源分类、调查与评价》（GB/T 18972—2017），主要包括地文景观、水域景观、生物景观、天象与气候景观、建筑与设施、历史遗迹、旅游购品、人文活动。

确定具体的普查地点、普查内容、普查时间及参与实地普查的人员名单，根据了解和掌握的以往的普查成果，结合普查区的实际情况，制定可操作性的文化和旅游普查工作方案。

四、技术准备

（1）确定文化和旅游资源的分类。在进行文化和旅游资源普查前，要明确本地的文化和旅游资源分类，对照《中华人民共和国旅游法》《中华人民共和国文物保护法》等法律法规、标准、规范、文件等形成分类标准。各地文化和旅游主管部门确定本地文化和旅游资源普查工作宜采用的国家标准或本地创新方案。各地创新方案应以国家法律法规、标准、规范、文件、制度、通知、方案、意见等为依据，主类不宜新增，亚类和基本类型新增数量不宜超过上一级旅游资源的类型总数，如旅游资源亚类新增不宜超过8类，基本类型新增不宜超过23类。

（2）进行文化和旅游资源资料初步收集。初步收集相关文化和旅游资源的文字、图像、影像等资料，还要收集普查区域的地图、地方文化和旅游规划、相关景区规划、相关地方志及乡土教材、相关文化资源和旅游资源的介绍以及相关的专题报告、地方宣传片、地方文化书籍等资料，形成实地普查前的初稿，作为普查工作的前期基础。

（3）组织普查人员学习相关标准、规范、文件、制度、通知、方案、意见及文化和旅游资源的初步资料，了解工作目标任务、内容要求、时间节点，确保高质量完成普查任务。

（4）开发与文化和旅游资源普查相关的信息化技术和平台。实地普查可以运用计算机、网络和通信等各种现代信息技术，对普查过程中产生的地图、文字、影像、三维场景等多媒体信息进行整理、统计、分析，实现网络环境下文旅资源信息的录入、存储、检索、统计、制图、分析和发布，以此来揭示文化和旅游资源的空间结构、区域分布特征、资源组合、开发条件与发展前景[1]。应根据实际需要建设文化和旅游资源信息管理平台，供本地区文化和旅游资源普查使用。平台应包括资源信息采集与审核、资源信息管理与查询、资源信息展示与发布等功能模块。平台应考虑与地方文化和旅游服务、国土空间基础信息等平台的通用接口。资源信息管理平台应符合《中华人民共和国网络安全法》和本地区网络安全相关要求。

五、召开普查工作动员大会和普查工作人员培训会

在普查区文旅行政部门领导组织下，召开普查工作动员大会，统一思想、统一行动、确保成效。

根据项目计划安排，召开普查工作人员培训会。培训会可以分层次、分地域、分阶段进行。培训对象包括实施单位普查技术人员、普查区文化和旅游主管部门及基层单位相关人员。培训内容包括资源分类、资源评价、资源调查程序和方法、各类报表的填写和撰写、国土资源信息安全、安全保障和注意事项等。

六、落实经费、设备等保障

在进行文化和旅游资源普查前，需要落实好经费和设备保障等。开展文化和旅游资源普查所需的经费和设备等，可提前纳入普查区域的财政支出预算中。

---

[1] 马敏娜，安佳．关于文化旅游资源纳入国家普查的思考[J]．财金观察，2020（2）：309-319．

第二节　普查前基础资料收集与整理工作

资源普查是一项大规模、系统性的全面调查，涉及面广，任务指标多，工作量大，时间性强。为确保普查成效，在实地普查前需要对基础资料进行必要的收集与整理。

一、资料收集概述

实地普查前，要进行广泛、全面、系统的文化和旅游资源资料收集，包括文字、图像、影像等资料，要收集普查区域的地图、地方文化和旅游规划、相关景区规划、相关地方志及乡土教材、相关文化资源和旅游资源的介绍、相关专题报告、相关地方宣传片、相关地方文化书籍等资料。资料收集的原则主要有：一要明确目的；二要注意资料新颖；三要着眼价值；四要注意准确性。收集基础资料也要注意一些问题：一是资料的时效性。技术资料应与当下最新情况同步，前后时间不能矛盾，要相吻合。资料应及时收集，并认真书写，字迹清楚，项目内容齐全、准确、真实。二是资料的准确性。资料应能准确、真实地反映实际情况。项目资料员应具备资料审查能力，以保证资料的准确性。三是资料的可溯性。资料要具有可溯性，要经得起检查、盘问、推敲，同时逻辑性要强。四是资料的完整性。资料应为原件，填写要完整、真实，签章手续要齐全，不得随意涂改。

二、详尽的资料收集

资料收集构成了文化和旅游资源普查工作的基础，其核心任务涵盖了广泛的地方志、档案资料、乡土文献的搜集与整理，以及对过往普查数据、景区度假区概述、经济运营数据、区域旅游综合规划文献、影像素材及多样图形信息的深度归纳总结。具体而言，资料收集应聚焦于两大核心板块。

一个板块，是关于文化和旅游资源的历史背景资料。此部分需深入探究资源的形成机制与历史演变轨迹，包括但不限于地质构造解析、地貌特征描绘、水系与气候特性阐述、土壤与植被分布规律、区域历史文化追溯、民俗宗教风貌展现、工农业产品特色概述、古建筑与文化遗产保护现状等。要以地方历史发展脉络为主线，结合关键历史事件与核心人物，对具有重大历史价值的遗址遗迹进行深入调研，通过档案复核与实地走访等手段，确保遗址资源信息准确无误，并依托实地勘探获取必要的佐证材料。

另一个板块,是关于文化和旅游资源开发与保护的现状资料。资源普查的最终目标是服务于资源的开发与评价,这依赖于对资源质量及开发条件(如交通便利性、城市支撑能力、社会基础设施完善度、区域经济发展水平等)的综合评估与对比。因此,需全面搜集开发保护历程、管理机构设置、资金投入情况、技术手段应用、保护成效等关键信息,采用实地调研与档案复核相结合的方式,深入访谈相关当事人、知情者或管理人员,以确保资料的准确性与可靠性。

在最终提交的资料清单汇总中,应明确包含以下四大类别。

1. 基础地理数据体系

基础地理数据构成了普查工作的地理空间框架,涵盖了矢量数据、影像资料、兴趣点信息及行政区划数据等。具体而言,该体系包括:①基础地理信息,涉及精确至乡镇村级的行政区划矢量图、基础测绘DLG数据、航空摄影影像、DMSP/OLS夜间灯光影像及分辨率高于0.5米的高清遥感影像;②城市规划信息,以城市总体规划矢量图为核心,涵盖区域交通地图集;③土地利用数据,以最新的土地利用总体规划为基准,包含全国国土调查及年度变更数据、建设用地调查数据等;④地名信息,基于最新的地名普查成果;⑤各类规划的矢量表达,如国土空间规划、生态保护红线、城镇体系规划,以及自然保护区、森林公园、地质公园、湿地公园的规划矢量数据,包括环境功能区划、饮用水源地保护、风景名胜区等规划矢量;⑥其他相关数据,如自然资源专项调查数据(林地"一张图")、地理国情普查成果、历史遥感影像档案、地理实体信息等基础地理信息资源。

2. 区域规划资料整合

区域规划资料梳理对于文化和旅游资源普查至关重要。具体而言,区域规划资料包括:①旅游发展规划(涵盖旅游总体规划、全域旅游规划、概念性规划及详细规划等)的文本、说明书及图件资料;②区域内国土空间总体规划、综合交通规划、生态环境建设规划、农田水利规划、历史文化名城保护规划等;③近三年来重点旅游景区的规划资料;④乡村旅游、生态旅游、红色旅游、休闲度假旅游等专项规划资料。

3. 已有调查资料的综合利用

充分利用已有的信息资源,如前期普查数据、政府部门的行政记录、卫星遥感信息及前期相关调查资料等。具体而言,这一综合信息资源体系包括:①地方志,作为地方历史与现状的权威记录;②特色街区的详细情况及基础信息;③动物志与植物志,详细记录区域内生物多样性现状;④文物普查资料,主要涉及文物及非物质文化遗产;⑤水系水文资料及水利工程现状的梳理;⑥生物资源调查报告,特别是特有珍稀物种

（动植物）的名录、分布范围及数量统计；⑦林业与矿产资源调查报告；⑧矿产资源调查报告；⑨历史文化名镇、名村及区域知名旅游商品的目录及说明。

4. 其他相关资料

①近三年的政府工作报告，重点提取其中涉及的旅游政策导向、文化和旅游资源开发规划等信息；②近五年的统计年鉴，提供涵盖乡镇（行政村）的社会经济统计资料，如总人口、非农业人口比例、地域面积、农民人均纯收入、经济来源结构及文化和旅游资源概况等；③文化和旅游统计核心数据，如游客量、旅游收入、旅游设施状况等关键指标；④其他文化和旅游发展的相关资料，如旅游市场分析报告、旅游发展规划文件、旅游项目可行性研究报告等，均为旅游资源普查不可或缺的信息源；⑤政府有关文化和旅游的各类总结、计划、汇报材料等。

知识拓展

相关部门材料收集内容。

1. 文旅部门

首要且核心的任务是对区域内的文化和旅游资源进行系统性摸底。重点收集地方戏曲剧种、非物质文化遗产名录及详尽的档案资料。涵盖区域旅游总体规划、最新旅游规划文本、旅游产业发展实施意见以及各类旅游景区规划方案，包括但不限于乡村旅游、生态旅游、红色旅游、休闲旅游等专项规划。针对景区景点资源，需编制详细的资源名录，并附上全面的基本情况介绍，包括但不限于规划文本、图鉴矢量化文件等。收集旅游资源品牌名录，如A级景区、风景名胜区、特色村落、乡村旅游区、度假区、休闲街区、工业旅游区等，以及相应的基本情况介绍、规划文件等相关资料。同时包括特色手工艺品、特色文创产品清单名录；重要节事活动（包括展览、赛事、演艺、节庆等）及场所清单名录；摄影协会、电视台拍摄的景区或风景照片、视频。

2. 发改部门

负责提供最新发展规划和终期评估报告，近5年来重点建设项目清单及列入中央、省预算内投资计划的项目情况等相关资料，以及调查区国民经济和社会发展战略、专项规划、区域规划、空间规划及发展规划等，梳理近年来全区特色小镇、文化旅游、康体游乐休闲等产业重点建设项目的清单和进展情况。

3. 科经信息和商务部门

搜集区域内科技团体、特色工业园区及高科技企业的名录、统计数据及基本情况介绍，收集全区商业综合体、知名商圈、特色商业街区、专业商贸城（小镇）、专业交易市场及大型物流中心等社会与商贸活动场所的资料，全区品牌企业、商业品牌、地方老字号品牌及其产品的相关信息，省、市级工业品牌培育示范企业、特色工业园区、工业遗产基地、工业旅游项目、高科技企业/产品等清单目录以及项目概况，全区重要商务会展、展会节事活动及其举办场所的详细资料等。

4. 民政部门

提供调查区范围内的行政区划数据，包括但不限于各区域的边界界定、行政区划的历史沿革及现状等；调查区统一规范的行政代码和地域名录，以及康养机构及陵园等具有显著旅游开发潜力的特色设施资料。

5. 党史研究、地方志编撰和档案部门

提供调查区市志，广泛搜集与旅游资源相关的其他档案资料，这些资料可能散见于各类档案卷宗、地方文献、历史照片及口述历史纪录之中。包括与地方名胜古迹、古建筑群、历史街区等相关的档案资料；与非物质文化遗产相关的档案资料；与地方节庆活动、特色美食、手工艺品等相关的档案资料；与地方历史人物、历史事件相关的档案资料；各区县地方志；红色党史资料等。

6. 住建部门

负责提供各级历史文化名城/名镇/名村/传统村落清单名录、规划成果以及申报资料；历史文化街区、历史建筑、传统风貌建筑名录、图片视频以及情况介绍。

7. 交通部门

搜集调查区范围内的综合交通运输发展规划及其配套交通图、重要交通遗址遗迹、重要风景道路、旅游公路等资料，以及具有旅游价值的交通运输服务设施资料，包括但不限于航道、渡口码头、铁路车站、客运中心及大型机场。

8. 水利部门

提供调查区较大规模的江河、湖泊、水库清单名录以及基本概况；提供水利风景区、具有景区开发价值的水利设施（堤坝、渠道等）清单名录以及基本概况；提供地下水资源（温泉/冷泉）清单目录以及基本概况。

9. 农业农村部门

提供调查区休闲乡村、美丽乡村、乡村旅游重点村等乡村旅游资源，以及一村一品示范村（镇）、田园综合体、农业观光园、休闲农业园区、农业特色小镇、特色种植养殖农场、现代农业产业园等相关资料，同时包括特色乡土产业，如特色食品、制造业、手工业等，农产品地理标志、特色农业及农产品品牌资料，以及星级休闲农庄、农产品加工龙头企业、农业品牌等农业经济发展成果的介绍和水生野生动植物资源的资料收集。

10. 林业部门

负责提供各级自然保护区、风景名胜区、地质公园、森林公园、湿地公园等相关规划以及情况介绍；动物志/植物志、珍稀动植物、古树名木名录以及情况介绍；各级公益林/林场名录以及情况介绍；各级森林康养基地以及各类林下经济产业基地清单名录、规划成果或申报资料。

11. 教育部门

提供各类学校、教育单位以及科研与工程试验场所的详细资料，包括但不限于名校老校、特色院校；科普教育场所、研学基地及实训基地等资源的资料。此外，从事工程试验的观光、研究和实习场所也是旅游资源普查中的重要一环。

12. 卫健部门

搜集调查区范围内传统中药及其生产基地的详细信息，包括中药材的种植历史、种植环境、种植技术及药材品质等方面的资料；整合调查区中医药文化产业基地的相关资料，重点关注其文化内涵、产业规模、产品研发及市场推广等方面的信息，包括名特优中药材、中医药传承人的资料收集，如传承人的生平事迹、技艺传承、创新成果及对中医药文化发展的贡献等方面的信息。

13. 统计部门

提供调查区国民经济发展统计公报，涵盖产业类型、规模、分布、总产值、税收、从业人员等关键经济指标，以及社会发展相关的统计信息，如人口、教育、医疗等；旅游产业发展情况，包括旅游业总收入、游客接待量、旅游设施数量（如酒店、民宿、景区数量等）、旅游从业人员数量及结构等统计数据。

14. 民族宗教部门

提供调查区民族民间节日庆典、传统习俗、祭祀仪式和富含民族色彩的宗教活动等资料；所有开放的宗教活动场所，包括寺庙、基督教堂、道教宫观、伊斯兰清真寺，以及各类固定的宗教集会点；系统梳理少数民族特色村寨的建设现状、保护措施、发展动态及在特色产业如手工艺、生态旅游等方面的创新发展情况；宗教领域的重要人物与事件资料。

15. 自然资源和规划部门

提供省、市、县、镇、村五级行政边界/行政名称（GIS格式），生态环境保护红线、土地利用规划、矿产资源利用规划，以及历史文化街区、名镇、名村的规划布局；调查区地质遗迹与古生物化石资源等不可再生自然遗产的记录与评估资料；园林和林业专项规划，涵盖园林与林业发展策略、城市绿地系统规划、生态红线划定、树种选择与林地保护、湿地生态系统及陆生动植物多样性保护等多个维度；城市公园、河湖公园以及各类绿地，如公园绿地、防护绿地、道路附属绿地等资料；自然保护地，如各级自然保护区、风景名胜区、地质公园、森林公园、湿地公园等，全面梳理其申报、规划及建设历程，同时关注森林、湿地资源及林业产业的发展现状与潜力；陆生野生动植物资源，特别是珍稀动植物种群与古树名木，其分布、数量及保护状况需详细记录；提供自然保护区、风景名胜区等自然保护地的统计信息及古树、珍稀动植物名录。

16. 生态环境部门

生态红线与生态敏感区资料，包括生态环境保护红线的划定范围与图件，生态敏感区的分布、类型及其特征描述；环境质量资料，如水质、空气质量、土壤质量等环境质量监测数据，噪声、光污染等环境影响因素的监测结果；环境保护规划资料，包括环境保护规划文件，包括长期规划与短期计划、各类生态保护区的规划文件及其执行情况；生态保护措施资料，包括生态保护工程的实施情况，如植树造林、湿地恢复等；污染防治措施的执行情况，如废水处理、废气排放控制等；生态环境监管资料，包括生态环境监管机制、监测网络及其运行情况、生态环境违法行为的查处记录及其整改情况。

17. 城管部门

负责提供调查区公园、名人故居园、特色小游园和特色道路的相关资料；城市举办的文化活动、旅游节庆等活动的相关资料；消防设施、应急避难场所等公共安全设施的设置与分布情况；城市绿化情况，如公园绿地、行道树、花坛等绿化设施的维护与更新信息；城市道路网络图，包括主干道、次干道、支路及步行道等；公共交通设施情况，如公交站点、地铁线路及站点、出租车停靠点等。

18. 财政部门

负责提供全区大型国有企业情况，国有企业品牌和品牌产品（服务）等相关资料；近5年来对旅游项目的财政投入情况，包括投入金额、投入时间、投入项目名称等；提供与旅游资源开发相关的财政政策文件，如产业发展基金管理办法、旅游项目补贴政策等，以及具体的资金支持文件或拨款通知；分析旅游业对地方财政的税收贡献，包括旅游业产生的各种税收及其占比。

19. 气象部门

提供气象旅游资源详细描述，包括其成因、特征、观赏条件、最佳观赏时间等；提供气象旅游资源的历史纪录，如历史出现频率、强度变化等；提供气象旅游资源的实时监测数据，如温度、湿度、风速、能见度等，这些数据有助于评估气象旅游资源的实时状态和观赏条件。

20. 各乡镇、街道人民政府

重要景区景点的建设历程、现有规划蓝图、景观特色及历史沿革等资料；重要手工艺品与文创产品的制作工艺、文化传承、市场定位等信息；特色古镇与古村落历史背景、建筑风貌、民俗风情及保护现状等资料；调查区内星级酒店、宾馆、农家乐等住宿设施的基本信息、服务质量、顾客评价，以及地方特色餐饮的菜品特色、食材来源、烹饪技艺等；地方农副土特产品及特色菜品饮食的产地分布、生产流程、营养价值及市场认可度等方面信息；重要节事活动，包括各类展览、赛事、演艺、节庆等，应整理其活动主题、举办历史、社会影响及经济效益等数据；深入挖掘当地历史传说、人物传记、重要历史事件等文化资源。

21. 调查区内各 A 级景区

各 A 级景区的自然景观与人文资源，包括地质地貌、植被分布、水体特征等自然要素，以及历史文化背景、建筑风貌、民俗风情等人文要素；各 A 级景区的交通设施、游客服务中心、导览系统、公共卫生设施等基础设施信息，以及餐饮、住宿、购物等旅游服务项目的具体情况；各 A 级景区的特色活动与产品，如节庆活动、文化展览、特色餐饮及纪念品等；以及景区背后的历史传说、名人传记及重要历史事件等文化资源。

三、收集途径和方法

（一）收集途径

1. 公共领域资源

公共领域资源是资料搜集的首要选择，其覆盖范围广泛，包括互联网资源、图书馆藏书、档案馆资料等。互联网凭借其海量信息与快速更新的特性，成为文化和旅游资源普查中获取前沿资料以及全面资料的关键渠道。借助搜索引擎的高效检索功能，各级政府官方网站、旅游景区官网、文物管理部门网站等权威平台，为调查者提供了关于旅游资源的官方公告、历史脉络、文化特色及保护现状等多角度的详尽资料。

通过对既有地方志、网络素材、官方统计数据、公开发行的书籍与期刊，以及地方管理部门的工作总结、规划文件、文物普查成果及调研报告等资料的搜集、筛选、剖析与整合，能够清晰地勾勒出当地的历史脉络与文化变迁，进而掌握调查区域内文旅资源的基础信息与文化发展脉络。

2. 政府渠道

在文化和旅游资源普查的资料搜集过程中，政府渠道至关重要，它是获取权威信息和全面信息的核心途径。具体而言，政府渠道涵盖了文化和旅游部门、文物管理部门、自然资源管理部门、环境保护部门以及经济发展规划部门等多个层级。

例如，文化和旅游部门作为旅游业的管理机构，负责提供全省或特定区域内的 A 级景区清单、旅游发展蓝图、文化发展策略等资料，这些资料详尽记录了旅游资源的分布状况、类型划分、等级评定及开发潜力；文物管理部门则提供关于可移动与不可移动文物的详细信息，包括其历史背景、文化价值、保护状态等；自然资源管理部门和环境保护部门则分别提供自然资源分布、生态保护等方面的数据，这些数据有助于评估旅游资源的自然价值及环境承载能力；经济发展规划部门提供的国民经济和社会发展规划、旅游产业发展政策等资料，为旅游资源的普查与规划提供了宏观指导与政策支持。

3. 其他非传统渠道

在针对某些特定或尚未充分开发的区域进行旅游资源普查时，调查者可邀请熟悉当地风土人情的居民、地方领导或年长者进行访谈，以收集宝贵的本土资料。通过他们的口述与记忆，调查者能够初步了解当地的基本情况、历史演变及文化特色，为后续普查工作提供重要线索。此外，宣传动员与民众征集也是不可或缺的资料搜集方式。通过广泛宣传与动员，能够激发民众对旅游资源普查的热情与参与度，从而收集到更多富含地域特色与民俗风情的民间资料。这些资料不仅具有鲜明的地域色彩，更能反映当地民众对文化旅游资源的认知与期望，为文化旅游资源的开发与保护提供有益的参考。

（二）资料搜集手段

1. 网络爬虫技术的运用

Python 网络爬虫技术已在搜索引擎、电商平台、社交媒体、新闻报道等多个领域得到广泛应用，特别是在针对特定关键词的数据搜集活动中展现出巨大潜力。对于文化和旅游资源普查而言，网络大数据的应用尤为重要，它不仅能够显著降低人力与物力成本，还便于进行多方验证与核实，确保所搜集信息的准确性。

网络爬虫技术是一种自动化的数据获取与处理手段。该技术能够从互联网上获取大量数据，并对这些数据进行深入分析与应用。其基本的算法逻辑可概括为：爬虫程序首先向目标网页发送 HTTP 请求，获取网页的 HTML 源代码；随后解析 HTML 源代码，提取所需信息，如 URL 链接、文本内容、图像等，并对提取到的数据进行处理与本地存储，所提取的信息可以保存至本地数据库或其他指定存储介质[①]。接着，根据提取到的 URL 链接，继续发送 HTTP 请求，获取更多网页，形成一个递归过程。此外，爬虫还需监控已处理的 URL 队列，对抓取失败的链接进行重试处理，直至待处理队列为空，

---

① 张雁翎.基于网络爬虫技术的企业大数据采集系统设计［J］.信息与电脑（理论版），2023，35（12）：154-156.

标志着本轮抓取任务完成。

2. 文献检索方法

文献检索涵盖文献类型识别、检索效果评估、检索语言运用、查询与下载技巧、文本与语言特性分析等基本内容。检索期刊、会议文献，再对其进行整理、筛选与利用，是对文献检索理论与方法的具体实践。文献检索法具有透明度、可再现性和系统性等特点，能够更好地服务于知识库，为决策和实践提供信息支持[①]。

获取文化和旅游资源普查所需文献的过程可大致分为以下步骤：首先，组建文献审查筛选小组，明确查找目标与要求，构建围绕该领域相关主题的简要框架；其次，选择检索工具，以计算机检索和软件检索为主，辅以印刷型检索；再次，确定检索途径，如借助中国知网、维普网、高校学位论文数据库等，并根据主题相关性、文献规范性等要求，制定文献纳入与排除的标准；最后，根据文献线索查阅原始文献，剔除不符合纳入标准的文献及重复文章，对检索到的相关资料和研究成果进行查阅与整理。

3. 文件和档案资料搜集

文档资料是记录区域或行业发展历程的重要载体，通过查阅档案中心或本单位长期积累的文档资料，可以追溯当地发展演变的轨迹。具有存档价值的文档资料通常对后续工作具有参鉴与规范作用。在文化和旅游资源普查过程中，相关文档资料包括图书、图册、规划文件等。例如，图书及图册资料可从国家图书馆、调查区域图书馆、文史馆等机构进行查找与收集；规划文件可从政府相关部门获取；其他旅游资源调查资料则包括县（市、区）文化和旅游资源调查评价报告、文化和旅游发展总体规划、介绍文化和旅游资源的报纸、杂志与宣传材料等，以及文物普查、地质遗迹调查、林业资源普查、气象调查等专项调查资料。这些文档资料为深入了解当地的文化和旅游资源提供了丰富的素材与依据。

四、资料整理

收集好资料后，要对所有资料进行全面、系统、科学的分类和整理。虽然这些只是实地普查前的基础资料，但同样要高度重视、仔细审查、系统整理。资料整理是实地调查的重要基础。资料整理的原则是真实性、合格性、准确性、完整性、系统性、统一性、简明性和新颖性。

对所收集的资料进行整理，即对所获得的资料进行审查、检验、分类、汇总等初步加工，使之系统化和条理化，并以集中、简明的方式反映对象总体情况。根据所收集的

---

① TRANFIELD D，DENYER D，SMART.Towards a methodology for developing evidence-informed management knowledge by means of systematic review［J］.British Journal of Management，2003，14（3）：207-222.

资料的性质，可用不同方式进行整理。

资料信息收集整理工作的质量，直接关系到整个普查工作的质量，因此收集整理资料应做到准确性与全面性相结合。为达到这样的要求，收集整理者必须对收集到的信息反复核实，不断检验，力求把误差减少到最低限度。

资料收集整理完成后，应形成《文化和旅游资源预名录表》，预名录编制采取乡镇（街道）自主核查与技术单位外业普查的双重填报模式，旨在充分利用乡镇（街道）的地域便利性，激发基层工作人员及村委会（居委会）成员的参与热情。从村委会（居委会）层级起始，采取层级递进的自我审查与上报流程，构建县级旅游资源初步自查名录。技术单位则在广泛搜集旅游资源名录、档案及信息的基础上，结合县级初步自查名录，依据标准表格，系统编制调查区域的旅游资源预目录名单，为实地普查奠定资料基础。

第三节　实地普查工作

实地普查是文化和旅游资源普查的关键环节。在普查前一般准备、基础资料收集与整理、资源预名录形成的基础上，对实地普查工作进行统筹安排，分梯次进行。

一、实地普查具体工作

（一）调查小区划分

调查前应该按照实际需要进行分区，一般以县、区为普查单元，以乡、镇为中间节点，以村、社区为基本调查范围，三级承接。

（二）人员分组

根据人员性别、年龄、专业背景、专业素养和普查区分区情况，将普查人员分为不同小组，一般一个普查区安排一个工作组。

（三）设计普查路线

普查路线特指野外普查活动中所遵循的行动轨迹。旅游资源普查旨在全面搜集普查区域内所有旅游资源单体的详尽资料与数据，理论上需覆盖所有地域。但实际操作中，这一全面性要求既无必要也难以达成。与部分自然资源普查、社会普查不同，受形成条件的局限，旅游资源展现出鲜明的聚集特征与区域分布规律，导致其在特定区段和地点相对密集，如少数民族聚居地、特色城乡等，这些区域可视为普查的重点对象，而其余旅游资源则可通过个别补充调查的方式收集。

（四）确定调查对象

应重点选定以下资源单体进行实地调查：具有开发或进一步开发前景的；有明显经济、社会、文化价值资源的；集合型资源中具有代表性的单体。以下资源单体可不进行全面实地调查：品质低劣、不具有开发利用价值的；与国家现行法律法规相违背的；开发后可能造成严重环境、安全影响的。

（五）信息采集

按照普查专业技术要求，使用互联网技术和现代通信技术手段，根据各类法律法规、标准、规范、文件、制度、通知、方案、意见和地方政府的具体规定，填写"旅游资源调查表"等各类报表，获取各类图片和视频资源，采集资源的具体信息。每个资源单体的文字资料应尽量全面、准确、可读性强，影像资料应图像清晰、构图合理、主题明确，能反映资源单体的内涵和特色。

（六）调查资料收集与业内整理

应在前期资料收集整理的基础上，对实地普查过程中了解到的新资料做进一步的补充收集整理，并及时在旅游资源数据平台上填报相关外业调查资料。原则上外业调查时间与平台数据录入时间间隔一般不超过3天。

二、实地普查方法

（一）概查与详查相结合

一是依据文献资料开展分析，梳理形成《文化和旅游资源普查预名录》；二是对全部文化和旅游资源单体、已开发利用的资源区开展概查；三是对四级以上旅游资源开展现场详查；四是对照相应法律法规、标准、规范、文件等，对初步评价后有现实可能、有重大开发价值的文化和旅游资源，进一步开展现场详查，提高成果的使用效率。

（二）属地管理与分线负责相结合

以县（市、区）为主体，以技术服务单位为主力，依托省级层面指导，市和县（区）两级政府协调推进；有关部门（单位）依据职能职责，做好工作指导和协调配合，形成工作合力；充分发挥县（市、区）、乡（镇、街道）、村（居委会）和资源聚集区（旅游区）管理机构等的基础作用，对各类文化和旅游资源进行科学分类、调查、评价、整理，实现行政区域、资源类型全覆盖，保障普查工作客观、准确、科学、高效。

（三）专家团队与基层联动相结合

县（市、区）、乡（镇、街道）、村（居委会）、资源聚集区（旅游区）管理机构及当地群众积极参与，是文化和旅游资源普查工作高质量完成的基础；深入广泛地宣传，加强基层工作人员资源普查培训，强化基层一线普查人员的专业能力和技能，是普查的前提。各级政府、各级部门要立足实际，整合资源与力量，做好普查前的各项筹备工作和普查中的工作指导和协调配合；专家团队和调查组成员要深入一线，在普查标准、方法、路径、模式上靠前服务，把好指导关、资源品质认定审核关，确保普查工作的质量与效果。

第四节 普查后资料整理工作

文化和旅游资源普查前一般准备工作阶段、普查前基础资料搜集与整理工作阶段、实施普查工作阶段、普查后资料整理工作阶段、普查成果集成及验收阶段、普查成果宣传应用阶段互相补充，缺一不可。普查后资料整理工作主要是整编资源单体调查表、资源统计表等系列报表。实地调查可以弥补前期准备工作的不足，进一步发现新的资源，补充资源单体系列，而做好普查后资料整理工作则能为下一步的成果汇编、集成及验收奠定基础。

一、报表的整理与汇总

对《旅游资源单体调查表》《旅游资源普查区实际资料表》《普查区资源名录表》《全国文物普查不可移动文物登记表》《全国文物普查消失文物登记表》《全国文物普查不可移动文物名录》《国有单位文物收藏情况调查登记表》《国有单位文物收藏情况汇总表》《可移动文物认定信息登记表》《文物登记卡》《全国可移动文物普查收藏单位名录》《全国可移动文物普查文物名录》《非物质文化遗产调查表》《全国古籍普查登记表》《国家珍贵古籍名录》《全国古籍重点保护单位名录》《收藏单位古籍普查登记目录》《全国古籍普查登记目录》《中华古籍总目》《美术馆信息表》《全国美术馆藏品普查工作人员信息表》《全国美术馆藏品普查登记表》《戏曲剧种数据表》《演出团体数据表》《人才情况数据表》《教育培训机构数据表》《创研机构数据表》《制作机构数据表》《皮影戏/木偶戏数据表》《皮影戏/木偶戏人才情况数据表》《图片信息数据表》《传统器乐乐种调查表》等报表中所包含的内容进行整理与汇编。由于实地考察的时间问题，可能导致调查表的信息不完整，且存在有误差、不真实的情况；为避免信息误差问题，同时便于后期的信息核查，除了对各类要求的报表内容进行整理以外，还需要对所有信息进行存档归类。

二、影像数据整理

在实地调查过程中，会产生大量影像资料和数据，要对这些资料和数据进行汇总、整理。同类型的文化和旅游资源图文资料应归类汇总与命名，按照资源单体的编号顺序进行匹配，依次对应存档，还应当保证资源单体编号的名称与资源名录中的代号名称一致。

三、信息录入

将采集到的资源信息录入资源数据库，更新普查区的文化和旅游资源名录。"序号项"的填写依据资源单体"代号"顺序在表格中排序，并使用阿拉伯数字填写顺序号码。"所在地"项的填写依据资源单体所在省、市、县、乡顺序。"资源单体名称"应填写资源单体的常用名称。"主类""亚类""基本类型""等级"项等按照相关国家标准、规范填写。"代码"项按照资源单体调查表的要求填写。整个流程的信息录入，要确保全部信息完整和准确无误。

四、信息审核

对资源信息进行初审和修改完善后，将信息提交给组织单位进行复审。为保证资料信息的质量，组织单位要对资料进行严格的复审工作，以便发现问题并及时解决问题。复审内容包括资源普查工作的完成率、资源点的空间覆盖率、资源信息填报的完整性与准确性、资源等级评价的科学性和合理性等。

第五节　普查成果集成及验收

一、普查成果集成

（一）初步整理汇总普查资料

将普查获得的所有纸质和电子资料，整合至电子资料库，初步检查普查资料，保证资料的完整性、真实性、准确性。

（二）填写"普查区实际资料表"等汇总性报表

各普查小组应在工作完成后做好普查区实际资料表等汇总性报表的填写，内容应该包括普查区的基本资料、资源类型数量统计、各主类亚类资源数量统计、各级资源单体数量统计、资源单体名单、调查组主要成员情况和主要技术存档材料等。

（三）绘制"资源图"

依据相关国家标准、规范、文件、制度、通知、方案、意见等规定及地方政府部门要求，绘制资源图，对各级各类资源图表进行汇集。图集内容应系统化、全面化、准确美观，主要包括但不限于以下内容。

资源总图，包括资源总体分布图、各行政资源分布图、单体资源地图等。

资源类型图，分三个层次制图，依据要求为：主类、亚类和基本类型。

资源评价图，应该包括整体资源评价图和优良级资源图，以及单体资源评价图。

（四）编制撰写《资源普查报告》等总结性报告

在普查结束后编写《资源普查报告》等总结性报告。旅游资源普查报告的主要内容包括但不限于资源普查区内的文旅发展情况、资源发展历程及开发情况、资源的主要种类、资源评价、资源保护和发展措施以及相应参考文献。文物普查工作报告的体例一般包括：封面、扉页、内容摘要、目录、正文、附件、后记，还可收录相关附件，如资源单体调查表、单体评价表等。资源普查报告力求综合、真实、准确地介绍普查区内的文化和旅游资源情况。

（五）建设资源数据库

整理好所有普查资料，包括资源单体调查资料、图片影像视频资料、集成的资源图册、资源普查报告等，将各类资料进行分类、统计、整理，及时录入资源信息库。

二、普查成果验收

（一）组织验收人员

项目委托单位成立验收小组对普查工作组提交的资源普查成果进行审核、验收。

验收小组人员由普查工作委托单位与上级文化和旅游主管部门商议确定。验收人员应由旅游、地理、生物、文化、艺术、历史、文物、建筑、环境、政治等各领域专家及文化和旅游主管部门代表组成。

（二）验收申请

实施单位（普查小组）将整理好的资源普查成果提交至组织单位；组织单位对资源普查成果进行初次审核验收并提出意见或建议。初次审核的审核意见应形成文字性结论。

实施单位（普查小组）根据初次审核的反馈意见进行修改，完成修改工作提交后，向组织单位提请复审。复审的审核意见应形成文字性结论。

（三）验收内容及要求

普查成果要求资料完整、内容齐全。相关资源数据必须准确、真实。应包含成果集成要求的表格、图集及资源普查报告等。

普查成果经过验收人员的审核与表决，三分之二及以上的验收人员通过，并有获得全体验收人员签名的书面验收报告，才视为验收通过。

（四）成果提交

实施单位（普查小组）依据初审及复审的审核意见和建议对普查成果进行修改和完善后，将成果提交至上级文化和旅游主管部门。

第六节　普查成果宣传运用

一、宣传运用原则

文化和旅游资源普查工作是全面了解地区旅游资源总体概况、加强资源科学保护和合理开发、科学合理编制文化和旅游规划的重要前提，因此文化和旅游资源普查成果的宣传运用非常重要。文化和旅游资源普查成果宣传运用应把握以下原则。

（一）统一组织，构建普查成果宣传运用体系

普查宣传工作应根据地区经济和社会发展水平、人口规模与结构、地区文化发展的需要等多方面因素进行统筹规划，加快建设文化和旅游资源普查成果宣传运用服务体系。应建立以广大人民群众为对象，以普查成果宣传展示为主导，以普查成果运用机制、宣传组织和队伍建设为核心的普查成果宣传运用体系。应坚持政府统筹协调、地方积极配合、部门分工协作，鼓励高校等社会力量多方面共同参与成果转化运用。

（二）突出重点，针对不同阶段的要求有序推进普查成果宣传运用

结合普查工作不同阶段的内容和要求及普查工作进度，分别确立不同时段的宣传重点，分阶段、按步骤、有重点地开展普查宣传运用工作。

（三）形式多样，拓宽普查成果宣传渠道

在宣传形式上将传统宣传方法和新媒体宣传相结合，运用多种宣传手段，积极探索群众喜闻乐见的传播渠道，展现丰富多彩的普查成果宣传形式。做到多渠道、广范围、全方位地开展文化和旅游资源普查成果宣传，不断拓展受众面，扩大普查成果传播力

度，以提高普查成果宣传工作的公信力和影响力，最终实现文旅资源整合、地区资源互动互补的目的。

二、宣传运用流程

普查项目开始阶段，侧重于向大众普及开展文化和旅游资源普查工作的目的和意义，以及普查对象、方法和流程等相关事项。

普查项目推进阶段，可集中宣传与文化和旅游资源普查相关的法律法规、普查工作开展情况和普查过程中的先进事迹。

普查成果提交阶段，发布文化和旅游资源普查成果，实现普查成果和数据的管理、应用与社会共享，系统报道普查工作和普查成果对文旅深度融合、推动经济社会发展的重要作用。

三、宣传运用形式

普查成果宣传运用可覆盖广电媒体、网络平台、主题活动等。

（一）网络媒体宣传运用

建立并维护文化和旅游资源普查官方网站，及时更新普查实施方案、会议纪要、实施动态、工作简报、专家访谈、普查成果展示、普查平台技术展示等与文化和旅游资源普查工作开展密切相关的报道。同时，此平台应有效链接文化和旅游部门官方网站、其他主流官方媒体和政务宣传网站等。地方普查实施机构可充分利用地方政府网站设立文化和旅游资源普查专栏。

（二）其他新媒体宣传运用

在抖音、快手、微博、微信公众号等新媒体平台发布文化和旅游资源普查成果，利用短视频、H5可视化页面等创新形式宣传展示文化和旅游资源普查工作。

（三）主题活动宣传运用

针对文化和旅游资源普查主题开展主题活动日、文化和旅游资源普查论坛、文化和旅游资源普查成果展等相关主题活动。

（四）广电媒体宣传运用

就文化和旅游资源普查工作进行广电专栏采访和专题报道。对地区普查工作动态进行日常新闻报道。为普查工作和成果开辟专栏专刊等。

四、宣传对象和侧重点

针对不同受众，普查成果宣传运用的侧重点略有不同。

对资源开发者及经营者、企事业单位的宣传，以文化和旅游资源普查工作的目标、作用和相关文物保护单位的权利与义务为主要内容，促进相关单位主动配合、自觉参与、如实申报相关资源单体调查内容和数据。

面向普查机构和普查人员的宣传，要以普查工作标准规范和注意事项为主要内容，强调切实落实相关要求及履行自身职责，以确保普查数据和成果的质量。

面向各级政府及相关部门的宣传，则以普查工作的重要意义及有关开展文化和旅游资源普查的工作政策为主要内容。呼吁相关部门重视普查工作的开展，切实发挥政府在文化和旅游资源普查工作中的领导和指导作用，保障普查经费、设备等的落实和人员的统筹安排，强化各部门和各单位的团结协作意识。

对社会公众的宣传，要围绕文化和旅游资源普查"是什么？为什么？怎么做？"等系列问题展开，向群众科普文化和旅游资源普查相关知识，以普查意义、成果和先进典型人物事迹报道为主要内容，以赢得社会各界的理解、支持和配合，为普查工作顺利开展奠定坚实的基础。

☞ 思考链接

第三章 文化和旅游资源分类

第一节 分类原则

分类原则是进行分类的基本标准，只有按照一定的原则分类才能保证分类具有科学性、合理性和可操作性。文化和旅游资源是文化和旅游业赖以发展的前提与基础，文化和旅游资源的分类结果对文化和旅游资源的保护、开发、实施方案等有着直接影响，文化和旅游资源分类原则和依据不同，则会产生不同的分类体系。因此，在分类过程中必须遵循一定的基本原则，对文化和资源的形态、功能、分布范围及开发潜力等各类因素进行评定，全方位、多层次、科学化评估和分析文化和资源，以保证分类结果对文化和旅游资源的长期发展具有指导性意义。文化和旅游资源分类的原则主要包括以下五个方面。

一、共轭性与排他性原则

共轭性与排他性原则也称相似性与差异性原则，即不能把不具有共同属性的旅游资源归为一类，所划分出的同一级同一类型文化和旅游资源，必须具有共同的属性；不同类型之间应具有一定的差异。

二、对应性原则

对应性原则指所划分出的次一级类型内容，必须完全对应于上一级类型内容，不能出现下一级内容超出上一级或少于上一级内容的现象，否则就会出现逻辑上的错误。例如对地质地貌旅游资源进行进一步分类，应包括所有的地质地貌旅游资源，不能只包括地质旅游资源或地貌旅游资源，更不能包括非地质地貌旅游资源。

三、逐级划分原则

逐级划分原则即分级与分类相结合的原则。文化和旅游资源是一个复杂的系统，它可以分为不同级别、不同层次的亚系统。分类时，可以把分级与分类结合起来，逐级进行分类，避免出现越级划分的逻辑性错误。例如可以把文化和旅游资源先分为高一级的自然旅游资源与人文旅游资源，然后对其分别再划分次一级类型，还可根据需要再向下划分更低一级类型。

四、可操作性原则

文化和旅游资源的分类是一项实践性很强的工作，是资源评价与开发的前提。在进行分类的过程中，必须根据文化和旅游资源调查、评价、开发或保护的目的，确定分类指标和体系，同时必须可以指导资源的评价、开发与保护等工作。一是分类宜简不宜繁，宜宽不宜窄，应能直观体现资源的开发利用价值；二是根据实际需要灵活选定分级体系与分类方法；三是分类评价工作应因地制宜，有所侧重，不能照搬照套。

五、动态性原则

社会环境因素的多样决定了资源具有动态性和多变性，会随着社会经济条件、文化程度、技术水平等多个因素的发展变化而拓展变化，因此整个分类系统应是一个开放系统，其层级和类别并不是一成不变的，类别数可以拓展，层级数也可以拓展[1]。可以说，在文化和旅游资源分类中将有个"其他"，这个"其他"是以特定时代背景为前提，符合社会发展要求的类别，永远保持一个"续分"的动态。

第二节　分类依据

一、文化资源分类依据

文化是人类生产生活中创造和生产的物质以及精神财富的总和，反映了不同地区不同民族的精神信仰、生活方式。文化资源的分类一般是以文化的分类为参考，即有多少种文化类型就有多少种文化资源类型。此外，人们还喜欢根据文化资源的存在时空和存

---

[1] 杨瑾，储著炎，彭秀荷.黄梅戏文化资源分类初探[J].科教文汇（上旬刊），2013（10）：146-147.

在形式对其进行定义。

（一）以文化类型为划分依据

以文化类型为依据分类，即从内容上对文化资源进行分类。文化资源主要组成部分是被人类开发利用的文化集合体，文化资源的分类往往被文化的分类所定义，文化资源往往是由某些拥有这些相同特征的文化所组成，再由这些文化的共性来定义文化资源所属的类型。

（二）以时空界限为划分依据

在社会发展过程中，时代更迭，在不同的时代产生了不同的文化资源，大致可以将之分为：古代文化资源、近代文化资源、现代文化资源、当代文化资源。四个大的时代划分涵盖了人类从发展之初到现在的整个发展时期，每一个时期由于各个阶段所处的环境不同，例如古代的男耕女织，近代的环球航海，现代的全球化，当代的媒体生活等，因而产生了不同的文化资源。以时空界限为划分依据的文化资源体现了时间的变动性，随着时代的发展，适用于现在的文化资源分类也将不断变化。

（三）以存在形式为划分依据

按照文化的存在形式，可将之分为物质性文化与非物质性文化。物质性文化包括历史遗存、民间工艺品、民居建筑等实物，非物质性文化包括语言、文字、舞蹈、拳术、节庆、技艺等。

二、旅游资源分类依据

要对旅游资源进行分类，除了应遵循基本原则外，还必须有一定的具体依据（标准），即必须根据旅游资源本身的某些具体属性或关系进行分类。由于旅游资源的属性、特点及事物之间的关系是多方面的，因而分类的标准也是多方面的，人们可以根据不同的目的选取不同的标准进行分类。美国学者克劳森（Clawson）以游客体验、资源属性为划分标准，将旅游资源分为游客导向型、资源基础型、中间型。国内一些学者按旅游的基本属性、内容、性质、等级及其他标准对旅游资源进行分类。旅游资源分类依据一般如下。

（一）成因

成因是指旅游资源形成的基本原因、过程。例如人文旅游资源是人类创造的，自然旅游资源是自然界赋存的。天然形成的地貌旅游资源按成因可分为流水作用的旅游地貌、风力作用的旅游地貌、溶蚀作用的旅游地貌等。

（二）属性

属性是指旅游资源的性质、特点、存在形式、状态等。例如自然旅游资源中的地质地貌旅游资源、水体旅游资源、气候旅游资源、生物旅游资源等，它们的性状不同，因而可以分为不同的类别。

（三）功能

功能是指能够满足开展旅游活动需求的作用。有的旅游资源可以满足开展多种旅游活动的需求，因而具有多种旅游功能。根据旅游资源的功能，可以把旅游资源分为不同的类别，例如观光游览型、参与体验型、购物型等。

（四）时间

时间是指旅游资源形成至今的时间，据此可将旅游资源区分为不同的类别，例如可把建筑旅游资源区分为古代建筑与现代建筑旅游资源。

（五）等级

等级是指根据旅游资源评价结果或管理等级的高低情况，可以将旅游资源划分为世界级、国家级、省级、市级等不同级别。

（六）其他

指其他能够影响到旅游资源的相关因素或指标，如开发建设情况、资源质量高低、城乡地域差异、游客心理体验、空间布局特征等。

第三节　文化资源的分类

文化资源分类目前暂时没有统一的国家标准。文化资源是一切留有人类印记，反映不同地区或民族的生活面貌和价值倾向，且可运用于文化产业的那些物质对象或精神对象，其类别的丰富性难以估量。"因为，除了原生的自然现象，如阳光、月光、星光、原始森林、原生草原、沙漠等，凡是承载了人类实践过程的资源，便都具备了'文化'的属性和成为文化资源的可能性，这就造成了学理上对文化资源进行分类的艰巨性。"[①]

不少学者提出了有关文化资源分类的方法。申维辰所著的《评价文化——文化资源评估与文化产业评价》一书中提到，从文化存在形式上，文化资源可以划分为有形文化资源（如历史遗址、特色居民建筑、历史文化名城、特色服饰、民族民间工艺品等）和

---

① 李树榕．怎样为文化资源分类[J]．内蒙古大学艺术学院学报，2014，11（3）：10-14．

无形文化资源；从可持续发展的角度，文化资源可划分为可再生文化资源和不可再生文化资源；从统计评价的角度，文化资源可划分为可度量文化资源和不可度量文化资源①。牛淑萍在其所著的《文化资源学》一书中，按照文化资源的不同主题，将我国的文化资源分成历史文化资源、民族文化资源、民俗文化资源、宗教文化资源、红色文化资源和其他文化资源六大类别②。牛淑萍《文化资源学》一书中还提出了文化资源内容分类的体系标准。其中，历史文化资源可分为物质类遗产资源和非物质文化遗产资源；民俗文化资源可以分为饮食文化资源、岁时节日文化资源、人生仪礼文化资源、民俗信仰文化资源等。文化资源包含着多方面的内容，有物质方面的，有精神方面的，有生活方面的等；按照不同的分类标准会有所差异，但基本能把文化资源大体呈现出来。姚伟钧对文化资源进行了高度概括，他认为文化资源主要呈现为三种形态：一是符号化、具体的文化要素。如建筑、绘画、石刻、工艺、典籍等。二是精神性的、非物态的文化内涵。表现为影响我们的思想、价值观念、审美意识以及信仰等。三是经验性的文化技能和创新型的文化能力。它不仅包括由人掌握的各种文化活动的技能，如写作、歌唱、舞蹈、绘画、演奏、设计等技巧，还包括文化创造者突破前人模式的独创性思维和实践能力，体现为创意、主题、构思、决策方案的能力等③。李树榕认为，"文化资源大致可分为三个基本类别：一是物质实证性文化资源；二是文字与影像记载性文化资源；三是行为传承性文化资源"④。花建指出："文化产业资源可以分为四类：一是资本资源，它是文化产业运作的动力源泉；二是材料与技术资源，包括文化商品生产和服务所需的能源、原材料、技术和装备等；三是信息资源，它是符号化的文化知识，是前人创造的图案、文学、绘画、音乐等，用系统的符号形式记录在物质载体上，它可以编码，也可以复制、压缩、转换、加工，其中专利资源是法律保护的无形资产；四是人力资源，它是决定文化产品和服务中文化含量的人力投入。人力资源又包括三种形态：基础型的劳动能力，经验型的技术能力，智能型的创意能力。其中，智能型的创意能力是最稀缺最核心的文化资源。"⑤

关于文化资源分类的标准，虽然暂时没有像旅游资源分类那样出台了国家统一的标准和规范，但还是有不少相关的法律法规、文件、制度、标准、规范、通知、方案、意见等对之做出了相关界定。依据这些资料，结合实际情况，我们可将文化资源划分为不

---

① 申维辰.评价文化——文化资源评估与文化产业评价[M].太原：山西教育出版社，2004：6-7.
② 牛淑萍.文化资源学[M].福州：福建人民出版社，2012：36.
③ 姚伟钧.从文化资源到文化产业：历史文化资源的保护与开发[M].武汉：华中师范大学出版社，2012：4.
④ 李树榕.怎样为文化资源分类[J].内蒙古大学艺术学院学报，2014，11（3）：10-14.
⑤ 花建.经济全球化与中国文化产业的发展导向[J].上海改革，2002（12）.

可移动文物、可移动文物、非物质文化遗产、古籍、美术馆藏品、地方戏曲剧种、传统器乐乐种、公共文化资源、红色文化资源、其他文化资源10大类。

每个大类又分为若干小类。不可移动文物，包括古文化遗址、古墓葬、古建筑、石窟寺及石刻、近现代重要史迹及代表性建筑、其他，共6个类别，其中古文化遗址分为17个细分类别，古墓葬分为4个细分类别，古建筑分为15个细分类别，石窟寺及石刻分为5个细分类别，近现代重要史迹及代表性建筑分为19个细分类别，其他分为3个细分类别，共计63个细分类别。《中华人民共和国文物保护法》对可移动文物的规定，主要有重要实物、艺术品、文献、手稿、图书资料、代表性实物等。《国家级非物质文化遗产代表性项目名录》将非物质文化遗产分为10大门类：民间文学，传统音乐，传统舞蹈，传统戏剧，曲艺，传统体育、游艺与杂技，传统美术，传统技艺，传统医药，民俗。根据《全国古籍普查登记工作方案》《全国古籍普查工作手册》，古籍可分为文字古籍、甲骨、简帛、敦煌遗书、碑帖拓本、古地图等。根据《全国美术馆藏品普查工作标准》，美术馆藏品一级类目主要包括：绘画，书法、篆刻，雕塑，工艺美术，设计艺术，民间美术，摄影，现代装置，数字艺术，综合艺术，其他美术作品，其他藏品等。下面还可细分为二级类目和三级类目。我国地方戏曲有数百个剧种，京剧、黄梅戏、豫剧、评剧、越剧并称为五大戏曲，其他比较著名的戏曲种类有昆曲（江苏）、粤剧（广东）、徽剧（安徽）、淮剧、川剧、秦腔（陕西）、沪剧（上海）、晋剧（山西）、河北梆子、湖南花鼓戏、吕剧（山东）等。传统器乐乐种主要包括利用吹管乐器、弹拨乐器、打击乐器、拉弦乐器四类乐器演奏的乐种。公共文化资源可分为公共文化设施、公共文化产品、公共文化活动、公共文化服务、公共文化主体5个门类，每个门类又可细分：公共文化设施包括公共文化场馆、数字文化平台等；公共文化产品包括印刷品、声像制品、视觉艺术品等；公共文化活动包括话剧歌剧演出、曲艺演出、舞蹈演出等；公共文化服务包括公益性文化产品的创作与传播、公共文化项目的研究和评估服务等；公共文化主体包括公共文化服务购买主体、公共文化服务承接主体、公共文化服务人员等。红色文化资源一般可分为物质形态和非物质形态，每个形态又可细分。其他文化资源是未列入上述类别的文化资源，具体分类不限。

文化资源的二级、三级分类，可参照不可移动文物大类下的分类。全国文物普查对不可移动文物的分类，按照《中华人民共和国文物保护法》的分类原则划分为6类，每类中包括若干子类。一处不可移动文物只能归入一个文物类别，如果包含两类以上文物，以其主要文物内容归类。分类标准如下①：

古文化遗址，主要包括洞穴址、聚落址、城址、窑址、窖藏址、矿冶遗址、古战场、驿站古道遗址、军事设施遗址、桥梁码头遗址、祭祀遗址、水下遗址、水利设施遗址、寺庙遗址、宫殿衙署遗址、其他古遗址等。

古墓葬，主要包括帝王陵寝、名人或贵族墓、普通墓葬、其他古墓葬等。

古建筑，主要包括城垣城楼、宫殿府邸、宅第民居、坛庙祠堂、衙署官邸、学堂书院、驿站会馆、店铺作坊、牌坊影壁、亭台楼阁、寺观塔幢、苑囿园林、桥涵码头、堤坝渠堰、池塘井泉、其他古建筑等。

石窟寺及石刻，主要包括石窟寺、摩崖石刻、碑刻、石雕、岩画、其他石刻等。

近现代重要史迹及代表性建筑，主要包括：重要历史事件和重要机构旧址，重要历史事件及人物活动纪念地，名人故、旧居，传统民居，宗教建筑，名人墓，烈士墓及纪念设施，工业建筑及附属物，金融商贸建筑，中华老字号，水利设施及附属物，文化教育建筑及附属物，医疗卫生建筑，军事建筑及设施，交通道路设施，典型风格建筑或构筑物，其他近现代重要史迹及代表性建筑等。

其他。

第四节　旅游资源的分类

旅游资源目前已经有不少的分类方案和标准，主要有以下几种。

一、以旅游资源的特性作为分类标准

按照资源特性，旅游资源可以分为自然旅游资源和人文旅游资源两大类。1992年国家旅游局资源开发司和中国科学院地理研究所（1992）编制的《中国旅游资源普查规范》（试行稿），将自然旅游资源和人文旅游资源分为6类74个基本类型。

以郭喜来、吴必虎为代表的一些学者认为1992年版的旅游资源分类系统在实际应用中逐渐暴露出来一些问题，如未包含一些新的旅游资源形式、有些基本类型包容太大等。因此，在自然旅游资源和人文旅游资源的基础上，他们加进了服务类旅游资源，将旅游资源分为自然景系、人文景系、服务景系，再细分为10个景类95个景型。

随着我国旅游业快速发展，旅游资源分类方式逐渐显现出了新的弊端。国家质量监

---

① 参见《第三次全国文物普查实施方案及相关标准、规范》。

督检验检疫总局于 2017 年颁布了新的中华人民共和国国家标准《旅游资源分类、调查与评价》（GB/T 18972—2017），依据旅游资源的特性将旅游资源分为 8 大主类、23 个亚类和 110 个基本类型（见下表）。

旅游资源基本类型

主类	亚类	基本类型	简要说明
A 地文景观	AA 自然景观综合体	AAA 山丘型景观	山地丘陵内可供观光游览的整体景观或个别景观
		AAB 台地型景观	山地边缘或山间台状可供观光游览的整体景观或个别景观
		AAC 沟谷型景观	沟谷内可供观光旅游的整体景观或个体景观
		AAD 滩地型景观	缓平滩地内可供观光游览的整体景观或个体景观
	AB 地质与构造形迹	ABA 断裂景观	地层断裂在地表面形成的景观
		ABB 褶曲景观	地层在各种内力作用下形成的扭曲变形
		ABC 地层剖面	地层中具有科学意义的典型剖面
		ABD 生物化石点	保存在地层中的地质时期的生物遗体、遗骸及活动遗迹的发掘地点
	AC 地表形态	ACA 台丘状地景	台地和丘陵形状的地貌景观
		ACB 峰柱状地景	在山地、丘陵或平地上突起的峰状石体
		ACC 垄岗状地景	构造形迹的控制下长期受溶蚀作用形成的岩溶地貌
		ACD 沟壑与洞穴	由内营力塑造或外营力侵蚀形成的沟谷、劣地，以及位于基岩内和岩石表面的天然洞穴
		ACE 奇特与象形山石	形状奇异、拟人状物的山体或石体
		ACF 岩土圈灾变遗迹	岩石圈自然灾害变动所留下的表面痕迹
	AD 自然标记与自然现象	ADA 奇异自然现象	发生在地表一般还没有合理解释的自然界奇特现象
		ADB 自然标志地	标志特殊地理、自然区域的地点
		ADC 垂直自然带	山地自然景观及其自然要素（主要是地貌、气候、植被、土壤）随海拔呈递变规律的现象
B 水域景观	BA 河系	BAA 游憩河段	可供观光游览的河流段落
		BAB 瀑布	河水在流经断层、凹陷等地区时垂直从高空跌落的跌水
		BAC 古河道段落	已经消失的历史河道现存段落
	BB 湖沼	BBA 游憩湖区	湖泊水体的观光游览区与段落
		BBB 潭池	四周有岸的小片水域
		BBC 湿地	天然或人工形成的沼泽地等带有静止或流动水体的成片浅水区

续表

主类	亚类	基本类型	简要说明
B 水域景观	BC 地下水	BCA 泉	地下水的天然露头
		BCB 埋藏水体	埋藏地下的温度适宜、具有矿物元素的地下热水、热气
	BD 冰雪地	BDA 积雪地	长时间不融化的降雪堆积面
		BDB 现代冰川	现代冰川存留区域
	BE 海面	BEA 游憩海域	可供观光游憩的海上区域
		BEB 涌潮与击浪现象	海水大潮时潮水涌进景象,以及海浪推进时的击岸现象
		BEC 小型岛礁	出现在江海中的小型明礁或暗礁
C 生物景观	CA 植被景观	CAA 林地	生长在一起的大片树木组成的植物群体
		CAB 独树与丛树	单株或生长在一起的小片树林组成的植物群体
		CAC 草地	以多年生草本植物或小半灌木组成的植物群落构成的地区
		CAD 花卉地	一种或多种花卉组成的群体
	CB 野生动物栖息地	CBA 水生动物栖息地	一种或多种水生动物常年或季节性栖息的地方
		CBB 陆地动物栖息地	一种或多种陆地野生哺乳动物、两栖动物、爬行动物等常年或季节性栖息的地方
		CBC 鸟类栖息地	一种或多种鸟类常年或季节性栖息的地方
		CBD 蝶类栖息地	一种或多种蝶类常年或季节性栖息的地方
D 天象与气候景观	DA 天象景观	DAA 太空景象观赏地	观察各种日、月、星辰、极光等太空现象的地方
		DAB 地表光现象	发生在地面上的天然或人工光现象
	DB 天气与气候现象	DBA 云雾多发区	云雾及雾凇、雨凇出现频率较高的地方
		DBB 极端与特殊气候显示地	易出现极端与特殊气候的地区或地点,如风区、雨区、热区、寒区、旱区等典型地点
		DBC 物候景象	各种植物的发芽、展叶、开花、结实、叶变色、落叶等季变现象
E 建筑与设施	EA 人文景观综合体	EAA 社会与商贸活动场所	进行社会交往活动、商业贸易活动的场所
		EAB 军事遗址与古战场	古时用于战事的场所、建筑物和设施遗存
		EAC 教学科研实验场所	各类学校和教育单位、开展科学研究的机构和从事工程技术试验场所的观光、研究、实习的地方
		EAD 建设工程与生产地	经济开发工程和实体单位,如工厂、矿区、农田、牧场、林场、茶园、养殖场、加工企业以及各类生产部门的生产区域和生产线
		EAE 文化活动场所	进行文化活动、展览、科学技术普及的场所

续表

主类	亚类	基本类型	简要说明
E 建筑与设施	EA 人文景观综合体	EAF 康体游乐休闲度假地	具有康乐、健身、休闲、疗养、度假条件的地方
		EAG 宗教与祭祀活动场所	进行宗教、祭祀、礼仪活动场所的地方
		EAH 交通运输场站	用于运输通行的地面场站等
		EAI 纪念地与纪念活动场所	为纪念故人或开展各种宗教祭祀、礼仪活动的馆室或场地
	EB 实用建筑与核心设施	EBA 特色街区	反映某一时代建筑风貌，或经营专门特色商品和商业服务的街道
		EBB 特性屋舍	具有观赏游览功能的房屋
		EBC 独立厅、室、馆	具有观赏游览功能的景观建筑
		EBD 独立场、所	具有观赏游览功能的文化、体育场馆等空间场所
		EBE 桥梁	跨越河流、山谷、障碍物或其他交通线而修建的架空通道
		EBF 渠道、运河段落	正在运行的人工开凿的水道段落
		EBG 堤坝段落	防水、挡水的构筑物段落
		EBH 港口、渡口与码头	位于江、河、湖、海沿岸进行航运、过渡、商贸、渔业活动的地方
		EBI 洞窟	由水的溶蚀、侵蚀和风蚀作用形成的可进入的地下空洞
		EBJ 陵墓	帝王、诸侯陵寝及领袖先烈的坟墓
		EBK 景观农田	具有一定观赏游览功能的农田
		EBL 景观牧场	具有一定观赏游览功能的牧场
		EBM 景观林场	具有一定观赏游览功能的林场
		EBN 景观养殖场	具有一定观赏、游览功能的养殖场
		EBO 特色店铺	具有一定观光游览功能的店铺
		EBP 特色市场	具有一定观光游览功能的市场
	EC 景观与小品建筑	ECA 形象标志物	能反映某处旅游形象的标志物
		ECB 观景点	用于景观观赏的场所
		ECC 亭、台、楼、阁	供游客休息、乘凉或观景用的建筑
		ECD 书画作	具有一定知名度的书画作品
		ECE 雕塑	用于美化或纪念而雕刻塑造、具有一定寓意、象征或象形的观赏物和纪念物
		ECF 碑碣、碑林、经幢	雕刻记录文字、经文的群体刻石或多角形石柱

续表

主类	亚类	基本类型	简要说明
E 建筑与设施	EC 景观与小品建筑	ECG 牌坊牌楼、影壁	为表彰功勋、科第、德政以及忠孝节义所立的建筑物,以及中国传统建筑中用于遮挡视线的墙壁
		ECH 门廊、廊道	门头廊形装饰物,不同于两侧基质的狭长地带
		ECI 塔形建筑	具有纪念、镇物、标明风水和某些实用目的的直立建筑物
		ECJ 景观步道、甬路	用于观光游览行走而砌成的小路
		ECK 花草坪	天然或人造的种满花草的地面
		ECL 水井	用于生活、灌溉用的取水设施
		ECM 喷泉	人造的由地下喷射水至地面的喷水设备
		ECN 堆石	由石头堆砌或填筑形成的景观
F 历史遗迹	FA 物质类文化遗存	FAA 建筑遗迹	具有地方风格和历史色彩的历史建筑遗存
		FAB 可移动文物	历史上各时代重要实物、艺术品、文献、手稿、图书资料、代表性实物等,分为珍贵文物和一般文物
	FB 非物质类文化遗存	FBA 民间文学艺术	民间对社会生活进行形象的概括而创作的文学艺术作品
		FBB 地方习俗	社会文化中长期形成的风尚、礼节、习惯及禁忌等
		FBC 传统服饰装饰	具有地方和民族特色的衣饰
		FBD 传统演艺	民间各种传统表演方式
		FBE 传统医药	当地传统留存的医药制品和治疗方式
		FBF 传统体育赛事	当地定期举行的体育比赛活动
G 旅游购品	GA 农业产品	GAA 种植业产品及制品	具有跨地区声望的当地生产的种植业产品及制品
		GAB 林业产品与制品	具有跨地区声望的当地生产的林业产品及制品
		GAC 畜牧业产品与制品	具有跨地区声望的当地生产的畜牧产品及制品
		GAD 水产品及制品	具有跨地区声望的当地生产的水产品及制品
		GAE 养殖业产品与制品	具有跨地区声望的养殖业产品及制品
	GB 工业产品	GBA 日用工业品	具有跨地区声望的当地生产的日用工业品
		GBB 旅游装备产品	具有跨地区声望的当地生产的户外旅游装备和物品
	GC 手工工艺品	GCA 文房用品	文房书斋的主要文具
		GCB 织品、染织	编织及用染色印花织物

续表

主类	亚类	基本类型	简要说明
G 旅游购品	GC 手工工艺品	GCC 家具	生活、工作或社会实践中供人们坐、卧或支撑与贮存物品的器具
		GCD 陶瓷	由瓷石、高岭土、石英石、莫来石等烧制而成，外表施有玻璃质釉或彩绘的物器
		GCE 金石雕刻、雕塑制品	用金属、石料或木头等材料雕刻的工艺品
		GCF 金石器	用金属、石料制成的具有观赏价值的器物
		GCG 纸艺与灯艺	以纸材质和灯饰材料为主要材料制成的平面或立体的艺术品
		GCH 画作	具有一定观赏价值的手工画成作品
H 人文活动	HA 人事活动记录	HAA 地方人物	当地历史和现代名人
		HAB 地方事件	当地发生过的历史和现代事件
	HB 岁时节令	HBA 宗教活动与庙会	宗教信徒举办的礼仪活动，以及节日或规定日子里在寺庙附近或既定地点举行的聚会
		HBB 农517节日	当地与农业生产息息相关的传统节日
		HBC 现代节庆	当地定期或不定期的文化、商贸、体育活动等
8	23	110	

注：如果发现本分类没有包括的基本类型时，使用者可自行增加。增加的基本类型可归入相应亚类，置于最后，最多可增加 2 个。编号方式为：增加第 1 个基本类型时，该亚类 2 位汉语拼音字母 +Z，增加第 2 个基本类型时，该亚类 2 位汉语拼音字母 +Y。

二、按旅游资源的功能进行分类

根据旅游资源主要功能指向的不同，旅游资源可分为以下类型。

（1）观光游览型旅游资源。主要以自然旅游资源和人文旅游资源中能够带给人以美的感受的旅游资源为主。

（2）休闲度假型旅游资源。主要包括度假山庄等为旅游者提供日常生活中所缺少的放松体验，带给人轻松愉悦心情的旅游资源。

（3）文化娱乐型旅游资源。包括以各地博物馆为主的文化类旅游资源和以方特、长隆、欢乐谷、迪士尼等为典型代表的主题公园等娱乐型旅游资源，可以丰富旅游者的精神世界，拓宽旅游者眼界。

（4）购物型旅游资源。以购物城市或者能够满足旅游者购买欲望的商业设施为代表的旅游资源。

三、以旅游资源特性和游客体验性质作为分类标准

以资源特性（含资源的区位特性）和游客体验性质为分类标准，也有不少分类系统。其中，以1966年克劳森和尼奇（Clawson，Knetsch）提出的分类标准最具影响，其分类系统如下：

（1）利用者导向型游憩资源。以利用者需求为导向，靠近利用者集中的人口中心（城镇），通常满足的主要是人们的日常休闲需求，如球场、动物园、一般性公园。一般面积为40~100平方公里，通常由地方政府（市、县）或私人经营管理，海拔一般不超过1000米，距离城市在60公里的范围内。

（2）资源基础型游憩资源。这类资源可以使游客获得近于自然的体验。资源相对于客源的距离不确定。主要在旅游者的中长期度假中得以利用，如风景、历史遗迹、远足、露营、垂钓用资源，一般面积在1000平方公里以上，主要是国家公园、国家森林公园、州立公园及某些私人领地。

（3）中间型游憩资源。特性介于上述二者之间，主要为短期（1日游或周末休假）游憩活动所利用，游客在此获得的体验比利用者导向型地区更接近自然，但又比资源基础型地区的自然体验感要弱。

由于文化资源和旅游资源本身有重合，上述文化资源分类和旅游资源分类也会有重合的部分，甚至在文化资源和旅游资源内部，各类型之间也会有重合的部分，应在实际普查工作中具体分析确定。尽管目前已经有不少文化和旅游资源分类方式和标准，但并不是都能完全满足文化和旅游资源分类需要、满足于实际需求的，因此我们仍然需要不断探寻、不断完善，以适应文化和旅游业的发展。

☞ 思考链接

第四章 文化资源普查

前文已述,根据有关国家法律法规、标准、规范、文件、制度、通知、方案、意见等,结合地方实际和地方政府部门要求,可将文化资源普查工作对象和范围主要分为不可移动文物、可移动文物、非物质文化遗产、古籍、美术馆藏品、地方戏曲剧种、传统器乐乐种、公共文化资源、红色文化资源、其他文化资源 10 大类。本章以下分节介绍前 9 种文化资源的普查。

第一节 不可移动文物

我国作为四大文明古国之一,拥有深厚的文化底蕴,在世界上具有举足轻重的地位。五千年的历史让我国拥有数量庞大、丰富多彩的不可移动文物,这些宝贵的文物,承载着中华民族悠久的历史,是中华优秀传统文化的重要载体。不可移动文物与博物馆中精美的可移动文物一样,在历史、艺术、科学等方面都具有重要价值,同时还具有很强的社会教育意义。不可移动文物在使用过程中难免会出现老化、自然损坏、管理不善等现实问题,因此,党中央、国务院高度重视对文化遗产尤其是不可移动文物的保护。在以往三次文物普查的基础上,从 2023 年 11 月起,我国开展第四次全国文物普查。

一、不可移动文物的界定

《保护世界文化和自然遗产公约》对"文化遗产"进行了界定,把历史、艺术等相对珍贵的实物,包括有形的建筑、碑刻等,和无形的技艺、民间传说等,统称为"文化遗产"。"文物"这个名词在我国一般是用来指代物质文化遗产的。

夏梦涵等人认为:"不可移动文物意思是该文物通常情况下其地理位置不可以移动,包含两个方面的含义:一是文物本身不可以移动;二是该文物已经与周围环境融合在一起构成了独特的风貌而不可以移动。不可移动文物作为历史遗存财富,是一个民族在特定的历史时期和文化背景下经济社会发展的见证。"①

根据国家文物局发布的《不可移动文物认定导则（试行）》，不可移动文物包括具有历史、艺术、科学价值的古遗址、古墓葬、古建筑、石窟寺和石刻，与重大历史事件、革命运动或者著名人物有关的以及具有重要纪念意义、教育意义或者史料价值的近代现代重要史迹、代表性建筑等。认定不可移动文物需要进行本体确认和时代确定，开展历史、艺术、科学价值和社会、文化意义评估。

综上所述，不可移动文物是具有历史、艺术、科学价值的不可移动的物质文化遗产。

《国务院关于开展第四次全国文物普查的通知》（国发〔2023〕18号）提出，不可移动文物普查范围是我国境内地上、地下、水下的不可移动文物，对已认定、登记的不可移动文物进行复查，同时调查、认定、登记新发现的不可移动文物。普查主要内容包括普查对象名称、空间位置、保护级别、文物类别、年代、权属、使用情况、保存状况等。

关于不可移动文物的认定，普查中发现的实际存在的，具有历史、艺术、科学价值的不可移动历史文化遗存，均应认定为不可移动文物，具体可参考以下标准②。

古文化遗址，具有如下条件之一的予以认定：存在文化堆积，并有明晰的分布范围；在地表发现有古文化遗物，且具有一定的分布范围；水库、湖泊、河流以及沿海水域内的具有历史、艺术、科学价值的各类文化遗存，包括沉船和地点明确的文物出土点；经过考古发掘，原址地形、地貌未发生根本性改变；建筑及构筑物基址尚存。

古墓葬，具有如下条件之一的予以认定：形制结构或遗迹尚存；整体迁移，在新迁址占有独立的地域范围；经过考古发掘，原址地形、地貌未发生根本性改变。

古建筑，具有如下条件之一的予以认定：建筑物、构筑物主体存在；建筑本体重修，但原有风格或形制基本保留；建筑整体迁移，在新迁址占有独立地域范围。

石窟寺及石刻，具有如下条件之一的予以认定：洞窟尚存，无论保存程度如何；石刻本体尚存，无论保存程度如何；石窟寺、石刻迁移，在新迁址占有独立地域范围。

近现代重要史迹与代表性建筑，具有如下条件之一的予以认定：与历史进程、重要历史事件、历史人物有关的史迹与代表性建筑的本体尚存或有遗迹存在；具有时代特征并在一定区域范围具有典型性、在社会各领域中具有代表性、形式风格特殊且结构和形制基本完整的建筑；为纪念重要历史事件或人物建立的建筑物、构筑物，具有标志意义

---

① 夏梦涵，程明康，刘子宸，等.不可移动文物的保护现状与对策研究：以铜陵市枞阳县为例[J].文化创新比较研究，2022，6（19）：75-78.
② 参见《第三次全国文物普查实施方案及相关标准、规范》。

或典型意义。

其他不能列入上述各类别的文化遗存，具有如下条件之一的予以认定：具有一定的历史、艺术、科学价值，且本体存在；古脊椎动物或其他古生物化石地点。

二、不可移动文物的分类

不可移动文物的分类方法主要有两种：一是按照等级进行分类。分别是：国家级重点文物保护单位、省级文物保护单位、市县级文物保护单位，不可移动文物（普查登记）尚未核定公布为文物保护单位。二是按照文物类型分类。分别是：古文化遗址，古墓葬，古建筑，石窟寺及石刻，近现代重要史迹及代表性建筑，其他不可移动文物。

《中华人民共和国文物保护法》规定：古文化遗址、古墓葬、古建筑、石窟寺、石刻、壁画、近代现代重要史迹和代表性建筑等不可移动文物，根据它们的历史、艺术、科学价值，可以分别确定为全国重点文物保护单位，省级文物保护单位，市、县级文物保护单位。

三、不可移动文物的基本现状

中华民族在五千多年的历史进程中，创造了光辉灿烂的古代文明，留下了大量的珍贵文物，这些文物既是中华民族自己的物质文化遗产，也是世界非物质文化遗产的重要部分。中国是全球文化遗产大国，2021年中国被纳入《世界遗产名录》的项目位居全球前列。全国重点文物保护单位，国家历史文化名城、名镇、名村、街区数量都很多，其中不少是不可移动文物。

这些不可移动的文化遗产，是中华文化发展的标志，也是中华五千年悠久历史的最好见证。

不可移动文物的管理主要是由当地政府承担，在国家文物局统一的管理制度下，由各级文物保护单位所在地的市（地）、县级文物保护单位行政主管部门负责本行政区域内不可移动文物的日常保护、管理工作。

四、不可移动文物的性质与特征

（一）不可移动文物的物质性

不可移动文物的本体，是不可移动文物最基本的物质形态。在我国历史上，以金属、陶瓷、玉石、木竹等为基本物质载体的文化遗产占有十分重要的地位。考古工作者在对我国的古代文化遗址进行勘察时，常发现一些质地坚硬、形体巨大、保存完好的古代石材、陶器、玉石制品等，它们是古代器物中最主要的组成部分。

（二）不可移动文物的时代性

所有的名胜古迹都是在特定的历史阶段下人们所从事的社会实践活动的结果。它们都打上了自己所处的时代的烙印，体现着那个时代的政治、经济、军事、科学技术、文化、艺术、宗教、风俗等。

（三）不可移动文物的不可再生性

不可移动文物不能随意制造、建设或者生产，因为它们具有不可再生的特征。它们在历史上所处的位置是客观存在的，不会随后人的意志而改变。例如都江堰、黄帝陵等文物即使被复制了，也只能反映出复制所处时期的社会情况，而不能体现出原来文物所属时代的内涵。

（四）不可移动文物的不可替代性

不可移动文物之所以具有"不可替代"特征，原因在于其发展具有时代特征和不可再生特征。不可移动文物指的是一种具有特定历史意义的文化遗产。例如拉萨布达拉宫，它集数千种佛教寺院与宫殿的建造艺术于一体，是其他地方无法取代的。

（五）不可移动文物的永续性

不可移动文物是物质文化遗存，产生于不同的历史时期。它们是历史的见证，既可证实文献，对古籍记载的谬误进行校正，也可以对史传进行订正，纠错止误定误于有文字记载的历史。文物是研究历史和专门史的重要实物史料，对史学研究具有特殊且重要的价值和作用，尤其对上古史的重建具有重要意义。

不可移动文物经历了时间的洗礼，经历了历史的磨难，又经历现代的复兴，它们都带上了时代的烙印。保存下来的历史文物能够与同时期的历史文献进行相互印证，相互比较研究，从而促进史学的发展，还能起到"正经补史"的作用。更主要的是，这些不可移动文物的雕刻、建筑、构成、工艺等，都可以体现那个时代的人类社会活动、思想文化及生产水平。不可移动文物和可移动文物是人类社会发展历史进程中遗留下来的实物遗存，都是一种宝贵的财富。它们不但见证了一个时代、一个民族乃至整个人类社会的发展历史，还能促进我国社会经济建设事业和精神文明建设事业的发展。

五、不可移动文物普查的任务、内容和要求[①]

（一）对已认定、登记的不可移动文物开展复查

普查准备阶段，各地全面归集文物保护单位核定公布文件、不可移动文物认定公布

---

① 参见《第四次全国文物普查总体方案》。

文件，完善各级文物保护单位名录，逐处明确以往普查登记不可移动文物的保护级别、所属文物保护单位名称。实地调查阶段，以县域为基本单元，对以往普查所有登记不可移动文物逐一开展实地复查，参考以往普查登记信息，按本次普查登记表进行信息采集与填报，核准、补充、完善相关信息，重点确认复查文物的当前保存状况。

（二）对新发现的不可移动文物开展调查

普查准备阶段，各地全面梳理本辖区范围内配合基本建设考古工作、文物资源专项调查、区域性专题调查等已经发现的不可移动文物清单，相关行业已公布名录，建立新发现文物线索清单。普查系统预置新发现文物线索清单，实地调查阶段，以县域为基本单元，根据线索清单逐一开展实地调查，统筹用好已有工作基础与信息，按普查登记表进行信息采集与填报。

普查实地调查过程中，按照全国文物普查不可移动文物认定标准，在地域范围内开展广泛调查，加大文物新发现力度，做到符合文物认定标准的普查对象全调查。按普查登记表对新发现的不可移动文物进行信息采集与填报，重点做好文物核心价值载体部分的信息采集。

（三）依法开展不可移动文物认定、登记和公布

完善不可移动文物认定公布机制。对于已完成以往普查复查，且尚未履行认定程序的不可移动文物，由县级文物行政部门按照有关规定和要求开展补充认定。对确认登记文物消失的，由文物行政部门依法调查处理。对于新发现文物，由所在地县级文物行政部门开展认定。经本次普查认定为不可移动文物的，文物行政部门应当及时登记，报告本级人民政府，向上一级人民政府文物行政部门备案，并向社会公布。所有人或使用人提出异议的，县级文物行政部门及时处理。

（四）建立不可移动文物资源目录，健全名录公布体系

县级以上各级人民政府根据普查结果，建立辖区内不可移动文物资源目录，汇总建立国家不可移动文物资源总目录。县级人民政府应将辖区内不可移动文物目录（涉密信息除外）作为主动公开的政府信息，统筹考虑文物安全，通过政府公报、政府网站或者其他互联网政务媒体等方式向社会公开。

普查结束后，县级以上地方各级人民政府要根据普查结果，及时将重要的不可移动文物核定公布为相应级别的文物保护单位。

健全名录公布体系，将普查成果作为相关领域、相关行业名录公布的基础依据。

（五）开展普查成果汇总

分级开展普查数据汇总，开展目录汇总、图件绘制、不可移动文物现状与发展态势

分析、报告编制等工作，生成普查目录成果、图件成果、基础数据、报告成果、数据库成果。

（六）建立全国不可移动文物资源大数据库，并与国土空间规划"一张图"实施监督信息系统实现共享

以全国范围基于遥感影像数据制作的正射影像图为底图，标注全国不可移动文物空间分布，关联不可移动文物普查数据，包括普查对象名称、地址、保护级别、文物类别、年代、权属、使用情况、保存状况等信息，建立全国不可移动文物资源大数据库。

全国不可移动文物资源大数据库为文物资源资产管理、空间管控、动态监测等工作提供依据。县级以上人民政府文物行政部门会同财政、机关事务管理等部门加强对国有文物资源资产的动态管理。

（七）培养锻炼专业人员，建强文物保护队伍

地方各级人民政府积极组织、调集文物系统及相关专业力量参与普查工作，应充分发挥文物保护和考古工作机构等单位的技术指导作用，加强普查工作中的专业支撑。县级应建强普查机构，壮大队伍力量。鼓励文物系统年轻人、高校相关专业学生参加普查。充分发挥各级专家团队作用，开展普查培训与业务指导，鼓励以老带新，培养锻炼专业人员。通过普查，发展壮大文博人才队伍，提升普查员专业素质，实现文物行业大练兵。

（八）开展普查宣传，增强全社会文物保护意识

普查过程中各级普查机构应开展形式多样的宣传活动，加强文物知识、法律法规、文物普查意义的宣传，提高全社会对文物的认知，对普查工作重要性的认知。加强与人民群众的有效沟通，积极回应社会关切的热点问题，营造支持普查、支持文物保护的浓厚氛围。及时做好信息公开公示，向社会公布普查成果，增强全社会文物保护意识。

第二节　可移动文物

我国是一个具有悠久历史的文明古国，拥有丰富的文物古迹，创造了无数灿烂的中华文明，留下了璀璨的文化遗产。文化遗产是历史上人们创造的物质、精神、文化的遗存，具有历史、艺术、科学等方面的价值，是中华优秀传统文化的真实体现。文化遗产从各个方面反映不同时代人的社会活动、社会关系、意识形态以及自然、生态环境等情况，是中华民族宝贵的精神财富。文化遗产中有很多可移动文物，是反映古代历史发

展、思想观念、文学艺术、科学技术等方面情况的不可或缺的实物资料，是弘扬中华民族精神、增强民族凝聚力、加强社会主义精神文明建设的宝贵资源。2012年至2016年，我国开展了第一次可移动文物普查。

一、可移动文物的概念

可移动文物是指能够移动放置地点的文物，主要指可收藏文物（馆藏文物），即历史上各年代的重要实物、艺术品、文献、手稿、图书资料、代表性实物等。在对各类文物进行调查研究时，应根据其性质和特点，选择适宜的分类法，使分类具有科学性、实用性、先进性。

二、可移动文物的分类

对可移动文物的分类是文物分类的主要内容，其原因在于，可移动文物不仅量大，而且类别繁杂。目前我国使用的可移动文物分类方法，主要有质地分类法、时代分类法、区域分类法、功能分类法、属性分类法、来源分类法等。

质地分类法是以文物载体的质地为第一标准，这种分类方法的最大好处是与文物的馆藏紧密结合；因为同质地的文物有一致的存放条件要求，存放在同一库房便于保存，所以大多数博物馆都采用此法。

时代分类法是按照史前时期和历史时期为标准来分类，史前时期文物又分为旧石器时代文物和新石器时代文物，也可以再进行详细划分。历史时期的文物通常是以朝代为单位进行分类。近代文物一般指1840年至1919年间的文物。现代文物泛指1919年至当代的文物。运用时代分类法有利于观察文化现象的继承与发展。

《中华人民共和国文物保护法》规定：历史上各时代重要实物、艺术品、文献、手稿、图书资料、代表性实物等可移动文物，分为珍贵文物和一般文物；珍贵文物分为一级文物、二级文物、三级文物。

有一种观点认为可移动文物一般可以分为26大类，主要为：青铜器、玉器、陶瓷、金银器、钱币、雕塑、书画、漆器、家具、科技文物、铜器、古籍善本、玺印、竹木骨雕刻、织绣、甲骨、文房四宝、紫砂器、古董钟表、景泰蓝、鼻烟壶、宣德炉、砖瓦、宝石、扇子、杂项等[1]。

---

[1] 佚名.文物分类法［EB/OL］.（2016-12-21）［2023-12-23］.http://www.jysmuseum.com/bencandy.php?fid=78&id=826.

三、可移动文物的基本现状[①]

从第一次可移动文物普查的情况来看，我国可移动文物具有数量巨大、收藏对象多样化、收藏群体集中、种类繁多、数量迅速增加等特征。截至 2016 年 10 月 31 日，普查统计的全国国有可移动文物共计 108 154 907 件/套。其中按照普查统一标准登录文物完整信息的为 26 610 907 件/套，实际数量 64 073 178 件。

按登录备案文物的实际数量统计，全国共登录珍贵文物 3 856 268 件，其中一级文物 218 911 件，二级文物 551 192 件，三级文物 3 086 165 件。

按文物类别统计，钱币、古籍图书、档案文书、陶器、瓷器 5 个类别数量最大，占总量的 70.78%；漆器、甲骨、珐琅器、交通运输工具 4 个类别数量最少，占总量比例均不足 0.1%。按时代统计，文物总量最多的 5 个时代依次为清、宋、中华民国、汉以及中华人民共和国成立以来，比例分别为 34.23%、18.42%、17.13%、8.75%、6.78%；西晋、隋、五代十国、辽、西夏文物数量最少，均不足 0.2%。

四、可移动文物的性质与特征

（一）可移动文物具有物质性

文物是见证人类历史发展的物质载体。文物是由实物组成的，即文物均为有形。文物千姿百态，它不仅包括器物本身，而且也包含了器物之间、器物与环境之间的关系。随着时代的进步，科学技术飞速发展，文物的保护越来越受到人们的重视，保护文物已经成为一项重要的工作内容。可移动文物一般由物质材料建造、制作而成，具有保存时间长、不易损坏、便于运输和携带的特点，是古代劳动人民智慧的结晶。

（二）可移动文物具有时代性

任何文物，都是在一定历史阶段下人类社会生活的产物，都有一定的时代印记，其中蕴含着当时的政治、经济、军事、科学技术、文化艺术等方面的内容与信息。所以，不能仅从形式上来考察历史事实，而应关注其所体现的时代特点。文物的历史信息在一定程度上反映了人类社会发展的历史进程。随着时代的发展，许多文物都成为时代发展的见证。

（三）可移动文物具有不可再生性

可移动文物具有不可再生的特点，决定着文物无法再生产、制作、建设。因此，文

---

① 国务院第一次全国可移动文物普查领导小组办公室.国家文物局第一次全国可移动文物普查工作报告［EB/OL］.（2017-04-07）［2023-12-20］.http://www.ncha.gov.cn/art/2017/4/7/art_1984_139379.html.

物保护工作必须从其自身规律出发,采取切实可行的措施,使之得到有效的保护和管理。文物在其创始时期是一种客观性的东西,不受后来者的影响而改变。出于一定的需求,人们制作出文物复制品,即使它们与文物的外观和大小一模一样,所使用的材质及色调、纹饰也一模一样,即使它们的工艺非常精湛,但它们也仅仅是复制品,只能反映出制作复制品时所面对的社会状况、技术水平及工艺,无法呈现文物中所蕴含的时代文化内涵和历史信息。

(四)可移动文物具有不可替代性

可移动文物作为历史与文化的实体印记,其不可替代性根植于它们独一无二的时代背景、蕴含的丰富文化意义、代表的古老工艺技术,以及作为稀缺历史证据的宝贵地位。这些文物超越了物质形态,是连接过去与现在的桥梁,承载着人类的智慧、审美、信仰和对生活方式的传承,对学术研究、文化教育及全球文化遗产保护具有不可估量的价值。因此,可移动文物的保护工作显得尤为重要,它关乎人类文明记忆的留存与未来世代对过往的理解与尊重。

(五)可移动文物作用的永续性

可移动文物是在各个历史时期形成的物质和文化的遗存,它们见证了历史,可印证文献,又可供欣赏,具有永久的纪念价值。文物是人类宝贵的文化遗产,它对人类文明所产生的影响是永续性的。文物所具有的物质和文化特征,不会随着时间的推移而消失和改变。可移动文物反映了一个时代、一个民族或一个国家的物质文化、社会政治和科学文化,它本身就是一种文明,具有一定程度的延续性。例如,中国历代瓷器是世界各国都极为重视的一种工艺品,它以精美细腻的品质著称于世。

综上所述,我国可移动文物的种类繁多,具有显著的价值。可移动文物反映了特定历史时期的社会发展水平,具有较高的科学、艺术和历史价值,见证了中国社会的发展,为开展爱国主义教育、传播先进文化、弘扬民族精神、构建和谐社会提供了宝贵的资源。可移动文物作为一种重要的文化遗存类遗产资源,不仅是历史发展中人类社会实践和物质财富创造活动的见证者和纪录者,也是我国古代文明、科技文化以及民间传统艺术等文化形态、物质遗存和建筑景观资源等重要实物形态的载体,是中国遗产资源体系中不可缺少的一部分。可移动文物不仅是一种重要的文化资源,同时也是一种重要的实物资源,可以从不同角度反映出人类社会发展过程中的进步与发展。

五、可移动文物普查的技术路线和主要成果[①]

普查按照统一平台、联网直报、属地管理、县为单元的原则开展。全国建立统一标准规范，以单位自查申报与重点排查相结合的方式，由地方政府按照属地开展网格化调查和文物认定。全国各级普查机构共向 102 万家国有单位发放《国有单位文物收藏情况调查登记表》，做到调查中不漏单位，认定中不漏文物。

普查设立全国可移动文物信息平台，各地普查机构和收藏单位组建普查人员，对经认定的文物，开展文物定名、断代、分类、编号、测量、计量、拍照等，填写《可移动文物认定信息登记表》和《文物登记卡》，依托互联网在统一平台上进行数据登录、审核。

全国统一制订《第一次全国可移动文物普查数据审核工作管理办法》和评定标准，明确填报规范和评定细则，加强数据审核和质量管理。各地细化普查目标，分解年度工作任务，落实责任，强化进度管理，严把质量关，以自查、督查、评估、验收等多种形式保证普查质量。聘请第三方对各地普查实施情况进行中期评估和结项评估。国家文物局组织普查验收，重点检查普查机构制度建立情况，人员及经费等保障措施，普查覆盖率及数据质量等，组织专家对各省数据抽样审核，数据差错率均在 0.5% 以下，达到数据质量控制要求。

各级地方政府以县域为单元，对行政区域内文物资源进行普查登记，全面掌握文物资源状况、收藏单位数量和行业分布，建立各级文物资源目录和文物资源地图。普查除对文物本体信息进行逐项登记外，还要对收藏单位、保管人员、库房情况、管理制度等同时开展调查。各级普查机构通过实地走访、上门调查、重点认定等方式，加大对新发现文物资源的梳理调查和登记。普查采集 27 项收藏单位信息和 15 项文物基础信息，建设国家文物资源数据库，实现全国国有可移动文物信息的统一集中存储。普查按照统一编码规范，对登录文物和单位统一分配标准代码和分类编号，建立文物实物、藏品档案、电子信息关联一体的"文物身份证"编码系统和数据管理系统。普查凸显政府行为，建立起各部门参加、社会广泛参与的协作机制，统一组织，统一平台，统一标准，联网直报，实现登录数据动态管理，建立文物认定机制和数据管理利用制度。普查建立的组织体系、标准规范、统一平台和文物资源数据库，以及培养的人员队伍，为完善全国文物资源调查管理机制、建立国家文物登录制度进行良好实践，打下坚实基础。普查

---

① 国务院第一次全国可移动文物普查领导小组办公室，国家文物局.第一次全国可移动文物普查工作报告［EB/OL］.（2017-04-07）［2023-12-20］.http://www.ncha.gov.cn/art/2017/4/7/art_1984_139379.html.

制定了文物藏品登录规范，统一文物藏品档案和登记卡，建立了十余项标准，文物定名、断代、计量、分类等15个核心指标首次实现全国一体化。各单位按照普查要求开展藏品清点，核定账、物对应，补充完善文物信息，健全藏品账目档案，依法向上级文物行政部门备案，使《中华人民共和国文物保护法》及其实施条例关于国有单位收藏文物建档备案的要求真正落实落地。各地将普查与文物清库建档、鉴定定级工作相结合，各级普查机构指导收藏单位开展文物认定，完善库房管理、文物提调注销、安全保卫和档案等制度。各级普查机构积极推进普查成果共享和利用，举办文物展览，出版各类普查成果图书，建立网上共享平台。

第三节　非物质文化遗产

文化遗产包括物质文化遗产和非物质文化遗产，物质文化遗产主要是文物、建筑和村镇（有形文化遗产），非物质文化遗产主要是以非物质形态存在的文化遗产（无形文化遗产）。

一、非物质文化遗产的概念

非物质文化遗产是一个国家和民族历史文化成就的重要标志，是优秀传统文化的重要组成部分。"非物质文化遗产"与"物质文化遗产"相对，合称"文化遗产"。《中华人民共和国非物质文化遗产法》明确指出，非物质文化遗产是指各族人民世代相传并视为其文化遗产组成部分的各种传统文化表现形式，以及与传统文化表现形式相关的实物和场所。

二、非物质文化遗产的分类

关于非物质文化遗产的分类方法多种多样，王文章的《非物质文化遗产概论》提出13类分法，向云驹的《人类口头和非物质遗产》提出四大分类法，周耀林等人的《论我国非物质文化遗产分类方法的重构》提出宏观、中观和微观分类方法。目前主流的分类方法主要有三种，如下表所示。

非物质文化遗产分类

《中华人民共和国非物质文化遗产法》中的分类	联合国教科文组织《保护非物质文化遗产公约》中的分类	国家级非物质文化遗产代表性项目名录中的分类
1. 传统口头文学以及作为其载体的语言 2. 传统美术、书法、音乐、舞蹈、戏剧、曲艺和杂技 3. 传统技艺、医药和历法 4. 传统礼仪、节庆等民俗 5. 传统体育和游艺 6. 其他非物质文化遗产	1. 口头传统和表现形式，包括作为非物质文化遗产媒介的语言 2. 表演艺术 3. 社会实践、仪式、节庆活动 4. 有关自然界和宇宙的知识和实践 5. 传统手工艺	1. 民间文学 2. 传统音乐 3. 传统舞蹈 4. 传统戏剧 5. 曲艺 6. 传统体育、游艺与杂技 7. 传统美术 8. 传统技艺 9. 传统医药 10. 民俗

三、非物质文化遗产现状

（一）国家级非物质文化遗产代表性项目名录

我国建立国家级非物质文化遗产代表性项目名录，是为了对我国现存的非物质文化遗产进行清晰明了的分类，让非物质文化遗产保护工作可以具体开展实施，有利于快速确认保护对象，对我国的非物质文化遗产资源进行整合和梳理。国务院于 2006 年至 2021 年陆续发布了 5 批国家级非物质文化遗产名录，公布了 1557 个国家级非物质文化遗产代表性项目。

（二）国家级非物质文化遗产代表性项目代表性传承人

我国设立国家级非物质文化遗产代表性项目代表性传承人，是基于非物质文化遗产的特殊性。与物质文化遗产不同，非物质文化遗产需要活态传承，传承人的言传身教才是非物质文化遗产传承链条上的灵魂，国家重视传承人在非物质文化遗产保护和延续事业上起到的重要作用，在基于传承方式的群体性和实践性的特点之下，确定国家级非物质文化遗产代表性传承人，让群体保护传承成为可能。截至 2022 年 11 月，国家级非物质文化遗产代表性传承人共 3057 人。

（三）国家级文化生态保护区

我国设立国家级文化生态保护区，是由于一些非物质文化生态需要区域性保护。因为非物质文化遗产的生态性特点，所以对其所属的生态文化环境进行保护是很有必要的，能够在维持文化形态的特色和重要特征的基础上，整体保护文化扎根的生态土壤。2007 年，文化部设立了我国首个国家级文化生态保护实验区——闽南文化生态保护实验区。2007 年到 2018 年，全国共有 21 个国家级文化生态保护实验区先后获批设立。由于尚处于试验性阶段，因此各保护区暂定为"文化生态保护实验区"。2019 年、2023

年 1 月、2023 年 7 月，文化和旅游部公布了三批正式确定的国家级文化生态保护区。截至 2023 年 8 月，我国共设立国家级文化生态保护区 17 个。

（四）国家级非物质文化遗产生产性保护示范基地

我国设立国家级非物质文化遗产生产性保护示范基地是基于非物质文化遗产的特点——非物质文化蕴含于人们生产生活的各个方面，是人们创造的民间性文化的一种体现。对非物质文化遗产进行生产性保护，将文化资源转化为文化产品参与市场，有利于人民群众近距离接触、了解非物质文化遗产技艺。2011 年和 2014 年，国家先后公布了两批国家级非物质文化遗产生产性保护示范基地，两批基地合计 100 个。

四、非物质文化遗产的性质与特征

（一）民族性

非物质文化遗产具有民族性的特征。我国民族众多，非物质文化遗产随着民族间的交流传播烙印上不同的特性，蕴藏着民族文化的基因。

（二）民间性

非物质文化遗产具有民间性。其发源于民间，反映着民众集体生活，其内容来源于民间，受到民间习俗和活动的影响。

（三）生活性

非物质文化遗产具有生活性。非物质文化遗产是传承到现在的传统生活方式与生产方式的呈现，它蕴含于生活的各个方面，既是一种文化，也是一种生活的体现。

（四）活态性

非物质文化遗产具有活态性。区别于静态的物质文化遗产，非物质文化遗产是鲜活的，蕴藏于人们的行为活动之中。同时，活态性也意味着它是不断变化、发展、创新的，具有强大的生命力。

（五）传承性

非物质文化遗产具有传承性。经过一代代劳动人民的传承，非物质文化遗产通过师徒或者团体的形式流传下来，是劳动人民智慧的结晶。

（六）生态性

非物质文化遗产具有生态性，它受到文化生态环境的影响。非物质文化遗产之间存在差异，主要是因为它们存在于不同的文化土壤中，文化生成机制存在差异，对生态环境具有依赖性。

（七）创造性

非物质文化遗产具有创造性。非物质文化遗产在传承过程中不是一成不变的，后人对前人的技艺会进行加工和创造，习俗也会有所改变，虽然继承已有的是传承的主流，但是在传承过程中细微的差别很可能形成一种形式上的创新。

（八）独特性

非物质文化遗产具有独特性。它表现为独特的民间艺术或文化，是唯一的，不可被模仿的。非物质文化遗产背后的文化内涵也具有自身的独特性，体现出情感和审美价值的差异。

（九）群体性

非物质文化遗产具有群体性。在非物质文化遗产保护与传承过程中，由于严格遵循师徒口耳相授的传承方式，并非一人能及，故其传承也呈现群体性的特点。

（十）地域性

非物质文化遗产具有地域性。所谓一方水土养一方人，自然环境对于人的影响深刻，而非物质文化遗产受到一个地域文化特征的影响，表现出该地域的特点，与地域的生产生活息息相关。

综上所述，非物质文化遗产对于国家而言，体现着国家与民族的个性和特点，展现着独特的文化魅力与底蕴；对于世界而言，非物质文化遗产作为一种无形的宝贵文化遗产极大地丰富了世界文化的多样性。在经济快速发展、全球一体化的趋势下，如何保护与传承非物质文化遗产、避免文化趋同或者文化的昙花一现，始终是一个艰巨的使命。对于非物质文化遗产需要保护与开发双管齐下，要坚持非物质文化遗产保护原则，保护其原汁原味，同时，也需要开发其文化内涵，保证活态性，在传播方式上实现创新，推动非物质文化遗产弘扬，满足人们的精神文化需求，树立文化自信，让中华文化更好地走向世界。

五、非物质文化遗产普查的步骤、内容和要求[①]

（一）普查试点阶段

1. 普查准备

（1）了解和掌握以往工作成果，结合当地实际情况，制订普查工作方案和计划。

（2）开展普查人员培训。

---

① 文化部办公厅.关于开展非物质文化遗产普查工作的通知［EB/OL］.（2010-04-20）［2023-12-20］.https：//www.ihchina.cn/Article/Index/detail?id=11597.

2. 普查试点

（1）确定普查试点地区，有计划地开展普查试点工作。

（2）总结普查试点经验，以点带面，稳步推动本地区普查工作的开展。

（二）普查全面开展阶段

（1）在总结普查试点经验的基础上，按照普查工作方案，有计划地按地区、分类别开展非物质文化遗产的普查。

（2）全面了解、掌握各地区各民族的非物质文化遗产的种类、数量、分布状况、生存环境、保护现状及存在问题，建立档案和数据库。

（三）普查总结阶段

（1）撰写并提交本地普查工作总结报告，其内容应包括普查工作的时间、地点、人员安排及各类非物质文化遗产的分布、价值、现状等。总结报告以文字为主，并应配备必要的图片和音像资料。

（2）按照全国统一的体例、标识，绘制本地的非物质文化遗产分布地图集。

（3）提交本地保护项目清单，包括非物质文化遗产资源目录、重点抢救项目名单、分期保护项目名单等。

（4）总结普查成果，编辑《中国非物质文化遗产分布地图集》。

第四节　古籍

古籍指古代文献典籍。我国的古籍，是中华民族创造的重要文明成果，是中华文明绵延数千年、一脉相承的历史见证，是人类文明的瑰宝。古籍具有不可再生性，保护好古籍，对促进文化传承、联结民族情感、弘扬民族精神、维护国家统一及社会稳定具有重要作用。

一、古籍的概念和分类

古籍是古代文献典籍的简称，是未采用现代印刷技术印制的书籍，传统分类法一般将其分为经、史、子、集四部，普查分类主要包括汉文古籍、少数民族文字古籍、甲骨、简帛、敦煌遗书、碑帖拓本、古地图等。历代流传下来的古籍分为抄写本、刻印本两类，抄写本即人工抄写的图书，刻印本即采用雕版印刷或活字印刷印制的图书。但具体区分，又有种种不同的版本名称[①]。

二、国家高度重视古籍保护和普查登记工作

党中央、国务院高度重视古籍保护。2007年，国务院办公厅出台《关于进一步加强古籍保护工作的意见》（国办发〔2007〕6号），提出实施"中华古籍保护计划"，建立《国家珍贵古籍名录》命名"全国古籍重点保护单位"。2007年，文化部发布《关于印发〈全国古籍普查工作方案〉等文件的通知》（文社图发〔2007〕31号），出台了《全国古籍普查工作方案》《全国古籍保护试点工作方案》《〈国家珍贵古籍名录〉申报评审暂行办法》《"全国古籍重点保护单位"申报评定暂行办法》等文件，决定从2007年开始，在全国范围内组织开展古籍普查登记工作，目的是全面了解和掌握各级图书馆、博物馆等单位及民间所藏古籍情况，对登记的古籍进行详细清点和编目整理，建立中华古籍综合信息数据库，形成中华古籍联合目录，以便国家有重点、有针对性地开展古籍保护工作，加强对古籍的管理。2011年，文化部发布的《关于进一步加强古籍保护工作的通知》（文社文发〔2011〕12号）指出，自2007年中华古籍保护计划启动以来，在党中央、国务院的高度重视和领导下，在全国古籍保护工作者的共同努力下，全国古籍保护工作进展顺利，古籍普查、《国家珍贵古籍名录》和全国古籍重点保护单位的申报评审、古籍修复、人才培养等各项工作有序推进，古籍保护工作机制初步形成。因此，对古籍保护工作提出新的要求：推进古籍普查，建立适时申报、分批评审的工作机制，加快《中华古籍总目》分省卷编纂；加强少数民族文字古籍保护工作，积极开展对中华医药典籍、清代升平署戏曲文献等特色古籍及民国文献的保护工作；多途径开展古籍专业人才队伍建设，提高工作队伍的整体素质；加强对全国古籍重点保护单位和国家级古籍修复中心的管理，做好珍贵古籍的保护与修复工作；加大法规建设与科研力度，促进古籍保护的制度化、规范化、科学化；加快海外古籍调查，加强国际交流与合作；推进古籍的开发利用，增强全社会的古籍保护意识。2012年，国家古籍保护中心发布了《全国古籍普查登记工作方案》和《全国古籍普查工作手册》，提出利用全国古籍普查登记平台、中华古籍索引库开展全国古籍普查登记工作，进而形成《全国古籍普查登记目录》和《中华古籍总目》。

2022年，中共中央办公厅、国务院办公厅印发的《关于推进新时代古籍工作的意见》指出：做好古籍工作，把祖国宝贵的文化遗产保护好、传承好、发展好，对赓续中华文脉、弘扬民族精神、增强国家文化软实力、建设社会主义文化强国具有重要意义。

---

① 施廷镛. 中国古籍版本概要[M]. 天津：天津古籍出版社，1987：8.

党的十八大以来，以习近平同志为核心的党中央站在实现中华民族伟大复兴的战略高度，对传承和弘扬中华优秀传统文化作出一系列重大决策部署，古籍事业迎来新的发展机遇。文件提出完善古籍工作体系、提升古籍工作质量、加快古籍资源转化利用、强化古籍工作保障的要求，以及"让古籍工作体制机制更加完善，标准规范体系基本健全，工作水平有效提升，古籍保护传承、开发利用成效显著，人才队伍发展壮大，古籍工作在传承和弘扬中华优秀传统文化中的地位更为凸显、作用更加突出，古籍事业繁荣发展"的主要目标。

2022年，全国古籍整理出版规划领导小组印发《2021—2035年国家古籍工作规划》，对全国古籍工作重点方向、重点任务和重点工程项目作出规划部署：实施中华古籍普查调查工程，完成图书馆、博物馆、档案馆以及高等院校、科研院所、出版社等单位存藏古籍的普查登记，加强普查数据汇总核校，完善鉴定著录，实现普查数据开放共享；鼓励民间古籍收藏者参与普查登记；依托"海外中文古籍总目""海外中华古籍调查暨数字化合作""国外所藏汉籍善本丛刊""汉籍合璧工程"等项目，持续推进海外存藏中华古籍调查工作。

自2008年公布第一批国家珍贵古籍名录和全国古籍重点保护单位以来，国家已公布六批国家珍贵古籍名录和全国古籍重点保护单位，目前《国家珍贵古籍名录》共收录国家珍贵古籍13 026部，命名全国古籍重点保护单位203家。

三、古籍普查和登记的内容和任务[①]

全国古籍普查工作由全国古籍保护工作部际联席会议统筹规划，由相关国家部委领导实施。设立专家委员会，聘任有关专家负责珍贵古籍的定级审核和普查咨询工作。国家图书馆设中国国家古籍保护中心，为全国普查登记中心和培训中心，负责全国古籍普查登记工作和培训工作，研制标准，编写教材，培训普查人员，汇总古籍普查成果，建立中华古籍综合信息数据库，形成中华古籍联合目录。各省、自治区、直辖市成立各省级古籍保护分中心，负责本地区古籍普查登记工作和培训工作，按照统一标准和相同教材培训本地区的普查人员，汇总并向国家古籍保护中心报送古籍普查报表，建立地方古籍综合信息数据库，形成地方古籍联合目录。全国古籍保护工作部际联席会议成员单位可根据实际，在本系统成立古籍保护分中心，统一开展本系统的普查工作，将数据汇总后报送国家古籍保护中心；也可由各古籍收藏单位分别报送国家古籍保护中心或各省级分中心。中央其他各有关部委及所属单位按统一要求开展普查工作，直接向国家古籍

---

① 参见《全国古籍普查工作方案》《全国古籍普查登记工作方案》《全国古籍普查工作手册》。

保护中心报送古籍普查报表。民间收藏的古籍，可到所在地省级古籍保护分中心进行登记、定级、著录。

全国古籍普查登记工作的中心任务是通过每部古籍的身份证——"古籍普查登记编号"和相关信息，建立国家古籍登记制度，加强各级政府对古籍的管理、保护和利用。全国古籍普查登记工作利用"全国古籍普查登记平台"建立全国古籍普查基本数据库。在古籍普查登记基础上，由省级古籍保护中心组织本地区各古籍收藏单位编纂出版馆藏古籍普查登记目录，形成《全国古籍普查登记目录》。在古籍普查登记工作基本完成的前提下，由省级古籍保护中心负责编纂出版本省古籍分类联合目录《中华古籍总目》分省卷。由国家古籍保护中心负责编纂出版《中华古籍总目》统编卷。各古籍收藏单位、个人或私人收藏机构在中国古籍保护网下载登记表格，向国家古籍保护中心申请"古籍普查登记编号"号段，原则上每个原索书号对应一个"古籍普查登记编号"，填写基本信息后，电子表格和纸本表格经古籍收藏单位负责人、个人或私人收藏机构负责人签字后，分别报送国家古籍保护中心和省级古籍保护中心。各古籍收藏单位也可通过互联网登录省级古籍保护中心服务器上的"全国古籍普查登记平台"，开展古籍普查登记。"全国古籍普查登记平台"为每一部古籍自动生成唯一标识号——"古籍普查登记编号"。登录的数据经省级古籍保护中心报送国家古籍保护中心。同时古籍收藏单位、个人或私人收藏机构由平台导出电子表格并打印纸质表格，签字后报送国家古籍保护中心。

"全国古籍普查登记平台"是全国古籍普查工作的工作平台和发布平台，分为两大部分：业务处理系统、发布系统。业务处理系统为各古籍收藏单位提供古籍普查的工作平台，发布系统即"全国古籍普查登记基本数据库"，是古籍普查成果的展示方式之一，将国家古籍保护中心审核通过的普查数据发布给公众检索和浏览。业务处理系统的使用者与全国古籍普查的范围一致，即我国境内的各收藏机构。业务处理系统的普查对象为汉文古籍、简帛、敦煌及西域遗书、碑帖拓本、少数民族文字古籍。古籍的登记内容包括题名著者、版本、分类、版式、装帧、装具、序跋、刻工、批校题跋、钤印、附件、文献来源、修复历史、丛书子目、定级、定损、相关书影等信息。

四、古籍普查登记成果[①]

全国古籍普查登记数据（包括古籍普查登记基本信息连同"古籍普查登记编号"）形成"全国古籍普查登记基本数据库"，在中国古籍保护网上发布。

各古籍收藏单位（包括个人和私人收藏机构）提交国家古籍保护中心的普查登记数

---

① 参见《全国古籍普查登记工作方案》。

据形成馆藏普查登记目录档，由国家古籍保护中心指定出版社印成《收藏单位古籍普查登记目录档》绿皮书，作为档案留存该馆、省级古籍保护中心及国家古籍保护中心。国家古籍保护中心和省级古籍保护中心组织专家组对《收藏单位古籍普查登记目录档》进行复审。专家组由省级古籍保护中心领导担任组长，省馆古籍部（或历史文献部）主任担任副组长。复审形成的修订本交国家古籍保护中心正式出版《收藏单位古籍普查登记目录》，汇总为《全国古籍普查登记目录》。国家古籍保护中心规定《全国古籍普查登记目录》的编纂体例、正文内容。其编纂体例采取按"古籍普查登记编号"顺序编纂的方式，各馆藏单位只登记索书号、题名卷数、著者（含著作方式）、版本、册数、存缺卷数等内容。著录规则参照《全国古籍普查登记手册》。国家古籍保护中心确定版式、开本、纸张、规制、封面颜色，指定出版社出版。

各省级古籍保护中心在本省古籍普查登记和本省《收藏单位古籍普查目录》基础上，组织编纂《中华古籍总目》分省卷。国家古籍保护中心在条件成熟时，启动《中华古籍总目》统编卷的编纂。

第五节 美术馆藏品

美术馆藏品普查是为了进一步推动美术馆专业化建设，全面了解和科学分析全国美术馆藏品资源现状，加强对国家美术收藏的统筹管理，提高收藏的质量和效益。

一、美术馆藏品的概念及分类

美术馆藏品是指已列入美术馆藏品总登记账，或以其他方式确定入藏的美术作品。美术馆藏品的分类主要依据《全国美术馆藏品普查工作标准》，具体如下表所示。

美术馆藏品类目表

代码	一级类目	二级类目	三级类目	备注
01	绘画			
0101		中国画		含水墨画
010101			人物	
010102			山水	
010103			花鸟	
010104			杂画	

续表

代码	一级类目	二级类目	三级类目	备注
010199			其他中国画	
0102		油画		含丙烯画
010201			人物	
010202			风景	
010203			静物	
010204			抽象	
010299			其他油画	
0103		版画		
010301			木版画	
010302			石版画	
010303			铜版画	含其他金属版画
010304			丝网版画	
010319			综合版版画	
010371			藏书票	
010381			原版	
010399			其他版画	
0104		漆画		
0105		素描速写		
010501			素描	
010502			速写	
0106		水彩、粉画		
010601			水彩画	
010602			水粉画	
010603			色粉画	
0107		宣传画		含新年画
0108		漫画		
0109		连环画		
0110		插图		
0111		壁画		
0150		综合材料绘画		
0199		其他画种		
02	书法、篆刻			
0201		篆书		含甲骨文、金文

续表

代码	一级类目	二级类目	三级类目	备注
0202		隶书		
0203		行书		
0204		草书		含行草
0205		楷书		含魏碑、行楷
0230		硬笔书法		
0240		少数民族文字书法		
0250		外国文字书法		
0269		其他书法作品		
0271		印章		
0272		印谱		
0299		其他篆刻作品		
03	雕塑			
0301		木雕、木刻		
0302		石雕、石刻		
0303		金属雕塑		
0304		漆雕		
0305		泥塑		
0306		陶塑、瓷塑		
0307		石膏雕塑		
0360		综合材料雕塑		
0399		其他雕塑		
04	工艺美术			
0401		玉、石雕		
0402		竹、木雕		
0403		牙、角雕		含骨雕
0430		金属工艺		
0450		陶瓷工艺		含紫砂
0470		漆艺		
0499		其他工艺美术		
05	设计艺术			含设计方案、样品
0501		平面设计		
0502		空间设计		
0503		工业设计		

续表

代码	一级类目	二级类目	三级类目	备注
0599		其他设计艺术		
06	民间美术			
0601		刺绣		
0602		印染		
0603		织物		
0604		服装、服饰		
0605		剪纸		
0606		皮影		
0607		风筝		
0608		彩塑		
0609		玩具		
0610		木偶		
0611		面具		含脸谱
0612		编结		
0613		唐卡		
0614		彩扎		
0615		生活用具		含食具、家具
0616		民间陶瓷		
0617		民间雕塑		
0618		传统年画		含年画版
0619		民间绘画		含农民画、水陆画
0699		其他民间美术		
31	摄影			
3101		照片		
3102		底片		
3103		照片电子文件		
3199		其他摄影		
41	现代装置			
4101		静态		
4102		动态		
4199		其他现代装置		
50	数字艺术			含视频、动画
60	综合艺术			

续表

代码	一级类目	二级类目	三级类目	备注
90	其他美术作品			
99	其他藏品			

二、美术馆藏品普查的意义和内容

普查意义：通过普查，全面掌握我国境内文化行政主管部门归口管理的国有美术馆藏品数量分布、本体特征、人文信息和保存情况；总体评价国有美术馆藏品现状，编制发布国家美术收藏作品目录，为科学制定收藏、保护规划提供依据；规范美术馆收藏登记和藏品管理，促进加大国家美术作品收藏投入，加强藏品科学保护与利用，推动美术馆专业化建设；建立国家美术藏品基本数据库和国家美术收藏数据应用服务系统；实现国家美术藏品的动态化、科学化管理。

普查登录的主要内容是：藏品名称、类别、作者、创作年代、质地、尺寸、质量、主题、工艺技法、形态、题识、完残程度、保存状态、实际数量、来源方式、收藏单位、入藏时间、藏品编号等，同时收集藏品图像资料和收藏单位主要情况。

三、美术馆藏品普查的工作原则[①]

（一）统筹规划

全国美术馆藏品普查工作由国家相关部委统筹规划并制定、发布普查工作方案和实施方案，全国美术馆藏品普查工作办公室、各省（自治区、直辖市）文化和旅游厅（局）和各普查单位，按照普查方案的要求各司其职、分级负责，做好普查工作。

（二）统一标准

普查实施标准化管理。统一制订普查使用的信息登录标准、操作技术规范和项目管理制度。

（三）统一平台

普查充分利用现代信息技术，实行"统一平台、直接登录、一次入库、分级管理"的原则，开发统一的藏品普查信息登录系统平台，各普查单位采集藏品信息后，均在统一平台上填报、上传，普查数据一次入库；各级普查工作机构按照不同权限和隶属关系在平台上对已登录信息逐级进行审核。

---

① 艺术司.文化部关于开展全国美术馆藏品普查工作的通知［EB/OL］.（2013-12-03）［2023-11-23］.https：//www.mct.gov.cn/whzx/ggtz/201312/t20131203_695343.htm.

（四）以馆为单元

各美术馆（含经省级文化和旅游行政主管部门批准参加普查的外系统美术馆和其他美术机构）为普查工作的基本单元。普查工作的组织，普查队伍的设立，藏品信息的采集、登录、汇总，普查档案的建立，藏品目录的编制等，均以美术馆为单元组织开展。

各美术馆馆长作为本单位普查工作的第一责任人，对本单位藏品普查工作负总责。各美术馆参加普查工作的情况，将纳入文化和旅游行政主管部门对美术馆的绩效考核体系和国家重点美术馆评估体系。

（五）控制质量

为保证普查数据真实、准确和完整，各级普查工作机构将对普查全过程实行严格的质量控制，建立馆内自查、省级审查、国家复查的三级数据质量监管体系。

（六）交互共享

美术馆藏品普查可与其他文化资源普查同步开展，普查工作交互衔接，普查成果双向共享。在数据采集过程中，实行"同步采集，同步报送"，各美术馆按照美术馆藏品普查的相关要求，同步采集藏品信息，并使用专用软件工具将普查数据上传至普查信息平台，同时抄报至属地其他文化资源普查机构；普查工作结束后，通过其他途径收集的美术藏品信息，统一转送全国美术馆藏品普查工作办公室，实现其他文化资源普查与美术馆藏品普查数据共享。

第六节　地方戏曲剧种

地方戏曲剧种是我国的国粹，是中华民族智慧的结晶，同样也是中国古代传统文化、道德观念和精神世界的历史产物，是中华文明的一部分[①]。

一、地方戏曲剧种的概念

地方戏曲又称地方戏，指流行于一定区域内，且具有地方特色的戏曲剧种的总称，是融合了某一地区的民风民俗，从而受到该地区大众欢迎的戏曲表演形式。如豫剧、越剧、粤剧、评剧、黄梅戏，等等。我国疆域辽阔，地区多、民族多、方言多，因此我国地方戏曲种类丰富多彩，不同的戏曲剧种在舞蹈、音乐、服装、妆容、剧情和表演形式上都有区别。地方戏曲一般都有较悠久的历史，与当地的传统文化相融，因此被当成地

---

① 孙延凤．浅谈新时代背景下中国戏剧的发展［J］．戏剧之家，2018（17）：15-16.

方文化的"活化石"。随着时代的发展,一代代的戏曲人在保留戏曲原有文化内涵的基础上不断创新,赋予了地方戏曲新的时代精神,使地方戏曲越来越受到大众的喜爱。

二、地方戏曲剧种的分类

文化部按照《国务院办公厅印发关于支持戏曲传承发展若干政策的通知》(国办发〔2015〕52号)要求,于2015年至2017年在全国范围内开展地方戏曲剧种普查,截至2017年,我国有348个剧种,其中分布区域在2个省区市以上(含)的剧种有48个,分布区域仅限1个省区市的剧种有300个。① 我国京剧、黄梅戏、豫剧、评剧、越剧并称为五大戏曲,其他比较著名的戏曲种类有昆曲(江苏)、粤剧(广东)、徽剧(安徽)、淮剧、川剧、秦腔(陕西)、沪剧(上海)、晋剧(山西)、河北梆子、湖南花鼓戏、吕剧(山东)等。

三、地方戏曲剧种的现状

我国地方戏曲剧种呈现出多元化与复杂化并存的现状特征。作为中华民族传统文化的瑰宝,地方戏曲承载着丰富的历史记忆与地域文化特色,分布于全国各地,各具魅力,体现了中华文化的多样性。

1. 多样性与独特性

每个地方戏曲剧种都深深植根于其发源地的文化土壤中,音乐、唱腔、表演风格、服饰道具乃至剧本内容都蕴含着当地的历史背景、民俗风情和语言特色,形成了各自独特的艺术风貌。

2. 传承困境

尽管地方戏曲蕴含深厚的文化价值,但许多剧种正面临着传承危机。年轻一代观众兴趣转移,传统观赏习惯发生改变,加上现代娱乐方式的多样化,使得地方戏曲的观众群体逐渐萎缩。同时,老一辈艺术家的退休与离世,导致一些传统技艺和经典剧目的传承出现断层。

3. 创新发展

面对挑战,不少地方戏曲团体和艺术家开始探索创新之路,尝试将传统戏曲与现代元素结合,如采用新媒体传播、跨界合作、现代化舞台技术等手段,力图吸引更多年轻观众,如将戏曲故事改编成影视作品,或在保持原汁原味的基础上融入现代审美和表达

---

① 赵兴勤,肖阳.关于地方戏振兴的几点思考[J].江苏师范大学学报(哲学社会科学版),2022,48(06):31-44.

方式。

4. 政策支持与保护

国家日益重视非物质文化遗产的保护与传承，地方戏曲作为其中的重要组成部分，得到了一系列的政策支持和资金投入。建立传承人制度、举办戏曲节庆活动、开展进校园项目等一系列措施，旨在提升地方戏曲的社会关注度和影响力，促进其可持续发展。

5. 市场与受众分化

在商业化浪潮中，一些地方戏曲剧种通过市场化运作成功转型，开辟了新的生存空间，如旅游演艺、网络直播等新兴模式，而另一些剧种则更多地依赖政府资助和社会捐赠维持基本的演出与传承活动。

综上所述，我国地方戏曲剧种正处于一个既充满挑战又蕴含机遇的时期，既要解决传承难题，又要探索适应现代社会的发展路径，以确保这些珍贵的文化遗产能够薪火相传，焕发新的生命力。

四、地方戏曲剧种的性质

（一）地域性

地方戏曲就是在某一地域内产生的戏曲，地方戏曲的地域性使得我国戏曲呈现百花齐放的局面。地域性受到地区传统文化的影响，突出表现在戏曲演员的声腔和方言上。

（二）乡土性

我国的地方戏曲大多发源于乡村，其剧情都是由乡村生活改编而来，使得地方戏曲带有"土"和"俗"的标签，但地方戏曲的乡土性使得戏曲更有"风土人情"味，更加贴近人们的生活，深受人们喜爱。

（三）民间性

地方戏曲受到传统文化的影响，将民间生活和故事改编成戏曲搬上舞台，其体现的是当时"主流文化"的民间立场和诉求，是民间情味的载体，尽管其内容涵盖了家国情怀，但是戏曲更偏向于描述婚姻生活和家长里短的生活琐事，更具有民间性。

综上所述，地方戏曲剧种是我国非物质文化遗产之一，是我国的文化瑰宝，随着时代的发展，地方戏曲逐渐淡出人们的视野，被流行文化所代替，但我们不能抛弃优秀传统文化。因此，我们应该大力弘扬地方戏曲，要让更多的人知道它们，更要使地方戏曲和时代精神相结合，紧跟时代发展的潮流，在文化百花齐放的今天仍然能够散发生机与活力。

五、地方戏曲剧种普查的目标、内容、原则和成果应用[①]

（一）普查的目标

通过普查，全面掌握我国各地区、各民族戏曲剧种的数量、形成发展历史、艺术特点、分布和流传地区、演出团体、人才状况、演出剧目、生存现状等，实现各级文化行政部门对各地戏曲文化资源的动态化、科学化管理，更好地促进戏曲艺术繁荣发展。

（二）普查的范围和内容

普查的范围是我国境内各地区、各民族的传统戏曲剧种，包括皮影戏、木偶戏等不同戏曲样式，普查登录的主要内容是：剧种名称、声腔、艺术渊源、形成时间、流行区域、剧目、音乐、表演艺术、舞台美术、主要演出团体、人才培养机构、报刊专著、代表人物等相关文字、图片资料。

（三）普查工作原则

1. 统筹规划

全国地方戏曲剧种普查工作由国家部委统筹规划。国家部委负责制定、发布普查工作方案和实施方案，全国地方戏曲剧种普查工作办公室、各省（区、市）文化和旅游厅（局）和各普查单位要按照普查方案的要求各司其职、分级负责，做好普查工作。

2. 统一标准

普查实施标准化管理，国家部委统一制定普查使用的信息登录标准、操作技术规范和项目管理制度。

3. 统一平台

充分利用现代信息技术，建立全国地方戏曲剧种普查平台，实行统一平台、直接登录的原则。各普查单位采集信息后，均在统一平台上填报、上传，普查数据一次入库。各级普查工作机构按照不同权限和隶属关系在平台上对已登录信息逐级进行审核。

4. 控制质量

为保证全国地方戏曲剧种普查数据真实、准确、完整，各级普查工作机构将对普查全过程实行严格的质量控制，建立剧种课题组审查、院（所）内复查、国家部委抽查的三级数据质量监管体系。

（四）数据管理和成果应用

凡参加普查工作的文化艺术研究院所、非遗保护机构等，都必须按照《中华人民共

[①] 文化部.文化部关于开展全国地方戏曲剧种普查工作的通知［EB/OL］.（2015-07-17）［2023-12-20］.https://www.mct.gov.cn/whzx/bnsj/yss/201507/t20150717_752933.html.

和国统计法》及文化和旅游部有关文件的规定，认真做好普查工作，按时、如实、完整地填报普查资料。普查资料由省级普查工作机构汇总、复核后上报全国地方戏曲剧种普查工作办公室。

国家对普查数据和资料实行分级管理，全国地方戏曲剧种普查工作办公室负责制定普查数据、资料管理办法，建设普查信息平台。各省（区、市）文化和旅游厅（局）对本地区采集的地方戏曲剧种普查资料、档案实行备份管理。各省（区、市）公布普查数据，需报经全国地方戏曲剧种普查工作领导小组同意。全国地方戏曲剧种普查数据，由全国地方戏曲剧种普查工作办公室审核，报经全国地方戏曲剧种普查工作领导小组同意后正式公布。国家部委对普查数据严格管理，依法合理使用相关数据和资料档案，促进普查成果的应用推广。

第七节　传统器乐乐种

各地、各民族的传统器乐乐种，包含纯器乐乐种，以及作为其他艺术形式伴奏（如声乐、舞蹈、曲艺、杂技、武术等）的乐种样式。

一、传统器乐乐种的种类

我国传统器乐主要包括吹管乐器、弹拨乐器、打击乐器、拉弦乐器。相应的，传统器乐乐种就主要包括利用吹管乐器、弹拨乐器、打击乐器、拉弦乐器四类乐器演奏的乐种。其中，吹管乐器主要包括笛、箫、排箫、埙、笙、芦笙、巴乌、管子、唢呐等；弹拨乐器主要包括古琴、筝、阮、琵琶、月琴、柳琴、箜篌、三弦、秦琴、冬不拉、热瓦甫等。打击乐器主要包括扬琴、堂鼓、碰铃、云锣、缶、编钟、编磬、缸鼓、铜鼓、大小锣、小鼓、排鼓、大钹等。拉弦乐器主要包括二胡、板胡、京胡、椰胡、革胡、天琴、奚琴、马头琴等。

二、传统器乐乐种普查概况

传统器乐乐种普查目前主要是根据《中华文化资源普查工程实施方案》，结合文化和旅游资源普查专项工作进行，在部分省区市完成了试点工作。2017年，中共中央办公厅、国务院办公厅印发《关于实施中华优秀传统文化传承发展工程的意见》，明确提出"实施中华文化资源普查工程，构建准确权威、开放共享的中华文化资源公共数据平台"。《中华人民共和国国民经济和社会发展第十四个五年规划和2035年远景目标纲要》也明确提出"开展中华文化资源普查"任务。近年来,文化和旅游部深入推进中华文化资源普查工程,成立了中华文化资源普查工作领导小组及办公室,制定了《中华文化资源普查工程实施方案》,连续印发中华文化资源普查工程年度工作要点,接续推动各项文化资源普查工作,取得瞩目成果。2019年,文化和旅游部制定《中华文化资源普查工程实施方案》,协调推进文物、非物质文化遗产、古籍、美术馆藏品、地方戏曲剧种、传统器乐乐种的全国普查。

如四川省于2019年1月启动、历时两年完成的文化和旅游资源普查,共查明六大类文化资源305.7万余处,旅游资源24.5万余处。其中,文化资源中,传统器乐乐种92种。

传统器乐乐种普查与传统音乐调研普查有一定关联。卢映雪的《探寻历史文脉普查传承现状——〈田野回响——新世纪中国传统音乐调研报告〉述评》[①]一文指出:有关我国传统音乐的调研普查工作,自20世纪50年代以来已经进行了很多次。但每一次的重点、范围、规模、目标又不完全相同。新中国成立不久,就有过一次通过各省市刚刚成立的群众艺术馆或"音乐工作组",大面积地对各地民歌、民间歌舞、民间器乐的全面普查,当时采取边考察边记录的方式,最终于1959—1960出版了一大批分省或民族、体裁的"民歌""民间音乐"选本;70年代后期,前无古人的"十大文艺志书"工程逐步展开。这是一次规模空前的普查、记录和学术整理,是对历代传承至今的民间乐舞、文学遗产采取静态方式的全面保存,可以说是70年来时间最长、规模最大的一次文艺资源普查。2007年,由"文化部民族文艺发展中心"主持的社科重大项目"中国民间文艺(戏曲、音乐、舞蹈)现状调查",是"十大文艺志书"完成之后的又一次全国性普查[②]。以上三次普查,时间跨度超过半个世纪,各次的重点和目标也各有区别。第一次限于少数民族,第二次归于文本保存,第三次重点在"现状",分别对应了我国不同时代文化艺术发展的需求。

中共中央宣传部中华民族音乐传承出版工程调研普查项目,针对全国范围内的传统音乐生态现状进行调研普查,收集整理存见于各地区、各民族的音乐品种信息,根据中华民族音乐具备的历时性时代标志、共时性地方差异、共通性社会功能、兼容性更新发展等文化特征,系统梳理各民族音乐传承发展脉络,深入研究民族音乐的文化流系情况,对传承发展民族音乐提出建设性意见。经考察、撰写、论证,形成了《田野回

---

① 卢映雪.探寻历史文脉普查传承现状:《田野回响——新世纪中国传统音乐调研报告》述评[J].人民音乐,2022(7):92-95.

② 乔建中.后集成时代的中国民间音乐:关于55份民间音乐现状调查报告的报告(上)[J].中国音乐学,2010(3):57-62.

响——新世纪中国传统音乐调研报告》这一内容丰富、具有实践意义的学术成果。①

三、传统器乐乐种普查的内容和要求

各地、各民族的传统器乐乐种，包含纯器乐乐种，以及作为其他艺术形式伴奏（如声乐、舞蹈、曲艺、杂技、武术等）的乐种样式。要求乐种具备以下条件：未录入集成且有直接五代以上（百年）师承关系，有本乐种特有的、内部认同的传统曲目，有独特的演奏风格特点，乐器配置有不同于其他乐种组合的特征，有广泛的当地群众基础。

传统器乐乐种普查是一项系统性的工作，旨在全面收集、整理和研究中国传统器乐乐种的分布、特点、传承现状等信息。目的是全面掌握传统器乐乐种的分布情况，记录乐种的历史渊源、音乐特点、乐器组成等信息，评估乐种的传承现状及面临的挑战，为保护和传承传统器乐提供科学依据。

主要普查内容有如下几个方面。

（1）乐种基本信息：乐种名称的由来、形成时间、主要流行区域。

（2）乐器构成：详细列举该乐种使用的乐器，包括主奏乐器和伴奏乐器。描述乐器的形制、材质、制作工艺，以及乐器在该乐种中的独特演奏技巧和作用。

（3）音乐特点：分析旋律特点，如调式、音阶、旋律走向；研究节奏特征，包括节拍、节奏型；探讨和声运用，若有和声的话，分析和声的构成与功能。

（4）演奏形式：独奏、齐奏、合奏等形式的具体组合方式，以及不同演奏形式在不同场合的应用。

（5）代表曲目：整理该乐种的经典代表曲目，了解曲目的创作背景、音乐内涵和演奏要点。

（6）传承与发展：梳理传承脉络，记录历代代表性传承人；调查当前传承方式，如家族传承、师徒传承、学校教育传承等；分析传承过程中面临的问题，如人才断层、资金短缺、受众减少等；研究该乐种在现代社会的发展现状，包括创新演出形式、与其他艺术形式的融合等。

四、传统器乐乐种普查方法

1. 文献研究

查阅地方志、音乐史书籍、学术论文等资料。收集已有的研究成果和调查报告。

---

① 卢映雪.探寻历史文脉普查传承现状：《田野回响——新世纪中国传统音乐调研报告》述评［J］.人民音乐，2022（7）：92-95.

2. 田野调查

实地走访：深入乐种流行地区，走访民间艺人、传承人、乐社等。

访谈记录：通过访谈了解乐种的历史、现状及传承情况。

问卷调查：设计问卷，收集乐种的相关信息。

3. 音像记录

录制音频、视频，记录乐种的演奏场景、乐器制作过程等。拍摄图片，记录乐器、乐谱、演出场景等。

4. 数据分析

整理调查数据，建立数据库。分析乐种的分布、特点及传承现状。

第八节　公共文化资源

公共文化服务与公共文化设施是为了保障、维护和满足公民的文化需求和文化权益。公共文化资源是公共文化的表现形式，公共文化资源有着各种各样的类别，既有精神层面的表现形式，也有物质层面的表现形式。我国高度重视公共文化服务体系建设，各类公共文化资源得到了有效保护和建设。

一、公共文化资源的概念

周晓丽和毛寿龙认为，"公共文化就是能为广大社会公众接触或享用的具有物质或精神享受的一些产品或设施，如图书馆、博物馆等"[1]。在公共管理学术语中，公共文化是相对经营文化而言的，是为满足社会的共同需要而形成的文化形态，强调的是以社会全体公众为服务对象的公共行政职能，目标是人人参与文化，人人享受文化，人人创造文化。还有其他相关定义，如"公共文化，是指由政府主导、社会参与形成的普及文化知识、传播先进文化、提供精神食粮满足人民群众文化需求，保障人民群众基本文化权益的各种公益性文化机构和服务的总和"[2]。

《公共文化资源分类》（GB/T 36309—2018）对公共文化资源的界定是"满足公民基本文化需求为主要目的所提供的公共文化设施、产品、活动、服务以及与上述对象相

---

[1] 周晓丽，毛寿龙. 论我国公共文化服务及其模式选择［J］. 江苏社会科学，2008（1）：90.
[2] 创建国家公共文化服务体系示范区知识100问［R/OL］（2016-04-08）［2023-01-02］. http://www.yijun.gov.cn/resources/site/154/html/ztzl/lszl/cjgjggwhfwtxsfqygd/fwxc/202108/560660.html.

关的公共文化主体等各类要素"。

综合已有研究及相关定义，我们认为，公共文化资源是指以非营利性为主的，面向广大社会公众的物质形态或精神形态的各类要素。

二、公共文化资源的分类

根据国家标准《公共文化资源分类》（GB/T 36309—2018），公共文化资源共分为公共文化设施、公共文化产品、公共文化活动、公共文化服务、公共文化主体五个门类。其中公共文化设施包括公共文化场馆、数字文化平台等；公共文化产品包括印刷品、声像制品、视觉艺术品等；公共文化活动包括话剧歌剧演出、曲艺演出、舞蹈演出等；公共文化服务包括公益性文化产品的创作与传播、公共文化项目的研究和评估服务等；公共文化主体包括公共文化服务购买主体、公共文化服务承接主体、公共文化服务人员等。

三、公共文化资源现状

党中央、国务院高度重视公共文化服务，各级政府对公共文化设施建设的投入更是不容小觑。纵观近年来公共文化设施建设，我们可以看到，从中央到地方，各级政府对公共文化设施的建设都十分重视，公共文化建设呈现自上而下的特点，中央财政对公共文化建设呈现良好的带动作用；同时在公共文化设施的建设中也看到了地方发展不均衡的问题，农村地区以及西部欠发达地区公共文化设施建设也得到了发展，整体而言，我国的公共设施文化建设水平不断提高。

公共文化服务体系建设工作也卓有成效。2015年1月，中共中央办公厅、国务院办公厅印发了《关于加快构建现代公共文化服务体系的意见》和《国家基本公共文化服务指导标准（2015—2020年）》，对构建现代公共文化服务体系作出了全面部署。在各方面的关注下，公共文化服务体系建设在坚持以人民为中心、坚持社会主义核心价值观的前提下，在管理机制上进行探索创新，始终将人民的利益放在首位，灵活运用各方力量，带入科学技术，使得文艺创作呈现繁荣景象，增加了公共文化资源总量，为公共文化服务的发展提供了源源不断的动力，提升了公共文化服务水平，也传承中华民族的优秀文化。

2022年，中共中央办公厅、国务院办公厅印发了《关于推进实施国家文化数字化战略的意见》，意见指出，到"十四五"时期末将基本建成文化数字化基础设施和服务平台，形成线上线下融合互动、立体覆盖的文化服务供给体系。文化和旅游部信息中心携手久其软件筹划建设了"中华文化资源公共数据库平台",规划形成了平台的建设发展路径,初步建立了基础能力平台,分批开展了全国已完成普查的中华文化资源数据的整合与治理,探索实施了部分数据试点分析应用和共享服务,为充分利用数据价值、挖掘中华文化资源底蕴,奠定技术基础,积累路径经验[①]。中华文化资源公共数据平台本质上属于一种特殊形式的公共文化设施,虽然没有具体形态,但对于公共文化资源的保存和传播等方面具有重要作用。中华文化历史悠久,博大精深,它是公共文化资源的一部分,更是民族的血脉,人民的精神家园,由此国家也十分重视中华文化数字化成果的全民共享。保护公共文化资源需要借助一定的外部力量,2022年建设的"中华文化资源公共数据库平台",体现了政府与企业合作的特点,公共文化资源的建设需要社会各方面力量共同努力,政府作为主要力量发挥带头和统筹作用。

综上所述,公共文化资源具有共享性、仪式性、差异性、建构性的特点,在公共文化资源这一概念产生之前,公共文化资源就已经存在,它为一个群体中的人们所共有,群体中的人们也具有平等接触公共文化资源的机会。公共文化资源往往受到传统公共文化的影响,公共文化的发展和形态演变往往依据古老的传统,但这并不意味着公共文化资源是千篇一律的,公共文化资源的具体形态千变万化,不同空间区域以及不同社会阶层之间的公共文化资源具有各自的特征,公共文化资源既是不同群体之间的意识形态符号,可以构建起群体的认同感和凝聚力,也是不同群体之间进行区分的着眼点。公共文化资源应属于公共所有,不能将其束之高阁,应该在公共文化建设中,让公共文化资源贴近人们的生产生活。公共文化建设的成效如何,关键在于政府所提供的公共文化服务是否能满足人民群众的需求。在公共文化资源的保护和发展中,各公共文化资源类别相辅相成,对某一公共文化资源的保护和建设往往需要另外一种或者另外几种类别的公共文化资源来辅助,并且,对公共文化资源的保护和建设不能仅靠政府或者企业等某一单方面的力量,需要各方面力量共同助力。为更好地保护、利用公共文化资源,有必要对公共文化资源进行普查,以全面掌握情况,了解现状,为进一步开发利用、共建共享奠定基础。

---

① 久其政务云.挖掘文化资源底蕴 促进文化全景呈现——中华文化资源公共数据库平台[R/OL](2022-05-27)[2023-01-02].https://mp.weixin.qq.com/s?__biz=MjM5MzQ4MTAxNw==&mid=2447972657&idx=1&sn=bfbbac3d4429c4d369d3b546683a8ebe&chksm=b28bd16785fc587158b11a1af460b4695f26b72a2c2c8f.f25cbb3ffc05f5509a0a972ae604fb&scene=27.

第九节 红色文化资源

一、红色文化资源的概念

张泰城认为:"红色文化资源主要是中国共产党领导中国人民在革命战争年代进行的革命活动及其结果,这种活动及结果表现为人们可以开发利用的历史遗存。"[①] 国内学者对红色文化的界定有广义和狭义之分。如周宿峰使用狭义的红色文化概念,将其具体为1921年中国共产党成立以来到改革开放时期,包括长征时期、土地革命时期、抗日战争时期、解放战争时期、社会主义建设时期等的文化,它反映了中国共产党和最广大劳动人民的理想、信念、道德、价值[②]。刘红梅把广义的红色文化概括为物质文化、制度文化和精神文化三方面的凝结统一,包括发生在旧民主主义革命时期、新民主主义革命时期、社会主义建设和改革开放时期的重大事件遗址和纪念地,以及革命遗物和实物。中共中央办公厅和国务院办公厅联合发布《2004—2010年红色旅游发展规划纲要》,指出红色旅游是"以中国共产党领导人民在革命和战争时期树立丰功伟绩所形成的纪念地、标志物为载体,以其所承载的革命历史、革命事迹和革命精神为内涵,组织接待旅游者开展缅怀学习、参观游览的主题性旅游活动"。中共中央办公厅和国务院办公厅联合发布的《2011—2015年红色旅游发展规划纲要》进一步指出,"自鸦片战争以来,大批仁人志士为了国家昌盛和民族复兴,抛头颅、洒热血,前赴后继,艰难求索,留下了许许多多可歌可泣、催人奋进的爱国主义壮丽诗篇。中国共产党成立以来,在革命、建设、改革的各个历史时期,带领全国各族人民浴血奋战、艰苦奋斗、开拓进取,孕育了极其宝贵的精神财富。在革命战争时期,形成了井冈山精神、长征精神、延安精神、太行精神、红岩精神、西柏坡精神等;在社会主义建设时期,形成了'两弹一星'精神、雷锋精神、铁人精神、焦裕禄精神;在改革开放时期,形成了九八抗洪精神、抗震救灾精神、载人航天精神等,共同熔铸出了以改革创新为核心的时代精神。这些精神都是伟大民族精神在新的历史时期的锤炼和升华,是党的光荣传统和优良作风的集中体现,是我们中华民族极其宝贵的精神财富"。《2016—2020全国红色旅游发展规划纲要》则更加突出强调红色旅游的理想信念教育功能、脱贫攻坚作用以及内涵式发展。

---

① 张泰城.论红色文化资源的分类[J].中国井冈山干部学院学报,2017,10(04):137-144.
② 周宿峰.红色文化基本问题研究[D].吉林:吉林大学,2014.

二、红色文化资源的分类

根据相关学者的界定，红色文化资源分为物质文化资源、制度文化资源、精神文化资源三大类别。在这三种类别下红色文化资源可细分为红色旧址、红色器物、红色文献、红色人物、红色事件、红色文艺、红色建筑、红色精神、红色研究、红色创作。

三、我国红色文化资源的现状

我国红色文化资源十分丰富。习近平总书记强调：红色资源是我们党艰辛而辉煌奋斗历程的见证，是最宝贵的精神财富。要用心用情用力保护好、管理好、运用好红色资源；要为红色资源注入新生命力，才能让红色文化长久地保存下去。

2021年，文化和旅游部联合国家发展改革委、中央宣传部、中央党史和文献研究院发布了"建党百年红色旅游百条精品线路"，包括展示中国共产党在各个历史时期重要标识和中国共产党百年来"为中国人民谋幸福、为中华民族谋复兴"的光辉历程的52条"重温红色历史、传承奋斗精神"主题线路；展示新时代科技和建设成果，感受"国之重器"力量的20条"走近大国重器、感受中国力量"主题线路；展现新时代脱贫攻坚、乡村振兴、生态文明建设等方面取得重大成果的28条"体验脱贫成就、助力乡村振兴"主题线路。

红色文化资源赋能乡村振兴。虽然现有的红色文化资源大多数已被开发，但仍有一些革命老区的红色文化资源未被开发或者未被完全开发。用好革命老区的红色文化资源，传承好红色基因，与乡村振兴相结合，建设红色文旅小镇，在传承红色文化的同时，也能促进乡村振兴，带动乡村经济建设和社会发展。例如文家市红色文旅小镇，作为2019年湖南省首批特色文旅小镇，利用秋收起义文家市会师纪念馆等红色文化资源设计了一系列党性教育课程，开发红色研学基地建设、拓展休闲农业，取得了良好成效。

数字赋能红色资源。随着现代信息技术的发展，如何让红色文化资源更加适应时代的发展是一直被探讨的问题。结合科学技术，如5G、虚拟现实、增强现实、3D影像等把红色文化转换成数字模式，形成红色文化资源大数据库。一方面，通过把数字科学技术和红色文化相结合，找到吸引大众的途径，让红色文化深入普通大众；另一方面，数字技术还能够科学有效地保护红色文化资源，促进红色文化资源传承。如广东移动打造了一批红色云游项目：在中山，广东移动运用5G技术和大数据收集成功开发孙中山文化遗产游径全域智慧5G导览系统；在汕头，广东移动与海丰红宫红场旧址纪念馆合作开发VR全景平台；在潮州，广东移动为涵碧楼推出"VR云游"服务；在揭阳，广东移动协助打造黄旭华故居5G+VR体验平台等，给红色旅游带来新方式，注入新活力。

红色文化资源受众越来越朝着年轻化的方向发展。许多地区都建设了红色教育基地、党建基地，越来越多的中小学校都更重视红色文化的教育作用。从驴妈妈数据来看，2021年1~6月通过平台预订红色旅游的人群中，30岁游客占比29%，其中，95后、00后客群增速最快，相比2019年同期增长约50%，这表示红色文化资源对于年轻人的吸引力越来越大。

四、红色文化资源的性质特征

（一）大众性

根据驴妈妈发布的《2021红色旅游大数据报告》，旅游网平台红色旅游产品同比增长140%，驴妈妈推出的"献礼百年·红迈中国"项目，带动了数十万游客赴红色旅游目的地感受红色文化。游客涵盖各个年龄段，有喜欢跟团的老年人，去找寻红色文化的印记；有喜欢打卡的年轻人，在现代社会发展的今天依然把百年耻辱铭记于心；还有想要寓教于游的亲子家庭。因此，红色文化资源拥有能把大众都聚集在一起的独特的大众性。

（二）教育性

近年来红色文化的教育功能日渐凸显，红色文化融入中小学教育体系中，结合中小学生的研学学习，衍生出一系列的红色教育产品。学生们通过红色教育基地能够更加直观地了解深层次的红色文化资源，而不仅仅是停留在书本知识中，能够真正触碰红色文化，接受红色文化的洗礼。

（三）发展性

红色文化不仅包括革命时期的红色文化，也包括新中国成立以来的红色文化。随着社会的不断发展，在中国共产党的带领下，红色文化还在不断地发展壮大。

（四）创新性

红色文化随着时代发展一直在创新，在发展中创新，在创新中发展。红色文化资源的表现形式也随着时代发展不断完善，变得更加多样化，展现的手段更加现代化和科技化。

五、红色文化资源普查现状

目前一些省区市根据当地实际和现实需要，开展了红色文化资源普查，取得了很好的成效。

四川省委党史研究室于2021年6月开始,组织带领全省市(州)、县(市、区)党史部门用两年多时间,对全省红色遗址进行了全面普查。截至2023年底,共普查到涵盖"五四运动"以来党的各个历史阶段的红色遗址共10 805处。其中重要历史事件、重要机构旧址及重要党史人物活动地3730处,革命领导人故居145处、烈士墓183处、一般红色资源6747处。红色遗址中已被命名为省级各类基地的有182处,公布为四川省文物保护单位的有214处,被命名为国家级各类基地的有32处,公布为全国重点文物保护单位的有22处。

2022年,广州作为全国红色旅游资源普查试点城市全面系统普查了红色旅游资源家底,形成了《广州市红色旅游资源普查报告》《广州市红色旅游资源普查单体调查图文集》《广州市红色旅游资源普查技术标准》等系列普查成果。共普查出各类红色旅游资源619项,其中物质遗存类红色旅游资源526项(五级资源24项、四级资源86项、三级资源156项、二级资源149项、一级资源96项、未评级资源15项),人文活动类旅游资源93项。[①]

为深入贯彻落实习近平总书记考察湖南时的重要指示精神,根据《长沙市望城区"传承红色基因 建设幸福望城"五年规划(2021—2025)》文件要求,长沙市望城区档案馆会同区文旅管体局、区退役军人事务局等单位,自2020年9月起赴全区16个街镇(含雷锋、白马)开展红色文化资源普查。通过查阅资料、组织知情人士座谈、实地勘察走访等形式,对全区红色文化资源进行挖掘、整理和记录,共普查出47处红色文化资源点(1919—1949)。[②]

综上所述,红色文化资源承载着红色文化,开展红色文化资源普查,进而保护传承、开发利用好红色文化资源,不仅是要记住以前的历史,更重要的是要结合现在的时代特征、社会环境进行发展创新,让红色文化能够被更多的人学习、继承、发扬,成为中国文化中最鲜艳的一抹红。

六、红色文化资源普查调查表示例

前文已述,红色文化资源可以参照旅游资源普查,因此下文以与红色文化相关的旅游资源单体调查表进行示例(为株洲市文化和旅游资源普查试点工作的现实案例)。

---

① 肖阳.全国红色旅游资源普查试点城市:广州这座英雄城,已摸清"家底"[N].南方都市报,2020-08-03(04).
② 长沙市望城区文化旅游广电体育局,长沙市望城区档案馆.重磅!望城区红色文化资源普查成果公示![EB/OL].(2021-01-28)[2023-11-23].https://www.thepaper.cn/newsDetail_forward_11080850.

资源单体调查表

单体序号：73 基本类型：IAC

代码	43-02-24-001-002-IAC-12；其他代号：① ②							
行政位置	株洲市	市（州）	茶陵县	县（市、区）	云阳街道	乡镇/街道	前农	社区/村
地理位置	N 26°47'49"，E 113°33'55"							
资源单体名称	工农兵政府旧址							
是否新发现	◎是 ●否			单体照片4张		单体视频2个		

A. 性质与特征

性质：茶陵县工农兵政府旧址是全国第一个红色政权诞生地，国家AAAA级旅游景区，湖南省文物保护单位。

地理位置：位于茶陵县城关镇前进村三角坪，现云阳街道前农社区。

历史背景：毛泽东引兵井冈山后，开始了创建中国第一个农村革命根据地的艰辛历程。茶陵因其重要的地理位置、优越的经济条件和很好的革命基础，成为毛泽东红色政权思想的"试验田"。茶陵县工农兵政府于1927年11月28日成立，谭震林担任政府主席。下设民政、财经、青工、妇女等部门。知识分子杨绍震、杨立三、罗青山、陈叔同分别担任部门领导职务。

发展历史：原系南宋至清代的州（县）署衙门，始建于南宋中叶之末，元至正二十七年（公元1367年），茶陵知州吴聚在旧址上规划设计施工，建造治所。明洪武二年（公元1369年），知县成麟建起署衙；弘治十年（公元1497年），知州董豫集全茶陵"之能"，拓宽州衙占地，大搞土木建设，把衙门修得十分完善。但州衙使用至清朝初期已坍塌所剩无几。在清朝乾隆至同治期间，历经风雨，又因天灾、战乱等因素，茶陵州衙或圮或毁，出现过屡次扩建维修，后又几次修复。2005年以来，茶陵县按照"修旧如旧"、还原历史的原则，投资近2000万元，对工农兵政府旧址进行了全面修复，并丰富了展馆陈列内容，建成了游客服务中心，高标准完成旧址内绿化设施建设，形成了古朴、典雅、悠闲的园林风格，景点品位大幅提升。

规模体量：占地面积18 000余平方米，建筑面积4975平方米。内有头门、仪门、牌坊、大堂、二堂、三堂、廨舍、内宅、后花园等，它们依次排列。两厢房舍一一对应，内设吏、户、礼、兵、刑、工六部。青砖灰瓦，圆柱方檩，画栋飞檐，高耸马头墙，属于徽派建筑风格，充分展现了中国建筑艺术和东方审美艺术之美。

内部布局：修复后的茶陵县工农兵政府旧址，除沿用了原有的州衙基本建制和布局之外，还加入了丰富的红色文化元素，成为古代州衙文化和红色建政文化的融合体。"旧址"分衙门实体展示、政权建设、将军纪念馆三大板块，内设吏、户、礼、兵、刑、工六部，大堂、二堂、三堂、廨舍、内宅等州衙基本形制，工农兵政府秘书、民政、财经、青工、妇女等部门工作室，开设毛泽东与茶陵、工农兵政府纪念馆、茶陵籍将军馆、茶陵历史人物等八个红色政权摇篮展厅，陈列了大量革命实物与图片资料。每个展厅门口的标识牌，既标识了红色政权摇篮展厅内容，又注明了州衙部门形制。州衙大堂更是别具特色，它既是州衙主体建筑，又是茶陵县工农兵政府的第一次工作会议旧址。正中摆放着三尺公案，知州（县）坐後后面的背景不是一般州（县）衙的"海水朝日图"，而是马克思、列宁二人的画像和工农革命军军旗，两边不是分置仗、刀、剑、戟、刑具，而是陈列了茶陵建政时期游击队使用的红缨枪。所有这些陈设，都展现了茶陵县工农兵政府旧址凝重深厚的文化底蕴。

历史意义：标志着井冈山斗争发展到了建政的阶段；将马列主义关于革命政权的理论创造性地运用于中国革命的实践，开创了中国苏维埃运动在农村建立政权的先河，成为中国共产党最早建立的根据地政权和县级苏维埃政权之一；积累了根据地政权建设极为宝贵的最初经验，为毛泽东红色政权理论的形成发展，以及农村包围城市、武装夺取政权、中国革命新道路的开辟奠定了坚实的基础；在中国建政史上具有十分重要的地位，是勇于创新的典范，是井冈山革命根据地红色政权的旗帜。

荣誉称号：2004年，茶陵县工农兵政府旧址被国家旅游局列为全国红色旅游30条精品线路第8条（井冈山—永新—茶陵—株洲）中的重要景点之一。2008年12月，茶陵县工农兵政府旧址被全国旅游景区质量等级评定委员会认定为国家AAA级旅游景区。2009年8月，茶陵县工农兵政府旧址被列为湖南省廉政文化教育基地。2010年4月，茶陵工农兵政府旧址被列为湖南省全民国防教育基地。2010年7月，茶陵县工农兵政府旧址被列为湖南省爱国主义教育基地。2010年7月，茶陵县工农兵政府旧址被列为中国井冈山干部学院现场教学点。2011年6月，茶陵县工农兵政府旧址被列入《全国红色旅游经典景区二期名录》。

相关活动：历年株洲市各党政机关、企业会在此组织开展党建活动，学校会组织学生开展研学、红色教育活动。2021年开展了"湘赣边红色旅游专列"活动。

特征数据

续表

（特征名称）	红色旅游	（特征名称）	文创旅游	（特征名称）	研学旅游	（特征名称）	
B.旅游区域及进出条件（资源所在地区的具体部位、进出交通、与周边旅游集散地和主要旅游区［点］的关系等）							
对外道路情况	◎高速路　◎一级公路　◎二级公路 ●三级公路　◎四级公路　◎无公路			周边市/县名称	茶陵县人民政府	距离	3公里
周边旅游集散地名称	茶陵县湘运车站		距离 2公里	周边主要旅游区（点）的名称	茶陵古城墙（铁犀）	距离	1公里
其他说明：							
C.保护与开发现状（资源的保存现状、保护措施、开发情况、管理机构等）							
单体保存现状	●保存良好　◎少量破损 ◎破损严重		是否已开发	●是　◎否		保护措施情况	●保护措施良好 ◎部分破损 ◎破损严重　◎无
已开发请填写							
旅游区	名称	茶陵县工农兵政府旧址				游客接待量	48万人次/年（2019年统计数据）
	称号/等级	AAAA等级景区，国家红色旅游经典景区					
其他说明：							
D.现有规划中的定位和利用方向							
规划名称	株洲市红色旅游规划		资源定位	六大红色旅游核心景区之一		资源开发利用方向	"红色政权初创"主题红色旅游区
	株洲全域旅游总体规划			红色旅游，红色文化			共同创建AAAAA级旅游区
							"州衙"文化景点修复、改造项目
E.旅游资源单体评价							
评价项目	观赏价值（30分）	人文价值（25分）	珍稀奇特度（15分）	规模与丰度（10分）	保存完整性（5分）	知名度（10分）	适游期（5分）	环境与安全（-5~3分）
得分值	25	22	14	8	5	8	5	3
本单体得分	90	本单体可能的等级	五级	填表人		调查日期	

☞ 思考链接

第五章 旅游资源普查[①]

旅游资源普查既包括对旅游资源本体进行详细调查，也包括对旅游资源赋存和孕育环境等相关影响因素进行调查。旅游资源普查对于确定某一区域旅游资源的存量情况，最终为旅游规划、开发、经营、管理、决策提供客观科学的依据具有非常重要的意义。具体体现在以下五个方面：一是描述作用，即通过旅游资源普查了解一个地区旅游资源的存量状况，摸清具体情况。二是诊断作用，即通过旅游资源普查，认清旅游资源的空间特征、时间特征、经济特征、文化特征等，以及各种特性的形成环境和成因；了解旅游资源的功能价值，尤其是旅游资源的时代变异性。三是预测作用，即通过旅游资源普查，能够完善旅游资源信息系统，为旅游发展的前景预测和方向决策奠定基础。四是管理作用，即通过旅游资源普查，比较全面地掌握旅游资源开发、利用和保护的现状，有利于推动区域旅游资源的管理工作，从而制定切实可行的旅游资源保护措施。五是效益作用，即通过旅游资源普查，显示出旅游资源产生的经济效益、社会效益和生态效益，这个过程本身就是旅游资源效益功能的体现。

依据国家标准《旅游资源分类、调查与评价》（GB/T 18972—2017），按照旅游资源的8个主类、23个亚类和110个基本类型分别进行说明。有关实训示例的单体调查表来源于株洲市文化和旅游资源普查试点的实际工作。

第一节 地文景观

地文景观主类在旅游资源分类中占4个亚类、17个基本类型，是旅游资源中较为丰富、资源种类较多、吸引力较大的一个大类。地文景观是指在地球内外营力长期作用下，在地壳表面或浅层形成和保存的各种地质地貌景观，其呈现出雄、奇、险、幽、旷

[①] 部分内容参见羊绍全《旅游资源调查与评价实训教程》和《旅游资源分类、调查与评价》（GB/T 18972—2017）。

等造型美和多种色彩美等独特的美感[①]。

一、自然景观综合体

自然景观综合体是指整个或局部地区对人类产生吸引力的自然景观和自然现象。其特点是资源类型的多样性、自然特征的突出性、资源形态的不可再生性和完整性以及对游客的强烈吸引力。

（一）山丘型景观

山丘型景观指山地丘陵内可供游览观光的整体景观或个别景观。其中海拔在500米以上，地势较为陡峭的地貌景观即指山地景观；海拔在200米到500米之间，相对高度不超过200米，相对崎岖，有一定起伏的地貌景观则称为丘陵景观。应侧重调查地貌的岩石性质、形状、尺度（含面积、长度、宽度、高度等量化指标）、组合模式、结构联系、地理布局等特性及其美学价值。

（二）台地型景观

台地型景观指山地边缘或山间台状可供观光游览的整体景观或个别景观。台地型景观主要是山地抬升和平原下降共同作用所形成的地貌景观，一般处于山前地带，地势较平坦，边缘带有陡坡、陡坎，相对高度一般小于50米。

（三）沟谷型景观

沟谷型景观指沟谷内可供观光旅游的整体景观或个别景观。沟谷的形成主要依靠地球营力作用的影响及流水、冰川等侵蚀、搬运作用。沟谷是由两侧正地形夹峙的狭长负地形，常有坡面径流、河流、湖泊发育。常见的沟谷型景观主要有山谷、河谷、峡谷、冰蚀谷和冰斗等。需考察河谷、峡谷等地形之成因、扩展规模、堆积物特点及时代、阶地发育状况及类型；对景色宜人的河段，应测量其长度、河谷及水面宽度、水深、流速等。

（四）滩地型景观

滩地型景观指的是缓平滩地内可供观光游览的整体景观或个别景观。滩地型景观大部分位于海滨或大河之滨，平缓的滩地与周围的水景、奇特的滨海、河谷地貌结合在一起，形成可供旅游者开展旅游活动的景观地域。

二、地质与构造形迹

地质与构造形迹是经过亿万年地质作用，在地球上形成、发展并遗留下来的地质资

---

① 陈云明，刘志臣. 遵义市地文景观类旅游资源特征与开发保护建议［J］. 西部资源，2021（01）：198-200.

源。其中可供旅游业开发利用并满足游客观赏、科普等需求，能带来生态、社会、经济效益的地质遗迹资源则被称为地质与构造形迹旅游资源[①]。

（一）断裂景观

断裂景观指地层断裂在地球表面形成的景观。其成因主要是地壳运动产生超过地壳或岩层自身强度的强大应力和应变导致地壳沿断层平面发生明显位移。普查时主要调查空间分布及其两侧的地层序列以及产状变化、断裂面产状、断裂带宽度、断层岩类型。

（二）褶曲景观

褶曲景观指地层在各种内力作用下形成的扭曲变形。其成因由层状岩层受力产生连续波动弯曲而形成。有些褶皱的形成就像用双手从两边向中央挤一张平铺着的报纸，报纸会隆起，隆起得过高后，顶部又会弯曲塌陷。褶皱并不都是向上隆起，褶皱面向上弯曲的称为背斜，褶皱面向下弯曲的称为向斜。一般褶皱很少由一种力量形成，往往是由多种力量造成的。有些褶皱不明显，有些褶皱很显著，它们大小悬殊，大的绵延几公里甚至数百公里，小的却只有几厘米甚至只有在显微镜下才能看到。在普查中，对褶皱遗迹应查明类型、规模，系统收集褶皱的形态特征等各种地质构造要素。

（三）地层剖面

地层剖面指地层中具有科学意义的典型剖面。具体指在地面上或靠近地面的土壤中观察到的一系列岩石单元，用于说明和识别地层单位或定义一个边界。地层剖面景观是由主要包括不同类型地层剖面的地层所形成的具有旅游价值的地质景观。其主要类型有：全球地层边界地层剖面、区域标准地层剖面、典型沉积地层剖面和事件地层剖面。普查时应重点探究剖面起点的地理与地貌特征描述，以及剖面露头的具体状况（含露头类型，是人为还是自然形成；遮掩比例或显露程度；遮掩物的性质等）。同时，需详细记录地层序列、岩石构成、显露范围、剖面尺度（长度、深度及层数）、地质时代、发现者与命名信息、科研价值及其保护与开发概况。

（四）生物化石点

生物化石点指保存在地层中的地质时期的生物遗体、遗骸及活动遗迹的发掘地点。应明确古生物遗迹的类型，古生物群落或化石集合体的构成（分类、关键化石）、数量、分布区域，以及赋存层位、岩石特性、时代、埋藏条件等。

[①] 刘洋，邵景安，梁修银，等.全域旅游视角下我国地质旅游资源研究现状与展望[J].重庆工商大学学报（自然科学版），2020，37（4）：63-73.

三、地表形态

地表形态是指地球生成演化历史中产生的地壳结构和地球表面的各种形态。这类旅游资源主要包括台丘状地景、峰柱状地景、垄岗状地景、沟壑与洞穴、奇特与象形山石、岩土圈灾变遗迹等不同基本类型。

（一）台丘状地景

台丘状地景指台地和丘陵形状的地貌景观，也常被称为台地或高地平台，具有在地表上相对平坦、边缘较为陡峭的地形特征，通常高于周边地区，形成自然高地。该地貌在全球广泛分布，特别是在山区和平原过渡地带或是长期受风化及侵蚀作用影响的区域。

（二）峰柱状地景

峰柱状地景指在山地、丘陵或平地上突起的峰状石体。具体包括凸峰、独峰、峰丛等多种形态。

（三）垄岗状地景

垄岗状地景指在构造形迹的控制下长期受溶蚀作用形成的岩溶地貌。

（四）沟壑与洞穴

沟壑与洞穴指由内营力塑造或外营力侵蚀形成的沟谷、劣地，以及位于基岩内和岩石表面的天然洞穴。其中沟壑指由密集的沟谷及其间的丘陵、台地、坡地等正向地形组成的崎岖地形景观。洞穴指位于基岩内和岩石表面由裂隙发展而成的天然空洞，如溶洞、落水洞与竖井、穿洞与天生桥等。是否将地表空洞称为洞穴，以是否能容纳一人通过为标准。普查时需对洞穴入口、通道、厅堂、地下河流向与深度实施调研，并量化或半量化洞内石灰华沉积、侵蚀等地貌景观的类型、形态、规模及高程特征。

（五）奇特与象形山石

奇特与象形山石指形状奇异、拟人状物的山体或石体，其材质、造型、色彩及花纹不同寻常，能够满足人们的猎奇或审美习性，可供观赏把玩或者进行出于赏玩目的的买卖。

（六）岩土圈灾变遗迹

岩土圈灾变遗迹指岩石圈自然灾害变动所留下的表面痕迹。一般由泥石流、滑坡、地震等地质灾害发生后所遗留下的地表形态等组成。应查明类型、性质、发生时间、面积、体积、地层岩性及成因、危害程度、稳定程度。

四、自然标记与自然现象

自然标记与自然现象在自然界中无处不在，且形态各异，它们既是地球演化历史的记录，也是当前生态系统运作的重要组成部分。

（一）奇异自然现象

奇异自然现象指发生在地表一般还没有合理解释的自然界奇特现象。虽然尚未能准确解释这些自然现象是如何发生的，但它们很吸引人，显示出独特的奇异性。

（二）自然标志地

自然标志指标志特殊地理、自然区域的地点。这些地点具有特殊的天文和地理意义。如位于陕西省泾阳县的国家地理坐标，该地矗立着一尊圆形原点标志，在标志上用隶书篆刻"中华人民共和国大地原点"。又如位于乌鲁木齐市西南永丰乡包家槽子村的"亚洲中心地理标志"。这些自然标志地，适宜开展科普旅游。

（三）垂直自然带

垂直自然带是由山地自然景观及其自然要素（主要是地貌、气候、植被、土壤）随海拔呈递变规律的现象。该现象多发生于相对高差大于 500 米的山体。在此类山体中，从山麓到山顶，水热状况随高度的增加而变化；受温度、水分条件制约的植被、土壤等也发生相应的变化，自下而上组合排列成山地垂直自然带谱。

附：地文景观旅游资源调查实训

（一）实训目的

通过实地调查分析，熟悉旅游资源分类、调查方法的相关知识与技能要点，系统掌握地文景观旅游资源的基本概念、内涵、特征、成因、属性等相关知识，了解地文景观旅游资源的基本功能；能够有序展开地文景观旅游资源的调查与分析，掌握地文景观旅游资源的调查技巧，完成旅游资源单体调查表填写，提出相应的保护和开发建议。

（二）实训准备

1. 实训人员安排

将班级成员分成以 6~7 人为一个工作团队的若干个调查小组，每组指定一人为组长，协调成员分工。

2. 实训地点

校内场所：开放式图书资料室、电子阅览室、旅游规划实训室。

校外场所：可利用周末或者统一实训时间调查某一旅游资源。

3. 实训内容和要求

以地文景观旅游资源调查为例，按有关旅游资源调查标准完成相关内容。完成地文景观旅游资源单体调查：主要从性质与特征、旅游区域及进出条件、保护与开发现状等方面进行调查，综合完成旅游资源调查表。

（三）实训示例

地文景观旅游资源单体调查表

单体序号：778　　　　　　　　　　　　　　　　　　　　　　　　　　　基本类型：AAA

代码	43-02-24-103-203-AAA-53；其他代号：① ②						
行政位置	株洲市	市（州）	茶陵县	县（市、区）	湖口镇	乡镇/街道	杨柳	社区/村
地理位置	N 26°36'8"，E 113°34'36"						
资源单体名称	杨柳仙丹霞地貌						
是否新发现	●是 ◎否		单体照片4张			单体视频1个		
A.性质与特征							
地理位置：杨柳仙地貌景观位于茶陵县湖口镇杨柳村内。 环境背景：河流深切的岩层，可形成顶部平齐、四壁陡峭的方山，或被切割成各种各样的奇峰，有直立的、堡垒状的、宝塔状的等。在岩层倾角较大的地区，则侵蚀形成起伏如龙的单斜山脊；多个单斜山脊相邻，称为单斜峰群。岩层沿垂直节理发生大面积崩塌，则形成高大、壮观的陡崖坡；陡崖坡沿某组主要节理的走向发育，形成高大的石墙；石墙的蚀穿形成石窗；石窗进一步扩大，变成石桥。各岩块之间常形成狭陡的巷谷，其岩壁红色而名为"赤壁"。 外观结构：位于杨柳村的杨柳仙既奇特又险峻，"仙气"尤浓。道观建在有陡崖的陆相红层地貌中，崖上时时有水滴落，杨柳仙道观就建在丹崖峭壁上的石窟内。远望，高高的崖壁横亘在青山翠岭中，赭红的崖壁上有三道岩窟，岩窟依次排列，石窟口的人工粉墙、门、窗与天然崖壁相映成趣，浑然天成。在崖壁第二道石窟中，建有杨柳仙道观，石窟中横列的5间房子是5个岩窟，除岩窟口是人工砌墙外，洞顶、间墙、"走廊"，都是天造地设、浑然天成。石窟内一尊尊神像，有道家的天尊，有佛家的菩萨等。远望蓝天、白云、青山、紫陌、心旷神怡。"走廊"下临深渊，往下一看，触目惊心，有道是"无限风光在险峰"。							
特征数据							
（特征名称）	宗教旅游	（特征名称）	休憩旅游	（特征名称）	避暑旅游	（特征名称）	山地旅游
B.旅游区域及进出条件（资源所在地区的具体部位、进出交通、与周边旅游集散地和主要旅游区[点]的关系等）							
对外道路情况	◎高速路 ●一级公路 ◎二级公路 ◎三级公路 ◎四级公路 ◎无公路		周边市/县名称		茶陵县		距离21公里
周边旅游集散地名称	湘运汽车站		距离22公里	周边主要旅游区（点）的名称		湖南云阳山风景名胜区	距离21公里
其他说明：							
C.保护与开发现状（资源的保存现状、保护措施、开发情况、管理机构等）							
单体保存现状	●保存良好 ◎少量破损 ◎破损严重		是否已开发	◎是 ●否	保护措施情况	●保护措施良好 ◎部分破损 ◎破损严重 ◎无	

续表

已开发请填写					
旅游区	名称		游客接待量	万人次/年（2019年统计数据）	
	称号/等级				
其他说明：					
D. 现有规划中的定位和利用方向					
规划名称	茶陵人文生态百里长廊（茶陵旅游扶贫环线）及沿线景区景点建设规划	资源定位	奇特与象形山石，丹霞地貌	资源开发利用方向	开发利用，使茶陵成为"长沙—炎帝陵—井冈山"黄金旅游线上的重要板块
E. 旅游资源单体评价							
---	---	---	---	---	---	---	---
评价项目	观赏价值（30分）	人文价值（25分）	珍稀奇特度（15分）	规模与丰度（10分）	保存完整性（5分）	知名度（10分）	适游期（5分）	环境与安全（-5~3分）
得分值	27	20	14	8	5	8	5	3
本单体得分	90	本单体可能的等级	五级	填表人		调查日期		

第二节　水域景观

　　水域景观旅游资源指"水体及所依存的地表环境下构成的景观或现象"①。此类旅游资源需要置于区域环境内来考虑。如其中的基本类型"积雪地"，既考虑雪，又考虑雪地。水是人类生存不可缺少的物质资料，也是旅游资源体系中最具活力与灵性的旅游资源。水体本身可以直接成为景观；也可与山体、生物、建筑物等旅游资源结合，形成许多奇妙景致。在自然与人文等因素的影响下，各种水域景观形成了不同类型的水域景观旅游资源，主要包括河系、湖沼、地下水、冰雪地、海面5个亚类13个基本类型。调查需重点监测水体流量、流速、温度、理化性质、形态规模，并考察四季变换中的景观特点及其依托的地质构造与地貌背景。

---

　　① 尹泽生．旅游资源详细调查实用指南：GB/T 18972—2003《旅游资源分类、调查与评价》理解与实施［M］．北京：中国标准出版社，2006：120．

一、河系

河系指自然河流的网络与分布的划分，是指在一定流域范围内，以大河干流为主，由地表各水体组成的河流系统，亦称"河网""水系"。由于自然环境与地质结构的差异，各个地区的河流发展模式各不相同，从而产生了多样的景观。它们可以准确反映出地理空间中物体的分布情况，以及它们之间的演化过程与交互作用，因此具有重要的意义。普查时需明确地貌景观的类型、河床构造、河段尺度、河谷幅宽、河床坡度、水流动态、最大水深值、河流弯曲度、水质状况、河岸地质构造及植被覆盖情况。

（一）游憩河段

游憩河段指可供观光游览的河流段落。游憩河段不是整条河流，而是其中的段落。首先，同一条河流可能有一处或一处以上河段；其次，河段内必须有常年水流，否则就可能被归入其他类型（如地文景观类的谷地型旅游地等）；第三，河段必须可以满足游览休憩等旅游需求。鉴于不同河流所处的地理环境不同，游憩河段可以表现出不同的景观特征；即使同一条河流，由于气候、地貌等的差异，不同河段也表现出不同的景观特征[1]。

（二）瀑布

瀑布指河水在流经断层、凹陷等地区时垂直从高空跌落的跌水。从地理角度来看，瀑布是因地壳移动如断裂、盆地的移动，以及地表形态的改变如岩浆的爆发等原因导致河水骤然停顿而形成。在地势起伏较大、水量较充沛的山区河道内，瀑布出现的概率很高。根据各地地势条件、水文的季节性变化特征，可以将瀑布分为常年性瀑布、季节性瀑布、偶发性瀑布。

（三）古河道段落

古河道段落指已经消失的历史河道现存段落。古河道段落有的位于地下，有的位于地表，具有观光与科普教育等多项功能，是开展研学、教育、科普旅游活动的重要载体[2]。古河道段落根本成因是河流改道，引起河流改道的原因很多，包括地质构造运动、冰川、崩塌、滑坡、人工另辟河道等。被废弃的河段可能被抬高出露地表甚至成为现今的分水岭；也可能因地面下沉、海平面上升等被后来的沉积物所埋藏形成埋藏型古河道。

---

① 郎富平.旅游资源调查与评价[M].北京：中国旅游出版社，2011：113.
② 羊绍全.旅游资源调查与评价实训教程[M].北京：北京理工大学出版社，2019：60.

二、湖沼

湖沼指陆地上或大或小、或深或浅的水面，主要包括游憩湖区、潭池、湿地等基本类型。普查时需探明类型、面积、岸线延展度、深度值、水体体积、水质状况、清澈度、湖岸形态、地质构造及植被覆盖特征。

（一）游憩湖区

游憩湖区指湖泊水体的观光游览区与段落。根据成因可以将湖泊分为构造湖、火山口湖、冰川湖、堰塞湖、喀斯特湖、河成湖、风成湖、海成湖和人工湖（水库）等不同类型。中国共有超过24 000个湖泊，其中面积超过1平方公里的湖泊近3000个，总面积超过7万平方公里。这些湖泊按其地理位置可分为青藏高原湖区、东部平原湖区、蒙新高原湖区、东北平原湖区和云贵高原湖区五大湖区。

（二）潭池

潭池指四周有岸的小片水域。池是自然形成的或人造的小坑，有不透水的存储功能。潭是较深的池子，也称为深水池，其主要特征是石制池壁。潭池表面面积通常很小，常与溪流和其他景致结合起来成为景点，清澈的水质与幽雅的环境形成了其独特的旅游开发价值。

（三）湿地

湿地指天然或人工形成的沼泽地等带有静止或流动水体的成片浅水区。一般定义水深小于6米的水体及其周围环境为湿地。湿地、森林和海洋是世界上最重要的三个生态系统，在供水、减少污染、调节气候、生态平衡、生物多样性和保护稀有物种方面发挥着重要作用，由于这种不可缺少的生态功能，湿地被称为"地球的肾脏"。

三、地下水

地下水是指赋存于地面以下、在地壳各类孔隙中储存的水。地下水是水资源的重要组成部分，由于水量稳定、水质好，是农业灌溉、工矿与城市的重要水源之一。地下水中的许多化学物质是人体所必需的，因此某些化学元素含量相对集中的矿泉水便具有了医疗与保健功能。地下水旅游资源主要包括泉与埋藏水体。普查需确认类型、水量规模、水温状况、地下水特性、补给源、动态变化规律、泉水理化属性及其实用价值。

（一）泉

泉指地下水的天然露头，是地下水从地下含水层或含水通道中流出，在地表形成的出露点。泉水通常出现在山区和斜坡谷地以及斜坡底部、山麓地区、河岸、洪泛区边缘和断层带附近，平原地区较少见。按泉水温度划分，泉可分为冷泉与温泉，目前我国一般以25℃为界进行区分。温泉是自然地热流出地表形成的。经过多年的自然沉淀和岩石圈的过滤，有害的放射性微量元素已经消失，而对人类健康有益的矿物质和微量元素则被保留下来，对多种疾病与皮肤状态等具有良好的疗效，是天然的旅游胜地。如果出露的地下水在形成过程中没有经过熔岩、地温等热源体作用，就表现为冷泉，具有良好的观赏与饮用价值。

（二）埋藏水体

埋藏水体指埋藏于地下的温度适宜、具有矿物元素的地下热水、热气。其形成原因是高温地热以每公里25℃~30℃的降温梯度向地表传递，在一定的地质条件下，由地球内部热能在不同温度下形成热地下水。根据地质构造和储层特征，热地下水可分为三种类型：近期火山和岩浆活动类型（如腾冲火山区温泉），褶皱山区断裂构造类型（如广东惠州海塘岗地热田），深埋盆地类型（如西藏羊八井盆地地热类型）。

四、冰雪地

冰雪地指雪线以上常年有雪和现代冰川的地区。冰雪作为水体的固态形式，使冰雪地成为水域景观旅游资源中十分独特的一个亚类。冰雪地可以分为积雪地与现代冰川两种基本类型。普查时重点考察积雪地、冰川的宽度值、延展长度、海拔高度及其遗存的角峰形态、刃脊结构、冰斗特征、湖泊形态及冰碛堤的规模与组合方式。

（一）积雪地

积雪地指长时间不融化的降雪堆积面。从旅游资源的角度来看，积雪地必须具有两个必要条件：一是足够的积雪量，二是适宜开展雪上活动的地面。永久积雪地由于其强烈的感官刺激和娱乐性，越来越被视为冒险、运动和健身的场所。

（二）现代冰川

现代冰川指现代冰川存留区域。冰川是由寒冷地区多年积雪的积累和改变而形成的天然冰体，通常形成于雪线以上的常年积雪区。现代冰川既是一种固体淡水资源，又是一种具备特殊形态特征与地貌景观特征的水域景观旅游资源。冰川的下部具有较强的可塑性，受重力与压力等综合作用的影响，能沿着山坡缓慢地向下滑动。除了形成雪线景观外，还能塑造冰斗、冰面湖、冰钟乳等独特的地貌景观资源。

五、海面

海面指"海洋的表面"。而海洋又占据了地球表面的三分之二以上。旅游资源的开发利用多限于大洋的边缘部分，并局限于河流的入海口区域、海岸、海滨地带，主要包括游憩海域、涌潮与击浪现象、小型岛礁三种基本类型。

（一）游憩海域

游憩海域指可供观光游憩的海上区域。一个完整的海洋不可能被看作一个旅游资源单体，海洋的一个局部区域才可构成旅游资源单体。尽管资源要素密切相关，然而在景观和生态特征方面存在着重要的差异，在旅游开发方面也有许多不同。现代旅游的"三S"所指的阳光、海水、沙滩，实际就是以海洋为中心。游憩海域一般空气清新，开阔洁净，舒适宜人，生物资源丰富，是理想的旅游场所。其适宜开展赏海景、品海鲜、乘渔船、冲海浪、玩海钓、住渔村等诸多观光休闲、度假疗养旅游活动，还可进行冲浪、潜水、皮划艇、水上跳伞、沙滩排球等娱乐与体育运动。

（二）涌潮与击浪现象

涌潮与击浪现象指海水大潮时潮水涌进景象，以及海浪推进时的击岸现象。涌潮现象是由潮汐流在涨潮时流入沿海海湾和河流造成的，击浪现象是由波浪在岸边破碎并将水推向岸边造成的。在河口地区，根据海床的地形和天气条件，经常会出现突然的浪涌和高浪等潮汐现象。海水不断运动，造成无风水动现象。海浪主要发生在涨潮时，与台风等自然灾害结合在一起影响巨大。如果海岸岩石和礁石被海浪拍击，旅行者往往可以欣赏到"海浪拍岸，激起千层浪"的奇观。

（三）小型岛礁

小型岛礁指出现在江海中的小型明礁或暗礁。岛屿通常是指被水包围的有一定长度的陆地，可能有不同的形态；礁石通常是指海中的岩石，从海面上可以看到的称为明礁，从海面上看不到的称为暗礁。岛礁是它们的统称。确定岛礁作为旅游资源的主要条件是临近水域的岸边应有某些吸引物，如深邃的港湾、曲折的岸线、造型生动的岩石等。自然岛礁的成因主要有四类：由于海平面上升形成的大陆岛礁、泥沙堆积形成的冲积岛礁、岩浆喷发形成的火山岛礁、生物骨骸胶结形成的珊瑚岛礁。

附：水域景观旅游资源调查实训

（一）实训目的

通过实地调查分析，熟悉旅游资源分类、调查方法的相关知识与技能要点，系统掌握水域景观旅游资源的基本概念、内涵、特征、成因、属性等相关知识，了解水域景观旅游资源的基本功能；能够有序展开水域景观旅游资源的调查与分析，掌握水域景观旅游资源的调查技巧，完成旅游资源单体调查表填写，提出相应的保护和开发建议。

（二）实训准备

1. 实训人员安排

将班级成员分成 6~7 人为一个工作团队的若干个调查小组，每组指定一人为组长，协调成员分工。

2. 实训地点

校内场所：开放式图书资料室、电子阅览室、旅游规划实训室。

校外场所：可利用周末或者统一实训时间调查某一旅游资源。

3. 实训内容和要求

以水域风光旅游资源调查为例，按有关旅游资源调查标准完成相关内容，完成旅游资源单体调查：主要从性质与特征、旅游区域及进出条件、保护与开发现状等方面进行调查，综合完成旅游资源调查表。

（三）实训示例

水域景观旅游资源单体调查表

单体序号：7148 基本类型：BBA

代码	43-02-23-102-202-BBA-76；其他代号：① ②							
行政位置	株洲市	市（州）	攸县	县（市、区）	酒埠江镇	乡镇/街道	酒仙湖	社区/村
地理位置	N 27°12'60"，E 113°36'17"							
资源单体名称	酒仙湖							
是否新发现	◎是 ●否				单体照片4张		单体视频0个	
A. 性质与特征								
性质：酒仙湖属于水域景观主类湖沼亚类游憩湖区基本类型。 区位：酒仙湖位于攸县酒埠江镇境内。 规模与体量：酒仙湖湖区集水面积为 610 平方公里，总蓄水量为 3 亿立方米，平均宽度为 500 米，最大宽度为 2300 米，平均水深 37 米，深水航道为 24 公里。 建筑意义：酒仙湖（酒埠江水库）始建于 1958 年，1960 年合闸蓄水，现为国家级大Ⅱ型水库、国家地质公园、国家湿地公园、国家级水利风景区、省级旅游度假区和株洲市中小学生社会实践基地。 建筑景观：酒仙湖景区包括酒仙湖湖区、酒埠江地质博物馆、酒埠江大坝、攸女仙境、官田碉堡、水云桥、环湖游道等景点，游玩体验项目包括禹林飞跃、水上乐园、悬崖秋千、滑翔飞翼、喊泉、环湖骑行等，景区必到打卡点有天空之镜、鸟巢、紫藤花廊等。酒仙湖两岸群山巍巍，层峦叠嶂，林木葱茏，四季竞翠，湖区空气清新，水碧天蓝。2020 年景区游客接待量达 15 万人次以上，现在已经被纳入攸县全域旅游发展规划，极具旅游价值。								
特征数据								
（特征名称）	乡村旅居	（特征名称）		休憩旅游	（特征名称）	避暑旅游	（特征名称）	山地旅游
B. 旅游区域及进出条件（资源所在地区的具体部位、进出交通、与周边旅游集散地和主要旅游区[点]的关系等）								

续表

对外道路情况	◎高速路 ●一级公路 ◎二级公路 ◎三级公路 ◎四级公路 ◎无公路		周边市/县名称		攸县			距离 35公里	
周边旅游集散地名称	攸县站		距离 40公里	周边主要旅游区（点）的名称		酒仙湖风景区		距离 0公里	
其他说明：									
C. 保护与开发现状（资源的保存现状、保护措施、开发情况、管理机构等）									
单体保存现状	●保存良好 ◎少量破损 ◎破损严重		是否已开发	●是 ◎否		保护措施情况	●保护措施良好 ◎部分破损 ◎破损严重 ◎无		
已开发请填写									
旅游区	名称	酒仙湖景区				游客接待量		15万人次/年 （2020年统计数据）	
	称号/等级	国家级地质公园，AAAA等级景区，国家级湿地公园，国家级水利风景区							
其他说明：									
D. 现有规划中的定位和利用方向									
规划名称			资源定位			资源开发利用方向			
E. 旅游资源单体评价									
评价项目	观赏价值 （30分）	人文价值 （25分）	珍稀奇特度 （15分）	规模与丰度 （10分）	保存完整性（5分）	知名度 （10分）		适游期 （5分）	环境与安全 （-5~3分）
得分值	27	21	12	10	5	8		5	3
本单体得分	91	本单体可能的等级	五级	填表人				调查日期	

第三节　生物景观

生物有动物、植物和微生物三大类，而旅游景观里的生物资源通常指由生物群体、个体与珍稀物种的奇异形态组成的总体景观。随着现代旅游业的蓬勃发展，生物体及其独特的美学和科学价值正日益吸引着不同群体游客的关注和兴趣，它们与地理环境中的地质、水文、地貌和气候要素一起构成了一个自然旅游资源体系。生物景观主要包括植被景观和野生动物栖息地 2 个亚类 8 个基本类型。

一、植被景观

植被景观指以自然植物群落、独特植物生态、园林艺术或特定植被类型为特色的自然景观和人文景观。植被景观旅游资源丰富多样，涵盖了从热带雨林到寒带针叶林，从草原到沙漠，以及各种人工打造的园林景观。

（一）林地

林地指生长在一起的大片树木组成的植物群体。林地根据森林的类型进行分类，包括原始森林、人工林和天然与人工混合林。普查重点包括树种数目、树冠投影面积、郁闭度、负氧离子含量。

（二）独树与丛树

独树与丛树指单株或生长在一起的小片树林组成的植物群体。其中独树指年代久远、有独特历史或传说、有科研价值或形态特殊的单株树，通常是古树。独树的价值在于单株树木是历史遗存和科学资料，记录历史，显示环境变化，揭示生态特征，具有研究和旅游价值。与林地相比，丛树的规模较小，但通常更具观赏性，主要表现为有价值的植物群落，其中一些在物种或形态上是独一无二的。普查重点包括树高、胸径、冠幅、树龄、珍稀程度、保护等级。

（三）草地

草地指以多年生草本植物或小半灌木组成的植物群落构成的地区。主要可以分为草原、疏林草原、小块草地等类型。草地是由多年生草本植物或小半灌木组成的植被。草原是具有一定高度和密度的草木植被区域，具有良好的景观外观。疏林草原又称稀树草原，植被多为干草原植被，高大的草本植物离地超过 1 米（通常为 2~3 米），辅以耐旱的灌木或罕见的树木。普查重点包括草原气候、植物生长期、积温、降水量，以及草地覆盖度、草原高度。

（四）花卉地

花卉地指一种或多种花卉组成的群体。是在开阔地、草坪或有灌木或树木的林地中成群结队生长的花卉。将花卉种植在一起的区域被称为花卉地块，可分为林地花卉地块和草场花卉地块。林间花卉地块是指灌木和树木中的野花区域。草场花卉地块是生长在草原上的花卉集合。

二、野生动物栖息地

野生动物是森林生态系统的重要组成部分，在维持生态平衡方面发挥着重要作用，同时也具有很高的科学价值、经济价值和观赏价值。根据自然栖息地所具有的稀有性、观赏性和研究性，水生、陆生、鸟类和蝶类栖息地这四种栖息地类型被列为重点旅游资源。

（一）水生动物栖息地

水生动物栖息地指一种或多种水生动物全年或季节性栖息的地方。河流、湖泊和海洋是许多水生动物的天然栖息地或避难所和庇护所，可以分为淡水水生环境、咸水水生环境和两栖水生环境。

（二）陆地动物栖息地

陆地动物栖息地指一种或多种陆地野生哺乳动物、两栖动物、爬行动物等常年或季节性栖息的地方。陆地动物栖息地的范围非常广泛，除了生长或生活在土地上的动物、植物种类和群落以及气候等因素外，其他因素对形成栖息地类型也很重要。

（三）鸟类栖息地

鸟类栖息地指一种或多种鸟类全年或季节性栖息的地方。这些地区为鸟类提供了安全的环境和充足的食物，是鸟类的良好聚集地和中转站，由此形成了具有观赏性的景观。

（四）蝶类栖息地

蝶类栖息地是指一种或多种蝶类全年或季节性栖息的地方。凡是地理环境多样、四季分明、气候温和湿润、植物群落保存完好、物种丰富的地方都可以成为蝶类栖息地。

附：生物景观旅游资源调查实训

（一）实训目的

通过实地调查分析，熟悉旅游资源分类、调查方法的相关知识与技能要点，系统掌握生物景观旅游资源的基本概念、内涵、特征、成因、属性等相关知识，了解生物景观旅游资源的基本功能；能够有序展开生物景观旅游资源的调查与分析，掌握生物景观旅游资源的调查技巧，完成旅游资源单体调查表的填写，提出相应的保护和开发建议。

（二）实训准备

1. 实训人员安排

将班级成员分成以 6~7 人为一个工作团队的若干个调查小组，每组指定一人为组长，协调成员分工。

2. 实训地点

校内场所：开放式图书资料室、电子阅览室、旅游规划实训室。

校外场所：可利用周末或者统一实训时间调查某一旅游资源。

3. 实训内容和要求

以生物景观旅游资源调查为例，按有关旅游资源调查标准完成相关内容。完成旅游资源单体调查：主要从性质与特征、旅游区域及进出条件、保护与开发现状等方面进行调查，综合完成旅游资源调查表。

（三）实训示例

生物景观旅游资源单体调查表

单体序号：2925　　　　　　　　　　　　　　　　　　　　　　　　　　基本类型：CAA

代码	43-02-12-101-201-CAA-65；其他代号：① ②							
行政位置	株洲市	市（州）	渌口区	县（市、区）	朱亭镇	乡镇/街道	浦湾	社区/村
地理位置	N 27°21′29″，E 113°3′26″							
资源单体名称	朱亭人工林海							
是否新发现	⦿是 ○否				单体照片 3 张		单体视频 0 个	
A. 性质与特征								
性质：属于生物景观主类植被景观亚类林地基本类型。 分布形态：朱亭人工林海分布在渌口区朱亭镇周边广阔的山地间。林地绵延起伏，与周边的山峦、沟壑相互交织，形成错落有致的分布格局。林区内以杉木林为主，高大挺拔的杉木整齐排列，构成林海主体；同时，还分布着油茶林、茶林和果树林等。不同类型的树林在不同区域集中或交错分布，从高处俯瞰，呈现出一片片绿色的"海洋"，蔚为壮观。 历史背景：朱亭镇古称浦湾，历史上原生植被被破坏，多数山地沦为荒山秃岭。1964年普查显示，朱亭有林地面积11.9万亩，荒山面积却高达15.8万亩。1965年，株洲县决心依靠群众治理荒山，规划在15.8万亩荒山打造7.9万亩杉木林基地。此后，干部群众踊跃投身绿化，掀起人工造林大会战。 其他属性：朱亭人工林海建设成果斐然，成为当时绿化造林标杆。1974年，中央新闻电影制片厂拍摄《人工林海》纪录片；1977年国务院授予株洲县"林业先进县"奖旗；1978年《人民日报》以"人工林海之乡——株洲县"为题报道其造林、育林经验。朱亭"人工林海"被联合国粮农组织誉为"世界奇迹"。如今，朱亭林海仍有杉木、楠竹、油茶树共28万余亩，其造林精神也在当地传承。此外，朱亭镇还建有朱亭人工林海展览馆，全方位展示朱亭人工造林历程、英雄事迹及近年来渌口区油茶产业发展成效。								
特征数据								
（特征名称）	山地旅游	（特征名称）		（特征名称）		（特征名称）		
B. 旅游区域及进出条件（资源所在地区的具体部位、进出交通、与周边旅游集散地和主要旅游区[点]的关系等）								
对外道路情况	○高速路　○一级公路　⦿二级公路 ○三级公路　○四级公路　○无公路			周边市/县名称		渌口区		距离 52公里

续表

周边旅游集散地名称	株洲西站	距离60公里	周边主要旅游区（点）的名称	杨得志故居	距离52公里
其他说明：					

C. 保护与开发现状（资源的保存现状、保护措施、开发情况、管理机构等）

单体保存现状	●保存良好 ○少量破损 ○破损严重	是否已开发	○是 ●否	保护措施情况	●保护措施良好 ○部分破损 ○破损严重 ○无
已开发请填写					
旅游区	名称			游客接待量	0万人次/年（2019年统计数据）
	称号/等级				
其他说明：					

D. 现有规划中的定位和利用方向

规划名称	渌口区全区旅游规划	资源定位		资源开发利用方向	

E. 旅游资源单体评价

评价项目	观赏价值（30分）	人文价值（25分）	珍稀奇特度（15分）	规模与丰度（10分）	保存完整性（5分）	知名度（10分）	适游期（5分）	环境与安全（-5~3分）
得分值	18	16	6	5	4	6	4	3
本单体得分	62	本单体可能的等级	三级	填表人		调查日期		

第四节 天象与气候景观

天象与气候景观是天文现象和天气变化的空间和时间表现，包括天象景观和天气与气候现象2个亚类5个基本类型。这些都是自然界中自然发生的客观现象，其壮丽的景观为发展自然旅游创造了条件，被视为旅游资源的形式。普查时应重点查明天象与气候景观的温度、湿度、降水量、风速。

一、天象景观

（一）太空景象观赏地

太空景象观赏地指观察各种日、月、星辰、极光等太空现象的地方。即可以观测日出、日落、月落、日食、月食、流星云、极光等对旅游者具有吸引力的太空现象的地方。

（二）地表光现象

地表光现象指发生在地面上的天然或人工光现象。其中天然光现象主要包括霞光、佛光、海市蜃楼等景观，其成因主要是由太阳光线在地表的折射、散射、衍射等作用所形成的。人工光现象主要包括灯光秀、各种霓虹灯组成的景观等。

二、天气与气候现象

天气现象是大气中各种物理状态和现象的总称，如冷、热、干旱、湿度、风、雨、闪电、云和雾、光等。气候是一个地区的天气变化，由太阳辐射、大气环流和表面特性的相互作用决定。

（一）云雾多发区

云雾多发区指云雾及雾凇、雨凇出现频率较高的地方。其中雾凇又称"树挂"，是一种白色的、蓬松的凝结物，当温度低于0℃时，雾气直接凝结在物体上形成；形成雾凇的条件是湿度和低温；雾凇的形式是小冰晶或针状、颗粒状或粉状的冰粒。雨凇是一种均匀而透明的冰层，它是在温度低于0℃时超冻雨滴落到地面并迅速结冰而形成的。雨凇可以在水平或垂直的表面上形成，高度依赖于风向，主要在树木的迎风面形成，顶部指向来风的方向。雨凇根据形态可分为梳状雨凇、椭圆状雨凇、匣状雨凇和波状雨凇等。

（二）极端与特殊气候显示地

极端与特殊气候显示地指易出现极端和特殊气候的地区或地点，如风区、雨区、热区、寒区、旱区等典型地点。根据世界气象组织（WMO）的规定，如果一个气候要素的出现频率为每25年一次，则被认为是极端气候。极端天气事件包括干旱、洪水、热浪和寒流。

（三）物候景象

物候景象是指各种植物的发芽、展叶、开花、结实、叶变色、落叶等季变现象，也包括这些季变现象形成的景观，如香山红叶等景观。

附：天象与气候景观旅游资源调查实训

（一）实训目的

通过实地调查分析，熟悉天象与气候景观旅游资源分类、调查方法的相关知识与技能要点，学会分析掌握天象与气候景观旅游资源特征、成因、属性等相关要素，系统把握天象与气候景观旅游资源的基本功能；能够有序展开天象与气候景观旅游资源的调查与分析，掌握天象与气候景观旅游资源的调查技巧，完成旅游资源单体调查表的填写，提出相应的保护和开发建议。

（二）实训准备

1. 实训人员安排

将班级成员分成以 6~7 人为一个工作团队的若干个调查小组，每组指定一人为组长，协调成员分工。

2. 实训地点

校内场所：开放式图书资料室、电子阅览室、旅游规划实训室。

校外场所：可利用周末或者统一实训时间调查某一旅游资源。

3. 实训内容和要求

以天象与气候景观旅游资源调查为例，按有关旅游资源调查标准完成相关内容。完成旅游资源单体调查：主要从性质与特征、旅游区域及进出条件、保护与开发现状等方面进行调查，综合完成旅游资源调查表。

（三）实训示例

天象与气候景观旅游资源单体调查表

单体序号：2453　　　　　　　　　　　　　　　　　　　　　　　　　基本类型：DBA

代码	43-02-25-400-500-DBA-44；其他代号：① ②					
行政位置	株洲市	市（州）	炎陵县	县（市、区）	大院农场	乡镇/街道	社区/村
地理位置	N 26°22'45"，E 114°1'46"					
资源单体名称	云上大院云海					
是否新发现	●是　○否			单体照片 4 张		单体视频 0 个
A. 性质与特征						

续表

性质：属于天象与气候景观主类天气与气候现象亚类云雾多发区基本类型。

成因机制：云海，是指在一定的条件下形成的云层。云海的云顶高度低于山顶高度，因此，人们在高山之巅俯首，会看到如大海般波起潮涌、浪花飞溅、惊涛拍岸的漫无边际的云层，故称这一现象为"云海"。云海是山岳风景的重要景观之一，日出和日落时所形成的"彩色云海"五彩斑斓，最为壮观。

外观与形态：云上大院海拔 560 米至 1880 米，总面积 88.93 平方公里。年平均气温 12.6℃，最高气温不超过 29℃。云海一般多发生于每年的 11 月到次年的 4 月左右，即冬、春季节。这段时间，大气中低层的气温低，层积云的凝结高度也比较低，通常会下降至约 800~1200 米。冬春时，冷空气活动频繁，雨雪天气之后，就会出现大面积的好云海，尤其是壮观的云海日出。而入夏后，气温逐渐升高，云的凝结高度升到 1500 米左右，基本超过或接近大部分峰顶，这时候云雾笼罩，就不易看到云海。

特征数据								
（特征名称）	气象旅游	（特征名称）	研学旅游	（特征名称）	康养旅游	（特征名称）	山地旅游	

B. 旅游区域及进出条件（资源所在地区的具体部位、进出交通、与周边旅游集散地和主要旅游区［点］的关系等）

对外道路情况	◎高速路　◎一级公路　⊙二级公路 ◎三级公路　◎四级公路　◎无公路	周边市/县名称	炎陵	距离 44公里
周边旅游集散地名称	炎陵火车站	距离 45公里	周边主要旅游区（点）的名称	云上大院游客服务中心	距离 3公里

其他说明：

C. 保护与开发现状（资源的保存现状、保护措施、开发情况、管理机构等）

单体保存现状	⊙保存良好　◎少量破损 ◎破损严重	是否已开发	⊙是　◎否	保护措施情况	⊙保护措施良好　◎部分破损 ◎破损严重　◎无

已开发请填写

旅游区	名称	云上大院云海	游客接待量	6万人次/年 （2019年统计数据）
	称号/等级	AAA 等级景区		

其他说明：

D. 现有规划中的定位和利用方向

规划名称		资源定位		资源开发利用方向	

E. 旅游资源单体评价

评价项目	观赏价值（30分）	人文价值（25分）	珍稀奇特度（15分）	规模与丰度（10分）	保存完整性（5分）	知名度（10分）	适游期（5分）	环境与安全（-5~3分）
得分值	27	20	10	7	3	6	2	3
本单体得分	78	本单体可能的等级	四级	填表人		调查日期		

第五节　建筑与设施

　　建筑与设施反映着一个时代、一个国家、一个民族的设计思想与建筑水平，是社会经济发展、国家综合国力的良好体现。具体来说，建筑与设施类旅游资源是指融入旅游的某些基础设施或专门为旅游开发而建设的建筑物和场所，具有观光、科研等多种功能，可以满足人们求美、求异、求知的需求，旅游者可以从中增长历史、建筑、美学以及科学等方面的知识，而且能了解一个国家或地区、民族的建筑风格与传统习俗。建筑与设施类旅游资源具体可以分为人文景观综合体、实用建筑与核心设施、景观与小品建筑3个亚类共39个基本类型。普查中主要关注各类建筑的占地规模、构建面积、建造时期；古建筑还需记录初建年代、重建或复原时期；单体建筑则涉及高度、开间数量、面宽尺寸等要素。

一、人文景观综合体

　　人文景观综合体指对旅游者具有吸引力的人文景观和人文现象集合的地区。即由众多吸引力较弱的景观单体组合起来形成和谐且有特色的景观综合体。人文景观综合体包括社会与商贸活动场所、军事遗址与古战场、教学科研实验场所、建设工程与生产地、文化活动场所、康体游乐休闲度假地、宗教与祭祀活动场所、交通运输场站、纪念地与纪念活动场所。

（一）社会与商贸活动场所

　　社会与商贸活动场所指进行社会交往活动、商业贸易活动的场所。主要包括城市综合体、大型市场等城市或地区商业活动最繁荣的地方。

（二）军事遗址与古战场

　　军事遗址与古战场指古时用于战事的场所、建筑物和设施遗存。重大军事战役以及相关联的事件、人物、传说和战场遗址，是人们缅怀历史、抒发思古之情的重要载体。

（三）教学科研实验场所

　　教学科研实验场所指各类学校和教育单位、开展科学研究的机构和从事工程技术试验场所的观光、研究、实习的地方。该类地区通常不涉及保密问题，属于可以向社会公众开放的地区。

（四）建设工程与生产地

建设工程与生产地指经济开发工程和实体单位，如工厂、矿区、农田、牧场、林场、茶园、养殖场、加工企业以及各类生产部门的生产区域和生产线。这一基本类型需要注意区分该地区生产经营过程是否仍然持续，若已经停止，则考虑划入历史遗迹基本类型。

（五）文化活动场所

文化活动场所指进行文化活动、展览、科学技术普及的场所。上述场所主要指室外场所，这一类型要注意与"独立场、所（EBD）"的区分。

（六）康体游乐休闲度假地

康体游乐休闲度假地指具有康乐、健身、休闲、疗养、度假条件的地方。旅游经营者在一些安静祥和、空气清新、环境优美的地方开发的具有保健、休闲、娱乐设施的度假村、农家乐等均属该基本类型。

（七）宗教与祭祀活动场所

宗教与祭祀活动场所指进行宗教、祭祀、礼仪活动场所的地方。主要指具有历史遗产价值和艺术装饰价值的庙宇、道观、宗祠、教堂等以及为纪念祖先、历史或传奇人物而修建的家族和地方祖庙，也具有宗教和礼仪意义。

（八）交通运输场站

交通运输场站指用于运输通行的地面场站等。主要指对旅游者具有吸引力并具有观赏价值的机场、火车站、汽车站等。

（九）纪念地与纪念活动场所

纪念地与纪念活动场所指为纪念故人或开展各种宗教祭祀、礼仪活动的馆室或场地。该类型要注意与"宗教与祭祀活动场所（EAG）"的区分，该类型主要指在历史上有影响的人的居所或为纪念著名历史事件而建造的建筑物。这些建筑物兼具教育、文化和纪念意义，容易赢得游客的青睐。

二、实用建筑与核心设施

实用建筑与核心设施是指具有实际用途的建筑或结构。实用建筑与核心设施主要有16种基本类型，包含：特色街区，特性屋舍，独立厅、室、馆，独立场、所，桥梁，渠道、运河段落，堤坝段落，港口、渡口与码头，洞窟，陵墓，景观农田，景观牧场，景观林场，景观养殖场，特色店铺，特色市场。

（一）特色街区

特色街区指反映某一时代建筑风貌，或经营专门特色商品和商业服务的街道。如综合性的商业街区或集聚特殊商品和商业服务的街道（城市中心）等。

（二）特性屋舍

特性屋舍指具有观赏游览功能的房屋。一般可以从功能特点、建筑风格、建筑结构、建筑材料、建筑时期、建造背景以及周围环境等方面展开描述。

（三）独立厅、室、馆

独立厅、室、馆指具有观赏游览功能的景观建筑。主要指实用价值较低、观赏游览价值较高的独立建筑，一般具有明显的建筑风格。

（四）独立场、所

独立场、所指具有观赏游览功能的文化、体育场馆等空间场所，如单独建设的文化馆、体育馆、博物馆等。

（五）桥梁

桥梁指跨越河流、山谷、障碍物或其他交通线而修建的架空通道。桥梁不仅是旅游交通的重要组成部分，也可以成为具有游览功能的景点建筑，如贵州坝陵河大桥。

（六）渠道、运河段落

渠道、运河段落主要指正在运行的人工开凿的水道段落。需要注意的是，该类型强调人工开凿且正在运行，如已经废弃或堵塞则不划入此基本类型。

（七）堤坝段落

堤坝段落指防水、挡水的构筑物段落。既包括建造于河、湖、海等水体岸边的防洪坝、防潮坝等类型，也包括建造于河流中用来调节水流以及发挥灌溉发电等作用的水库大坝。

（八）港口、渡口与码头

港口、渡口与码头指位于江、河、湖、海沿岸进行航运、过渡、商贸、渔业活动的地方。部分港口、渡口与码头因建筑设计优美且与周围水域环境融为一体，因而成为具有旅游吸引力的资源。

（九）洞窟

本书认为洞窟指一种由人工挖掘形成的可进入的地下空洞。要注意与"沟壑与洞穴（ACD）"的区分。

（十）陵墓

陵墓指帝王、诸侯陵寝及领袖先烈的陵墓。主要指近代以前对历史或地方发展有重要影响的帝王、诸侯或其他著名人物的陵墓及近代以来具有纪念意义、可供后人瞻仰的革命烈士、领袖及其他著名人物的陵墓。

（十一）景观农田

景观农田指具有一定观赏游览功能的农田。主要指将各类农作物通过一定形式的巧妙搭配，使食物生产的实用功能与环境美化、文化旅游、生态教育融为一体的农田。

（十二）景观牧场

景观牧场指具有一定观赏游览功能的牧场。不同于传统牧场的单一功能性，景观牧场更注重生态平衡与观光价值的结合。牧场内部科学规划，既保证了牲畜有足够的草场轮牧，又通过种植多样化的植被，如野花、灌木丛等，丰富了生态结构，也为游客提供了赏心悦目的自然景观。

（十三）景观林场

景观林场指具有一定观赏游览功能的林场。景观林场是一个将自然之美与林业生产巧妙融合的绿色空间，它超越了传统林场的单一功能，成为集生态保护、木材生产、科研教育、休闲观光于一体的综合性生态区域。

（十四）景观养殖场

景观养殖场指具有一定观赏游览功能的养殖场。主要通过打造现代农业科技与自然美景相结合的新型养殖模式，形成集生产、环保、观光、教育于一体的综合型农业园区。

（十五）特色店铺

特色店铺指具有一定观赏游览功能的店铺。主要指有长期经营历史的店铺或专门销售某些类型特色商品的店铺。

（十六）特色市场

特色市场指具有一定观赏游览功能的市场。这类市场除了满足周边居民需求，还能更多地吸引外地旅游者前来消费。

三、景观与小品建筑

景观、小品是景观的最后元素，通常体积小，颜色简单，在旅游区的构景中起到装饰作用。它们既有实用功能，又有精神层面功能。一般指用于突出、点缀或补充主要建筑的单一建筑。具体包括：形象标志物，观景点，亭、台、楼、阁，书画作，雕塑，碑碣、碑林，经幢，牌坊牌楼，影壁，门廊，廊道，塔形建筑，景观步道、甬路，花草坪，水井，喷泉，堆石共 14 个基本类型。

(一)形象标志物

形象标志物指反映某处旅游形象的标志物。通常放置在景区的显要位置,如景区的入口处、主要路口、主要广场和高度可见的户外位置,通常以建筑、标志、雕塑、植物形态、公共艺术品等形式呈现。

(二)观景点

观景点指用于景观观赏的场所。主要从地点的地理位置、环境特征、景观特征、构筑物内容等方面来进行描述。

(三)亭、台、楼、阁

亭、台、楼、阁指供游客休息、乘凉或观景用的建筑。

(四)书画作

书画作指具有一定知名度的书画作品。主要从作者或集体、人物和类型、历史渊源和社会影响、知名度和影响力、表现内容和表现形式等方面描述。

(五)雕塑

雕塑指用于美化或纪念而雕刻塑造、具有一定寓意、象征或象形的观赏物和纪念物。

(六)碑碣、碑林、经幢

碑碣、碑林、经幢指雕刻记录文字、经文的群体刻石或多角形石柱。

(七)牌坊牌楼、影壁

牌坊牌楼、影壁指为表彰功勋、科第、德政以及忠孝节义所立的建筑物,以及中国传统建筑中用于遮挡视线的墙壁。牌坊牌楼通常位于街道或村庄等入口处。影壁通常位于庭院入口处。

(八)门廊、廊道

门廊、廊道,指门头廊形装饰物,不同于两侧基质的狭长地带。门廊,作为建筑物入口处的标志性结构,不仅是内外空间转换的物理界限,也是文化和美学的象征。廊道,是连接建筑内部各个空间的过渡区域,它不仅具有实用的通行功能,更是一种空间艺术的展现。

(九)塔形建筑

塔形建筑指具有纪念、镇物、标明风水和某些实用目的的直立建筑物。

(十)景观步道、甬路

景观步道、甬路指用于观光游览行走而砌成的小路。通常是景区内用于连接各个景点的道路,两侧通常有不同的优美景色。

（十一）花草坪

花草坪指天然或人造的种满花草的地面。设计花草坪时，常通过科学选种与艺术布局，将观赏性花卉与耐践踏的草坪巧妙融合，创造出既具有生态效益又能满足人们审美需求的绿色空间。

（十二）水井

水井指用于生活、灌溉的取水设施。它可以是竖向的、斜向的或不同方向的组合，但一般以竖向为主，可用于生活取水、灌溉，也可用于躲避、隐藏或贮存一些东西等。

（十三）喷泉

喷泉指人造的由地下喷射水至地面的喷水设备。

（十四）堆石

堆石指由石头堆砌或填筑形成的景观。

附：建筑与设施旅游资源调查实训

（一）实训目的

通过实地调查分析，熟悉旅游资源分类、调查方法的相关知识与技能要点，系统掌握建筑与设施旅游资源的基本概念、内涵、特征、成因、属性等相关知识，了解建筑与设施旅游资源的基本功能；能够有序展开建筑与设施旅游资源的调查与分析，掌握建筑与设施旅游资源的调查技巧，完成旅游资源单体调查表的填写，提出相应的保护和开发建议。

（二）实训准备

1. 实训人员安排

将班级成员分成以 6~7 人为一个工作团队的若干个调查小组，每组指定一人为组长，协调成员分工。

2. 实训地点

校内场所：开放式图书资料室、电子阅览室、旅游规划实训室。

校外场所：可利用周末或者统一实训时间调查某一旅游资源。

（三）实训内容和要求

以建筑与设施旅游资源调查为例，按有关旅游资源调查标准完成相关内容。完成旅游资源单体调查：主要从性质与特征、旅游区域及进出条件、保护与开发现状等方面进行调查，综合完成旅游资源调查表。

（四）实训示例

建筑与设施旅游资源单体调查表

单体序号：7677　　　　　　　　　　　　　　　　　　　　　　　　　　基本类型：EAD

代码	43-02-04-004-204-EAD-13；其他代号：① ②							
行政位置	株洲市	市（州）	石峰区	县（市、区）	铜塘湾街道	乡镇/街道	清霞	社区/村
地理位置	N 27°52'6"，E 113°4'46"							
资源单体名称	清水塘老工业遗址区							
是否新发现	●是 ◎否				单体照片4张		单体视频1个	

A. 性质与特征

性质：属于建筑与设施主类人文景观综合体亚类建设工程与生产地。
外观形态与结构：清水塘老工业遗址区是新中国工业的缩影，这里曾创下了100多个中国工业史上的第一。清水塘地区污染企业全部关停，为株洲留下了大量的工业设施、清晰的工业文化、宝贵的工业精神。清水塘老工业区在六十余年的发展中形成了化工、冶炼、建材、能源四大产业集群，涵盖260余家企业。这里既见证了株洲城市发展的历史，也是城市精神的重要载体，具有重要的历史、科技、艺术、社会和旅游开发等价值。
成因机制与演化过程：株洲市清水塘老工业区是国家"一五""二五"期间重点投资建设的老工业基地，以冶炼、化工两大产业为主。然而，长期"高消耗、高排放、高污染"的粗放式发展模式，也让这里成为株洲最大的污染源。为彻底解决清水塘污染问题，2014年，清水塘搬迁改造被列为全国21个老工业区改造试点之一。2018年12月30日，随着株冶集团最后一座运行的冶炼炉熄火，清水塘261家企业全面关停退出。如今，清水塘老工业区成功转型，这一地区再现"碧水蓝天"。
规模与体量：清水塘老工业区占地15.15平方公里，包括48家自有土地企业和5大国有企业，其中包括株化、株冶、智成化工、中盛塑胶、昊华化工、中成化工、煤气公司等几大老企业。
环境背景：随着企业搬迁关停，清水塘腾出了开发建设空间。在清水塘生态科技产业新城，数智科技创新中心、工业遗址文旅园一期、三一石油智能装备等项目建设如火如荼。如今的清水塘，产业层次由低变高，生态环境由灰变绿，城市面貌由旧变新，实现了从"传统工业区"向"生态科技产业新城"的蝶变。
关联事件：按照《株洲市工业旅游发展规划纲要（2018—2022年）》，株洲将紧抓清水塘绿色搬迁改造的机遇，深挖工业旅游资源，充分依托中盐湖南株洲化工集团、株洲冶炼集团、湖南智成化工等企业搬迁或关停后留下的工业遗存资源，对各类厂房加以保护、开发，修建反映株洲工业历史与文明的各类产业博物馆，将其打造成集工业历史与创意于一体的湖南工业遗址公园。

特征数据							
（特征名称）	科技旅游	（特征名称）	工业旅游	（特征名称）		（特征名称）	

B. 旅游区域及进出条件（资源所在地区的具体部位、进出交通、与周边旅游集散地和主要旅游区〔点〕的关系等）

对外道路情况	◎高速路 ◎一级公路 ◎二级公路 ◎三级公路 ●四级公路 ◎无公路	周边市/县名称	石峰区	距离 5公里
周边旅游集散地名称	田心东站	距离 5公里	周边主要旅游区（点）的名称	九郎山森林公园	距离 6公里

其他说明：

C. 保护与开发现状（资源的保存现状、保护措施、开发情况、管理机构等）

单体保存现状	●保存良好 ◎少量破损 ◎破损严重	是否已开发	◎是 ●否	保护措施情况	◎保护措施良好 ●部分破损 ◎破损严重 ◎无

续表

已开发请填写						
旅游区	名称			游客接待量		
	称号/等级					
其他说明：						
D. 现有规划中的定位和利用方向						
规划名称	无		资源定位	人文资源、工业遗址休闲旅游、XR科技新体验	资源开发利用方向	工业遗址旅游
E. 旅游资源单体评价						
评价项目	观赏价值（30分）	人文价值（25分）	珍稀奇特度（15分）	规模与丰度（10分）	保存完整性（5分）	知名度（10分）	适游期（5分）	环境与安全（-5~3分）
得分值	28	22	13	8	4	8	4	3
本单体得分	90	本单体可能的等级	五级	填表人		调查日期	

第六节　历史遗迹

历史遗迹指已废弃的、目前无实际用途和使用价值的历史人类活动遗存及人工构筑。包括史前时期的人类活动遗址及社会、经济、文化活动遗址等。这些遗迹并不局限于人类为了实现某种特定目标所建造的建筑群体，也包括人类利用自然环境后而遗留至今的某些场所。历史遗迹是人类活动的产物，是人类历史的珍贵遗产，承载着对过去的留存与见证，凝结了人类的智慧，是特定的历史及文化的体现。历史遗迹主要包括物质类文化遗存和非物质类文化遗存2个亚类8个基本类型。

一、物质类文化遗存

物质类文化遗存主要是指"有形文化遗存"，包括建筑遗迹和可移动文物两大类，如历史文物（生产、生活、祭祀工具及物品）、科学技术、历史建筑、文化遗址等[1]。物质类文化遗存是一类具有一定的历史、科学价值的文物，是我们了解和研究前人生活的重要物证。物质类文化遗存具有以下特征及性质：第一，和人类的实践活动能力是同时

---

[1] 侯开良.阆中巴渝物质文化遗存爬梳［J］.地方文化研究辑刊，2021（01）：47-61.

产生和共同发展的。第二，体现了人类独特的创造性。物质类文化遗存源于人类的意向以及观念，在其未成型前带有明确的目的性。第三，是人类不断进步的实践活动历史的见证[①]。物质类文化遗存的普查应涵盖史前人类遗址、历史事件发生地、建筑遗迹、交通设施遗迹、工程与生产活动遗迹、古城及聚落遗址等，记录其基本信息：编号、行政区划、地理坐标、综合性标识、资源数量、类型划分、历史年代、统计时间、占地面积、权属状况、使用现状、保护级别等。

（一）建筑遗迹

建筑遗迹指具有地方风格和历史色彩的历史建筑遗存。建筑遗迹的特点主要表现为三个方面：其一，处于新生与失传之间的一种存在状态，会随着时间的推移逐步走向消亡；其二，作为某种见证物凝聚了人类对过去时间的追忆；其三，建筑遗迹具有社会性，尽管从物权的角度看，个体对某一建筑遗址拥有所有权，但就文化价值而言，它又关系到人类的整体利益，是全世界的共同财富。

（二）可移动文物

可移动文物指历史上各时代重要实物、艺术品、文献、手稿、图书资料、代表性实物等，分为珍贵文物和一般文物。可移动文物既拥有自然属性也拥有社会属性，自然属性是指文物本身是由客观物质存在所构成的，社会属性则是指其本体在生成、收藏、保存过程中随着时间流逝而逐渐积淀形成的独特文化意义及历史价值。

二、非物质类文化遗存

非物质类文化遗存不仅标志着一个民族和国家的历史文化成就，它还是一个民族和国家优秀传统文化的重要组成部分[②]。非物质类文化遗存是以人类为根本的活态性质的文化遗存，它强调的是以人为核心的工匠技艺、实践经验、创造精神，其特点是活态流变和非物质性。非物质类文化遗存具有文以化人的礼乐作用，其实用性的体现需要在以人为本的前提下，其最大特点是它是民族个性、民族审美习惯的"活"的显现。针对非物质类文化遗存，需深入探究并记录其历史脉络与人文环境。全面把握遗存的整体面貌及其演变历程，并绘制分布地图。调查对象聚焦于县级以上政府认定的非遗项目。应访问各级非遗保护中心及项目保护单位，访谈传承人，并进行实地踏勘，以获取详尽资料。

（一）民间文学艺术

民间文学艺术指民间对社会生活进行形象的概括而创作的文学艺术作品。民间文学

---

① 乔琛.马克思恩格斯论述物质文化遗存透示的文化艺术观点[J].文艺理论与批评，2016（03）：92-95.
② 刘晓山.传承弘扬中华优秀文化 巩固拓展非遗扶贫成果[N].中国文化报，2020-11-13（004）.

艺术一般具有以下几个基本特点和性质：第一，集体性。民间文学艺术作品是由一定地区范围内特定的群体经过不停歇的模仿、创新，共同创作完成的。第二，长期性。民间文学艺术作品的形成经历了一个历时较长的、无中止的积累、模仿、创新过程，即经历了较长的创作传播期。第三，变异性。民间文学艺术作品在长期流传的过程中是在继承中发展、在发展中创新的，其内容具有较大的变异性。

（二）地方习俗

地方风俗指社会文化中长期形成的风尚、礼节、习惯及禁忌等。主要指在特定社会文化区域内历代人们长期形成并共同遵守的规范或习惯禁忌，如民族以及地方的寿诞、生育、祭祀、婚姻、丧葬等习俗以及人们为人处世遵循的传统礼仪等。

（三）传统服饰装饰

传统服饰装饰指具有地方和民族特色的衣饰。这里所说的衣饰，是对装饰人体的各种物件或物品的总称，包括服装、鞋、袜、发饰等。中国传统服饰装饰大致可以分为汉族服饰和少数民族服饰两大类。

（四）传统演艺

传统演艺指民间各种传统表演方式。中国代表性传统演艺有戏曲、民乐、曲艺、木偶戏、皮影戏、杂技表演以及少数民族的舞蹈和戏剧等。

（五）传统医药

传统医药指当地传统留存的医药制品和治疗方式。经历了从原始社会到当代社会的历史变迁，中国的传统医药领域大致有中医药、民族医药和其他民间医药三个组成部分。

（六）传统体育赛事

传统体育赛事指当地定期举行的体育比赛活动。民族传统体育是在民族漫长发展过程中逐渐自发形成的，融合本民族独特地域文化并不断发展传承至今的本土体育形式。[①] 著名的民间体育活动与赛事有舞龙舞狮、马球、射箭、蹴鞠、捶丸、扭秧歌、赛龙舟、武术等。

附：历史遗迹旅游资源调查实训

（一）实训目的

通过实地调查分析，熟悉旅游资源分类、调查方法的相关知识与技能要点，系统掌

---

① 金光辉，罗义朝.论民族传统文化节体育赛事的传承与保护：以福泉"二郎歌会"为例［J］.安顺学院学报，2021，23（06）：113-117.

握历史遗迹旅游资源的基本概念、内涵、特征、成因、属性等相关知识，了解历史遗迹旅游资源的基本功能；能够有序展开历史遗迹旅游资源的调查与分析，掌握历史遗迹旅游资源的调查技巧，完成旅游资源单体调查表的填写，提出相应的保护和开发建议。

（二）实训准备

1. 实训人员安排

将班级成员分成以 6~7 人为一个工作团队的若干个调查小组，每组指定一人为组长，协调成员分工。

2. 实训地点

校内场所：开放式图书资料室、电子阅览室、旅游规划实训室。

校外场所：可利用周末或者统一实训时间调查某一旅游资源。

3. 实训内容和要求

以历史遗迹旅游资源调查为例，按有关旅游资源调查标准完成相关内容。完成旅游资源单体调查：主要从性质与特征、旅游区域及进出条件、保护与开发现状等方面进行调查，综合完成旅游资源调查表。

（三）实训示例

历史遗迹旅游资源单体调查表

单体序号：2163　　　　　　　　　　　　　　　　　　　　　　　　基本类型：FAA

代码	43-02-25-105-205-FAA-05；其他代号：①　②							
行政位置	株洲市	市（州）	炎陵县	县（市、区）	鹿原镇	乡镇/街道	炎陵	社区/村
地理位置	N 26°25'12"，E 113°39'53"							
资源单体名称	炎帝陵							
是否新发现	◎是　●否					单体照片 4 张	单体视频 0 个	

A. 性质与特征

基本类型：炎帝陵属于历史遗迹主类物质类文化遗存亚类建筑遗迹基本类型。
地理位置：炎帝陵，位于湖南省株洲市炎陵县鹿原镇鹿原陂，西濒斜獭水。
规模与体量：炎帝陵自宋乾德五年（967 年）建庙之后，已有千余年历史。随着历代王朝的兴衰更替，炎帝庙历尽沧桑，屡毁屡建。炎帝陵核心景区面积 5 平方公里，总规划面积 102.5 平方公里。
结构组成：炎帝陵有祭祀区、拜谒区、缅怀区三大功能区，由炎帝陵殿、神农大殿、神农园、阙门、华夏广场、福林、圣德林、碑林、炎帝陵牌坊等 80 多处自然和人文景观组成。
环境背景：炎帝陵是中华民族始祖炎帝神农氏的安息地，享有"神州第一陵"之誉，是全国重点文物保护单位、国家级风景名胜区、全国爱国主义教育示范基地、湖南省十大文化遗产并入选《中国国家自然遗产、国家自然与文化双遗产预备名录》。"炎帝陵祭典"系国家首批非物质文化遗产之一，并成功入选"全球最具影响力的十大根亲文化盛事"。1996 年 11 月 20 日，国务院将炎帝陵列入第四批全国重点文物保护单位。2020 年 1 月 7 日，湖南省株洲市炎帝陵景区被正式授予国家 AAAAA 级旅游景区称号。
关联事物：流传有"炎帝下葬""火龙会""茶叶解毒"等传说故事和传统演绎。

续表

特征数据							
（特征名称）	山地旅游	（特征名称）	康养旅游	（特征名称）	休憩旅游	（特征名称）	研学旅游
B. 旅游区域及进出条件（资源所在地区的具体部位、进出交通、与周边旅游集散地和主要旅游区［点］的关系等）							
对外道路情况	●高速路 ◎一级公路 ◎二级公路 ◎三级公路 ◎四级公路 ◎无公路			周边市/县名称	炎陵县		距离 19公里
周边旅游集散地名称	炎陵火车站		距离 19公里	周边主要旅游区（点）的名称	神农谷国家森林公园		距离 36公里
其他说明：							
C. 保护与开发现状（资源的保存现状、保护措施、开发情况、管理机构等）							
单体保存现状	●保存良好 ◎少量破损 ◎破损严重		是否已开发	●是 ◎否	保护措施情况	●保护措施良好 ◎部分破损 ◎破损严重 ◎无	
已开发请填写							
旅游区	名称	炎帝陵景区			游客接待量	35万人次/年（2019年统计数据）	
	称号/等级	AAAAA级景区，国家级风景名胜区					
其他说明：							
D. 现有规划中的定位和利用方向							
规划名称			资源定位			资源开发利用方向	
E. 旅游资源单体评价							
评价项目	观赏价值（30分）	人文价值（25分）	珍稀奇特度（15分）	规模与丰度（10分）	保存完整性（5分）	知名度（10分）	适游期（5分）	环境与安全（-5~3分）
得分值	27	25	15	10	5	10	5	3
本单体得分	100	本单体可能的等级	五级	填表人		调查日期	

第七节　旅游购品

旅游购品类旅游资源是指以游客为主要购买对象的特色商品，包括传统特产和现代新商品，重点是地方特产。主要包括农业产品、工业产品、手工工艺品3个亚类15个基本类型。旅游购物品的调查，应围绕地域特色、市场适应性、品牌影响力、实用性价值、创新程度、工艺精湛度及示范效应七大维度，并结合企业生产运营、市场营销、研发创新、品牌塑造、服务品质、社会责任等多方面进行综合考量。

一、农业产品

农业产品是在一定区域内有一定知名度的地方生产的产品。主要包括种植业产品及制品、林业产品与制品、畜牧业产品与制品、水产品与制品、养殖业产品与制品5个基本类型。

（一）种植业产品及制品

种植业产品及制品指具有跨地区声望的当地生产的种植业产品及制品。主要指能够供旅游者消费的具有特色的种植业产品及制品。

（二）林业产品与制品

林业产品与制品指具有跨地区声望的当地生产的林业产品及制品。主要包括乔木、灌木和竹类植物，以及天然树脂和天然橡胶等类型。

（三）畜牧业产品与制品

畜牧业产品与制品指具有跨地区声望的当地生产的畜牧产品及制品。主要指所有人工饲养、繁殖和可捕捉的动物和家禽等及其制品。

（四）水产品及制品

水产品及制品指具有跨地区声望的当地生产的水产品及制品。主要指出产于江、河、湖、海等水域、具有一定地方特色且有一定影响力的产品及制品。水产业又称渔业，包括养殖渔业和捕捞渔业（沿岸渔业、近海渔业和远洋渔业）两大行业，指利用各种可利用的水域或开发潜在水域，采集、栽培、捕捞、增殖、养殖具有经济价值的鱼类或其他水生动植物产品的行业。

（五）养殖业产品与制品

养殖业产品与制品指具有跨地区声望的养殖业产品及制品。主要包括生猪养殖、家禽养殖、水产养殖、特种养殖等类型及其制品。

二、工业产品

工业产品是工业企业生产活动的成果，与生产的目的和用途相一致。在实际生产中，按照生产过程，可以将实体产品划分为成品和半成品。该亚类主要包括日用工业品、旅游装备产品 2 个基本类型。

（一）日用工业品

日用工业品指具有跨地区声望的当地生产的日用工业品。主要包括各种日用百货，如手袋、雨衣、电子设备、玩具、化妆品、文体用品、边角料、手表、线和胶带、针和棉花、纺织品、领带和服装等。

（二）旅游装备产品

旅游装备产品指具有跨地区声望的当地生产的户外旅游装备和物品，可供旅游者开展户外旅游活动时使用。

三、手工工艺品

手工工艺品指在不同的区域内有一定的知名度及代表性的手工业制品。作为传统文化艺术的一个重要部分，手工工艺品具有民族性、地域性、实用性、工艺性和纪念性等特点，由于它们种类繁多，制作精良，设计新颖，深受国内外旅游者的喜爱。该亚类主要包括：文房用品，织品、染织，家具，陶瓷，金石雕刻、雕塑制品，金石器，纸艺与灯艺，画作，共 8 个基本类型。

（一）文房用品

文房用品指文房书斋的主要文具。除了毛笔、墨水、纸张和砚台等主要书写工具，还包括扳指、笔架、墨盘、墨池、印章盒等。

（二）织品、染织

织品、染织指编织及用染色印花织物。

（三）家具

家具指生活、工作或社会实践中供人们坐、卧或支撑与贮存物品的器具。

（四）陶瓷

陶瓷指由瓷石、高岭土、石英石、莫来石等烧制而成，外表施有玻璃质釉或彩绘的物器。包括陶器和瓷器两大类。陶器，以黏土为主要原材料，具有较高的黏性和易塑性，具有较小的气孔、较低的吸水率，不易产生撞击声响。瓷器以高岭土、板岩和石英为原料，具有透光性、非吸水性、抗腐蚀性、硬度高、致密、撞击声音清脆等特点。

（五）金石雕刻、雕塑制品

金石雕刻、雕塑制品指用金属、石料或木头等材料雕刻的工艺品。雕塑是雕、刻、塑三种制作方法的总称，是以各种可雕、可刻、可塑的材料，制作出各种具有实在体积的形象。可以分为玉雕、石雕、牙雕、砖雕、木雕、根雕、煤雕、水晶雕、椰雕、贝雕、面塑、泥塑等不同类型。

（六）金石器

金石器指用金属、石料制成的具有观赏价值的器物。

（七）纸艺与灯艺

纸艺与灯艺指以纸材质和灯饰材料为主要材料制成的平面或立体的艺术品。广义的纸艺指包括造纸艺术在内的所有与纸有关的工艺；狭义的纸艺是指以各种纸和纸类材料为基材，通过剪、折、撕、修、裁、折、揉、织、压花、印、装，或用高科技（如激光）等手段制作的平面或立体的艺术品和纸艺。常见的表现形式包括传统纸雕、3D纸雕、台湾纸藤花、纸花边、纸包装、折纸、纸衍生品、纸艺小品。

（八）画作

画作指具有一定观赏价值的手工画作品。画作可以分为水墨画、油画、壁画、漫画、版画等不同类型。

附：旅游购品旅游资源调查实训

（一）实训目的

通过实地调查分析，熟悉旅游资源分类、调查方法的相关知识与技能要点，系统掌握旅游购品的基本概念、内涵、特征、成因、属性等相关知识，了解旅游购品的基本功能；能够有序展开旅游购品的调查与分析，掌握旅游购品的调查技巧，完成旅游资源单体调查表的填写，提出相应的保护和开发建议。

（二）实训准备

1. 实训人员安排

将班级成员分成以6~7人为一个工作团队的若干个调查小组，每组指定一人为组长，协调成员分工。

2. 实训地点

校内场所：开放式图书资料室、电子阅览室、旅游规划实训室。

校外场所：可利用周末或者统一实训时间调查某一旅游资源。

3. 实训内容和要求

以旅游购品调查为例，按有关旅游资源调查标准完成相关内容。完成旅游资源单体调查：主要从性质与特征、旅游区域及进出条件、保护与开发现状等方面进行调查，综合完成旅游资源调查表。

（三）实训示例

旅游购品旅游资源单体调查表

单体序号：8180　　　　　　　　　　　　　　　　　　　　　　　　　　　　　　　基本类型：GCD

代码	43-02-81-008-205-GCD-05：其他代号：① ②								
行政位置	株洲市	市（州）	醴陵市	县（市、区）	仙岳山街道	乡镇/街道	五里墩	社区/村	
地理位置	N 27°37'21"，E 113°29'50"								
资源单体名称	醴陵陶瓷								
是否新发现	◎是　●否				单体照片4张		单体视频0个		
A.性质与特征									
内在性质：湖南省醴陵市特产，中国国家地理标志产品。醴陵为世界釉下五彩的发祥地，其釉下装饰艺术是中国瓷器艺术百花苑中一枝异花奇葩。醴陵釉下五彩瓷集胎质美、釉色美、工艺美、形体美、彩饰美于一体，具有高度的美学价值和文化意义。醴陵釉下五彩瓷质地精良、润泽清淅、色彩丰腴、艳而不俗。醴陵的釉下五彩瓷不仅美观大方，而且具有耐摩擦、耐酸碱、无铅毒、永不褪色的优点，属于绿色环保产品，在国内外久负盛名。醴陵釉下五彩瓷是新生的陶瓷品种，清末民初醴陵釉下五彩瓷的烧造时间前后不过20余年，由于生逢乱世，作品覆盖面不宽，精品罕见，传世作品不过400余件。 成因机制与演化过程：醴陵瓷业起源于沩山。经考古发现，沩山村现存古窑址84处，与瓷业相关的瓷泥矿井、古祠堂、古庙、古塔、古戏台、古道、古桥、古井等文物遗迹110处，可谓研究中国陶瓷发展史的"活辞典"，是传承和弘扬中华传统陶瓷文化的历史根脉。醴陵是世界釉下五彩瓷的原产地，中国"国瓷""红官窑"的所在地，陶瓷产业已有两千余年的历史，是全国三大"瓷都"之一。陶瓷产品涵盖日用瓷、电瓷、工艺瓷、建筑瓷、新型陶瓷五大系列4000多个品种，形成了以日用陶瓷、电瓷、釉下五彩艺术瓷生产为核心，集装备制造、新材料研发、陶瓷物流等配套产业于一体的较完整的产业链条，产品畅销美国、欧洲、日本、中东和南美等150多个国家和地区。 历史文化：醴陵不仅因历史上毛泽东主席考察湖南农民运动、在先农坛召开农运会而闻名，更为影响至深的是，在20世纪70年代醴陵制作了传奇的毛泽东主席生活用瓷。毛泽东主席生活用瓷在釉下五彩瓷工艺方面达到了极致，毛泽东遗物馆馆长曾表示，"白如玉，明如镜，薄如纸，声如磬"是毛瓷的显著特征，从使用价值、艺术价值和收藏价值上看都是至尊无上的珍品。醴陵还为周恩来总理等国家领导人及其他政要专门制瓷，为英国撒切尔夫人、美国克林顿总统等国家首脑专门制瓷。因此，醴陵窑曾一度成为红色官窑，红色文化深深镶嵌在醴陵瓷器——釉下五彩之中。 工艺特色：醴陵釉下五彩瓷通常采用"三烧制"，即先以800℃低温烧成素胎，然后进行彩绘，为使画面上的墨线及色料中的有机物和杂质等挥发，再以同样方式煅烧一次，最后罩透明釉经高温烧成。其烧制方法简便，还可提高生产率，是近代中国陶瓷发展史上一个新成就。醴陵釉下五彩的特点是：瓷器的胎体较轻，釉面滑润，玻璃化程度强，色彩清新。釉下五彩首先保护了纹饰不受磨损，日用品在使用时还减少了釉料中铅的毒害，因此釉下五彩的问世，受到国内外的欢迎。这种新式彩瓷在1907—1912年间，曾参加过国内南洋劝业会和国外巴拿马、意大利世界博览会，均获得一等金牌荣誉奖章。据1911年的一些报刊报道，醴陵窑产品"极精良"，"形式花样无一不玲珑轻巧"，"名声日隆"，"销额骤增至数十倍"。 产地环境：醴陵市地处湖南省东部，紧邻长沙、株洲、湘潭金三角经济区湘江支流渌水环城。醴陵市境内有浙赣铁路横贯东西，醴茶铁路连通南北，距江南最大的货运编组站株洲北站仅40公里，沪昆高速铁路在境内设有醴陵北站。醴陵市境内的重要公路干线有上瑞高速公路、岳汝高速公路、醴韶高速公路、106国道、320国道等。醴陵市区距长沙黄花国际机场约90公里，交通十分便利。醴陵为亚热带气候，雨水充足，年平均日照时间近2000小时，地理气候宜人。醴陵的陶瓷资源非常丰富，当地有得天独厚的条件资源，尤以黏土居多。									
特征数据									
（特征名称）	工业旅游	（特征名称）	研学旅游	（特征名称）	文创旅游	（特征名称）			

续表

B. 旅游区域及进出条件（资源所在地区的具体部位、进出交通、与周边旅游集散地和主要旅游区［点］的关系等）							
对外道路情况	◎高速路　◎一级公路　●二级公路 ◎三级公路　◎四级公路　◎无公路			周边市/县名称	醴陵市		距离 5公里
周边旅游集散地名称	醴陵高铁站		距离8公里	周边主要旅游区（点）的名称			距离 0公里
其他说明：							
C. 保护与开发现状（资源的保存现状、保护措施、开发情况、管理机构等）							
单体保存现状	●保存良好　◎少量破损 ◎破损严重		是否已开发	◎是　●否	保护措施情况	●保护措施良好 ◎部分破损 ◎破损严重　◎无	
已开发请填写							
旅游区	名称				游客接待量	万人次/年 （2019年统计数据）	
	称号/等级						
其他说明：							
D. 现有规划中的定位和利用方向							
规划名称		资源定位			资源开发利用方向		
E. 旅游资源单体评价							
评价项目	观赏价值 （30分）	人文价值 （25分）	珍稀奇特度（15分）	规模与丰度（10分）	保存完整性（5分）	知名度（10分）	适游期（5分）	环境与安全（-5~3分）
得分值	27	23	14	9	5	9	5	3
本单体得分	95	本单体可能的等级	五级	填表人		调查日期	

第八节　人文活动

人文活动旅游资源指的是将社会风情作为主体，反映社会风貌、人文迹象等内容的资源，主要反映了人在自然环境或人格化的自然环境下的文化行为。人文活动类旅游资源具有社会政治性、民族文化性、地域差异性、形式多样性、展示体验性等特征，主要包括人事活动记录和岁时节令2个亚类5个基本类型。鉴于人文活动的时空限定性，如赛事、活动、节庆等均在特定时空展开，故对活动前期的了解至关重要。调查前需系统性地搜集并整理相关资料，采用笔录、摄影、摄像、录音等手段记录。必要时，可采取重点访谈、抽样调研或召开小型调研会等方式，着重探究活动时间、地点、参与者、内容、覆盖范围及社会影响力等要素。

一、人事活动记录

人事活动记录包括地方人物和地方事件 2 个基本类型。

（一）地方人物

地方人物指当地历史名人和现代名人。主要指在一定区域内享有一定声望、有一定影响力的历史或现代名人，所谓影响力，不仅考虑其声名显赫、贡献杰出，同时也要考虑其是否对区域社会发展产生了重要影响。

（二）地方事件

地方事件指当地发生过的重大的、具有影响力的历史和现代事件。重大的、具有影响力的事件往往能引起旅游者的兴趣，形成具有较大震撼力的、发人深省的共鸣。历史事件往往与历史人物、历史事件发生地紧密相关，人物、事件、地点相结合，形成重要的历史文化，是人文旅游资源中的重要部分。

二、岁时节令

岁时节令是指在农业生产中，因农作物的种植收获按季节及节气进行所演化出的习俗节日。各种岁时节令显示了祖先们早期对自然运动规律的认识与把握，以及在农事生活中对它们的运用。

（一）宗教活动与庙会

宗教活动与庙会指宗教信徒举办的礼仪活动，以及在节日或规定日期在寺庙附近或既定地点举行的聚会。宗教活动与庙会具有群众性、复杂性、长期性、民族性、世俗性等特征。

（二）农时节日

农时节日指当地与农业生产息息相关的传统节日。农时节日是"农时"的标志，说明农业生产过程中何时该做何事。二十四节气是典型的岁时节令。

（三）现代节庆

现代节庆指当地定期或不定期的文化、商贸、体育活动等。现代节庆活动是依托地方自然、人文、物产等优势资源，结合市场需求，融合多元文化要素，人为策划举办的参与体验性活动。从文化角度看，它发展传承着地区文化；从经济角度看，它是经贸往来、商品交易的平台；从旅游、管理和传播角度看，它是一个区域旅游资源和形象的综合载体，也是参与体验性较强的旅游吸引物和营销手段①。

附：人文活动旅游资源调查实训

（一）实训目的

通过实地调查分析，熟悉旅游资源分类、调查方法的相关知识与技能要点，系统掌握人文活动旅游资源的基本概念、内涵、特征、成因、属性等相关知识，了解人文活动旅游资源的基本功能；能够有序展开人文活动旅游资源的调查与分析，掌握人文活动旅游资源的调查技巧，完成旅游资源单体调查表的填写，提出相应的保护和开发建议。

（二）实训准备

1. 实训人员安排

将班级成员分成以 6~7 人为一个工作团队的若干个调查小组，每组指定一人为组长，协调成员分工。

2. 实训地点

校内场所：开放式图书资料室、电子阅览室、旅游规划实训室。

校外场所：可利用周末或者统一实训时间调查某一旅游资源。

3. 实训内容和要求

以人文活动旅游资源调查为例，按有关旅游资源调查标准完成相关内容。完成旅游资源单体调查：主要从性质与特征、旅游区域及进出条件、保护与开发现状等方面进行调查，综合完成旅游资源调查表。

（三）实训示例

人文活动旅游资源单体调查表

单体序号：814   基本类型：HBA

代码	43-02-24-201-201-HBA-14；其他代号：① ②						
行政位置	株洲市	市（州）	茶陵县	县（市、区）	桃坑乡	乡镇/街道	湘江	社区/村
地理位置	N 26°39'40"，E 113°49'5"						
资源单体名称	客家火龙						
是否新发现	◎是 ●否			单体照片4张		单体视频2个	

---

① 梁丹，连建功.现代节庆活动与旅游产业的耦合机理研究：以郑州国际少林武术节为例［J］.河北企业，2018（07）：71-72.

续表

A. 性质与特征
性质：客家火龙又称香火龙，起源于南宋淳熙年间，至今已有六七百年的历史。舞火龙是桃坑乡客家人独特的民间艺术，是一种集娱乐、观赏、体育为一体的综合性文化活动，为省级非物质文化遗产。 地理位置：桃坑乡位于茶陵县东南部，东邻江西省井冈山市，南接炎陵县沔渡镇，西依湖口镇，北连䢀舫乡。该乡地处偏僻山区，是客家人聚居的地方，素有"文墨之乡"之称。 起源传说：茶陵客家人舞火龙的习俗源于一个传说：在很早很早以前，有条火龙飞过这里，它喷火烧过的地方，庄稼长得特别茂盛，五谷丰登；它一路飞过的村庄，家家日子过得红红火火。于是，每年正月，老百姓就开始做火龙，到了正月十五，家家户户张灯结彩，敲锣打鼓，扛着火龙游街串巷，男男女女、老老少少，欢欣鼓舞，以表达老百姓对火龙的感激和怀念。舞火龙的风俗，一直沿传到现在。客家人对舞火龙情有独钟，它由农民自发组织，自娱自乐。 发展历史：舞火龙一般在喜庆节日、乔迁或久旱求雨时开展，活动举办尤以春节、元宵期间为盛，意在驱除魔邪瘟疫，祈祷年岁吉祥，寄托希望。曾在茶陵江口乡、桃坑乡、湖口镇、八团乡、小田乡、䢀舫乡等有客家人居住的乡镇广为流传，现以桃坑乡为中心，并辐射到周边乡镇。 制作工艺：用稻草和竹篾扎成火龙，用纸、绸糊上，照着火龙的模样，用彩笔把火龙绘得灵活现，十分威武雄壮。舞火龙前，舞龙者把香火插满龙头、龙身、龙尾，扎上花硝引。龙头四根香火两两朝前，其他香火头朝后面。舞火龙大多在晚上进行，队伍庞大，有火把队、灯笼队。舞时事先点燃龙身上的线香头，由3人各执一节默契配合，"火龙"在夜里舞动起来可见香火闪烁，花硝四射，香火越舞越旺，象征主人的日子越过越红火。 表演过程：舞火龙有四个程序即游龙、舞龙、送龙、化龙，按八卦阵舞动，边舞边喊。夜幕初降，客家火龙便出来游动，出阵时鼓乐齐奏，唢呐一吹，便由一名德高望重的老者手提香篮领头，十几名青年男女高挑各种式样的、上书"龙游四境""五谷丰登""风调雨顺""岁岁平安"等字样的彩纸灯笼紧随，然后是数盏龙灯跟随，7名乐手一路敲锣打鼓、吹着唢呐打殿后，在上百支火把的照映下，在一群看热闹的男女老少簇拥下，客家火龙摇头摆尾，浩浩荡荡地游走在山野小径，走过田垄，走进村庄。每到一户，由老者送上一炷线香，主人放鞭炮迎接，接着客家火龙雀跃而起，迅疾至厅内，主人把灯一灭，客家火龙便在鼓乐声中穿梭腾舞起来，主人不停地燃放鞭炮，围观的人击掌助兴。围绕村子走一圈后，来到祭祀的地方，由提香篮的老者，摆放好香、纸、蜡烛和祭拜的三牲，点燃第一炷香后，开始舞龙。舞龙的套路主要有五式，五式之中可以自由变化。首先是"龙拜四方"，祝愿福到四方，四季平安，随即是"雪花盖顶"，接着是"团龙献花""黄龙缠柱""龙跳五门"。表演选择在一个宽敞的场地上进行，举火把和挑花篮的人围成一个大圆圈，中间点上三堆篝火，击鼓者擂响大鼓，"客家火龙"在密集的鼓点声中，随着节奏一条接一条地奔跑出场，圆场三圈后变换队形，然后分成3队，各自围着三堆篝火再转三圈后，面对神位定位。这时提篮老者在唢呐和锣鼓声中踏着音乐节拍迈着方步上场，同时挑灯笼的人跟随出场站立两旁，老者上场后点燃香纸蜡烛，完成祭拜前的一些祭拜程序工作，然后带领舞龙人拜四方，祭拜完毕由老者高喊"五谷丰登""风调雨顺""岁岁平安"等吉祥话语后宣布点火舞龙。翻飞的"客家火龙"随着鼓点、音乐轻重快慢的节拍，时而像潜龙腾空，追星赶月，时而像飞龙在天喷珠吐玉。鞭炮轰鸣，锣鼓喧天，掌声如雷，在火爆的气氛中，舞龙高潮迭起。舞龙结束后，接着是送龙、化龙，把火龙送到河边沙滩上，设上香案，摆上三牲祭拜，叩谢龙神，然后焚烧火龙，恭送火龙回龙宫。舞火龙除有固定的程式和招式外，亦可根据需要和场面大小展现单龙独舞、多龙群舞等多种艺术表现形式。客家火龙的表演内容具有综合性，由诗文（一人祭祀）、龙舞（三人组龙）、鼓乐（鼓、唢呐等，独奏、重奏、齐奏）等形式组成。 保护措施：客家火龙被列入省级非遗保护项目，代表性传承人为曾龙祥老先生。之前舞火龙的费用由村民集资举办，现在由省级非遗文化馆出资。

特征数据

（特征名称）	宗教旅游	（特征名称）		（特征名称）		（特征名称）	

B. 旅游区域及进出条件（资源所在地区的具体部位、进出交通、与周边旅游集散地和主要旅游区［点］的关系等）

对外道路情况	◎高速路 ◎一级公路 ◎二级公路 ◎三级公路 ●四级公路 ◎无公路		周边市/县名称	茶陵县	距离 29公里
周边旅游集散地名称	茶陵火车南站	距离 28公里	周边主要旅游区（点）的名称	云阳山	距离 34公里

续表

其他说明：							
C.保护与开发现状（资源的保存现状、保护措施、开发情况、管理机构等）							
单体保存现状	●保存良好 ◎少量破损 ◎破损严重		是否已开发	◎是 ●否		保护措施情况	●保护措施良好 ◎部分破损 ◎破损严重 ◎无
已开发请填写							
旅游区	名称					游客接待量	
	称号/等级						
其他说明：							
D.现有规划中的定位和利用方向							
规划名称			资源定位		省级非遗	资源开发利用方向	
E.旅游资源单体评价							
评价项目	观赏价值（30分）	人文价值（25分）	珍稀奇特度（15分）	规模与丰度（10分）	保存完整性（5分）	知名度（10分）	适游期（5分）	环境与安全（-5~3分）
得分值	25	23	13	8	5	8	5	3
本单体得分	90	本单体可能的等级	五级	填表人		调查日期	

第九节 旅游资源普查难点问题及注意事项

一、资源判定准则及阐释

（一）概念界定

在自然界与人类社会的广阔范畴内，任何能够吸引旅游者注意，具备旅游业开发利用潜力，并能产生经济、社会及环境效益的客观存在的事物与现象，均可视为旅游资源。

（二）判定准则及解读

1. 旅游吸引力

旅游的本质在于寻求差异体验，任何对旅游者而言具有独特性、足以激发旅游兴趣并驱动旅游行为的因素，均可认定为旅游资源。这里的旅游者，指的是旅游者群体中的大多数。某些可能对少数专业人士具有观赏或研究价值，但对广大公众缺乏吸引力，无法转化为旅游产品的，如特定类型的文物残片、某些地质构造、深埋地下的古墓等，不应纳入旅游资源范畴。

2. 旅游开发适用性

旅游资源调查旨在开发旅游产品，故任何在特定时间内可用于旅游开发，形成旅游产品的有形或无形事物与现象，均构成旅游资源。例如，当前因条件限制无法开发的资源，虽非现实旅游资源，但可视为潜在资源。至于未来可能出现的、难以预见的吸引因素，一般不作为旅游资源考虑。

3. 综合效益产生

旅游产业作为经济产业，其资源的开发利用需产生投资回报，因此，仅当资源开发后能同时带来经济效益、社会效益及环境效益时，方可视为旅游资源。对此，旅游资源的开发必须实现经济、社会、环境的全面正向效益。未能满足这一标准的任何事物或因素，目前不宜称为旅游资源。

4. 资源创新潜力

随着旅游产品的不断丰富与创新，旅游资源不再局限于视觉观赏对象，还包括可感受的环境要素（如云海、雾凇、日出日落）、可体验的特殊设施（如游艇）、可探索的特殊空间（如奇特地形地貌）以及具有吸引力的概念（如幸福感城市、浪漫之都等）。这些可用于开发休闲度假、特种旅游产品，产生旅游吸引力的事物与现象，均属旅游资源。同时，考古、地理、摄影等领域的新发现，若满足前述三要素，亦可能成为旅游资源。

（三）甄别原则

旅游资源是固有且不受外界影响的，以其内在特质吸引游客的事物与现象。甄别旅游资源应遵循以下几个原则。

1. 避免将旅游产品等同于旅游资源

旅游产品是旅游吸引物、服务与设施的综合体，而旅游资源仅指其中的吸引物部分，非整体。形成这一错位的真正原因是在没有处理好旅游资源和旅游产品的关系的前提下，仅仅简单地把旅游资源和旅游产品等同起来。因此，不应将综合型旅游景区、项目、线路直接列为旅游资源，而应聚焦于其中的核心吸引物。

2. 不可将开发条件视为旅游资源

旅游资源的开发条件，如交通、客源、停留时间、吸引半径、开放时间等，与资源本身属不同范畴，不能作为认定旅游资源的依据，也不应用于资源等级评价。基本类型强调对象的单体形式,一般不把成型的旅游产品直接作为旅游资源,也不将其赋存环境和开发条件视为旅游资源[①]。

3. 不将旅游设施与常规服务认定为旅游资源(如普通酒店、集散中心等)

虽然旅游产业以地域旅游资源和旅游设施为载体,向游客提供游览、娱乐、餐饮、购物等服务[②],但旅游设施与常规服务通常不能被视为旅游资源,它们在本质上还是易受外界影响的。

二、旅游资源单体判定准则及阐释

(一)定义

国家标准《旅游资源分类、调查与评价》中定义了旅游资源单体的概念:可作为独立观赏或利用的旅游资源基本类型的单独个体,包括"独立型旅游资源单体"和由同一类型的独立单体结合在一起的"集合型旅游资源单体"。

(二)判定准则及深入解读

1. 旅游资源基本类型归属

旅游资源单体归属于某一个或两个旅游资源基本类型,而非由多种类型构成的整体或单一类型,而是在同一类型下,因各自独特的外在特征、规模或内在性质而形成的独立实体。旅游资源单体是能够独立观赏、利用并开发的资源个体。

2. 独立性

旅游资源单体具有相对独立性。同类型旅游资源单体若多处分布,可视为集合型旅游资源单体,如沙丘群构成的沙地区、岩画群组成的摩崖字画区、同种树木形成的树林、排列的坟墓构成的墓群等,以提升资源质量并减少登记数量。

(三)旅游资源单体选定原则与要求

1. 原则

旅游资源单体选定遵循"全面覆盖、创新挖掘、价值导向、科学拆分"的原则,即全面、多角度筛选,确保无遗漏;以长远眼光和高度敏感性发掘新资源,力求创新;依据旅游价值判断资源单体,避免无效工作;以专业性和合理性拆分或合并资源单体,提升价值。要选定具有开发前景、有明显价值且具有代表性的旅游资源单体为重点调查对

---

① 尹泽生. 旅游资源国家标准起草过程及其技术要点[J]. 上海标准化, 2003 (9): 35-38.

② CEVDET A M, ERKUT B. Cultural tourism in Istanbul: The mediation effect of tourist experience and satisfaction on the relationship between involvement and recommendation intention [J]. Destination Marketing Management, 2015, 4 (4): 213-221.

象[①]。

2. 要求

（1）在同类资源密集区域，如遗址区、密林、文物区等，原则上仅登记典型、代表性资源单体或集合型资源单体。

（2）在建或已建成的资源单体可登记，规划中的暂不登记。

（3）必须登记的包括：市级以上文物保护单位、省级以上非物质文化遗产、国家级保护动植物、各级森林公园、地质公园、市民休闲公园、水利风景区、自然保护区、风景名胜区中的核心吸引物。

（4）暂不登记的包括：缺乏旅游吸引力与开发价值的资源单体、位于特殊区域（如军事基地）的资源单体、违反现行法律法规的资源单体、开发后可能损害社会形象或造成环境问题的资源单体。

三、新老资源普查的具体要求

（一）已开发旅游资源

已开发景区交通便利，设施完善，是后续开发的重点。普查应重点关注这些景区及其周边，深入挖掘潜力；同时加强景区间及周边的资源调查，提升资源的广度与深度，为集约化、规模化开发奠定基础。

对此类资源，主要进行外围的点线调查，增加景观体量，拓展区域范围，提升地质与文化内涵，为景区升级提供技术支持。

（二）已发现待开发旅游资源

对此类资源，需进行详细调研，明确其类型、性质、形态、结构、成分、生成与演化历史、规模、交通、保护与开发现状，提出保护与开发规划建议。

（三）新发现旅游资源

此类资源为普查重点，需通过调研确定其特征、意义，揭示其品质，提出后续工作建议。

四、其他旅游资源普查注意事项

（一）普查对象

资源单体为旅游资源普查的最基本对象。旅游资源普查依据分类表上的类型，尤其

---

① 邓秀勤，李子蓉，马艳.旅游规划学课程教学"做中学"教学模式的探索与实践[J].内蒙古农业大学学报（社会科学版），2018，20（3）：60-64.

是最小单元"旅游资源基本类型"。但实际操作中，基本类型需落实到具体可观察、记录的"旅游资源单体"。

（二）调查区域划分

为确保有序调查与资料整理，将调查区域划分为若干小区，按小区进行调查。

（三）调查路线规划

路线调查是进行旅游资源普查的主要方式，调查过程主要以采集单体信息为目的。旅游资源详查需采集全区资源单体数据，但实际操作中难以全面覆盖。因此，规划调查路线时，应覆盖重点区域，同时贯穿所有调查小区。

（四）调查内容筛选

由于数据来源、时间精力的限制，纳入分类体系的旅游资源未能涵盖区域范围内的全部。面对庞大的调查对象，需进行筛选，确保不将资源赋存环境、旅游产品、开发条件误作旅游资源。

（五）跨界单体处理

跨界旅游区是指旅游资源密集分布的自然地理单元受行政边界和管理条块分割，开发成为在发展理念、演化阶段、主导产品、管理模式等方面有较大空间差异的旅游地，是区域旅游地的一种特殊形式[①]。对于跨界旅游资源，由所涉及区域共享，均进行单体定点。

五、单体调查表表格填写规范

（一）命名规范

一般采用景观通用名称。建筑与设施、历史遗迹、旅游购物（文创产品）、人文活动等，应采用官方正式名称；自然景观采用地域+资源名的形式，尊重当地习惯。

如：地文景观：××褶皱带、××断裂带、××地层剖面、××侵入岩展示区、××变质岩展示区、××峭壁、××恐龙遗迹、××足迹化石点、××矿藏、××泥石流遗迹区、××石林群等。水域景观：××河流、××水库区、××湖泊群、××湿地保护区、××海子、××现代冰川区等。

（二）地理位置填写

由于需求侧资源具有种类繁多、数量庞大、单体容量小且地理位置分散等特点，可对各个可调查资源进行单独定位。不同类型旅游单体的地理位置采集点各异，点状单体

---

① 王兆峰，徐赛，邓楚雄.基于交通网络视角的跨界旅游区合作的微观机制研究：以武陵山区为例[J].地理研究，2018，37（2）：250-262.

以 GPS 坐标表示位置；线性单体（如河段、曲流、渠道等）以起点或代表性景点 GPS 坐标表示；面状单体以几何中心或代表性景点 GPS 坐标表示；非物质资源单体通过其载体（如风俗发生地、光现象观赏地等）定位；人文旅游地与活动分别填写大门或标志景观位置、最具特色区域中心行政区位置。

☞ 思考链接

第六章　文化和旅游资源评价

文化和旅游资源评价包括对文化和旅游资源单体进行定性、定量或者综合评价，具体包括资源等级评价、资源等级统计评价、资源空间分布评价、资源地域组合评价、资源开发条件评价等。

第一节　资源评价的意义、原则与标准

一、资源评价的重要意义

文化和旅游资源评价是遵循合理开发和利用资源及实现最大经济、社会、生态效益的原则，运用某种方法，对特定区域内的文化和旅游资源价值及开发条件等方面进行综合评判和鉴定的过程。此过程基于详尽的资源调查，深入分析资源规模、品质、等级、发展潜力及开发条件，旨在为文化及旅游资源的科学规划、开发与战略管理奠定坚实的理论基础。评估工作不仅涉及资源类型、特性、构成、效用、体量、布局及开发环境等多维度考量，还能够准确量化资源数量与质量，明确其在区域规划体系中的地位，进而为旅游规划编制、项目构建、运营管理、资源优化等策略提供数据支撑与决策依据，无疑具有重要意义。

一是全面审视文化和旅游资源开发利用中的影响因素及外部环境，准确评估其整体价值，深入探索资源拓展与整合的潜力，并提出针对性的保护与开发的相关建议，为各级旅游发展规划的统筹安排及资源的动态监管提供科学依据。

二是深化对旅游资源内容及文化价值的认知，制定文化遗产保护与发展保障措施，深入挖掘历史底蕴，鼓励文化特色发展和文化创新，以凸显资源特色，打造核心旅游产品，树立市场知名品牌。

三是系统了解区域文化遗产与旅游资源的现状、开发程度及潜在价值，结合区位优

势，以市场需求为导向，筛选资源，设计开发路径，明确项目开发次序，实现资源的优化配置。

二、资源评价的相关原则

（一）全面系统

旅游资源的吸引力源于其数量、品质与规模的内在特质，同时深受区域经济、地理区位、交通条件、市场需求及投资环境等外部要素的制约。其独特性体现在涵盖范围广泛与内容繁复两方面。评价时，需秉持系统与全面的视角，不仅审视其观赏价值与历史价值，还需考虑休闲、康体等多元维度。资源吸引力的展现亦受外部环境如区域发展、地理优势、交通网络、市场需求与投资氛围等影响。因此，评价应综合考量，系统解析，以全面揭示资源整体价值与潜在优势。

（二）定性与定量相结合

在旅游资源的评价过程中，要注重定性评价与定量评价的有机结合。定性评价以广泛性、便捷性见长，内容全面却易陷于主观，缺乏横向对比能力；定量评价则依托严谨的标准体系，量化各评价要素，强化结果可比性。二者互补短长，实践中应深度融合，既捕捉资源的本质特征，又确保评估的客观精准，方能有效达成评价目标。

（三）动态性和借鉴性

文化和旅游资源及其开发环境处于动态演进之中，需秉持发展动态观以预判其演变趋势，实施全面系统评估。由于资源与环境是持续变迁的，调研与评价也需深入剖析资源生成与演变机制，摒弃静态与固化思维，既不依赖历史，也不受限于现状，确保评价灵活适应变化，科学预见未来，提升评估的时效性与前瞻性。评价时，应尽可能采用综合指标，从历史传承、文化影响、资源开发、经济促进、社会发展等多维度出发，避免单一与片面评价，以实现文化和旅游资源的综合评估。

（四）宏观、微观相结合

旅游资源的评价，特别是文化和旅游资源的综合评价，是理论与实践相结合的产物，受评价者主观性影响，结果各异。因此，评价指标的真实性、科学性与合理性至关重要。评价时，应兼顾微观数据的细致分析与宏观视角的综合归纳，确保评估全面深入。宏观论断需要具体数据支撑，微观资料则作为实证，共同增强评估的科学性和说服力。

（五）原真性

旅游资源作为自然与文化融合的产物，其固有属性客观存在，评价时应遵循实事求是原则，深入剖析其多维度价值及潜在影响，构建科学客观的评价体系，确保评价结果的公正性与严谨性。20世纪中叶，原真性原则被正式纳入文化遗产保护与开发领域，并逐渐成为国内外学术界的共识。时至今日，原真性已成为文化遗产评估与保护的核心标准，世界遗产委员会亦明确指出其重要性。在评估同一空间内的文化遗产时，应保持评价标准的一致性，避免产生偏见。同时，应从遗存本体及其周边自然、人文环境等维度出发，实施整体性保护与开发，促进整体协调发展。无论是物质还是非物质文化遗产，在保护、开发、利用与传承中，均应坚守原真性原则。

三、资源评价标准

对旅游资源的评价应从多维度进行考量：首先，要聚焦自然环境，涵盖地理位置优越性、气候条件适宜度及地貌景观独特性等自然要素；其次，人文环境也是关键，涉及历史文化底蕴、民俗风情特色及人文景观价值等人文因素；再次，旅游基础设施与服务水平是衡量资源质量的重要标准，包括交通通达性、住宿餐饮完备度及旅游设施现代化程度等；最后，将可持续性发展潜力作为长远指标，其对旅游资源的综合评价是不可或缺的，确保资源利用的代际公平与生态和谐。周凤杰从旅游者、旅游经营方、旅游主管部门的视角出发，将旅游资源评价标准概括为知名程度、经济效益、民生效益、生态效益四个维度[①]。

第二节　资源定性评价法

文化和旅游资源定性评价是基于评价者深厚的学识功底、丰富的实践经验与卓越的综合分析能力，通过实地踏勘或游历资源区域，结合详尽的资料分析，对资源整体风貌进行客观而深入的认知判断过程。

一、一般体验性评价法

一般体验性评价是指旅游者依据个人亲身经历，对特定或系列文化和旅游资源进行全面质量评估的定性方法。其常用方式包括：问卷排序法，即旅游者依据主观感受排列资源优劣；专家评审制，集合多方专业视角共议；媒体曝光度分析，即统计资源在出版物及旅游指南中的提及频次。"一般体验性评价基于评价者自身的体验对旅游资源的整

---

① 周凤杰. 旅游资源评价标准与评价方法新探 [J]. 中国市场，2007（40）：10-11.

体质量进行定性评估。该评价方法的优点是评价项目简单,仅需要就旅游资源的整体印象进行评价,或在问卷上按序号填写评价者认定的旅游资源。"[1] 这种方式多由传媒或管理机构推动,如"十大风景名胜"等评选活动,旨在推广与宣传,通过提升目的地知名度,间接引导旅游需求流向。其特性鲜明,但适用范围有限,更倾向于知名旅游地,对于新兴或未开发之地则较难适用,显示出其特定场景下的局限性。

二、美感质量评价法

美感质量评价法是一种专业性的旅游资源美学质量评价,一般基于旅游者或专家体验的透彻分析,建立规范的评价模型,评价结果多为具有可比性的定性尺度或数量值。[2] 学术界公认的比较成熟的是以下四个学派。

(一)专家学派

代表人物是林顿,重于形式美学,通过解析景观的形态、色彩、质地及结构,实施系统化的分类分级策略,将风景质量划分为特异、一般和恶劣风景三个等级,如美国林务局所采用的风景管理体系。

(二)心理物理学派

代表人物为施罗德、丹尼尔和布雅夫,创新性地引入了心理物理学信号检测法,将旅游者的视觉感知与心理偏好量化为评估指标。

(三)认知学派(心理学派)

代表人物为卡普兰·吉布利特和布朗,聚焦于风景如何触发人类的认知与情感共鸣,探索进化论与功能需求视角下的审美机制,强调易解与神秘特性的和谐共生为风景质量的要义。

(四)经验学派(现象学派)

代表人物为洛温撒尔,主张风景审美乃个体经验、文化背景交织的复杂产物,通过分析文艺作品与名人记述,深入剖析人与风景间相互作用的审美生态及评判背景[3]。

三、"六字七标准"评价法[4]

黄辉实提出的旅游资源评价体系,创新性地将资源本体与外部环境因素相结合,归纳为"六字精髓"与"七项评估标准",即"六字七标准"评价法。其中,"六字"精

---

[1][2] 罗艳,李荣彪.国内外旅游资源评价研究综述[J].凯里学院学报,2015,33(1):88-92.
[3] 龚绍方.旅游规划与开发[M].郑州:郑州大学出版社,2006:80-81.
[4] 羊绍全.旅游资源调查与评价实训教程[M].北京:北京理工大学出版社,2019.

练地概括了资源的美学价值（美）、历史积淀（古）、品牌效应（名）、独特性（特）、新奇感（奇）及实用价值（用）。"七标准"则全面审视了旅游资源的季节性特征、环境影响、资源间的互联互通、可达性、基础设施完善度、社会经济环境支持度及客源市场的潜力。此外，他还强调，尽管开发成本本质上属于发展议题，但在进行资源评价时，应预估包括单位成本、机会成本、影子成本及社会定向成本在内的多项经济要素，以确保评价的全面性与科学性。

四、"三三六"评价法

卢云亭（1998）创造性地提出了旅游资源的"三三六"评价体系，该体系由"三大价值"、"三大效益"及"六大开发条件"构成。其中，"三大价值"具体为：历史文化价值，聚焦于历史文化旅游资源的深厚底蕴；艺术观赏价值，强调客体景象的艺术特质与审美功能；科学考察价值，指自然景观与人文景观在科研与教育中的独特作用。至于"三大效益"，则涵盖经济效益（直接旅游收入与间接产业促进）、社会效益（就业增加与文化交流）及环境效益（自然生态美化与历史文化保护）。此外，"六大开发条件"涉及旅游资源的地理位置及交通条件、景象的地域组合条件、景区旅游容量条件、市场客源条件、投资条件、施工条件六个方面[①]。王昆欣认为，"三三六"评价法中提到的评价内容是全面的、综合的，在此基础上，他进一步总结了旅游资源的综合评价因素（见下表）。

"三三六"评价方法的评价因素[②]

价值评价	历史文化	①世界级②国家级③省级或地区级④县级
	艺术观赏	①地方特色的浓郁程度②历史感的深浅③艺术性的高低
	科学考察	①自然科学方面②社会科学方面③教学方面
效益评价	经济效益	①增收创汇②促进经济收入的增加③扩大当地居民就业机会④税收
	社会效益	①促进文化交流②宣传自身形象③精神文明建设④提高当地居民文化素质⑤保护民族文化
	环境效益	①提高污染物的处理能力②游客产生污染物的数量③生态平衡的保持

---

① 卢云亭.现代旅游地理学［M］.南京：江苏人民出版社，1988.
② 王昆欣.旅游资源评价与开发［M］.北京：清华大学出版社，2010.

续表

条件评价	地理位置和交通条件	①地理位置②可进入性③交通条件④气候
	景象的地域组合条件	①景观的集中程度②自然风景与人文风景的融合度③主要景点和次要景点的安排④旅游线路、特色
	景区的容量条件	①容人量（人/平方米）②容时量（小时/景点）
	客源市场条件	①一级市场、二级市场、三级市场②一段时间内（通常是1年）游客的增长情况
	市场投资条件	①国家投资②地方投资③部门投资④企业投资⑤个人投资⑥国外投资
	施工条件	①工程技术条件②基础设施供应条件③工程的设计和审批、耗资的数量、工期的长短、天气对施工的影响

"三大价值"、"三大效益"及"六大条件"具体如下。

（一）三大价值

1. 历史文化价值

历史文化价值属于人文旅游资源范畴。对历史文化价值进行评估，不仅要对历史古迹外在形态做简单审视，而且需要深入剖析其类型的独特性、年代的久远性、规模的宏大性、保存状态的完好度以及在历史长河中所占据的重要地位。以河北赵州桥为例，尽管其外观朴实无华，但凭借其作为中国现存最古老石拱桥的身份，以及作为古代四大名桥之一的显赫地位，在世界桥梁史上留下了不可磨灭的印记，从而彰显出极高的历史文化价值。此类例证在中国比比皆是，充分说明古迹的历史意义是评判其历史文化价值不可或缺的标尺。我国各级文物保护单位（国家级、省级、地区级、县级）的评定体系，正是基于这一原则，综合考量历史意义与文化艺术价值而确立的。一般而言，古迹的古老性、稀有性、珍贵性以及是否与名家相关联，都是其历史意义大小的决定性因素。

2. 艺术观赏价值

艺术观赏价值聚焦于旅游资源所展现出的景象艺术特征、独特地位及其内在意义。自然风景以其多样化的景象属性和功能，构成了丰富多彩的旅游体验。景象的丰富性、主副景的巧妙组合、格调的独特性以及季相变化的多样性，共同作用于景象艺术的整体呈现。当某一景象具备奇、绝、古、名等特质，或这些特质相互交织时，其艺术观赏水平便得以显著提升。以华山之险、泰山之雄、庐山瀑布之壮丽、峨眉山日出云海佛光之奇观为例，这些自然与人文景观的完美结合，不仅是对风景旅游资源艺术价值的高度肯定，也为游客提供了无与伦比的审美享受。在评价过程中，地方色彩的鲜明性、历史感的深邃度以及艺术性的高度，是三项至关重要的考量标准。旅游地学研究者需熟练运用这些原则，以科学严谨的态度，准确评估旅游资源的艺术观赏级别与价值。

3.科学考察价值

强调旅游资源在自然科学、社会科学及教育领域的研究潜力，关注其为科研工作者、探索者及求知者提供的宝贵的现场研究平台。中国众多旅游资源以高超的科技含量和独特的研究价值，赢得了国内外科学界的广泛赞誉。古都西安，作为中华文明的璀璨明珠，有长达1100多年的国都史，跨越了西周至唐13个朝代，不仅是中国历史上建都时间最长、朝代最多的古都，也孕育了丰富的历史文化遗迹。秦始皇陵兵马俑，以宏大的规模、精湛的工艺和无与伦比的历史价值，被誉为"世界最大的地下军事博物馆"及"世界第八大奇迹"，为历史、雕塑、军事、美术等多个学科领域的研究提供了丰富的素材和现场。这些旅游资源的科学考察价值，不仅促进了相关学科的发展，也为人类文明的传承与探索贡献了不可估量的力量。

（二）三大效益

三大效益指经济效益、社会效益和环境效益。经济效益作为衡量资源利用直接成果的关键指标，其核心在于评估风景资源转化为经济收入的潜力。这一过程需秉持客观公正的原则，既不过度乐观地夸大其词，也不保守地低估其价值，因为准确的经济效益评估是判断风景区开发可行性的基础。社会效益则侧重于探讨旅游资源在促进人类智力启迪、知识积累及思想教育等方面的积极作用。它要求科学评估旅游资源能够传授给旅游者的知识内容、美德熏陶等非物质价值，这些价值对于提升公众文化素养、促进社会和谐具有重要意义。至于环境效益，它关注的是风景资源开发活动对自然环境和资源本身的潜在影响，确保开发过程遵循可持续发展原则，避免对生态环境造成不可逆的损害。

（三）六大条件

1.地理位置及交通条件

地理位置作为决定景区开发潜力与方向的首要因素，不仅塑造了风景的独特类型与风貌，还深刻影响着旅游市场的客源结构。以黑龙江漠河镇为例，其独特的地理位置赋予了人们观赏白夜、极光等罕见自然景观的机会，成为吸引游客的亮点。然而，地理位置的偏远性也往往伴随着交通不便的问题，高昂的交通成本和时间消耗可能成为旅游发展的瓶颈。因此，在规划开发时，需全面权衡地理位置的优势与劣势，确保交通条件的改善能够支撑起旅游市场的拓展。

2.景象的地域组合条件

景象的地域组合是评价旅游资源丰富度与吸引力的关键。首先，需明确区分主体景观与非主体景观，前者是构成风景区核心吸引力的关键要素，后者则起到辅助与衬托作用。在开发过程中，应注重对主体景观的深入挖掘与保护，同时巧妙地利用非主体景观进行补充与点缀,实现景观资源的优化配置。其次,景象要素之间的协调组合也是评价的重要依据,它体现了地方特色与旅游地的独特个性。如黄山的松、石、云、泉四绝,正是通过精妙的组合展现了其独特的自然美景。可见,要素组合的协调与否,是旅游资源评价的一项重要依据[①]。

3. 旅游环境容量

旅游环境容量是衡量风景区承载能力的重要指标,包括容人量和容时量两个方面。容人量反映了风景区单位面积内可承载的游客数量,是设计用地、设施及投资规模的重要依据。容时量则体现了游客在景区内游览所需的基本时间,它受到游程安排、内容丰富度、景象布局等多种因素的影响。合理的环境容量测算有助于避免过度开发导致环境破坏和游客体验下降,确保旅游活动可持续发展。

4. 市场客源条件

市场客源是支撑旅游区经济效益的关键因素。在评价景区旅游功能时,必须深入调研客源市场,包括客源地分布、游客数量预测、旅游需求变化等。通过参考同类景区的调查统计数据,结合本景区的实际情况,提出科学合理的客源估算报告。同时,还需关注不同风景区因景观特色、地理位置及交通条件等因素吸引的不同类型的游客群体,以精准定位市场,制定有效的营销策略。

5. 投资条件

财力是旅游资源开发的重要保障。在评估投资条件时,需综合考虑开发工程的规模、设施建设的成本以及现有经济、技术条件的可行性。以重建圆明园为例,尽管其文化价值巨大,但高昂的建设成本在当前经济条件下难以承受,因此需审慎考虑投资时机与规模。同时,还需关注投资回报周期与经济效益的权衡,确保开发活动能够带来长期稳定的收益。

6. 施工条件

施工条件的评估是确保旅游资源开发顺利进行的关键环节。它要求对项目建设的难易程度、工程量大小以及地质、水文等自然条件进行全面分析。在制定施工方案时,需充分考虑工程建设的可行性、经济性以及环境保护要求,确保施工活动不会对生态环境造成破坏。同时,还需关注基本供应设施的建设与保障问题,如食品供应、建筑材料等,以确保施工过程顺利进行。通过充分的经济技术论证和科学的施工方案设计,可以最大限度地降低施工成本、提高施工效率,实现旅游资源的有效开发与利用。

---

① 羊绍全. 旅游资源调查与评价实训教程[M]. 北京:北京理工大学出版社,2019.

五、其他定性评价方法

旅游资源的评价方法与区域评价的客观性和准确性息息相关。当前，国内旅游资源评价主要遵循国家标准《旅游资源分类、调查与评价》（GB/T 18972—2017）及郭来喜（2000）的《中国旅游资源分类系统与类型评价研究》。鉴于评价目的、资源禀赋及发展方向的差异，评价方法的选取亦需灵活多变。其中，黄远水（2006）提出的分类与评价方案是目前国内比较认可的，该方案基于资源的美学价值、历史价值、知名度、独特性、奇异性和实用性，结合季节性、环境状况、连通性、交通可达性、基础设施及社会经济市场环境等因素，综合评估资源开发潜力。此外，魏小安依据旅游容量与开发难度等6项标准，对资源开发潜力进行了深入探讨。总体而言，定性评价法以其简便易行、对数据要求较低的特点而广受青睐，然而，其评价结果的精确性、推理与分析的全面性尚存不足，需审慎应用。

第三节　资源定量评价法

在旅游资源评价方法的演进中，早期学者多依赖定性描述。近年来，跨学科视角的引入促使研究方法向定量或定量与定性结合的方向转变。经过不断研究和运用，菲什拜因—罗森伯格模型、层次分析法（AHP）、指数评价和模糊综合评价等定量方法，在旅游资源评价中占据主导，有效指导了区域旅游资源的开发与保护。从定义来看，文化和旅游资源定量评价是指评价者在掌握大量数据资料的基础上，依据预设标准，运用严谨的统计手段与数学模型，精准量化资源变化的数值维度与内在结构关联，实现评价的客观化与明确化。

一、技术性单因子评价法

文化和旅游资源的技术性评价聚焦于资源各要素对特定旅游活动适宜度的综合考量，其范畴主要集中于自然旅游资源。此类评估依托一系列经过长期实践验证的技术性指标，这些指标凝聚了行业经验的精髓。针对每一类旅游活动，均存在一个或多个关键资源，它们对活动质量具有决定性作用。

在技术性评价框架下，可以针对既定旅游活动，深入分析并评估那些核心的文化与自然旅游资源因素，如海水浴活动中，海滩与海水质量即为核心考量因素。此外，评估亦涵盖资源要素间的组合效应，通过综合分析其组合状态，界定该资源最适宜承载的旅游活动类型。当前，已发展出多套成熟的技术性单因子评价体系，如乔戈拉斯（Georgulas，1970）的海滩评估、日本洛克计划研究院的地形适应性评估（1980）、刘继韩的康乐气候分析（1988），以及陈诗才的溶洞评价体系（1993）、黄远水的温泉地旅游资源评价研究（2009）等，这些体系以其科学性与系统性，为文化和旅游资源的技术性评价提供了坚实的理论基础。

二、综合性多因子评价法

综合性多因子评价法是在考虑多个因子的基础上，利用一定的数学方法，对旅游资源（集聚区）进行综合评价。此类评估的核心通常在于多个目的地之间，或就各目的地的文化和旅游资源开发潜力进行比较分析。针对特定类型的文旅资源，评估遵循标准化的体系与普适标准，确保评价过程的一致性。对系统内各因子均赋予合理权重，以反映其相对重要性。评价结果则以量化指数形式呈现，增强了结论的客观性与科学性。综合评价过程深度融合了体验性评价与技术性评价的结论。具体的评价方法包括层次分析法、指数评价法、共有因子评价法等。

例如，卢云亭等在《旅游特色资源价值体系和应用研究》中，构建了"八度"指标评价模型，涵盖旅游资源的规模度、古悠度、珍稀度、奇特度、保存度、审美度、组合度、知名度要素，以此对旅游资源进行系统评价。

"八度"指标评价

综合值	规模度	7.5分	世界之最（7.5分）；中国之最（4.5分）；省内之最（2.25分）；地区之最（1.25分）
	古悠度	5.9分	非常悠久（5.9分）；很悠久（3.54分）；较悠久（1.77分）；悠久（0.59分）
	珍稀度	18.7分	世界罕见（18.7分）；中国罕见（11.2分）；省内罕见（5.61分）；地区罕见（1.87分）
	奇特度	18.0分	非常奇特（18.0分）；很奇特（10.8分）；较奇特（5.4分）；奇特（1.8分）
	保存度	4.1分	非常完好（4.1分）；很完好（2.46分）；较完好（1.23分）；完好（0.4分）
	审美度	15.2分	非常美（15.2分）；很美（9.12分）；较美（4.56分）；美（1.52分）
	组合度	4.1分	非常好（4.1分）；很好（2.46分）；较好（1.23分）；好（0.4分）
	知名度	20.6分	世界知名（20.6分）；中国知名（12.36分）；省内知名（6.18分）；地区知名（2.06分）

三、主成分分析法

主成分分析法是将多个指标问题化为少量新指标，新指标与原来指标具有线性关系，而新指标彼此相互独立，但能综合反映原来多指标的信息[①②]。袁合才和辛艳辉（2011）利用主成分分析法，建立了郑州、张家界、桂林、北京、苏州和西安六个旅游城市基于生物、水域、地理和人文资源四种资源的旅游资源评价模型，模型结果与统计数据较为吻合[③]。华志强（2015）等根据旅游区服务业、客源市场、交通业、景观、城市的环境指数，建立了评价旅游资源吸引力的指标体系，运用主成分分析法，利用 SPSS 18.0 对全国 31 个省、市、自治区的旅游情况的相关数据进行了分析处理，给出了综合排名[④]。

四、模糊聚类法

模糊聚类法能将旅游资源较多的模糊因素量化，从而使旅游资源评价结果更客观、更科学。如方幼君等（2008）采用模糊聚类法，将杭州市 15 个县区的旅游资源分为 5 个等级，并指出利用该评价模型，用模糊聚类分析方法对资源进行排序和定级，可以对全省乃至全国的旅游资源进行评价，评价技术方法切实可行[⑤]。张志斌和樊芳卉（2009）以甘肃省平凉市为例，运用模糊聚类的相关知识，采用单体总量、单体密度、类型丰度、储量丰度、平均品质、优良级单体数量 6 个评价指标，对平凉市七个县（区）的旅游资源进行了定量分析，结果表明，崆峒区资源条件高居首位，泾川、崇信、华亭、庄浪发展良好，灵台、静宁较为滞后；该研究结论比较客观，完善了对区域旅游资源的定性认识[⑥]。

根据生态旅游资源的特点，以生态旅游资源分类和区域组合形式理论为指导，采用德尔菲法、层次分析法和模糊综合评价法，从资源景观价值与特征、生态环境条件、旅游开发条件三个方面选取 33 个指标，构建生态旅游资源综合评价指标体系，提出指标的度量和评价方法，并计算指标的权重。

五、综合评价指标体系评价法

相较于定性评价，定量评价在旅游资源评估中展现出更高的直观性、精确性和全面性，但其局限性亦显而易见，即难以捕捉资源的动态变化及非量化特征，且操作过程更

---

① 袁合才，辛艳辉.基于主成分分析法的旅游资源评价模型［J］.江苏商论，2011（3）：125-126.
② 储德平，郑耀星.主成分分析在旅游资源等级评定中的应用：以泰宁大金湖旅游区为例［J］.集美大学学报（自然科学版），2002（4）：354-358.
③ 袁合才，辛艳辉.基于主成分分析法的旅游资源评价模型［J］.江苏商论，2011（3）：125-126+129.
④ 华志强，张春生，陈丽莹，等.基于主成分分析方法的旅游资源吸引力的综合评价［J］.湖北民族学院学报（自然科学版），2015，33（4）：399-401.
⑤ 方幼君，周敏，程玉申.基于单体评价的杭州市旅游资源模糊聚类分析［J］.科技通报，2008（2）：283-288.
⑥ 张志斌，樊芳卉.基于模糊聚类的区域旅游资源评价及开发对策研究：以甘肃省平凉市为例［J］.干旱区资源与环境，2009，23（10）：182-187.

为繁复。鉴于定量评价结果的明确性，它更适用于旅游开发利用、管理及经济效益评估。实施定量评价时，需量化包括季节利用率、环境容量、地域适应性、年游客流量、门票均价、年净收益及就业容量等指标，并可按需调整。以《旅游资源分类、调查与评价》（GB/T 18972—2017）为例，尽管其中的量化模式应用广泛，但其评价因子分值设定缺乏统一标准，易受评估者个人背景影响，导致评估结果存在主观性和个体差异。

在此背景下，层次分析法（AHP）作为一种集定性与定量于一体的综合性决策分析工具，自20世纪80年代引入我国以来，逐渐获得了广泛认可与应用。层次分析法能有效处理那些难以完全用定量方法来解决的问题，它可以将复杂的问题分解成若干层次，在比原问题简单得多的层次上逐步分析，可以将人的主观判断用数量形式表达和处理，是一种综合整理人们主观判断的客观方法，也是一种结合定量和定性分析的方法[①]。如黄显勇、毛明海（2001）通过对水利旅游资源的定性分析，选取重要的评价指标构建层次分析图，运用层次分析法，建立水利旅游资源综合评价体系，统一定量评价水利旅游资源，以便于决策机构科学有效地开发水利旅游资源[②]。任唤麟（2017）以长安—天山廊道路网中国段为例，借助层次分析法、菲什拜因—罗森伯格模型，通过设定评分标准与评价等级，构建了跨区域线性文化遗产旅游资源价值评价模型，以各遗产点的价值评价作为整个遗产的价值评价来综合考察[③]。

利用层次分析法进行旅游资源评价，最关键的工作有以下五个步骤。

（一）构建文化和旅游资源综合评价指标体系

在参考国内多个旅游资源评价案例的基础上[④]，运用层次分析法建立综合评价指标体系。层次分析法始于对研究问题影响因素的系统梳理与层次解构，明确各因素间的内在联系。首先，始于总体目标层，逐级细化为大类、子类乃至具体层次，构建多层次决策结构树。随后，通过构建关系矩阵，精准反映影响因子间的相互作用，形成科学严谨的决策分析框架。在国内，中山大学保继刚教授率先将该方法应用于旅游资源评价之中，他将旅游区内的各个特征因素依次分为综合层、项目层和因子层三个层次（见下表）。

---

① 保继刚.旅游资源定量评价初探［J］.干旱区地理，1988（3）：60-63.
② 黄显勇，毛明海.运用层次分析法对水利旅游资源进行定量评价［J］.浙江大学学报（理学版），2001（3）：327-332.
③ 任唤麟.跨区域线性文化遗产类旅游资源价值评价：以长安—天山廊道路网中国段为例［J］.地理科学，2017，37（10）：1560-1568.
④ 李树德，董宪军.层次分析法在旅游资源评价中的应用：以济南旅游资源评价为例［J］.山东师范大学学报（自然科学版），1993（4）：64-69；任凯珍，黄来源，季为.北京市十渡国家地质公园地质遗迹评价方法及应用［J］.城市地质，2012，7（3）：56-63.

旅游资源评价参数[1]

综合层	分值（分）	项目层	分值（分）	因子层	分值（分）
资源价值	72	观赏特征	44	愉悦度	20
				奇特度	12
				完整度	12
		科学价值	8	科学考察	3
				科普教育	5
		文化价值	20	历史文化	9
				宗教朝拜	4
				休养娱乐	7
景点规模	16	景点地域组合	9		
		旅游环境容量	7		
旅游条件	12	交通通信	6	便捷	3
				安全可靠	2
				费用	1
		饮食	3	—	
		旅游商品	1		
		导游服务	1		
		人员素质	1		
合计	100	—	100		

（二）对评价指标的权重进行赋值

在文化和旅游资源综合评价指标体系中，给定评价因子恰当的权重非常重要，这将直接影响文化和旅游资源的评价结果。通过前面的定性评价方法，经过主观判断，再经过调查和分析（如德尔菲法）确定各个分项的得分值，即邀请地理、园林、建筑、经济、旅游管理等行业专家（一般规模在20~50人），直接征询各评价因子应赋予的权重值，再采用专家的平均意见确定各评价因子的权重值。然后通过相应的数学处理方法，建立反映对应因子关系的矩阵，以此获得评价因子排序权重及位次[2]。

（三）实现评价指标量化

基于评价因子对文化和旅游资源开发潜力进行量化，将各因子指标细分为若干模糊等级，诸如"卓越—优良—中等—欠佳—劣等"或"极高—高—较高—一般—低"乃至"极美—较美—美—普通—不佳"等层次。采用闭区间［0，10］作为评分标准，以数值

---

[1] 保继刚.北京旅游资源定量评价[M]//陈传康,保继刚.北京旅游地理.北京：中国旅游出版社,1989.
[2] 郎富平.旅游资源调查与评价[M].北京：中国旅游出版社,2011：279.

精确映射各等级，其中"优（极高）"赋值为 10，"劣（低）"赋值为 0，数值递增代表因子指标级别的提升，使评价体系符合逻辑[①]。

（四）设定评价因子指标分值

评价因子指标分值的设定是评估工作的基础，其过程兼具高度的技术精密性与丰富的实践经验要求。为确保评价的一致性与公正性，需遵循统一的量化标准，并常采用德尔菲法以达成。在评分实践中，既可由专家直接赋予评价因子具体分值，也可采取间接评分策略，即不直接量化分值，而是通过因子间相对重要性的比较，得出定性的评估结论，从而保障评估的科学性与逻辑性[②]。

（五）综合评分计算

在完成单项因子评价后，进行综合评分计算，总分为 100 分制。此过程涉及将各因子评分与其相应权重相乘，随后累加得出综合评价总分。文化和旅游资源整体评分遵循以下公式化逻辑评分：

$$E = \sum_{i=1}^{n} Q_i P_i$$

式中：n 为评价因子数目，Q_i 为第 i 个评价因子的权重，P_i 为第 i 个评价因子评分值，E 为旅游资源综合评分值[③]。

第四节　资源等级评价和统计评价

一、资源等级评价

文化和旅游资源等级评价主要依据中华人民共和国国家标准《旅游资源分类、调查与评价》（GB/T 18972—2017），根据资源价值分别赋值，并按照赋分值的大小，具体评定相应资源单体的等级。这里的文化和旅游资源单体，是指可以作为独立观赏或利用的文化和旅游资源基本类型的单独个体，包括"独立型资源单体"和同一类型的独立单体结合在一起的"集合型资源单体"。

[①] 闫顺，刘琳. 新疆地质旅游资源与开发［J］. 干旱区地理，1993（2）：9-13.
[②] 楚义芳. 旅游地开发评价研究［J］. 地理学报，1991（4）：396-404.
[③] 羊绍全. 旅游资源调查与评价实训教程［M］. 北京：北京理工大学出版社，2019：143.

（一）构建评价体系

文化和旅游资源等级评价体系是一种介于层次分析法与共有因子评价法之间的一种综合性多因子定量评价方法。它将"旅游资源共有因子"划分为"评价项目"和"评价因子"两个层次。"评价项目"为"资源要素价值"、"资源影响力"和"附加值"三项。其中，"资源要素价值"中包含"观赏游憩使用价值""历史文化科学艺术价值""珍稀或奇特程度""规模、丰度与概率""完整性"五项评价因子；"资源影响力"项目中包含"知名度和影响力""适游期或使用范围"2 个评价因子；"附加值"仅包含"环境保护与环境安全"一项评价因子，但其并非真正意义上的共有因子，因此是作为"附加值"来考虑的。

（二）明确计分方法

1. 基本分值与赋分

（1）评价项目和评价因子

评价项目和评价因子用量值表示，资源要素价值和资源影响力总分值为 100 分。其中资源要素价值为 85 分，包括观赏游憩使用价值 30 分，历史文化科学艺术价值 25 分，珍稀奇特程度 15 分，规模、丰度与概率 10 分，完整性 5 分。资源影响力为 15 分，其中，知名度和影响力 10 分，适游期或使用范围 5 分。

（2）附加值

附加值中环境保护与环境安全，分正分和负分两种。

（3）评价因子档次

每一评价因子分为 4 个档次，其因子分值相应分为 4 档。旅游资源评价赋分标准见下表所示。

旅游资源评价评分标准

评价项目	评价因子	评价依据	赋值（分）
资源要素价值（85 分）	观赏游憩使用价值（30 分）	全部或其中一项具有极高的观赏价值、游憩价值、使用价值	30~22
		全部或其中一项具有很高的观赏价值、游憩价值、使用价值	21~13
		全部或其中一项具有较高的观赏价值、游憩价值、使用价值	12~6
		全部或其中一项具有一般观赏价值、游憩价值、使用价值	5~1

续表

评价项目	评价因子	评价依据	赋值（分）
资源要素价值（85分）	历史文化科学艺术价值（25分）	同时或其中一项具有世界意义的历史价值、文化价值、科学价值、艺术价值	25~20
		同时或其中一项具有国家意义的历史价值、文化价值、科学价值、艺术价值	19~13
		同时或其中一项具有省级意义的历史价值、文化价值、科学价值、艺术价值	12~6
		历史价值，或文化价值，或科学价值，或艺术价值，具有地区意义	5~1
	珍稀奇特程度（15分）	有大量珍稀物种，或景观异常奇特，或此类现象在其他地区罕见	15~13
		有较多珍稀物种，或景观奇特，或此类现象在其他地区很少见	12~9
		有少量珍稀物种，或景观突出，或此类现象在其他地区少见	8~4
		有个别珍稀物种，或景观比较突出，或此类现象在其他地区较多见	3~1
	规模、丰度与概率（10分）	独立型旅游资源单体规模、体量巨大；集合型旅游资源单体结构完美、疏密度优良；自然景象和人文活动周期性发生或频率极高	10~8
		独立型旅游资源单体规模、体量较大；集合型旅游资源单体结构很和谐、疏密度良好；自然景象和人文活动周期性发生或频率很高	7~5
		独立型旅游资源单体规模、体量中等；集合型旅游资源单体结构和谐、疏密度较好；自然景象和人文活动周期性发生或频率较高	4~3
		独立型旅游资源单体规模、体量较小；集合型旅游资源单体结构较和谐、疏密度一般；自然景象和人文活动周期性发生或频率较小	2~1
	完整性（5分）	形态与结构保持完整	5~4
		形态与结构有少量变化，但不明显	3
		形态与结构有明显变化	2
		形态与结构有重大变化	1
资源影响力（15分）	知名度和影响力（10分）	在世界范围内知名，或构成世界承认的名牌	10~8
		在全国范围内知名，或构成全国性的名牌	7~5
		在本省范围内知名，或构成省内名牌	4~3
		在本地区范围内知名，或构成本地区名牌	2~1
	适游期或使用范围（5分）	适宜游览的日期每年超过300天，或适宜于所有游客使用和参与	5~4

续表

评价项目	评价因子	评价依据	赋值（分）
资源影响力（15分）	适游期或使用范围（5分）	适宜游览的日期每年超过250天，或适宜于80%左右游客使用和参与	3
		适宜游览的日期超过150天，或适宜于60%左右游客使用和参与	2
		适宜游览的日期每年超过100天，或适宜于40%左右游客使用和参与	1
附加值（-5~3）	环境保护与环境安全（-5~3分）	已受到严重污染，或存在严重安全隐患	-5
		已受到中度污染，或存在明显安全隐患	-4
		已受到轻度污染，或存在一定安全隐患	-3
		已有工程保护措施，环境安全得到保证	3

注："资源要素价值"项目中含"观赏游憩使用价值""历史文化科学艺术价值""珍稀奇特程度""规模、丰富与概率""完整性"5项评价因子。"资源影响力"项目中含"知名度和影响力""适游期或使用范围"2项评价因子。"附加值"含"环境保护与环境安全"1项评价因子

2. 计分与等级划分标准

（1）计分

根据对资源单体的评价，得出该单体旅游资源共有综合因子评价赋分值。

（2）资源评价等级指标

依据资源单体评价总分，将其分为五级，从高级到低级为：

五级旅游资源，得分值域≥90分；

四级旅游资源，得分值域为75~89分；

三级旅游资源，得分值域为60~74分；

二级旅游资源，得分值域为45~59分；

一级旅游资源，得分值域为30~44分。

此外还有未获等级旅游资源，得分值域≤29分。

其中，五级旅游资源称为"特品级旅游资源"；四级、三级旅游资源统称为"优良级旅游资源"；二级、一级旅游资源统称为"普通级旅游资源"[①]。

二、资源等级统计评价

资源等级统计评价是指在资源等级评价的基础上，依据《旅游资源分类、调查与评价》（GB/T 18972-2017）标准，将资源划分为优良级与普通级两类，并以此为基础，运

---

① 吴英玲，周丽君，陈帅.夏河县旅游资源评价与开发刍议［J］.当代经济，2019（12）：92-95.

用数理统计学的严谨方法，深入剖析这两类资源的地域及类型分布特性。资源等级统计评价聚焦于资源开发的优先级排序与资源组合利用的合理性规划，特别是针对资源分布特征的详尽阐述，包括地域差异与类型多样性等方面。其中包括资源质量评价、区域环境质量评价和开发利用条件评价[①]。

旅游资源等级评估分值为 B+C+D 之和。资源等级评估分值，满分 100 分，其中，B——资源质量评价分值，满分 40 分；C——资源区域环境质量评价分值，满分 30 分；D——资源开发利用条件评价分值，满分 30 分。

（一）评价指标体系构建

评价指标体系由资源质量价值、资源区域环境质量和资源开发利用条件三个评价项目组成[②]。

依据资源的特性和相关程度进行分类、分级，确保评价过程遵循客观性、系统性、科学性与效益最优化的核心原则。通过对各评价因子的量化评分及加权处理，精准计算出资源的基本质量分值。进而，考量资源间的组合效应，即其相互间的互补、强化与映衬关系，并结合资源的独特性或在国内外享有的重要影响力或特殊地位所赋予的附加分值，综合得出资源质量评价得分[③]。

资源区域环境质量评价分值按指定环境要素进行评价，指定的评价指标包括大气质量、地表水质量、土壤质量、负离子含量、空气细菌含量，满分为 30 分。

资源开发利用条件评价分值，按指定开发利用条件指标进行评价，满分值 30 分。评价指标包括：景区（景点）面积、旅游适游期、区位条件、外部交通、内部交通以及基础设施条件。

（二）等级划定与评价

基于旅游资源价值评价的最终得分，并严格遵循《旅游资源分类、调查与评价》（GB/T 18972—2017）的框架，将旅游资源划分为五个等级，自高到低分别为：五级旅游资源（特品级），其得分阈值不低于 90 分，代表最高品质；四级至三级旅游资源，分别对应 75~89 分与 60~74 分，统称为优良级旅游资源，彰显显著吸引力；二级与一级旅游资源，则分别位于 45~59 分与 30~44 分，归类为普通级旅游资源，虽具一定价值但

[①] 孙超，宁晓东，马彦红.陕西蟒头山国家森林公园景观旅游资源定量评价及开发建设刍议[J].陕西林业科技，2012（5）：85-90.

[②] 鹿磊，李蒲玲，卢盼盼，等.南京科普旅游资源等级评价及空间结构分析[J].江苏高职教育，2019，19（1）：42-46.

[③] 方有为.陕西省宁东森林公园发展 SWOT 分析与旅游资源质量等级评价[D].咸阳：西北农林科技大学，2007.

相对有限;未获等级者,得分低于 29 分,不纳入上述分级体系。通过三轮严谨咨询的数据分析,获得最终的旅游资源等级评价结果[①]。

第五节　资源空间分布评价

资源空间分布评价,又称"资源分区、分类评价",旨在深入分析文旅资源的地域分布特性。评价过程融合了详尽的资源单体调查与基础地理信息数据,运用 GIS 技术平台,从资源类型与等级双重视角,综合考量资源空间分布的总体格局与区域异质性。如白鹏飞、常冀明为评价黄河流域红色旅游空间分布格局及发展水平,运用空间统计方法,分析黄河流域九省红色旅游空间格局和核密度估计,并通过筛选红色旅游城市,对黄河流域红色旅游发展水平进行测度。由此可见,此类评估体系为资源的战略性开发,特别是为空间优化配置与组合利用策略的制定,奠定了坚实的理论基础并提供实证依据。

一、资源的分区评价

在探讨旅游资源的空间分布特性时,首要任务是界定其区域划分,随后深入分析资源丰度与品质的空间分异特征。资源分区策略多样,可依行政区划自然划分,主要适用于开发初期资源分布的均衡分区;或依资源类型与数量的空间聚集特征划分,以为规划与开发提供实证基础;也可按资源属性、成因背景分类,主要适用于保护与开发策略的制定;再者,可以参考既有功能区划进行深入研究。资源丰度分析涵盖类型、储量及主类分布,借助排序与对比方法来凸显关键区域。品质差异分析则细分为平均品质、优良级资源及主类分区差异,通过排序、对比及与基准水平的比较分析,明确资源的品质空间格局。针对广袤区域,宜采用层级分区策略,先大区域后小区域,逐步细化,确保分析全面而深入。

二、资源的分类评价

旅游资源的分类评价是指分别对 8 个主类的旅游资源进行评价,涵盖分类丰度与分类品质两大维度。

---

① 鹿磊,李蒲玲,卢盼盼,等.南京科普旅游资源等级评价及空间结构分析[J].江苏高职教育,2019,19(1):42-46.

1. 分类丰度评价

分类丰度评价主要包括类型丰度及其构成评价、储量丰度及其构成评价两大部分。前者首要关注资源类型的多样性与构成比例，包括各主类、亚类及基本类型的持有状况与数量分布，尤其是主导类型及其地域分布规律与成因。后者则聚焦于资源总量的排序、区域占比及与区域（地区）基准的对比，各等级资源单体的储量与分布特征亦属关键要素。

2. 分类品质评价

分类品质评价侧重于资源质量的量化分析，涉及整体及分区的平均品质评分，及其与全区标准的偏差。此外还包括各个基本类型优良级旅游资源单体的数量占该基本类型旅游资源单体总量的比例与占全部优良级旅游资源单体数量的比例、各个分区的所有类型优良级单体数量及各个主类优良级单体数量[1]。

三、空间分布类型划分的一般方法[2]

1. 最邻近指数

1954年生态学家克拉克（Clark）和埃文斯（Evans）提出判断地理空间地点分布规律的指数分析方法——最邻近指数，可用于分析地理空间点的空间分布。因此，可借助最邻近指数分析区域文化和旅游资源的空间分布离散程度。最邻近指数常用 R 表示，当 $R=1$ 时，表明空间分布较随机；当 $R>1$ 时，表明空间分布较为均衡；当 $R<1$ 时，表明空间分布比较集聚[3]。最邻近指数（R）的计算公式如下：

$$\overline{r_E} = \frac{1}{2\sqrt{\frac{n}{A}}}$$

$$R = \frac{\overline{r_1}}{\overline{r_E}}$$

式中：$\overline{r_E}$ 表示理论最邻近距离；n 表示康养旅游资源的数量；A 表示研究区域的面积；R 为最邻近指数；$\overline{r_1}$ 表示实际最邻近距离。

2. 核密度估计法

罗森布拉特（Rosenblatt）和伊曼纽尔·帕尔逊（Emanuel Parzen）提出了利用滤波

---

[1] 郎富平. 旅游资源调查与评价[M]. 北京：中国旅游出版社，2011：291-292.
[2] 周美岐. 昆明市康养旅游资源空间分布及价值评价[D]. 昆明：云南大学，2022.
[3] 周莹，彭鹏. 昆明市康养旅游地空间结构及差异研究[J]. 湖北文理学院学报，2019，40（5）：33-38.

窗查找毗邻物体的核密度估计法[1]。核密度估计法常借助核密度分析实现，通过核密度分析图直观地可视化呈现核密度估计结果[2]。

$$\hat{\lambda}_h(s) = \sum_{i=1}^{n} \frac{3}{\pi h^4}(1-\frac{(s-s_i)^2}{h^2})^2$$

式中：s 为文化和旅游资源单体所在的地理位置；s_i 为处于以 s 为圆心的区域范围内的文化和旅游资源单体；h 为半径距离内的第 i 项文化和旅游资源的地理位置。

3. 基尼系数

借助基尼系数（Gini）能够精准描述各区域文化旅游资源空间分布特征的差异性。基尼系数的数值在 0~1 范围内，在 0 附近趋于均衡分布，随着数值的增加，其空间分布呈现出不均衡的趋势[3]。计算公式如下：

$$H = -\sum_{i=1}^{n} p_i \ln p_i$$

$$H_m = \ln N$$

$$G_{ini} = \frac{H}{H_m}$$

$$C = 1 - G_{ini}$$

式中：G_{ini} 为基尼系数，C 为均衡度，P_i 表示区域内第 i 个区县资源数目占文化和旅游资源总量的比重；n、N 表示区域内市、区、县数量。

第六节 资源开发条件评价

文化和旅游资源开发条件评价属于定性评价，核心在于评估资源的潜在价值及未来开发的可行性，涵盖资源价值、可利用条件及预期的经济、生态、社会效益等多方面要素。资源开发条件是旅游资源要素价值的重要体现，也是衡量旅游资源是否具备发展旅游业和能否取得经济、社会及环境效益的评价指标。梳理相关研究成果后发现，资源

---

[1] 王法辉. 基于 GIS 的数量方法与应用 [M]. 北京：商务出版社，2011.
[2] 袁君梦，葛幼松. 养老设施空间分布及可达性研究：以杭州市主城区为例 [J]. 上海城市规划，2019（6）：99-105.
[3] 尹雪华，李翔，尹传存. 基尼系数与洛伦兹曲线的等价分类 [J]. 统计与决策，2021，37（24）：28-32.

等级分布与开发潜力不匹配的现象逐渐显现，这曾是该领域研究的一个盲点，目前引起了旅游学术界的深切关注。随着旅游资源评价研究的日益精进，国内外学者逐步聚焦于旅游资源开发潜力的具体评价，为旅游地的规划、资源开发与管理奠定了坚实的理论基础。

在深化旅游资源评价的过程中，资源开发条件评价成为其核心内容之一。自20世纪70年代末，国外学者已着手对旅游资源开发条件评价进行深入探讨，其中大部分研究都是从自然和社会条件的角度，对研究区的旅游资源开发条件进行综合评估，并据此对旅游资源的开发能力进行分级。相较于国外，国内在旅游资源开发条件评价方面，则侧重于构建评价指标体系及评估区域旅游产业的发展潜力。在研究方法上，层次分析法被广泛应用。例如，李新运（1997）选取资源价值、效益和开发条件三方面的12个指标，对山东省的旅游资源开发潜力进行了系统评价[1]；杜焱（2014）则提炼出25个评价因子，并运用主成分分析法，对湖南省近12年的旅游业发展潜力进行了测算[2]。此外，郭彦丹（2015）[3]、闫记影（2019）[4]、宋娜（2020）[5]等学者，还从区域、国家等不同尺度出发，对旅游产业发展潜力的测度模型、时空变化规律等进行了深入研究。

上述研究成果为资源开发条件评价指标的构建与研究方法的选择提供了有益的参考与借鉴。现实中，卢云亭的"三三六"评估框架应用较多。

目前资源开发多从区位、市场、政策、投资、施工及基础条件方面进行评价。

（1）区位条件涵盖了资源的地理位置优越性、交通网络的通达性、与客源市场间的时空接近度，以及与周边旅游生态圈的互动关系。这些要素不仅深刻影响着旅游资源的品质与市场吸引力，还直接影响其开发规模、布局策略及未来发展方向。地理位置与交通条件的深度融合，构成了提升资源可接近性的基础，而衡量其有效性的核心标准，则是考量其到主要客源市场的时空便捷度，这一维度又紧密关联于道路质量、交通工具的多样性及线路规划的科学性。

（2）市场条件评价可分为供需两个方面的分析。供给市场分析聚焦于同类或异类旅游资源的开发现状与规模，通过对比分析，为差异化发展战略、产品创新与区域联合开

---

[1] 李新运，郑新奇，范纯增，等.山东省旅游资源开发潜力评价研究[J].地理科学，1997（4）：85-89.
[2] 杜焱.旅游产业发展潜力的测度与评价：以湖南省为例[J].经济地理，2014，34（6）：176-181.
[3] 郭彦丹，张玉钧.森林类自然保护区生态旅游资源综合评价：以黑里河国家级自然保护区为例[J].河北林果研究，2015，30（2）：191-195+205.
[4] 闫记影，何志明，金贤锋，等.重庆市生态旅游资源潜力与开发利用条件评价[J].地理空间信息，2019，17（5）：111-115+6.
[5] 宋娜，周旭瑶，唐亦博，等.基于DEMATEL-ISM-MICMAC法的康养旅游资源评价指标体系研究[J].生态经济，2020，36（5）：128-134.

发提供决策依据，此过程中，周边参照区的选择需依据资源自身影响力灵活调整。需求市场分析则直接关乎旅游资源的市场定位与发展蓝图，通过对目标市场需求特征（如市场空间覆盖、消费群体分层、消费偏好等）的剖析，指导规划设计与开发策略，以最大化促进区域旅游业的繁荣。

（3）政策条件评价的关键在于解析国家及地方层面相关法律法规对旅游资源及其区域环境的规制与支持力度，特别是针对旅游业发展的扶持政策与优惠措施，这些政策导向不仅为资源开发提供了法律保障，还通过政策红利激发了投资活力与市场潜力。

（4）投资条件的评估。由于旅游业的资本密集型特征，应着重分析区域资金筹措能力、财务稳健性及投资回报预期。充裕的资金流与良好的财务结构是保障旅游资源深度开发、广度拓展及可持续性的关键，而投资效益的精准预测，则有助于项目可行性的科学论断与投资决策的理性制定。

（5）施工条件涉及自然资源基础与技术条件的双重考量。自然基础条件评估依据地质稳定性、地形地貌特征、水文气象条件及土壤承载力等，科学划分建设适宜性区域；技术条件则聚焦于开发建设中所需的技术支持、施工难度及创新能力，确保项目实施的技术可行性与经济合理性。

（6）基础条件评价应根据已开发与未开发两类资源分类开展。对已开发资源，强调总结经验教训，诊断存在问题，为后续的优化提升与保护策略提供借鉴；对未开发资源，则注重前期调研的详尽性与系统性，确保评价过程既有宏观视野下的战略判断，也有微观数据支撑下的精准分析，通过数据驱动与实证研究的结合，为旅游资源的科学规划与有效开发奠定坚实的基础。

☞ 思考链接

第七章　普查报表填写及数据库平台开发

从已开展的实际工作来看，旅游资源普查主要涉及《旅游资源单体调查表》《旅游资源普查区实际资料表》《普查区资源名录表》等报表的填写，全国文物普查主要涉及《全国文物普查不可移动文物登记表》《全国文物普查消失文物登记表》《全国文物普查不可移动文物名录》等报表的填写。可移动文物普查主要涉及《国有单位文物收藏情况调查登记表》《国有单位文物收藏情况汇总表》《可移动文物认定信息登记表》《文物登记卡》《全国可移动文物普查收藏单位名录》《全国可移动文物普查文物名录》等报表的填写。非物质文化遗产普查主要涉及各类别的《非物质文化遗产调查表》等报表的填写。古籍普查主要涉及《全国古籍普查登记表》《国家珍贵古籍名录》《全国古籍重点保护单位名录》《收藏单位古籍普查登记目录》《全国古籍普查登记目录》《中华古籍总目》等报表的填写。美术馆藏品普查主要涉及《美术馆信息表》《全国美术馆藏品普查工作人员信息表》《全国美术馆藏品普查登记表》等报表的填写。地方戏曲剧种普查主要涉及《戏曲剧种数据表》《演出团体数据表》《人才情况数据表》《教育培训机构数据表》《创研机构数据表》《制作机构数据表》《皮影戏/木偶戏数据表》《皮影戏/木偶戏人才情况数据表》《图片信息数据表》等报表的填写。传统器乐乐种普查主要涉及《传统器乐乐种调查表》的撰写。公共文化资源普查可参考前述各类文化资源普查的报表。红色文化资源普查一般参考使用旅游资源普查的各类报表。所有报表填写都和数据库平台建设紧密相关。

鉴于公共文化资源普查尚未实际开展，红色文化资源普查一般参考旅游资源普查，因此这两类资源普查报表本章不再单独示例。全国文物普查、可移动文物普查等都建立了普查系统或者软件，因此本章数据库平台开发部分重点介绍旅游资源普查的信息化系统平台建设。

第一节 《旅游资源单体调查表》的设计与填写

《旅游资源单体调查表》的设计以《旅游资源分类、调查与评价》(GB/T 18972—2017)、《旅游资源普查工作技术规程》等为蓝本,结合各地区实际情况进行适当增加或减少。

一、设计示例

旅游资源单体调查表

单体序号: 基本类型:

代　码	:其他代号:①;②							
行政位置		市(州)		县(市、区)		乡镇(街道)		村(社区)
地理位置	东经°′″,北纬°′″							
资源单体名称								
是否属于新发现	是□ 否□		资源照片1张			资源视频1个		
A.性质与特征(资源的内在性质,外观形态与结构,组成成分、环境背景、规模与体量、成因机制与演化过程、制作过程、关联事物等)								
说明:								
特征数据								
(特征名称)		(特征名称)		(特征名称)		(特征名称)		
B.旅游区域及进出条件(资源所在地区的具体部位、进出交通、与周边旅游集散地和主要旅游区[点]的关系等)								
对外道路情况	□高速路 □一级公路 □二级公路 □三级公路 □四级公路 □无公路			周边市/县名称			距离	公里
周边旅游集散地名称			距离	公里	周边主要旅游区(点)的名称		距离	公里
其他说明:								
C.保护与开发现状(资源的保存现状、保护措施、开发情况、管理机构等)								

续表

单体保存现状	保存良好□ 少量破损□ 破损严重□	是否已开发	是□ 否□	保护措施情况	保护措施良好□ 部分破损□	破损严重□ 无□
已开发请填写						
旅游区	名称			游客接待量		万人次/年 （ 年统计数据）
	等级					
其他说明：						

D.现有规划中的定位和利用方向（规划名称、资源定位、资源开发利用方向等）

规划名称		资源定位		资源开发利用方向	

E.旅游资源单体评价（根据资源评价评分标准进行赋分和等级评定）

评价项目	观赏价值 （30分）	人文价值 （25分）	珍稀奇特度 （15分）	规模与丰度（10分）	保存完整性 （5分）	知名度 （10分）	适游期 （5分）	环境与安全 （-5~3分）
得分值								
本单体得分		本单体可能的等级		填表人		调查日期		年 月 日

二、填写说明

1. 单体序号

由调查组确定的旅游资源单体顺序号码使用阿拉伯数字。为便于区分，开头第1位数字可用字母编号作为普查小组号，后4位顺序号使用数字，如"A0001"代表第A普查小组第1个资源单体表。普查结束后则可按类型、地区重新排序。

2. 基本类型

普查确定的旅游资源单体归属的主要基本类型，包括基本类型代码和名称。

3. "代码"项

"代码"是表示旅游资源单体身份的标记，按此代号可以将所有旅游资源单体分开（具有唯一性）。单体代码参考《中华人民共和国行政区划代码》（GB/T 2260—2007）、《县级以下行政区划代码编制规则》（GB/T 10114—2003）、国家统计局发布的《统计用区划代码》和《统计用城乡划分代码》。

依据国家统计局《统计用区划代码和城乡划分代码编制规则》，统计用区划代码由1~12位代码构成，其各代码表示为：第1~2位，为省级代码；第3~4位，为地级代码；第5~6位，为县级代码；第7~9位，为乡级代码；第10~12位，为村级代码。其中，1~6

位为县以上行政区划代码，直接采用《中华人民共和国行政区划代码》国家标准。乡级代码编码方法为：凡民政部门确认的街道、镇、乡，按照国家标准《县级以下行政区划代码编制规则》（GB/T 10114—2003）编制，其乡级代码为001~399；民政部门未确认的开发区、工矿区、农场等类似乡级单位，乡级代码为400~599。具体编码如下：001~099表示街道；100~199表示镇；200~399表示乡；400~599表示类似乡级单位。村级代码编码方法为：凡民政部门确认的村级单位，村级代码为001~399；民政部门未确认的园区、工矿区、农场等类似村级单位，村级代码为400~599（498、598除外）。具体编码如下：001~199表示居民委员会；200~399表示村民委员会；400~499表示类似居民委员会（不含498代码）；500~599表示类似村民委员会（不含598代码）。在此基础上，后面再加上旅游资源基本类型代码（3个字母）和旅游资源基本类型的序号（2位数字）。

因此，代码的具体格式为："省代号2位—市（州）代号2位—县（市区）代号2位—乡镇（街道）代号3位—村（社区）代号3位—旅游资源基本类型代号3位—旅游资源单体序号2位"，共17位数。

如果遇到同一单体可归入不同基本类型的情况，在确定其为某一类型的同时，可在"其他代号"后按另外的类型填写。操作时只需改动其中的旅游资源基本类型代号，其他代号项目不变。同一单体最多填写2个"其他代号"。

如：湖南省株洲市石峰区响石岭街道杉木塘社区居委会的"景观农田"基本类型"绿园农场"单体，代码为"43-02-04-002-001-EBK-01"。

4. 行政位置

填写旅游资源单体所在地的行政归属，从高到低填写行政区的单位名称，格式为：省级＋地区级＋县级＋乡镇级＋行政村。

5. 地理位置

填写旅游资源单体主体部分的经纬度（精度到秒）。可借助奥维互动地图APP，在手机GPS（或者定位服务）打开的状态下，在APP设置中将经纬度显示格式修改为度、分、秒，点击定位获取当前定位点的坐标。

如何确定资源单体的经纬度坐标？

（1）大部分单体以其中心坐标或者景区大门坐标为准；

（2）"野生动物栖息地"以野生动物经常出没地为准；

（3）"非物质文化遗存"以其申报地行政中心位置为准；

（4）"建筑与设施、历史遗迹"以其中心或者大门坐标为准；

（5）"旅游购品""人文活动"等未被列入非物质文化遗产名录的以其流传地行政中

心位置为准；

（6）"现代节庆"以节庆活动举办的具体地点为准；

（7）"历史人物"精确到人物居住的具体地点；

（8）如无详细信息，就定位到行政中心位置。

6. 资源单体名称

旅游资源单体的常用名称，采用相关行政主管部门公布的正式名称，地名＋景观名称形式。

7. 是否属于新发现

根据实际情况判断是否为新发现，鼓励新发现。

对"新发现"的认定：

（1）在已有资料中没有记载的资源；

（2）虽在当地文献中有记载，但未开发，且未列入开发规划的资源；

（3）尽管已有记载，但其价值明显被低估，或对其价值存在明显偏差的资源；

（4）对已有资源有新认识，或发现已有资源的其他重要属性；

（5）虽为已有资源，但通过资源组合形成全新资源。

8. 资源照片和资源视频

图像记录是表现旅游资源单体特征最直观的方式，分为图片和影像（视频），图片要求每个旅游资源单体保证2~3张高清照片，从不同角度拍摄以反映单体全貌，分辨率为1920像素×1080像素，大小为3M以上，画面必须包含该资源（主体）；拍摄装备建议采用相机，若无，应采用分辨率高的手机。视频拍摄时长宜为10~30秒，对静止型单体不建议采用。

9. "性质与特征"项

填写资源的内在性质、外观形态与结构、组成成分、成因机制与演化过程、环境背景、规模与体量、制作过程、关联事物等。包括单体性质、形态、结构、组成成分的外在表现和内在因素，以及单体生成过程、演化历史、人事影响等主要环境因素。

（1）内在性质：旅游资源单体的特质，如功能特征，历史文化内涵与格调、科学价值、艺术价值、经济背景、实际用途等。

（2）外观形态与结构：旅游资源单体的整体状况、形态和突出（醒目）点；代表形象部分的细节变化；整体色彩和色彩变化、奇异美学现象、装饰艺术特色等；组成单体整体各部分的搭配关系和安排情况，构成单体主体部分的各种细节、构景要素等。

（3）组成成分：构成旅游资源单体的组成物质、建筑材料、原料等。

（4）成因机制与演化过程：表现旅游资源单体发生、演化过程、演变的时序数值；生成和运行方式，如形成机制，形成年龄和初建时代、废弃时代、发现或改良时间、盛衰变化、历史演变、现代运动过程、生长情况、存在方式、展示演示及活动内容、开放时间等。

（5）环境背景：旅游资源单体周围的境况，包括所处具体位置及外部环境，如目前与其共存并成为单体不可分离的自然要素和人文要素；如气候、水文、生物、文物、民族等；影响单体存在与发展的外在条件，如特殊功能、雪线高度、重要战事、主要矿物质等；单体的旅游价值和社会地位、级别、知名度等。

（6）规模与体量：表现旅游资源单体的空间数值，如占地面积、建筑面积、体积、容积等；个性数值，如长度、宽度、高度、深度、直径、周长、进深、面宽、海拔、高差、产值、数量、生长期等；比率关系数值，如矿化度、曲度、比降、覆盖度、圆度等。

（7）制作过程：制作工艺、方法和程序等。

（8）关联事物：与旅游资源单体形成、演化、存在有密切关系的典型的历史人物与事件等，以及相关故事传说等。

（9）特征数据：表现资源特征的相关数值。

——空间数值，如占地面积、建筑面积、体积、容积等。

——个性数值，如长度、宽度、高度、深度、直径、周长、进深、面宽、海拔、高差、产值、数量、生长期等。

——比率关系数值，如矿化度、曲度、覆盖度、圆度等。

（10）特征名称：填写特征标签。建议的标签名称有：美食旅游、乡村旅居、山地旅游、康养旅游、休憩旅游、体育旅游、研学旅游、宗教旅游、水上旅游、避暑旅游、避寒旅游、交通旅游、工程旅游、购物旅游、音乐旅游、博物馆旅游、科技旅游、低空旅游、文创旅游、网红旅游等。

10. 旅游区域及进出条件

主要填写资源所在地区的具体部位、进出交通、与周边旅游集散地和主要旅游区（点）的关系等。

（1）对外道路情况：勾选资源单体对外主要道路的等级。明确填写资源单体位置直接相连的道路情况，建议"一级公路"概念简化对应"国道"；"二级公路"概念简化对应"省道"，即标"S"开头的路线；"三级公路"概念简化对应"县道"，即标"X"开头的路线；"四级公路"概念简化对应"乡道"，即标"Y"开头的路线；其余路况和没有公路选"无公路"。

（2）周边市/县名称：填报本旅游资源单体所在位置所属的市政府、县政府名称；

"距离"栏，明确填报本旅游资源单体所在位置距所属的市政府、县政府办公场所的距离，用高德地图和百度地图测定填写。

（3）周边旅游集散地名称：从省级层面看，一般包括国际级、国家级、省级交通枢纽城市，从市县级来看，主要是指市县旅游集散中心、高铁站、火车站、汽车站、港口、码头等。后"距离"栏，明确填报本旅游资源单体所在位置距所属的市、县高铁站或长途汽车客运站（如无高铁站）的距离，用高德地图和百度地图测定填写。

（4）周边主要旅游区（点）的名称：填报本旅游资源单体所在位置最近的AAA级以上景区或同等级的旅游度假区、风景名胜区、森林公园等（如无AAA级以上景区）名称，只填一个；"距离"栏，明确填报本旅游资源单体所在位置距最近的AAA级以上景区或同等级的风景名胜区、森林公园等（如无AAA级以上景区）的距离，用高德地图和百度地图测定填写。

（5）其他说明：对资源单体所在的具体部位、对外水面交通的航道等级等未尽事宜进行补充说明。

11. 保护与开发现状

主要填写资源的保存现状、保护措施、开发情况、管理机构等。依据资源单体现场直接勾选对应选项。

名称：填报旅游资源单体所在旅游区名称。

等级：填报与旅游区名称对应的称号和等级。

已开发情况：依据资源利用情况填写已开发景区的名称或隶属景区名称。其中，"游客接待量"为填写的"景区/度假区"或"隶属景区/度假区"的年游客接待量。

其他说明：对资源保护方法、具体措施，以及利用方法和利用后的形态等未尽事宜进行描述。可填写区域其他有关称号，如森林公园、风景名胜区、地质公园等。

12. 现有规划中的定位和利用方向

主要填写规划名称、资源定位、资源开发利用方向等。"规划名称"，应填写在有效期内的规划和有效政府文件名称，如资源保护规划、城市规划、旅游规划等。"资源定位"，应填写现有规划中已给定的资源定位。"资源开发利用方向"，应填写在有效期内的规划或有效政府文件中对该资源的定位。

13. 旅游资源单体评价

主要根据资源评价评分标准进行赋分和等级评定。旅游资源评价赋分标准参照《旅游资源分类、调查与评价》（GB/T 18972—2017）和《湖南省旅游资源分类、调查与评价（试行规范）》的规定。分别填写单体各项得分及总得分，分值精确到小数点后一位。

单体可能的等级：指资源的评价等级。

14. "填表人"项

应填写所有参与资源评价的人员姓名，应不少于3人。调查日期：一般为填表日期。

三、"性质与特征"调查和填写要点

1. 外在形态与构造维度

旅游资源的外观形态与景观现象，作为其内在性质与特征的外在表征，向游客传递着直观且深刻的印象，构成了旅游资源调查的核心内容。调查和填写工作的精髓，在于精准捕捉并详尽记录这些资源的形态轮廓、外观演变及特色细节，这些特征值不仅是区分不同旅游资源的依据，更是展现其独特魅力的关键所在。

旅游资源的形态多样性堪称繁复，调查时需细致采集的数据与资料涵盖以下内容：资源的整体风貌、显著特征点、代表性细节变化、色彩构成及变化规律、奇特美学现象、装饰艺术风格、主体构造细节以及构景要素等。

部分旅游资源以宏大的组合形态呈现，如断层景观中的地垒、地堑、断层谷等地貌，褶曲景观的背斜、向斜构造，以及奇特象形山石中的大型岩钟、火山锥等自然景观；还有如V形谷、U形谷等峡谷形态，以及岩溶洞穴的广阔空间结构。对于此类大型组合形态，如石林与土林的壮观景象，调查时应采取整体视角，不必拘泥于局部细节。

相较于大型组合形态，中小型形态在旅游资源中更为常见，是调查的重点所在。自然旅游资源中，雅丹地貌的风蚀土墩、风蚀沟谷等，火山口的特殊地形，冰川堆积的多样形态，以及现代冰川的冰裂隙、冰洞等景观，均属此类。人文旅游资源方面，古城墙的复杂结构、宗教建筑的多样形式，以及陵寝陵园的丰富构成，均展现出人类文明的深厚底蕴。

在形态细节与附属物的调查中，自然旅游资源的丹霞地貌、独峰、奇特象形山石等，常伴随着沟槽、洞穴等自然雕琢；而在人文建筑领域，如佛塔的精美雕刻、石窟内的造像与壁画，这些细节不仅是调查的重点，更是展现旅游资源艺术价值的关键。此外，一些特殊景观现象同样值得关注，如河流的平面形态反映了其发育阶段，地热与温泉的多样涌出状态，天文现象的周期性出现，以及物候变化带来的自然韵律，这些均是旅游资源调查中不可或缺的内容。

2. 内在属性维度

旅游资源的单体特质，涵盖功能特性、历史文化底蕴、科学考察价值、艺术观赏价值、经济效益与社会效益以及实际用途等多个方面。

旅游资源的功能特性，主要包括美学观赏功能特性、休闲娱乐功能特性、康体养生功能特性、文教科普功能特性、经济发展功能特性、社会发展功能特性、生态环保功能特性等。

历史文化底蕴的评估，需关注古迹的类型、年代、规模及保存状况，以及其在历史长河中的地位。一般而言，年代久远、数量稀少且出自名家之手的古迹，其历史意义更为深远。

艺术观赏价值的评判，则侧重于客体景象的艺术特征、地位及意义。自然风景因景象属性的差异而各具特色，景象的多样性、主副景的组合、格调的变换以及季相的更迭，均对景象的艺术水平产生深远影响。

科学考察价值体现在景物的科研功能上，为科研工作者提供实地研究场所。一些旅游资源因其独特的科学价值而备受赞誉，如敦煌莫高窟等文化遗产。

经济效益的评估需基于实事求是的原则，预测风景资源利用后可能带来的经济收入，这是风景区开发可行性的重要考量。社会效益则关注风景资源对人类智力开发、知识储备及思想教育的促进作用。环境效益则要求评估风景资源开发对环境的潜在影响。

实际用途的考量，需建立在可行性条件的基础上，包括地理位置、交通条件、景物组合、旅游容量、施工难度、投资能力及客源市场等多个方面。

3. 布局与物质结构维度

旅游资源的个体与集合体，因发育阶段、组成物质、结构要素不同而呈现出内部结构与空间布局的差异性。调查时，需准确反映这些差异。

岩石性质对旅游资源的形成至关重要，某些特定岩石造就了石林、土林、丹霞等多种地貌。调查时，需对岩石的整体造型与结构进行详尽记录，如石林与土林的群体与个体结构，丹霞地貌的顶部、崖壁及山麓特征等。

对于旅游资源的空间与内部结构，其形态特点与资源稳定性体现在平面与立面结构上。如沙丘地的多种形态，火山的锥形、盾形等形态，地表坑穴的多样平面与立面形状，均反映了资源的独特魅力。

建筑类旅游资源的结构则深刻体现了人类的意图与文化烙印。史前聚落遗址的布局、房基结构、房屋形态及功能区域划分，均展现出人类文明的智慧与创造力。城垣、烽燧、塔等建筑的结构与形态，同样承载着丰富的历史文化信息。

4. 成因与演化机制维度

成因对于旅游资源而言至关重要，每一类型都有其特定的成因，并与演化发育过程紧密相连。调查时,需收集表现旅游资源发生、演化过程的数据与资料,包括时序数值、生成与运行方式等。

地文类景观的成因多源于各种自然营力的作用,内营力与外营力在不同区域、不同时段对不同对象的影响各异。如石林与土林的形成,就受地下水溶蚀、洪水侵蚀等多种因素影响。

水域景观的成因同样复杂多样,如观光休憩湖区的形成,可能与构造运动、火山爆发、水系改变等多种因素有关。

人文旅游资源的成因则相对明确,主要源于人类的创造活动。这些成因在旅游资源的分类中均有明确体现。

5. 规模与体量评估维度

旅游资源的规模与体量,通过空间数值、个性数值及比率关系数值来体现。对于无法深入现场调查的旅游资源单体,可通过现场可见景观特征与已知信息进行描述,并采用最大可视或可知数值来描述其规模。

规模与体量数据可分为几何数值、特性数值及率值等。几何数值如长度、面积等可量化测量;特性数值如海拔、相对高差等反映了资源的地理位置与高度特征;率值如坡度、密度等则体现了资源的物理特性。同一旅游资源的数值往往是组合出现的,需综合考量以全面评估其规模与体量。

6. 环境背景综合考量

旅游资源单体所处的环境背景,包括具体位置、外部环境以及与单体共存的自然与人文要素。这些因素共同构成了旅游资源存在的基础与条件。

对于地质作用形成的旅游资源,需了解其地层、岩性、产状等地质特征。同时,需关注不同旅游资源类型间的互补性与搭配性,以提升旅游资源的整体价值。

自然类旅游资源的形成受物化条件影响,而人文类旅游资源则更多地体现了人类活动的影响。历史事件与人物是人文类旅游资源的重要内涵,需深入挖掘。

四、《旅游资源单体调查表》填写示例

旅游资源单体调查表

单体序号:2275　　　　　　　　　　　　　　　　　　　　　　　　　　基本类型:EAI

代码	43-02-25-100-101-EAI-33;其他代号:① ②							
行政位置	株洲市	市(州)	炎陵县	县(市、区)	霞阳镇	乡镇/街道	西区	社区/村

续表

地理位置	N 26°29'30″，E 113°46'3″					
资源单体名称	红军标语博物馆					
是否新发现	◉是 ○否			单体照片 3 张		单体视频 1 个

A. 性质与特征

性质：属于建筑与设施主类人文景观综合体亚类纪念地与纪念活动场所基本类型。
地理位置：馆址位于湖南省株洲市炎陵县霞阳镇新市街（当年毛泽东率工农革命军在此召开群众大会）。
规模与体量：炎陵红军标语博物馆于 2011 年 6 月建成开馆，占地面积 1.4 万平方米，建筑面积 3892 平方米。馆内设 6 个基本陈列室和 2 个专题陈列室，展陈面积 1300 平方米。
结构与组成：炎陵红军标语博物馆是全国首家以红军标语为陈列主题的专题博物馆，馆藏标语 339 条，主要展陈了 1927 年至 1938 年间工农红军、地方武装、苏维埃政权以及群团组织等书写的标语，真实再现了井冈山革命根据地、湘赣革命根据地以及湘赣边游击战争时期，工农革命军书写标语动员群众、组织群众、武装群众的斗争历史。通过实物、照片、图画以及场景复原、多媒体等陈列手段，系统、生动地反映红军标语独特的历史作用和永恒的艺术魅力，是弘扬红色文化、开展爱国主义教育、革命传统教育、全民国防教育以及未成年人思想道德教育的重要阵地。博物馆先后被认定为全国爱国主义教育示范基地、全国社会科学普及基地、湖南省思想政治教育基地、湖南省全民国防教育基地、湖南省廉政文化教育基地、湖南省中小学生研学教育实践基地、中国人民解放军国防科技大学当代革命军人核心价值观培育基地、中国人民解放军陆军步兵学院传统教育基地、中国井冈山干部学院现场教学点、第二批全国红色旅游经典景区之一、首批湖南省红色旅游点之一、国家 AAAA 级旅游景区等。
教育意义：红军标语是井冈山根据地和湘赣根据地革命斗争历史的缩影，由于历经几十年的硝烟风雨，有的在书写后不久便被更换或覆盖，有的标语载体被剥蚀损毁或拆除，遗存的只是极少的一部分。炎陵县是全国遗存红军标语最多的县之一，遗存标语具有署名单位多、时间跨度长、书写形式多、宣传对象广等特点，其内容既宣示了革命的最终目标，又结合了工农群众的切身利益；既有普遍的指导意义，又有明显的地方特点，是中国革命斗争的珍贵信史、中国红色文化的重要组成部分。

特征数据						
（特征名称）	研学旅游	（特征名称）	博物馆旅游	（特征名称）	红色旅游	（特征名称）

B. 旅游区域及进出条件（资源所在地区的具体部位、进出交通、与周边旅游集散地和主要旅游区［点］的关系等）

对外道路情况	◉高速路　○一级公路　○二级公路 ○三级公路　○四级公路　○无公路	周边市/县名称	炎陵县	距离 0 公里
周边旅游集散地名称	炎陵火车站	距离 2 公里	周边主要旅游区（点）的名称	炎帝陵景区	距离 12 公里

其他说明：

C. 保护与开发现状（资源的保存现状、保护措施、开发情况、管理机构等）

单体保存现状	◉保存良好　○少量破损 ○破损严重	是否已开发	◉是 ○否	保护措施情况	◉保护措施良好 ○部分破损 ○破损严重 ○无

已开发请填写

旅游区	名称	炎陵红军标语博物馆景区	游客接待量	60 万人次/年 （2019 年统计数据）
	称号/等级	AAAA 等级景区		

续表

其他说明：								
D. 现有规划中的定位和利用方向								
规划名称			资源定位			资源开发利用方向		
E. 旅游资源单体评价								
评价项目	观赏价值（30分）	人文价值（25分）	珍稀奇特度（15分）	规模与丰度（10分）	保存完整性（5分）	知名度（10分）	适游期（5分）	环境与安全（-5~3分）
得分值	22	25	15	9	5	7	4	3
本单体得分	90	本单体可能的等级	五级	填表人			调查日期	

第二节 《旅游资源普查区实际资料表》的设计与填写

《旅游资源普查区实际资料表》的设计以《旅游资源分类、调查与评价》（GB/T 18972—2017）、《旅游资源普查工作技术规程》为蓝本，结合各地区实际情况进行适当增加或减少。《旅游资源普查区实际资料表》主要用于快速了解某行政区域文化和旅游资源基本情况，为资源开发利用提供决策依据。

一、设计示例

×××县（市、区）旅游资源普查区资料一览表

普查时间			年 月 日至 年 月 日			
行政位置		省（自治区、直辖市）		市（州）		县（市、区）
A. 基本资料						
调查区概况（面积、行政区划、人口、所处的旅游区域）						
面积	平方公里	民族		个	少数民族人口	万人
总人口	万人	常住人口		万人	生产总值	亿元/年

续表

旅游总人数	万人次/年	旅游总收入	万元/人	入境游客人均消费	元/天
星级酒店	家	全国重点文保单位	处	全国非物质文化遗产	处（个）
自然保护区	个	风景名胜区	个	水利风景区	个
景区	个	度假区	个	地质公园	个
湿地公园	个	森林公园	个	乡村旅游点	个

其他说明（100字以内）：	
工作过程（工作程序和调查重点，提交主要文件、图件）	
工作程序	
调查重点	
提交的主要实地普查文件	
提交的主要实地普查图件	
其他说明（100字以内）：	
旅游开发现状和前景（总体情况、产业地位、旅游开发潜力、旅游开发前景，200字以内）	

B. 各层次旅游资源类型统计

系列	标准数目（类）	调查区	
		数目（类）	占比（%）
主类			
亚类			
基本类型			

C. 各主类、亚类旅游资源数量统计

类型	实际数量（个）	占调查区比例（%）
主类		
亚类		
主类		
亚类		
主类		
亚类		

续表

主类			
	类型	实际数量（个）	占调查区比例（%）
亚类			
主类			
亚类			
主类			
亚类			

D. 各级资源综合体数量统计

等级	总数	优良级旅游资源			普通级旅游资源		未获等级
		五级	四级	三级	二级	一级	
数量（个）							
汇总（个）							
占调查区比例（%）	100%						

E. 调查组主要成员

序号	身份	姓名	单位	职务/职称	专业	分工职责
1	组长					
2	副组长					
3	成员					
4	成员					
5	……					
总计	人	组长	人	副组长 人	成员	人

F. 主要技术存档材料

	序号	名称
文字资料 （出版物、 内部资料名称及数量）	1	
	2	
	……	
	序号	名称
普查记录 （主要采访记录、 测试数据）	1	
	2	
	……	

第七章　普查报表填写及数据库平台开发

续表

普查图件 （原始地图、 实际资料图名称及数量）	序号	名称
	1	
	2	
	……	
影像资料名称及数量	序号	名称
	1	
	2	
	……	
填表人	联系方式	单位： 电话： 电子信箱：	填表日期： 年 月 日

表格正文不够时可另附页

二、填写说明

调查区概况主要填写调查区的面积、民族数量、少数民族人口数量、总人口数量、常住人口数量、生产总值数量、旅游总人数、旅游总收入、入境游客人均消费、星级酒店数量、全国重点文保单位数量、全国非物质文化遗产数量、自然保护区数量、风景名胜区数量、水利风景区数量、景区数量、度假区数量、地质公园数量、湿地公园数量、森林公园数量、乡村旅游点数量等。

工作过程主要填写普查工作程序、调查重点、提交的主要实地普查文件、提交的主要实地普查图件。

旅游开发现状和前景主要内容包括总体情况、产业地位、旅游开发潜力、旅游开发前景等。

各层次旅游资源类型统计主要填写调查区各层次旅游资源的主类、亚类和基本类型的数目（类）的数量和占标准数目（类）比例。

各主类、亚类旅游资源数量统计主要填写调查区各主类、亚类旅游资源的类型、实际数量（个）及占调查区比例。

各级资源综合体数量统计主要填写调查区各级资源综合体的等级（包括数量、汇总数量、占调查区比例）、总数、优良级旅游资源数量（包括五级、四级和三级）、普通级旅游资源数量（包括二级和一级）和未获等级旅游资源数量。

调查组主要成员主要填写各成员的身份、姓名、单位、职务/职称、专业和分工职责等。

主要技术存档材料主要填写文字资料（出版物、内部资料）的名称及数量。

第三节 《普查区资源名录表》的设计与填写

《普查区资源名录表》的设计以《旅游资源分类、调查与评价》（GB/T 18972—2017）、《旅游资源普查工作技术规程》为蓝本，结合各地区实际情况进行适当增加或减少。主要对普查区域所有资源的行政地理位置、资源名称、资源类型（主类、亚类、基本类型）、资源等级、是否新发现、填表人等内容进行统计，以便后续进行相关的数据统计和分析工作。

一、设计示例

（普查区名称）旅游资源名录表

序号	所在地	资源单体名称	主类	亚类	基本类型	等级	代码

二、填写说明

"序号"项：依据旅游资源单体"代号"的顺序在本表格中进行排序，并填写顺序号码（使用阿拉伯数字）。

"所在地"项：根据普查区情况应填写资源单体所在省（自治区、直辖市）、市

（州、盟、区）、县（市、区、旗）、乡（镇）的名称。

"资源单体名称"项：应填写资源单体的常用名称。

"主类"项：应按照 GB/T 18972—2017 附录 A 中"主类"或普查区旅游资源分类方案中"主类"填写。

"亚类"项：应按照 GB/T 18972—2017 附录 A 中"亚类"或普查区旅游资源分类方案中"亚类"填写。

"基本类型"项：应按照 GB/T 18972—2017 附录 A 中"基本类型"或普查区旅游资源分类方案中"基本类型"填写。

"等级"项：依据 GB/T 18972—2017 中"6.3.2 计分与等级划分"的相关规定，按照旅游资源单体最终评价结果进行填写。

"代码"项：依据《旅游资源分类、调查与评价》（GB/T 18972—2017）要求，结合区域实际情况填写。

三、填写示例

株洲市旅游资源名录表（部分）

序号	所在地	资源单体名称	主类	亚类	基本类型	等级	代码
1	醴陵市	群力瓷厂	建筑与设施	工业文化建筑与设施	工业遗址遗迹	5	43-02-81-002-203-EBD-02
2	醴陵市	醴陵窑·月形湾窑址	建筑与设施	工业文化建筑与设施	工业遗址遗迹	5	43-02-81-125-202-EBD-04
3	醴陵市	中国陶瓷谷	建筑与设施	人文景观综合体	文化活动场所	5	43-02-81-009-002-EBD-07

第四节 《不可移动文物登记表》的设计与填写

主要依据《第四次全国文物普查总体方案》《第三次全国文物普查实施方案及相关标准、规范》《第三次全国文物普查工作手册》进行设计和填写。在此主要示例《全国文物普查不可移动文物登记表》。

全国文物普查不可移动文物登记表——长江墓群[①]

名　称	长江墓群		代　码	
地址及位置	乌审旗纳林河张冯畔村			
GPS坐标	北纬	东经		海拔高程
	37°56′52.3″	108°57′37.7″		1241.500 米
	测点说明	墓群中心		
类别	○古遗址	○洞穴址　　○聚落址　　○城址　　○窑址　　○窖藏址 ○矿冶遗址　○古战场　○驿站古道遗址　○军事设施遗址 ○桥梁码头遗址　○祭祀遗址　○水下遗址　○水利设施遗址 ○寺庙遗址　○宫殿衙署遗址　○其他古遗址		
	●古墓葬	○帝王陵寝　　○名人或贵族墓　　●普通墓葬　　○其他古墓葬		
	○古建筑	○城垣城楼　○宫殿府邸　○宅第民居　○坛庙祠堂　○衙署官邸　○学堂书院 ○驿站会馆　○店铺作坊　○牌坊影壁　○亭台楼阙　○寺观塔幢　○苑囿园林 ○桥涵码头　○堤坝渠堰　○池塘井泉　○其他古建筑		
	○石窟寺及石刻	○石窟寺　○摩崖石刻　○碑刻　○石雕　○岩画　○其他石刻		
	○近现代重要史迹及代表性建筑	○重要历史事件和重要机构旧址　○重要历史事件纪念地或纪念设施 ○名人故、旧居　○传统民居　○宗教建筑　○名人墓　○烈士墓及纪念设施 ○工业建筑及附属物　○金融商贸建筑　○中华老字号　○水利设施及附属物 ○文化教育建筑及附属物　○医疗卫生建筑　○军事建筑及设施 ○交通道路设施　　　　○典型风格建筑或构筑物 ○其他近现代重要史迹及代表性建筑		
	○其他			
年代	唐代			
统计年代	□旧石器时代　□新石器时代　□夏　□商　□西周　□东周　□秦　□汉　□三国　□晋　□南北朝　□隋 ■唐　□五代　□宋辽金　□元　□明　□清　□中华民国　□中华人民共和国　□待定			
面积（m²）	72012.89			
所有权	■国家　□集体　□个人　□不明			
使用情况	使用单位（或人）	七大队	隶属	无定河镇政府
	用途	□办公场所　□开放参观　□宗教活动　□军事设施　■工农业生产　□商业用途 □居住场所　□教育场所　□无人使用　□其他用途		
复查对象	级别	○全国重点文物保护单位　●省级文物保护单位 ○市、县级文物保护单位　○尚未核定为保护单位		

[①] 佚名.全国文物普查不可移动文物登记表——长江墓群［EB/OL］.（2021-05-11）.https://www.doc88.com/p-39999836591022.html.

续表

单体文物	数量（个）	7				
	说　明	属于一个整体				
简　介		该墓群位于王埋墓梁和黑梁阳坡上，有数十座。1993年发掘12座，墓葬依地势成排交错排列，多为西南向，少数正南向。墓室平面呈方形或不规则长方形。一侧有斜坡式墓道，有的开天井，有的设甬道。葬具为木棺，有的有外椁，有单人、双人和三人合葬，分仰身直肢和俯身直肢葬。出土有陶瓷、铜、铁、骨器及墓志。（见《内蒙古文物考古文集》第二辑，内蒙古文物考古研究所编，中国大百科全书出版社，1997）				
保存状况	现状评估	○好　　　○较好　　　○一般　　　●较差　　　○差				
	现状描述	墓群的阳坡都是被盗墓留下的坑，洞内有残砖				
损毁原因	自然因素	□地震　　□水灾　　□火灾　　□生物破坏　　□污染　　□雷电　　□风灾 □泥石流　　□冰雹　　□腐蚀　　■沙漠化　　■其他自然因素				
	人为因素	□战争动乱　　■生产生活活动　　■盗掘盗窃　　□不合理利用 □违规发掘修缮　　□年久失修　　□其他人为因素				
	损毁原因描述	人为的盗掘及生产生活活动等因素				
环境状况	自然环境	该墓群地区属于温带极端大陆性季风气候，受极地大陆冷气团控制时间较长，受海洋热带暖气团影响时间短。其特点是太阳能资源丰富，全年日照时间长，积温有效性高。为黄土地貌，境内地表水资源稀少，地下水较深。南侧隔一缓沟与枣树梁相望，西南侧与油坊洼相间，东北、东为两个高梁，西侧地势平坦开阔，外围是环形山梁，之间有成片的树林、农田。墓群植被覆盖较好，主要是乔木				
	人文环境	由西南至北的平坦开阔地带居住着众多居民，他们主要以农业生产为主，兼有少数畜牧业，居住多以窑洞、砖木结构房屋为主，有一条自然小道通向墓群				
普查组建议		实施网围栏保护				
审核意见						
抽查结论						
备　注		1993年7月至9月，文物考古研究所会同鄂尔多斯市博物馆和乌审旗文物管理所，联合对乌审旗纳林河乡张冯畔村长江社境内被盗掘的隋唐时期的墓葬进行了清理发掘。2006年9月4日公布为区级重点文物保护单位				

GPS 测点登记表

编　号	坐　标			测点说明	备注
	纬　度	经　度	海拔高程		
150626-0028-GD001	37°56'52.3"	108°57'37.7"	1241.500米	墓群中心	
150626-0028-GD002	37°56'59.0"	108°57'36.0"	—	北角	

续表

编号	坐 标			测点说明	备注
	纬 度	经 度	海拔高程		
150626-0028-GD003	37°56'58.0"	108°57'32.0"	—	西北角	
150626-0028-GD004	37°56'46.0"	108°57'37.0"	—	西南角	
150626-0028-GD005	37°56'48.0"	108°57'44.0"	—	东南角	
150626-0028-GD006	37°56'52.5"	108°57'38.0"	1241.400 米	一号墓	
150626-0028-GD007	37°56'52.2"	108°57'38.1"	1241.800 米	二号墓	
150626-0028-GD008	37°56'51.1"	108°57'39.4"	1245.000 米	三号墓	
150626-0028-GD009	37°56'50.4"	108°57'39.5"	1245.100 米	四号墓	
150626-0028-GD010	37°56'49.9"	108°57'38.9"	1242.400 米	五号墓	
150626-0028-GD011	37°56'49.1"	108°57'39.5"	1242.600 米	六号墓	
150626-0028-GD012	37°56'48.6"	108°57'41.3"	1245.900 米	七号墓	
150626-0028-GD013	37°56'47.5"	108°57'41.7"	1241.400 米	窑址	

标本登记表

序号	名称	编号	质地	年代	保存地点	备注

其他资料登记表

序号	名称	编号	类别	数量	保存地点	备注
1	古墓葬简介		资料	1	乌审旗文管所	
2	《乌审旗志》		书籍	1	乌审旗文管所	人民出版社

第五节 《国有单位文物收藏情况调查登记表》《可移动文物认定信息登记表》《文物登记卡》的设计与填写

主要依据《第一次全国可移动文物普查工作手册》设计，在此主要示例《国有单位文物收藏情况调查登记表》《可移动文物认定信息登记表》《文物登记卡》。

一、《国有单位文物收藏情况调查登记表》的填写示例[①]

国有单位文物收藏情况调查登记表

收藏单位（盖章）：北京新文化运动纪念馆

单位基本情况	调查编号	11010121800018			
	单位名称	北京新文化运动纪念馆	组织机构代码	71781827-2	
	上级主管机构	国家文物局			
	隶属关系	■中央属 □省属 □地市属 □县区属 □乡镇街道属 □其他	所属行业系统	□农、林、牧、渔业 □采矿业 □制造业 □电力、燃气及水的生产和供应业 □建筑业 □交通运输、仓储和邮政业 □信息传输、计算机服务和软件业 □批发和零售业 □住宿和餐饮业 □金融业 □房地产业 □租赁和商务服务业 □科学研究、技术服务和地质勘查业 □水利、环境和公共设施管理业 □居民服务和其他服务业 □教育 □卫生、社会保障和社会福利业 ■文化文物、体育和娱乐业 □公共管理和社会组织		
	单位性质	□机关 ■事业单位 □国有企业、国有控股企业 □其他			
	单位类型	■博物馆、纪念馆 □图书馆 □美术馆 □档案馆 □其他			
	是否属于文物系统	■是 □否			
	通信地址	北京市东城区五四大街29号	负责人	姓 名	
	邮政编码	100009		职 务	
	联系电话	010-64009660		固定电话	
	传 真	010-66129868		移动电话	
	单位网址	www.xwh.org.cn		电子邮箱	
	是否有国家认定的文物				

	文物藏品总数（件/套）	已定级文物（件/套）				未定级文物（件/套）
■是	4000	一级文物	二级文物	三级文物	一般文物	3441
		59	100	200	200	

---

① 国家文物局第一次全国可移动文物普查工作办公室.第一次全国可移动文物普查工作手册[M].北京：文物出版社，2013：132-135.

续表

■是	建档情况	是否已建文物纸质档案	■是 □否	保管情况	库房面积（平方米）	250	
		是否已建文物数字档案	■是 □否		保管人员数量（人）	2	
否			如无国家认定的文物，是否有以下物质遗存			请打（√）	数量（件）
1	历史上各时代珍贵的艺术品、工艺美术品。如：古代雕塑、造像等。古代绘画，如壁画、纸本绘画、绢本绘画、帛画、木版画、木刻版画、年画、铜版画、油画、漆画、画扇、水陆画、唐卡等。古代书法，如名人墨（字）迹、尺牍、碑帖拓本、法帖原石等。古代纺织（绣）品，如棉、麻、丝、毛制品、缂丝、刺绣、堆绫等。其他古代艺术品、工艺美术品等。						
2	历史上各时代重要的文献资料以及手稿和图书资料。如：古代简牍、帛书、甲骨、盟书等。古代书籍、经书、信札、文书档案、舆图、契约、试卷、药方、剧本等。可移动的古代石经、碑刻、墓志、经幢、哀册、谥册等。古代木刻经版等。其他古代文字、文献资料等。						
3	反映历史上各时代、各民族社会制度、社会生产、社会生活的代表性实物。如：古代建筑、墓葬建筑构件，如画像砖、画像石、砖雕、城砖、板瓦、筒瓦、瓦当、滴水、斗拱、藻井、塔刹等。古代钱币、钱范、钞版等。古代服饰、冠履、带具等。古代首饰、佩饰等。古代礼器、仪仗等。古代机械、仪器、仪表、钟表、医疗器具等。古代兵器、刑具等。古代生产工具，如农具、织机等。古代食具、酒具、茶具等。古代炊具等。古代烟具等。古代盥洗梳妆具，如古镜、梳妆盒等。古代度量衡器等。古代文房用具，如笔、墨、纸、砚、笔筒、文具盒、墨盒、印泥盒、笔山、笔洗、水注、水盂、镇尺、臂搁、墨床等。古代玺印、封泥、章料等。古代体育用具、棋具、赌具、玩具等。古代乐器及构件等。古代灯具、香具、炉具等。古代宗教法器等。古代家具及构件等。古代车马器、交通用具及构件等。古代符节腰牌、牌匾等。古代葬具与明器等。其他古代生产、生活用具等。						
4	1949年以前具有重要历史价值、艺术价值、科学价值，以及反映近现代社会制度、社会生产、社会生活的代表性实物和与近现代重大历史事件、重要人物或著名人物有关的实物以及其他具有重要纪念意义、教育意义或者史料价值的近现代实物。如：文献文书，具有重要意义的奏折、公约、条约；各种重要会议的决定、决议、宣言；各种机关（党派、政府、军队、团体及其他机构）的文书、布告、电报、报告、指示、通知、总结等原始文件；重要的契约、合同、析产书、账簿、家（族）谱等。						
	手稿手迹	重要人物或著名人物或其他有价值的手迹原件等。					
	书籍报刊	重要人物或著名人物收藏或批注过的书籍报刊等。在近现代历史上产生过重大影响或具有特殊意义的书刊报纸原版等。存世较为稀少、有重要史料价值的出版物等。					
	音像制品	记录重要人物或著名人物活动，反映重大历史事件和社会历史变迁的各种原版照片、胶片、唱片、磁带、珍贵拷贝件等。					

续表

4	艺术品	近现代各门类美术艺术大师、工艺美术大师、重要人物或著名人物创作的代表性作品。产生过重大影响或具有重要历史意义的美术艺术作品。各民族有代表性的年画、剪纸、风筝、皮影、雕刻、漆器、刺绣等工艺美术品。		
	宣传品	重大事件、重要活动中散发、张贴的传单、标语、漫画、捷报及其他宣传品。具有代表性的海报、招贴画、广告等。		
	徽章证件	具有重要意义的各类徽章、证件，如奖章、勋章、奖状（立功喜报）、纪念章；机关（学校、团体）证章、证件、证书，以及其他标志符号等。		
	旗帜匾额	具有重要意义的旗帜、匾额，如国旗、军旗、奖旗、舰旗、队旗、锦旗、贺幛等各种标志性、识别性旗帜；记录近现代社会发展变化的匾额、招幌等。		
	印信图章	具有重要意义的国家机关、政党、群众团体、军队等使用过的关防、公章、各种印信，重要人物或著名人物使用过的印章等。		
	货币票证	具有重要意义或存世量少、有代表性的货币、邮票、供应证券、股票、工业券、债券及其他有价证券等。		
	宗教用品	与重大历史事件、重要人物或著名人物有关的，或具有典型意义的宗教用品，如造像、经书、法衣、器皿、法器、仪仗、宗教画等。		
	武器装备	与重大历史事件、重要战役、重要人物有关的，或具有典型意义的兵器、弹药和军用车辆、机械、器具、地图、通信器材、防护器材、观测器材、医疗器材、被服及其他军用物品。		
	刑狱用具	与重要人物或著名人物有关或有历史代表性的刑狱用具。		
	生产用品	其他反映生产力发展各阶段的有代表性的工业、农业、手工业、交通、通信、科技等的生产工具、用具以及科研仪器、设施设备。		
	生活用品	重要人物或著名人物曾经使用过的或反映生产力及社会发展不同阶段的有代表性的生活用品，如服饰、首饰、家具、家用电器、办公用品、文具等。		
5	列入国家文物局《1949年后已故著名书画家作品限制出境的鉴定标准》目录的作品。			
6	古脊椎动物化石和古人类化石，如古猿化石、古人类化石。			
7	其他属于人类在历史发展进程中遗留下来的、由人类创造或者与人类活动有关的一切具有历史价值、艺术价值、科学价值的、不可移动的物质遗存。			
			总计（件/套）：	

填表人：　　　　　　　　　　　　　　　　　　　　　　　　日　期：　　年　　月　　日

二、《可移动文物认定信息登记表》示例[①]

可移动文物认定信息登记表

普查机构名称：_____

省（自治区、直辖市）：_____

市（地区、州、盟）：_____

县（市、区、旗）：_____

登记人（签字）：_____

日　　期：_____年_____月_____日

审定人（签字）：_____

日　　期：_____年_____月_____日

抽查人（签字）：_____

日　　期：_____年_____月_____日

---

① 国家文物局第一次全国可移动文物普查工作办公室.第一次全国可移动文物普查工作手册［M］.北京：文物出版社，2013：129-130.

编号：

收藏单位名称			组织机构代码	
隶 属 关 系	□中央属　□省属　□地市属　□县区属　□乡镇街道属　□其他			
负责人姓名			上级主管机构	
认定意见、结论	根据　年　月至　年　月专家组对（单位）文物收藏情况现场实物鉴定的意见，经审定，该单位下列藏品共　件/套认定登记为文物（附文物列表）			
认定组织及批准机构	（盖　章） 　　年　月　日 说明：本认定为文物属性确认，不涉及所有权的确认和商业价值的判断			

<table>
<tr><td colspan="3" align="center">文物列表</td></tr>
<tr><td>附表编号</td><td>现登记号</td><td>文物名称</td></tr>
<tr><td></td><td></td><td></td></tr>
<tr><td></td><td></td><td></td></tr>
<tr><td></td><td></td><td></td></tr>
<tr><td></td><td></td><td></td></tr>
<tr><td></td><td></td><td></td></tr>
<tr><td></td><td></td><td></td></tr>
<tr><td></td><td></td><td></td></tr>
<tr><td></td><td></td><td></td></tr>
<tr><td></td><td></td><td></td></tr>
<tr><td></td><td></td><td></td></tr>
<tr><td></td><td></td><td></td></tr>
</table>

填表人：　　　　　　　　　　　　　　　　　日期：　年　月　日

三、《文物登记卡》示例[①]

文物登记卡

附表编号：　　　　　　　　　　　　　　　　　填写日期：　　年　　月　　日

收藏单位			
现登记号			
名　称			
原　名		文物照片（正面）	
文物级别			
文物类别			
质　地			
年　代		具体年代	
质量范围		具体质量	
完残程度		保存状态	
包含文物数量		实际件数	
文物来源		尺　寸	
入藏时间范围		入藏年度	
鉴定意见	鉴定人（签名）：　　　　　　　　　　　　　　　年　月　日		
备注			

[①] 国家文物局第一次全国可移动文物普查工作办公室.第一次全国可移动文物普查工作手册[M].北京：文物出版社，2013：131.

第六节 《非物质文化遗产普查登记表》的设计与填写

主要依据《中国非物质文化遗产普查手册》设计。在此主要以"民间舞蹈"作为示例，包括民间舞蹈登记表和舞蹈艺人调查表。①

民间舞蹈登记表

编号：

舞蹈名称		其他名称	
舞蹈族属		流传地区	
流传现状			
活动时间、地点、场合		动机、目的	
与舞蹈相关的习俗风情			
源流沿革			
舞蹈文学（与舞蹈相关的神话、传说）			
表演内容、形式		角色、人物	
舞蹈风格特点			
服饰、道具			
伴奏音乐			
舞蹈调查档案			

舞蹈艺人调查表

编号：

姓名		艺名	
性别		民族	
出生年月			
详细地址			
传承的舞蹈名称		第几代传人	
主要艺术造诣以及对舞蹈发展的贡献			
其他艺术特长			
备注			

---

① 中国艺术研究院.中国非物质文化遗产普查手册[M].北京：文化艺术出版社，2007：46.

第七节 《全国古籍普查登记表》的设计与填写

主要依据国家古籍保护中心制定的《全国古籍普查登记表》设计示例。

全国古籍普查登记表[①]

普查編號	索書號	題名卷數	著者	版本（帶補配）	冊數	存卷	單位
110000-0101-0000001	ds563	史記一百三十卷	（漢）司馬遷撰（南朝宋）裴駰集解（唐）司馬貞索隱	宋乾道七年（1171）蔡夢弼東塾刻本（卷四十三配清光緒元年楊保彝影宋抄本）	16冊	存六十八卷（一、四至十二、十九至二十一、二十三至二十八、三十、三十九至六十七、七十三至九十、一百三十）	國家圖書館
110000-0101-0000002	e365	史記一百三十卷	（漢）司馬遷撰（南朝宋）裴駰集解（唐）司馬貞索隱（唐）張守節正義（明）徐孚遠（明）陳子龍測議	明末素位堂刻本	6冊		國家圖書館
110000-0101-0000003	地750.24/51.86.1/部三	［康熙］天津衛志四卷首一卷	（清）薛柱門修（清）高必大纂	清康熙十四年（1675）刻十七年（1678）補刻本	5冊		國家圖書館
110000-0101-0000004	600036	春秋經傳集解三十卷	（晉）杜預撰（唐）陸德明釋文 & 春秋名號歸一圖二卷（蜀）馮繼先撰 & 年表一卷	元岳氏荊溪家塾刻本（卷十九至二十配明刻本）	33冊		國家圖書館
110000-0101-0000005	600039	周易傳義十卷上下篇義一卷	（宋）程頤（宋）朱熹撰 & 易圖集錄一卷易五贊一卷筮儀一卷（宋）朱熹撰	明正統十二年（1447）司禮監刻本	14冊		國家圖書館
登記人員：				負責人：			

[①] 中国古籍保护网.全国古籍普查登记电子表格及样例［EB/OL］.（2014-11-20）［2023-11-23］.https：//www.nlc.cn//pcab/gjpc/gjpc_zcwj/20141120_92472.shtml.

第八节 《全国美术馆藏品普查登记表》的设计与填写

主要依据《全国美术馆藏品普查工作标准》设计，主要示例《全国美术馆藏品普查登记表》[①]。

全国美术馆藏品普查登记表

藏品编码			
藏品登记号			
藏品名称			
原名			
收藏单位			
入藏日期		类别	
来源	○A旧藏　○B购买　○C接受捐赠　○D拨交 ○E移交　○F交换　○Z其他		
创作年代		作者	
质地		工艺技法	
形态形制			
主题			
题识和印鉴	题名　个　款识　个　题跋　个　铭文　个　印鉴　个　题签　个		
实际数量		质量	
尺寸			
完残程度	○A完整　○B基本完整　○C残缺　○D严重残缺		
完残状况			
保存状态	○A状态良好稳定，不需修复　○B部分损腐，需要修复 ○C腐蚀损毁严重，亟须修复		

[①] 文化部.文化部关于发布全国美术馆藏品普查工作标准工作规程的通知［EB/OL］.（2014-10-31）[2023-11-30］.https：//www.mct.gov.cn/whzx/bnsj/yss/201410/t20141031_752890.html.

续表

藏品著作权归属	○ A 著作权的发表权和财产权保护期届满 ○ B 著作权的发表权和财产权保护期尚未届满，但可依据约定独立行使著作权 ☐ B01 复制权 ☐ B02 发行权 ☐ B03 出租权 ☐ B04 展览权 ☐ B05 表演权 ☐ B06 放映权 ☐ B07 广播权 ☐ B08 信息网络传播权 ☐ B09 摄制权 ☐ B10 改编权 ☐ B11 汇编权 ☐ B12 翻译权 ☐ B99 其他权利 ○ C 著作权的发表权和财产权保护期尚未届满，且与权利人无约定 ○ D 著作权属不明			
藏品影像信息	藏品影像文件名	拍摄角度	规格	制作人
备注				
录入人		录入日期		
审核人		审核日期		

第九节 《戏曲剧种数据表》的设计与填写

主要依据《全国地方戏曲剧种普查报表制度》设计，在此主要示例《戏曲剧种数据表》[①]。关于戏曲剧种普查，尚有《演出团体数据表》《人才情况数据表》《教育培训机构数据表》《创研机构数据表》《制作机构数据表》《皮影戏/木偶戏数据表》《皮影戏/木偶戏人才情况数据表》《图片信息数据表》等普查表。

---

① 参见原文化部办公厅关于颁布《全国地方戏曲剧种普查报表制度》的通知（办艺函〔2015〕634号）。

戏曲剧种数据表
填报单

填报单位＿＿＿＿＿＿＿＿
机构代码＿＿＿＿＿＿＿＿

剧种名称		是否少数民族剧种	□ 是	年列入第 批
别名			□ 否	□国家级 □省级"非遗"项目名录
舞台语言				
形成流入时间、区域			剧种分类代码	
主要流布区域				
主要声腔构成				
演出团体总数	个	其中：① 国办团体 （个） ② 改制转企团体数 （个） ③ 民营团体数 （个） ④ 民间班社数 （个）		
备注				

单位负责人：　　　　　审定者：
联系电话：　　　　　　报出时间：
填表说明：
1. 名列国家级、省级"非遗"项目名录的剧种，只填写国家级。
2. "舞台语言"指剧种唱腔、道白使用的语言，如"闽东方言（福州话）""闽南方言"。
3. 剧种分类代码参照《全国戏曲剧种普查数据表结构及填表说明》附件《艺术表演团体剧种分类代码》。
4. 民营团体指有演出许可证的民营团体；民间班社指无演出许可证的团体。

第十节 《传统器乐乐种调查表》的设计与填写

主要参考四川省文化和旅游资源普查中涉及传统器乐乐种调查的表格，结合各地自行采用的表格优化设计。

第七章 普查报表填写及数据库平台开发

传统器乐乐种调查表

调查时间：
调查地点：
调查对象（个人或团体）：
调查人：
联系电话和邮箱：

调查项目	填写内容
乐种名称	
流行地区	具体到省市县主要流传的乡镇村落等
历史渊源	追溯乐种起源的时代、相关传说故事、最初的形成背景等，如形成于唐宋时期，因当地庙会祭祀活动而逐渐发展起来等
主要乐器	列出核心乐器和伴奏乐器，如丝竹乐种常包含二胡、琵琶、竹笛、扬琴等，锣鼓乐种主要有大鼓、大锣、小锣、钹等；简要说明乐器的形制、特色
演奏形式	独奏、合奏（具体说明合奏时乐器的组合方式，如丝竹乐中二胡主奏，其他乐器配合；吹打乐中唢呐主奏搭配锣鼓等）、重奏等，并说明演奏场合（如节日、仪式、娱乐等）、演奏技巧与风格等
音乐特点	乐种的音乐风格、旋律特点、曲式结构、节奏特点等
代表曲目	列举至少 5 首，如广东音乐《彩云追月》《步步高》，江南丝竹《行街》《四合如意》等，并简述曲目的风格特点、表达的意境
文化价值	与当地民俗、宗教、历史等方面的关联，蕴含的文化意义、历史价值、艺术价值等
传承方式	家族传承（家族内父子、师徒传承情况，目前传承谱系到了第几代）、师徒传承（师傅带徒弟的授艺模式，有无公开收徒等）、学校教育传承（当地学校是否将其纳入音乐课程）等
传承现状	现存传承人数、传承人的年龄分布；是否有专业乐团或业余爱好者团体在演奏；乐种在当地民众中的知晓度和喜爱程度；代表性传承人或团体情况；保护与推广情况等；相关活动：是否有定期的演奏活动、比赛或演出；社会认知度：在当地的普及程度如何、是否受到年轻人的喜爱；创新与发展：在乐器制作、演奏技巧、曲目创作等方面是否有创新
面临问题	如传承人才断层（年轻人不愿学习的原因，如学习周期长、就业前景不明等）、演出机会减少（演出市场萎缩的现状及原因）、缺乏资金支持（政府扶持力度、社会赞助情况）等
保护措施	政府、社会组织或个人已采取的保护行动，如申报非遗、举办演出活动等，是否列入（列入何种）非遗项目等
保护建议	政府层面（加大资金投入用于培养传承人才、举办演出活动；制定相关保护政策）、社会层面（鼓励企业赞助、开展文化交流活动）、教育层面（编写教材纳入学校课程体系，从娃娃抓起培养兴趣）等
其他信息	相关文献或研究成果；图片或音频/视频资料（可附链接）
调查总结	调查人和被调查者对该乐器乐种的整体评价和建议
备注	其他需要补充说明的信息，如乐种独特的演奏技巧等

第十一节 普查信息化系统开发与建设

从文化资源普查来看,目前没有形成全国统一的囊括所有文化资源的普查信息化系统,不过,部分类别的文化资源,全国开发了相应的普查系统。如:全国文物普查统一开发了普查系统,并建立了全国不可移动文物资源大数据库。可移动文物普查,国务院普查领导小组办公室建立了全国可移动文物信息登录平台及动态运行的数据库系统。全国古籍普查建立了中华古籍综合信息数据库,各地方建立了地方古籍综合信息数据库,建设了全国古籍普查登记平台、全国古籍普查登记基本数据库和中华古籍索引库。全国美术馆藏品普查开发了统一的藏品普查信息登录系统平台。全国地方戏曲剧种普查建立了全国地方戏曲剧种普查平台和相关软件系统。

旅游资源普查也未建立全国统一的普查信息化系统,这里主要以湖南省株洲市文化和旅游资源普查试点工作为例,介绍旅游资源普查数据库系统的开发与建设。

一、总则

(一)建设目标

紧密衔接国家级、部级、省级的文化和旅游业发展规划及智慧文旅发展规划,长远规划、全局统筹,实现文化和旅游资源管理和利用的智能化目标。

(二)统一标准

建立统一的数据、应用标准规范体系,规范数据资源共享和应用建设,避免重复建设。

(三)应用创新

采用新技术、新方法、新手段,以解决突出问题和提供信息支持为导向,分阶段、分步骤强化大数据在文化和旅游资源评价、文化和旅游资源保护、文化和旅游开发评估、旅游区建设方案推荐、智慧旅游区建设等方面的创新应用。

(四)共享开放

坚持共建共享,整合现实文化和旅游资源以及互联网文化和旅游数据资源,畅通数据采集通道,扩大数据采集范围,拓展外部数据资源获取渠道,实现文化和旅游资源数据新聚合,促进文化和旅游数据信息开放。

（五）信息安全

全面把握文化和旅游资源数据库设计核心和技术核心，实现从项目规划、系统设计到建设实施、使用管理、升级维护全程自主可控。

建立、健全文化和旅游资源大数据管理工作机制和安全保障体系，加强安全防御能力建设，明确管理责任，严控风险漏洞，增强系统抗风险能力，保障数据安全和应用系统可靠、高效运行。

二、总体架构

（一）总体功能设计

总体功能架构如下图所示。

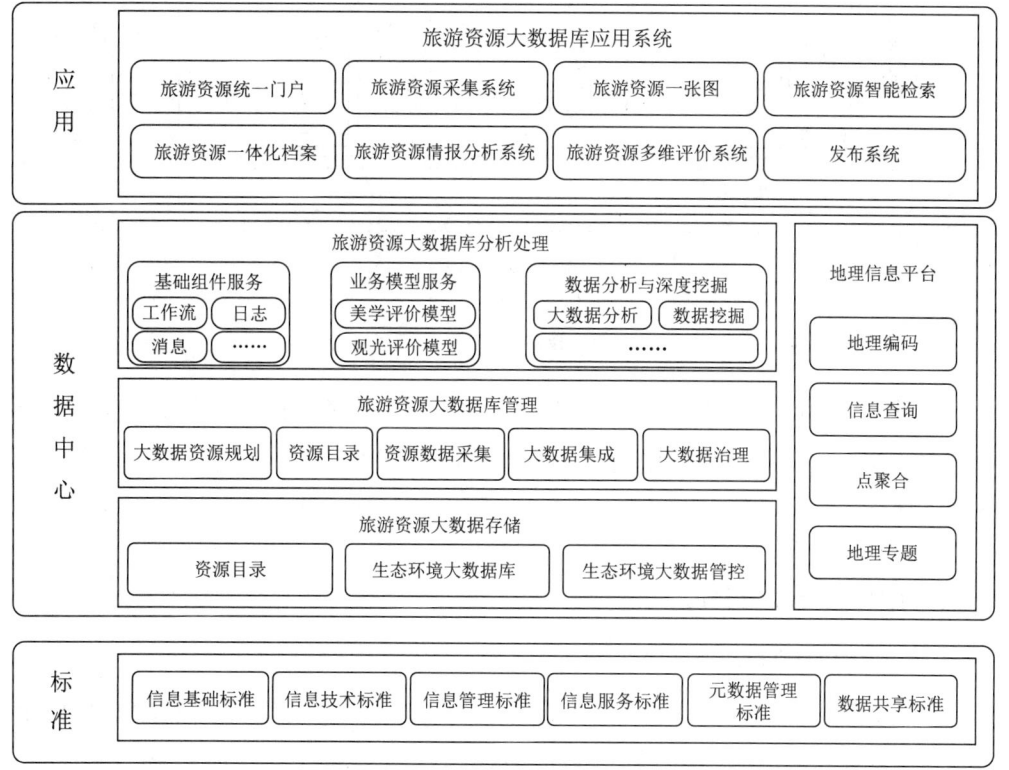

总体架构图

（二）技术架构

技术架构如下图所示。

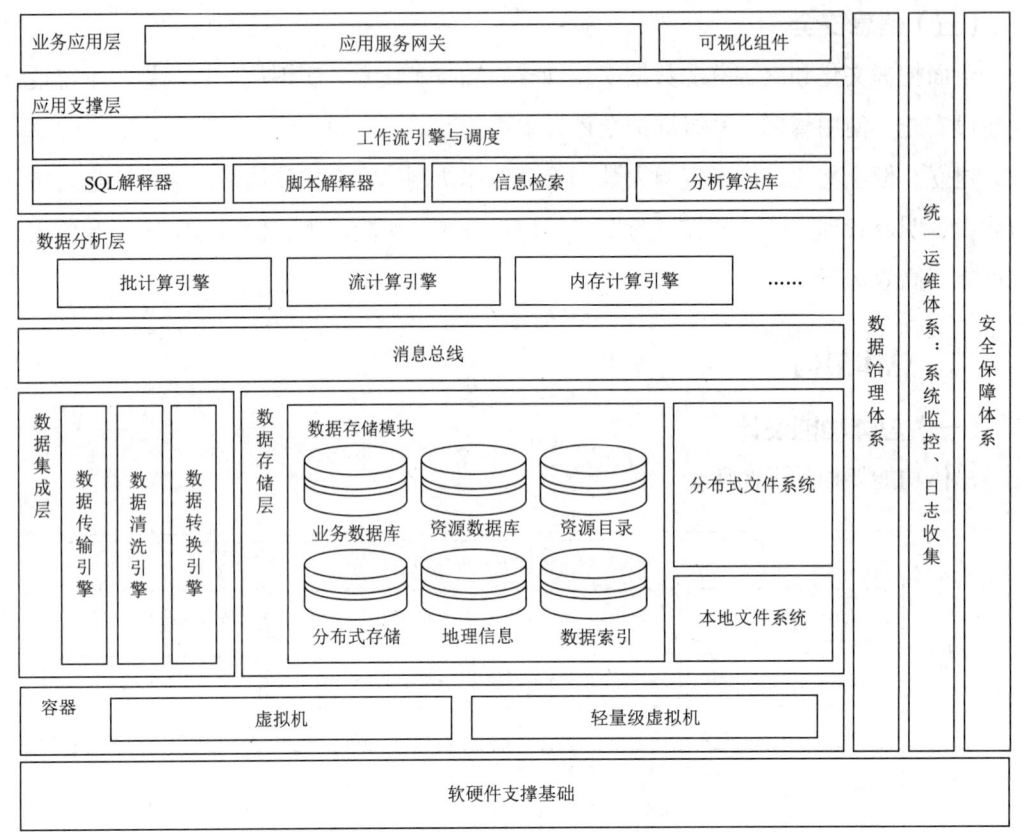

技术架构图

基于现有信息化基础设施，以大数据、云计算、微服务等技术为支撑，构建数据集成、数据存储、数据分析、应用支撑、业务应用五个层级和数据治理、统一运维、安全保障三大体系。

三、建设需考虑的要点

（一）数据库标准

数据库标准是资源数据库建设需要制定的各项标准，目的是明确各系统模块功能，避免系统间功能重复与不一致问题；保证各模块间正常连接并实现数据通信。

标准宜包括但不限于以下几条。

1. 信息基础标准

主要包括系统文化和旅游资源信息化的术语。

2. 信息技术标准

主要包括文化和旅游资源数据建模标准、应用系统数据源标准、信息资源及数据交换标准。

3. 信息管理标准

主要包括旅游资源信息采集标准、旅游资源信息管理标准、旅游资源信息入库审批流程及安全保密标准。

4. 信息服务标准

主要包括信息发布审批流程、大数据平台运维与服务标准。

5. 旅游资源元数据管理标准

支持数据元定义、数据元管理、数据字典，以及数据目录注册、数据目录发布管理标准；标准宜与其他相关标准兼容。

6. 数据接口和共享接入标准

确立旅游资源多维评价结果的分发、推送以及信息反馈的流程标准，保证大数据库的全面、及时、安全传递，并确保数据传递全流程的有效监控。

（二）旅游资源数据中心建设

1. 功能与模块

旅游资源数据中心主要完成异构文化和旅游资源数据的高效汇聚，宜充分考虑建设所需的基本功能和核心模块，实现旅游资源数据标准化存储和数据的有效管理。

2. 数据库体系建设

以数据资源规划和数据体系为基础，针对不同粒度和层次的信息资源建立数据库体系，以满足旅游资源数据分类存储及分析的需求。

数据库体系由下列部分组成：

（1）关系型数据库：用于存储结构化数据，如旅游资源的基本信息、属性数据等，以表格形式组织数据，便于数据的查询、更新和管理。

（2）文件数据库：主要存储非结构化文件，如旅游资源的图片、视频、文档资料等，为旅游资源的可视化展示和详细资料存储提供支持。

（3）对象数据库：适合存储复杂的对象数据，可将旅游资源及其相关信息作为一个整体对象进行存储和管理，更好地反映资源的完整性和关联性。

（4）地理信息数据库：存储与地理空间相关的数据，用于旅游资源的空间定位、分析和展示，结合 GIS 技术，实现旅游资源在地图上的可视化呈现。

（5）MPP 数据库：适用于处理大规模的旅游资源数据，可快速进行数据的分析和计算，支持旅游资源情报分析系统等对大量数据的处理需求。

（6）时序数据库：主要用于存储和管理具有时间序列特征的数据，如旅游资源的游客流量变化数据、资源环境监测数据等，便于分析数据随时间的变化趋势。

（7）分布式索引库：提高数据检索效率，通过建立索引，快速定位和访问数据库中的数据，尤其是在处理大规模数据时，可显著提升查询性能。

3. 数据治理

宜提供数据治理基础功能，以解决常见的数据质量问题，包括但不限于：

（1）数据精确度检测及修复方法；

（2）缺失数据检查及填充方法；

（3）数据一致性检测及修复方法；

（4）数据异常、错误监测及报警；

（5）可视化监测工具。

4. 旅游资源目录管理

数据资源目录宜按照旅游资源的属性或特征，按国标对其进行区分和归类，并建立起一定的分类系统和排列顺序，以便于管理和使用信息。

资源目录宜按照类型分为旅游单体和旅游区两类。

针对旅游资源目录，开发目录管理、规约、维护、查询等功能，实现资源目录集中统一管理。

5. 数据库运维监控

提供统一的数据库运维监控服务，建议通过Docker（容器）技术实现所有软件的部署，内部系统通过镜像数据接口交互层进行交互。

（三）统一门户系统建设

1. 登录

宜统一服务和登录入口，提供一站式登录，将原本各层级、各部门等的各类不同的访问和服务入口统一集成在旅游资源统一门户系统网站中，实现集约化管理，根据不同用户需求及权限，打造一站式服务的旅游资源大数据库门户系统。

2. 统一用户管理

实现统一的用户管理、单位管理，并与各业务系统的用户信息、单位机构信息进行整合与同步，实现统一管理。

3. 统一认证管理

用户访问信息资源时，只需要在门户系统中做一次身份认证，而不需要多次输入自己的认证信息。

4. 统一日志监控

可对操作使用情况进行日志记录以及统一监控，包括系统的用户登录、退出、查询、新增、删除、修改等操作行为的日志记录，以及数据情况监控、系统运行状态监控、服务使用情况监控、运行状态监控等。

5. 统一门户展示

构建统一数据库，记录相应的操作日志等信息，并可通过这些日志信息进行安全审计和查询等。

6. 机构用户管理

可建设组织机构管理子系统，对组织机构进行增、删等定期维护管理及组织机构代码标准化管理。

（四）旅游资源采集系统建设

1. 采集方式

考虑旅游资源采集系统的建设需要，旅游资源采集系统可实现旅游资源的录入和收集，主要可通过以下两种方式采集旅游资源。

旅游资源录入，由各级文旅部门通过系统上报辖区内的旅游资源信息；

网络数据采集，通过网络数据采集工具实时动态抓取全球范围内的旅游资源实时数据。

2. 旅游资源录入系统

主要功能包括资源单体（区）的增、删、改、查以及导出，可根据权限实现数据填报、汇总等功能。

录入系统包括但不限于：对填报数据进行审核，根据审核数据入库储存或返修。旅游资源定级。

3. 网络数据采集系统

网络数据采集系统实时动态采集互联网上的旅游资源数据。其中采集的相关数据宜包括结构化与非结构化数据，并可依需要对采集的数据进行清洗与融合。

（五）旅游资源一张图建设

1. 功能

旅游资源一张图建设的主要功能是可在 GIS 地图上以可视化的方式显示旅游资源信息，或显示辖区内旅游资源的各种专题信息，包括数量、分布、等级、评价、空间组合等。

2. 旅游资源地图库

利用 GIS 系统作为"旅游资源一张图"的基础地图，并通过旅游资源采集系统收集旅游单体以及旅游区的地理信息，建立旅游资源地图库。

3. 地图基本功能

通过 Web 浏览器端或移动客户端查看地图，并进行地图移动、缩放等相关操作。

4. 地理编码

提供地理编码服务及逆地理编码服务。

5. 资源数据分析

基于采集到的各种图层数据，利用统计学建模，以旅游资源数据为分析对象，提供各类分析服务。并通过散点图、气泡图、热力图、区域图等可视化图形与地图结合渲染展示。

6. 地图信息查询

地图信息查询服务包括基本查询及专业图层查询，查询功能宜包括但不限于以下几点。

（1）点选查询：点击地图的旅游资源信息可显示查询内容。

（2）矩形搜索：用户在 Web 界面画出矩形位置进行搜索，返回矩形范围内的位置信息。

（3）列表查询：用户可在查询列表输入关键字对 POI 进行查询，列表展示查询内容，支持查询结果带位置信息，可以在地图上展示。

（4）分类查询：用户可以选择如餐饮、娱乐等类别进行快速高效的垂直目的搜索，查询结果宜带位置信息，可以在地图上展示。

（5）周边查询：用户通过提供中心点位置和搜索半径进行查询，返回周边相关分类信息，查询结果宜带位置信息，可以在地图上展示。如选定某个旅游资源单体，可进行周边生活、娱乐、基础设施等的查询。

（6）输入相关查询信息时，应有输入提示，系统自动返回提示信息。

7. 专题图件

宜编写专题图件，图件名录见下表。

专题图件名录表

序号	图名	序号	图名
1	旅游资源总图	13	全国重点文物保护单位专题图
2	旅游资源类型图	14	省级文物保护单位专题图
3	旅游资源评价图	15	全国和省级宗教活动场所专题图

续表

序号	图名	序号	图名
4	等级景区专题图	16	国家级和省级森林公园专题图
5	旅游度假区专题图	17	自然保护区专题图
6	全域旅游专题图	18	国家湿地公园专题图
7	非遗资源专题图	19	地质公园专题图
8	文化场所专题图	20	国家级水利风景区专题图
9	国家级风景名胜区专题图	21	省级水利风景区专题图
10	省级风景名胜专题图	22	红色旅游资源专题图
11	国家级历史文化名城名镇名村专题图	23	乡村旅游专题图
12	省级历史文化名城名镇名村专题图	24	两型景区专题图

（六）旅游资源智能检索

1. 智能检索

利用模糊搜索的技术，根据输入的关键字（可包含多个关键字，多关键字之间用空格分隔），从旅游资源数据库中进行快速的关联查询，搜索出所有与关键字相关的信息。

可对搜索出的结果进行分类，并且能够进一步设定条件对初次搜索的结果进行二次搜索。

2. 单表检索

利用模糊搜索的技术，对单个检索资源表进行搜索，在搜索框中输入关键字，从数据库中进行快速的关联查询，可搜索出所有与关键字相关的信息。

3. 专题检索

按旅游资源分类、分级、分地域实现检索。

4. 批量检索

批量检索应将需要匹配的资源检索信息集中到文件中，然后上传该文件，系统将从数据库中匹配该文件中的检索内容，并以列表的形式进行展现。

5. 检索信息展现

资源结果展示宜包括检索耗时、资源命中记录数，结果分页列表展示。展示的字段以及字段顺序由数据库表字段定义，列表中资源信息包含关键字的显示。

（七）旅游资源一体化档案建设

1. 可视化

旅游资源一体化档案建设宜为每一旅游资源单体、旅游资源区构建唯一的全息可视化档案。

2. 旅游资源单体档案

档案信息包括但不限于以下内容。

（1）位置信息：包括行政位置、资源范围等；

（2）特征信息：包括类别、属性等；

（3）环境信息：包括生态、气候等；

（4）交通信息：包括区位、道路等；

（5）现状信息：包括开发、保护等；

（6）旅游资源关系图：包括资源互补、互斥信息；

（7）分析研判信息：包括热度、可开放程度等。

3. 旅游资源区档案

档案信息包括但不限于以下内容。

（1）位置信息：包括行政位置、资源范围等；

（2）特征信息：包括类别、属性等；

（3）环境信息：包括生态、气候等；

（4）交通信息：包括区位、道路等；

（5）现状信息：包括开发、保护等；

（6）评价信息：包括用户评价、专家评价、综合评价、评价来源等；

（7）单体信息：包括旅游资源区内旅游单体统计信息，单体详细信息；

（8）旅游资源关系图：包括资源互补、互斥信息；

（9）分析研判信息：包括热度、可开放程度等。

（八）旅游资源情报分析系统建设

1. 功能

旅游资源情报分析系统面向旅游管理部门，可提供区域旅游资源统计信息及总览图。

2. 上报信息统计

按照区域统计各文旅行政管理机关旅游资源上报情况。

3. 信息质量统计

按照区域统计各文旅行政管理机关旅游资源上报数据的质量情况。

4. 各级旅游资源数量统计

按照各文旅行政管理机关不同层级统计旅游资源信息。

5. 各级旅游资源单体数量统计

按照各文旅行政管理机关不同层级统计旅游资源单体信息。

6. 各级旅游资源区数量统计

按照各文旅行政管理机关不同层级统计旅游资源区信息。

7. 各主类、亚类旅游资源基本类型数量统计

按照不同类别统计区域旅游资源情况。

8. 旅游资源总览图

通过各文旅行政管理机关管理区域总览图展示旅游资源分布情况、各类旅游资源情况、旅游资源评价情况等信息。

9. 专题统计

宜编写专题统计报告，做出统计报告名录表。

统计报告名录表

序号	专题名称	序号	专题名称
1	旅游资源类型统计	13	省级文物保护单位统计
2	旅游资源评价统计	14	全国和省级宗教活动场所统计
3	等级景区统计	15	国家级和省级森林公园统计
4	旅游度假区统计	16	自然保护区统计
5	全域旅游统计	17	国家湿地公园统计
6	非遗资源统计	18	地质公园统计
7	文化场所统计	19	国家级水利风景区统计
8	国家级风景名胜区统计	20	省级水利风景区统计
9	省级风景名胜区统计	21	红色旅游资源统计
10	国家级历史文化名城名镇名村统计	22	乡村旅游统计
11	省级历史文化名城名镇名村统计	23	两型景区统计
12	全国重点文物保护单位统计		

（九）旅游资源多维评价系统

1. 资源综合评级体系

评级建模工程可依托人工智能、机器学习等技术实现评级监测模型自学习，通过评级特征不断优化、训练样本数据不断增加，实现评级监测模型准确、科学。

整个建模工程主要包括模型选择、模型学习、模型验证、模型优化、模型发布、模型重构六个阶段。

2. 旅游资源专家评价模型

评价模型宜包括但不限于以下几种。

（1）各文旅行政管理机关红色旅游资源专家评价模型；

（2）乡村旅游资源专家评价模型；

（3）美学价值专家评价模型；

（4）观光价值专家评价模型；

（5）度假价值专家评价模型；

（6）市场价值专家评价模型；

（7）转化适宜性专家评价模型。

3. 旅游资源大众评价模型

采用自然语言处理提取大众评论信息，同时可通过情感分析进行大众评价。

4. 旅游资源评价结果

对旅游资源评价宜采用双评价系统，即旅游资源专家评价模型与旅游资源大众评价模型相结合的方式。在结果上宜同时使用双评分体系与综合评价体系。

双评分体系即同时给出大众评价结果与专家评价结果。

综合评价结果根据大众评价结果与专家评价结果，利用以下计算公式得出：

$$R = W_a \times A + W_b \times B$$

式中：

R——综合评价结果；

A——大众评价结果；

B——专家评价结果；

W_a——大众评价权重；

W_b——专家评价权重。

大众评价权重与专家评价权重可根据经验设置。

5. 旅游资源普查简报

根据大数据分析结果，系统可自动生成乡镇、区县、市、省旅游资源简报，包括但不限于以下内容。

（1）辖区内旅游资源目录；

（2）资源总图；

（3）资源类型图；

（4）资源评价图；

（5）资源类型与价值分析、保护与开发建议等内容。

普查简报可实现一键生成，并支持多种形式的导出功能。

（十）发布系统建设

1. 功能

发布系统的建设可为公众提供旅游资源信息查询与浏览功能。

2. 旅游资源目录

分层级展示旅游资源名录信息。

3. 旅游资源查询

公众通过一键智能搜索旅游资源信息，并可查看旅游资源详情。

4. 用户评价

公众可以对每个旅游资源进行评价。

5. 旅游信息发布/查询

提供全面的旅游资源信息，图文并茂展示，主要包括旅游资源位置、气候、交通、评价等。

四、运行与培训

（一）运行维护

运行维护主要包括软件平台服务和数据服务等。

软件平台服务的运行维护宜包括系统平台日常报表处理、应急事件处理、平台安全监控等。

数据服务运行维护宜包括数据分析、数据库备份等。

应用系统运行维护宜包括应用系统的日常操作、应答、安全防护等。

（二）运行管理

宜建立、健全运行维护管理制度及值班、台账、保密等相关规章制度。明确各相关岗位人员工作职责。

（三）人员培训

1. 培训对象

强化业务培训，使各级各类系统人员能熟练掌握实用技能，实现人机结合，发挥系统建设效能。

针对高级管理人员、操作人员、维护技术人员宜制订相应的培训目标、计划和培训内容。

2. 培训内容

培训分为基本培训和现场培训。

基本培训主要包括但不限于：

平台操作；

数据库系统软件的使用和操作管理维护；

安全和运维管理系统的操作维护；

系统日常操作维护；

应急环境下的保障和处置等。

现场培训宜使用已安装、测试和交付试运行的装置和设备，针对具体工程的有关文件等资料，学习操作技术，使其能够熟练操作，掌握软件的操作、安装卸载、各种故障报警、软件异常的处理方法。

3. 培训时间

培训方式以集中培训为主。每年培训天数不宜少于 5 天。

4. 培训师资

建设单位可提供的培训讲师数量不宜少于 2 人。

五、风险防范

（一）风险识别

建设风险宜包括但不限于：

政策风险；

组织风险；

管理风险；

业务风险；

技术风险；

系统整合；

数据共享风险；

数据质量风险。

……

（二）防范对策

1. 政策风险防范

软件功能在设计过程中宜保证灵活性和可配置性。

在建设时宜借鉴国家及其他地方的先进经验及标准，确保与国家标准和行业标准保持协调一致。

2. 组织风险防范

宜成立专门的工作小组，同时应依靠由信息技术专家等组成的专家组，为建设提供技术与管理问题的咨询和指导。

3. 管理风险防范

制订并落实项目实施具体计划，合理估算项目工作量，明确项目间的依赖关系和先后顺序，突出关键项目，合理分解项目工作任务，使每个建设阶段均有工作量估算、时间进度，以及可操作、可管理和可检查的交付物。

4. 业务风险防范

宜充分考虑旅游资源保护与开发业务工作内容和范围的拓展，深入梳理和分析业务需求，进行业务流程定制和业务系统开发。

5. 技术风险防范

全面落实技术架构设计，对各应用系统建设，按照技术架构要求进行开发。

（三）管理

宜针对业务协调及数据共享采集风险，成立领导小组。

依照相关数据标准，并通过数据质量系统进行严格管理，控制进入数据中心的数据质量。

☞ 思考链接

第八章 文化和旅游资源图编制

第一节 资源图编制基础理论概述

一、资源图的分类体系

资源图是展现资源价值与开发潜力的重要工具，主要包括资源分布图、资源分区图、资源类型（分类）图、资源等级图以及资源统计分析图等类型，为资源的后续开发利用提供方向性指导。具体而言，资源分布图依据资源的类型、空间布局、等级及数量等维度编制，旨在全面揭示特定区域的资源现状。资源分区图侧重于从资源特性或成因出发，结合区域旅游开发的相关条件，对不同分区内的资源进行深入分析与评价，并将此过程可视化于图纸之上，构成区域规划设计与功能分区或专题保护区划定的理论基础。资源类型（分类）图则依据资源类型，重点呈现各类资源的等级与数量，通常涵盖自然资源、人文资源及八大主类资源的专项图表。资源等级图聚焦于展现调查区域内资源单体的等级差异，凸显各类型及分区资源的独特性。资源统计分析图又称为资源评价图，是以各类资源的特点、质量、规模、特色、等级以及功能等评价分析内容为主，反映区域资源质量的资源专项图纸[①]。

二、资源图绘制的基本准则

（一）综合集成性

在资源图的编制过程中，不仅需详尽展现资源的种类、特色、数量、等级及评价结论等信息，还应充分反映调查区域的环境背景与开发利用条件，诸如地形地貌、水系分

---

① 尹泽生.旅游资源详细调查使用指南：GB/T 18972—2003《旅游资源分类、调查与评价》理解与实施[M].北京：中国标准出版社，2006.

布、城镇布局等，以期全面系统地揭示调查区的综合状况。

（二）独特性彰显

在遵循常规地图设计规范的基础上，应巧妙融合测绘新技术，实现图表与文字的有机结合，辅以统计分析图表、简要说明及实景照片等元素，以增强资源图的独特性与信息量。

（三）美学价值体现

通过地图形式，真实、生动、集中且直观地传递资源的美学价值，使读者产生身临其境之感。因此，在绘制时需精心考量比例尺、图面布局、符号体系、色彩搭配及装帧设计等细节，以彰显资源景观的形式美感。

（四）精确无误

资源图必须精确无误地标注资源的名称、位置、交通线路及历史典故等相关信息，确保信息真实可靠。

（五）层次结构清晰

在绘制时，既要设计展现总体特征的图纸，也要编制分类、分区等详细图纸，以凸显局部特征，构建层次分明、条理清晰的资源图体系。

（六）实用导向性

充分考量资源调查与评价的根本目的，确保图纸编制贴近实际、注重应用。

（七）直观易解性

规划图件作为传达资源规划核心理念的有效工具，应通过图形化的方式，使读者能够一目了然地掌握规划区域的资源现状、分布特征、空间布局以及交通布局等关键规划信息。

（八）科学严谨性

规划图件的制作必须基于准确、详尽的底图资料，并严格按照实际现状进行精确绘制。

（九）艺术表现力

规划图件的表现形式应具有多样性，可灵活运用多种视觉表达手段来辅助阐述规划内容。

（十）内容丰富性

规划图件应全面涵盖规划区域内的所有空间要素，并准确反映这些要素之间复杂的关系，从而蕴含丰富的信息量。

三、资源图的构成元素及详细规范

（一）比例尺设定

作为地图学中的一个基本概念，其定义为地图上线段长度与地表相应距离水平长度之间的比率关系，数学表达式为"比例尺＝图上距离/实际距离"。比例尺的表现形式多样，主要包括数字式、文字式与线段式三类。数字式以比例或分数形式展现比例尺的具体数值，例如"1∶5000000"即表明地图上的1厘米代表实际地面上的500公里距离。线段式则是在地图上绘制一条线段，并明确标注该线段在实际地面上所对应的长度。文字式则更为直观，直接用文字说明地图上的某一线段长度代表实际地面上的多少公里距离，或表述为某种分数形式。比例尺的确定需根据规划区的面积和表现内容的大小来灵活调整。

（二）图例说明

图例在资源图中扮演着至关重要的角色，它主要分为通用图例与资源图例两大类。通用图例涵盖了底图上已有的各种符号说明，如道路交通、水系湖泊、城镇设施、地形地貌及农作植被等。资源图例则专门用于表示资源的类型、等级等关键信息，通过不同的颜色组合或符号来区分各个分区及主类的资源统计数据，如下表所示。图例的选取应遵循一定规律，特别是对于那些已经固定下来的图例符号，如行政区间界线、不同等级居民点、交通线路等，应按照统一的标准来使用。

资源评价等级与图例

资源等级	得分区间	图例	使用说明
五级资源	≥90分	★	1. 图例大小根据图面大小而定，形状不变；
四级资源	75~89分	■	2. 自然资源使用蓝色图例；人文资源使用红色图例
三级资源	60~74分	◆	
二级资源	45~59分	▲	
一级资源	30~44分	●	

注：五级资源为"特品级资源"；四级、三级资源通称为"优良级资源"；二级、一级资源通称为"普通级资源"。

（三）风向频率玫瑰图

风向频率玫瑰图简称风玫瑰图，是一种根据地区多年平均风向和风速数据，按照一定比例绘制的图形。它通常采用8个或16个罗盘方位来表示，形状酷似玫瑰花朵，因此得名。风玫瑰图上的风向指的是风从外部吹向地区中心的方向。在旅游区的资源开发与利用过程中，标注风玫瑰图至关重要，它为未来相关设施的布局与空间分区提供了重要的参考依据。

（四）核心展示内容

资源图的核心内容与体现构成了其主体内容，这包括资源的空间位置、名称及序号、等级、数量、集聚状态与规律以及典型景观等。这些信息的呈现方式多种多样，可以是文字描述、彩色图片、表格、柱状图或饼图等。

（五）附加信息元素

除了上述内容，资源图还应详细标注其名称、序号、编制时间、委托单位、调查单位等相关信息，以确保图纸的完整性和可追溯性。

（六）基底地图要素

基底地图要素是指规划区域内所有与规划相关或可能产生影响的自然地理和社会经济基本元素，它们构成了规划的基础背景。这些要素包括地貌、水系、土壤、植被、居民点、交通线、境界线、地物以及辅助内容等。

（七）专题信息模块

主要用于表达规划区未来文化和旅游发展的主要思路、文旅产业要素和基础服务设施等核心规划内容。专题要素的内容极为丰富，涵盖了区位关系、客源市场、资源状况、空间布局、旅游项目、交通布局、产品线路、开发时序等多个方面。

（八）图则规范要素

主要是绘制资源规划图件时的辅助元素，它们不仅美化了图件，还规范了图件的格式和内容，便于读者读图、用图和理解。图则规范要素的主要内容包括图名、比例尺、图例、指向标、规划日期、规划单位以及相关文字说明等。

（九）图名

图名即规划图的名称，通常包括主图名和副图名两部分。

（十）方向指示标

方向指示标作为地图上的重要元素，应明确标出方向，以便读者更好地理解和使用地图。

第二节　资源图编制流程

一、规划绘制蓝图

在资源图的绘制过程中，首要任务是制订一个详尽的绘制计划。该计划需紧密围绕资源调查与评价的核心目的，明确资源图的绘制目标、主题定位、覆盖范围、表现形式、表现手段，以及主图与附图的数量与内容布局。此外，还需对制图人员进行合理分配，确保各项任务得到专业且高效的执行。

二、资料搜集与整合

在绘制计划确定之后，接下来的关键步骤是搜集并整理相关资料。这一环节不仅涉及对现有资料的深入挖掘与系统化整理，还包括对现场调查资料的精心梳理。具体而言，现有资料的搜集应广泛涵盖被调查区域内的各类图像资料，如地形图、普通地图、专题地图、已有的旅游图、卫星影像图、行政区划图、航卫片等；同时，也不应忽视文字资料和数字资料的收集，如研究报告、学术论文、相关著作、以往规划文件等。这些资料的搜集可通过网络搜索引擎的图片搜索功能实现，或直接向委托单位索取相关底图，以确保资料的全面性和准确性。现场调查资料的整理则侧重于将空间分布资料与实地拍摄影像进行有序整合，为图纸绘制提供翔实的实证基础。

三、编图资料的系统化处理

在资料搜集的基础上，编图资料的整理研究显得尤为重要。这一环节要求对搜集到的资料进行深入研究、细致分析、客观评价及科学归类，以确保其科学性、合理性与合法性，为后续的绘制工作奠定坚实的基础。

四、设计绘制方案

进行绘制设计是资源图绘制流程中的核心环节。该环节需根据制图区域的具体特征和要素分布，精心确定地图的投影形式、比例尺选择、图例设计、图幅形式及开本等关键要素。同时，还需对图纸版面进行整体设计，包括主图与附图的形式规划、图幅规格的设定、比例尺的标注、内容的合理分配以及色彩的运用等，以确保图纸清晰易读、美观大方。此外，还需明确各要素的表现方法，并附上详尽的文字说明，以增强图纸的信息传递效果。

五、原图与辅助素材的编制

在绘制设计完成后，即可进入编制原图和辅助稿件阶段。这一阶段需按照由主到次、由大到小、由高级到低级的顺序，在底图上精心绘制专题要素，并清晰标注名称、说明和数字标记。同时，还需编制出详尽的附图，以及辅助性的文字稿（含数字）、图片稿、分色样图和设计清样等，以确保图纸的完整性和专业性。

六、清绘处理与印刷准备

将绘制好的主图、附图等交给专业制图人员进行清绘处理，以确保图纸线条清晰、色彩准确。随后，将清绘整理好的图纸和辅助稿件交由专业印制部门进行印制，以制作出高质量的资源图成品。通过这一系列的严谨步骤和精细操作，可以确保资源图的绘制工作达到预期效果，为资源调查与评价提供支持。

第三节 资源图编制技术与内容框架

文化和旅游资源普查工作具有跨部门、多对象、技术规范繁杂的特点，需在纵向上与国家及省级标准对齐，横向上确保任务分配无遗漏，且因无前例可循，协调任务艰巨。其流程涵盖清查、调查、质检、汇交等阶段，任务繁重且复杂。传统资源图采集依赖人工手持设备现场作业，难以应对大规模调查与高精度绘图需求，亟须数字技术提供创新解决方案。

一、制图技术与软件应用

地图的制作方法多种多样，按照成图的工作流程来划分，可归纳为实测性制图与编绘性制图两大范畴，前者尤适用于大比例尺地形图的精细描绘，后者则广泛服务于中小比例尺普通地图及专题地图的编制。随着遥感技术与计算机科学的飞跃、进步，现代制图领域迎来了革新，具体表现为遥感制图与计算机地图制图的蓬勃发展。遥感制图技术，作为一种新兴的地图制作与更新手段，依托于遥感图像数据的处理与分析，在专题地图编制中展现出巨大潜力。计算机地图制图，又称计算机辅助制图，历经数十年发展，现已成熟且普及，代表了地图制作领域的尖端水平。其流程细分为数字化测图与数字化制图两个阶段，前者聚焦实地测量数据的直接转换，后者则侧重于信息整合与地图编绘的艺术。

进入20世纪90年代，数据库技术的深度融合推动了计算机辅助制图向更高层次发展，促使地理信息系统（GIS）技术应运而生，并在地图制作中占据关键地位。GIS集成了信息科学、系统科学、自动控制原理及电子计算机技术，实现了地理信息深度分析与自动化制图的无缝对接。其中，地理信息分析是对制图对象内在特征的深入挖掘，而自动化制图则是这些分析结果的可视化呈现。机助旅游制图作为GIS应用的分支，不仅深化了制图技术的应用场景，还融合了图形分析技术，构建了兼具制图功能与数据库管理能力的综合平台，支持用户的高效查询、数据检索、实时更新、空间模拟及复杂分析等需求，标志着地图制作与信息技术融合的新纪元。

在当前技术背景下，计算机绘图软件已成为资源图件编制的核心工具集。其中，图像处理软件Photoshop凭借其卓越的平面图像处理能力，在文化和旅游规划领域独树一帜，尤其擅长于概念构图的创意设计与景观效果的润色，为旅游规划提供了直观且富有深意的视觉表达。三维辅助设计软件AutoCAD作为工程绘图领域的佼佼者，专注于精确绘制地形、道路、水系等底图及分析图，其强大的矢量绘图功能确保了规划区域空间布局与地形特征的精准再现，为规划决策提供坚实的数据基础。

矢量绘图软件CorelDraw则以其融合绘图与排版的独特优势，在文化和旅游规划图件制作中占据一席之地，尤其擅长于构建清晰的区位关系、市场分析图及空间布局方案，有效促进了规划思路的图形化呈现与传达。地理信息系统平台ARCGIS作为地理信息系统领域的综合性平台，其应用范畴广泛，贯穿于数据采集、管理、处理、空间分析、可视化呈现及定制化开发全过程。在资源图件编制中，ARCGIS深度挖掘地形、地貌等空间要素信息，生成高精度的空间分析图，为文化和旅游规划提供了科学、量化的决策分析工具，显著提升了规划的科学性与前瞻性。

二、制图内容的具体要求与标准

旅游地图的编纂内容主要依据编图目的与游客需求进行定制化设计，同时，亦需综合考量资料获取状况、应用模式、比例尺设定及资金筹措等多方面因素。其内容架构鲜明地区分为两大层次：核心旅游要素与辅助底图要素。前者作为地图的主体焦点，占据视觉中心层面，直接反映旅游活动的核心元素；后者作为背景支撑，位于次级视觉平面，辅助呈现地理基础信息。底图构建进一步细化为工作底图与正式底图两个阶段，前者基于详尽的地理基础资料选定,常以地形图为蓝本,后者则在此基础上进行精细化重绘与整合。

以株洲市文化和旅游资源普查为例,该市已具备较为全面的数据资源与技术优势,为高效利用既有资源并快速获取调查对象信息,技术团队创新开发了多项辅助软件,这些软件不仅实现了调查对象的智能化识别提取,还确保了采集数据的真实性和准确性。总而言之,在制图过程中,普查团队既融入了标准的底图要素体系,如行政区划、水系网络、交通线路、居民聚落及独立地理特征等,又特别强调了旅游资源专题要素的精准表达,严格遵循国家制定的旅游资源地图符号标准与规范,以确保地图信息严谨实用。

第四节 资源图编制的注意事项

在资源图绘制过程中,以下重点事项需要特别关注,以确保图纸的科学性、准确性和合法性。

一、资料版权合法性问题

版权问题不容忽视。在绘制资源图时,往往会使用到各种工作底图、相关数据和相关影像资料。这些资料可能有不同的来源,因此,在图纸上必须明确注明其出处或所有者,以尊重他人的知识产权,避免版权纠纷。

二、资料保密性管理

保密问题也是资源图绘制中需要重点关注的一环。地形图等相关资料往往属于保密范畴,因此,在使用这些资料作为工作底图时,需要格外谨慎。除了专题地图或用于景区的规划设计、开发建设等特定用途外,应尽量避免使用地形图作为工作底图。如果图纸需要公开发行,那么必须获得拥有测绘资格的相关单位出具的许可编号,以确保图纸合法出版。

三、集聚区域的有效视觉呈现

资源集聚区的问题也需要在绘制过程中得到妥善处理。在实际调查过程中,经常会发现城镇、古村落或风景名胜区等资源分布相对密集的情况。在这种情况下,如果直接在大图上表示,往往难以清晰展现资源的分布和特点。因此,为了更清晰地显示相关内容与信息，可以在主图的四周或另辟图幅设计附图，以实现对资源集聚区的有效展示。

四、软件技术应用中的技术难题

在软件绘制过程中，需要注意一些技术问题。为了提高图纸的修改和编辑效率，宜将各类要素分图层处理，并避免不必要的图层合并。这样，在后续修改时，我们可以更加便捷地对各个图层进行单独调整和优化，而无须对整个图纸进行烦琐的修改。

五、基底地图选择的规范化要求

底图的选用是资源图绘制中一个需要慎重考虑的问题。底图可以选择等高线地形图、行政区划图或卫星影像图等多种类型。然而，在实际绘制过程中，我们往往需要对原有工作底图进行一定的技术处理，以满足图纸的绘制需求和准确性要求。对于县级及以上区域的资源总图，通常可以选择小比例尺地图，比例尺通常在1∶200000以下；对于镇域或较大旅游区的资源总图，我们可以选择比例尺为1∶10000至1∶200000的地图；对于区域范围较小的资源总图，我们则通常选择1∶5000至1∶10000比例尺的地图。在特殊情况下，可能需要使用更大比例尺的地图，但这往往需要委托单位委托相关测绘部门进行单独测绘，以确保地图的准确性和可靠性。

☞ 思考链接

第九章　文化和旅游资源普查报告撰写

在完成所有资源调查表、评价定级和各类统计报表的基础上，要进行资源普查报告的撰写。就报告的类型而言，通常包括总报告、分类报告、工作报告、专题报告等。

第一节　资源普查报告的核心构成

文化资源普查报告，主要包括普查工作背景、普查工作概况、资源总体情况、资源统计分析、主要成果介绍、保护传承情况、相关工作建议等。具体类别的文化资源普查，普查报告撰写的核心内容可能有差异。例如，根据《第四次全国文物普查总体方案》，编制第四次全国文物普查分析报告，包括不可移动文物现状评估、发展态势分析等内容。根据《第三次全国文物普查实施方案及相关标准、规范》，普查报告编制主要包括六部分内容：普查工作背景、普查工作情况、不可移动文物普查数据汇总、不可移动文物普查数据分析、普查主要成果和政策建议。从国务院第一次全国可移动文物普查领导小组办公室和国家文物局编写的《第一次全国可移动文物普查工作报告》来看，可移动文物普查工作报告的主要内容为我国国有可移动文物资源总体情况、普查开展情况、主要成果、基本经验、普查后续工作措施等。

旅游资源普查报告，根据《旅游资源分类、调查与评价》（GB/T 18972—2017），主要包括前言、调查区旅游环境、旅游资源开发历史和现状、旅游资源基本类型、旅游资源评价、旅游资源保护与开发建议、主要参考文献、附图（旅游资源图或优良级旅游资源图）等内容。

第二节　旅游资源普查报告的结构布局

旅游资源调查与评价的总报告包括正文与附件两部分。正文主要包括前言、调查区旅游环境或资源的形成背景、资源的开发历史和现状、资源的基本类型、资源的综合评价（包含总体评价、分区评价、分类评价、集合区评价等）、资源的保护与开发建议、参考文献。附件主要包括资源图集、资源单体统计一览表、资源单体简介、相关影像资料或其他资料，如调查区的资料卡片库、调查日记、资源信息数据库等[①]。

一、前言

在总报告中，前言的内容主要包括调查的目标导向、地理范围、任务界定、团队构成、时序安排、核心成果概览及发起机构背景等。

二、调查区旅游环境

根据资源的基本类型，调查区旅游环境的形成背景或原因主要包括自然与生态环境、历史与人文环境和社会与经济背景三个方面。自然与生态环境维度，不仅勾勒出地理位置与空间延展的轮廓，更细致地剖析了地质构造的奥秘、气候水文的韵律、土壤植被的多样性以及生物生态系统的和谐共生，这些要素往往可从地方志等历史文献中寻得踪迹。历史与人文环境层面，则聚焦于地域变迁的轨迹、文化积淀的深厚、人居模式的独特与地方风俗的绚烂多彩，展现资源背后深厚的历史人文底蕴。社会与经济背景分析，则揭示了行政区划与人口结构现状、经济实力支撑与产业结构特色，以及区域发展规划蓝图与战略目标导向，为资源可持续利用提供了宏观视角。

三、旅游资源开发历史和现状

根据资源的开发状态，重点阐述已开发资源的开发历史与现状情况，主要叙述两个方面的内容：一是历史时期资源的开发利用历史，特别是各个历史阶段的开发成效；二是改革开放以来资源开发利用的新篇章与所取得的显著成就。这一部分的资料挖掘，得益于地方志、旅游管理部门及相关职能部门的详尽记录，确保了信息的权威性与准确性。

---

① 郎富平.旅游资源调查与评价[M].北京：中国旅游出版社，2011：284-286.

四、旅游资源基本类型

系统归纳调查区域内资源的主类、亚类及基本类型分布情况，量化分析各类资源的数量占比，辅以具体资源的名称、地理位置、规模大小、形态特征及独特性等详细描述。

五、旅游资源评价

资源的综合评价包括总体评价、分区评价、分类评价和集合区评价等。总体评价全面考量资源的丰饶度、品质等级、空间布局特征及综合评价结论；分区评价则依据资源特性与地理环境要素，实施区域划分，并开展区域内资源的独立评估与区域间的对比分析；分类评价则深入每个主类资源，从丰度、品质及集聚效应等角度进行细致剖析；集合区评价则着重于集合区的界定与内部资源特性的综合评价，为最大化利用资源集群效应提供了策略指导。

六、旅游资源保护与开发建议

在深入分析资源开发利用现状、保护现状及其面临的挑战与成因基础上，明确资源保护的核心任务，并规划旅游资源开发利用的创新路径，旨在实现资源保护与旅游发展双赢。

七、主要参考文献

在报告的结尾部分，要列出本次资源调查与评价所参考的主要文献，这不仅是对前人的致敬，也是为确保调查与评价工作的学术严谨性，其选取标准与前文所述资料收集的规范流程紧密相连。

八、附图（旅游资源图或优良级旅游资源图）

作为报告的直观补充，附图主要包括旅游资源分布图与优良级资源专图，以图形语言直观展示资源的空间布局与品质亮点，为决策者与研究者提供直观、便捷的信息获取途径。

第三节 旅游资源普查评价报告的区域表达内容

旅游资源普查报告的核心章节——"旅游资源评价"中，需深度融合资源评估的核心发现与区域环境特征，多维度地展现资源依据类型层次（基本型、亚型、主型）或地理区划（国家级、省级、县级至乡镇级，乃至具体景区层面）的区域关联模式，此即构成所谓的"资源普查评价的区域表达"。

一、量值特征与极值的表述

（一）主类所属基本类型数量及其资源单体数量

通过统计各主类旅游资源中基本类型的数量及其旅游资源单体数量占该基本类型的比例和全部单体数量的比例，直观反映各类资源的充裕程度、基本性质与构成。

（二）资源空间分布比例

进一步分析各类资源在全国同类资源中的占比，量化其集聚态势，揭示区域资源的独特性。

（三）单位面积资源密集度评估

通过设定标准区域面积（如100平方公里），计算该区域内基本类型资源单体的密度指标，以此衡量区域资源的密集度与丰富性。

（四）资源丰饶度层次划分

资源的数量是衡量该地区文化和旅游资源宏观结构的关键指标。对旅游资源进行数值评价时，需计算获取的旅游资源单体总数占全国181种基本类型的百分比，并根据省级、地区级、县级调查区的划分，将其定为丰富级、中等级或普通级，从而科学划分资源丰度的层级结构（参见下表）。

不同尺度区域内资源的丰富程度（占全国旅游资源基本类型数量的百分数）标准（%）[①]

数量级别	省级范围	地区级范围	县级范围
丰富级	大于80	大于70	大于60
中等级	70~80	60~70	50~60
普通级	小于70	小于60	小于50

---

① 尹泽生.北京市旅游开发中资源的区域表达程式和内容[J].北京联合大学学报，2003（1）：127-131.

（五）资源基本类型数量与结构分析

对不同调查区域内的各基本类型资源及其单体数量分布进行深入剖析，旨在揭示资源的地域特色与基本构成。此类分析能够说明各旅游资源基本类型在不同区县的分布格局及其相对重要性。

（六）主类资源下的基本类型及单体数量

针对各主类资源，需细化其内部基本类型并计算单体数量的占比，以全面理解资源的基本属性与整体结构。按单体数量降序排列，每种数量级下含有一至多个旅游资源基本类型，并列出其名称，以反映区域内文化和旅游资源的集聚特征与分布格局。

（七）调研区域资源综合评分与排序

基于基本类型、单体数量、占比及密度等多元指标，构建综合评分体系，对调查小区进行排序，直观展示区域资源分布格局。

（八）人文与自然旅游资源数量结构对比

通过对比分析调查区内自然资源（如 A、B、C、D 主类）与人文资源（如 E、F、G、H 主类）的基本类型数量比例，来评估自然与人文资源的相对权重与区域特色。在全国旅游资源分类体系中，当自然旅游资源（涵盖地文景观、水域风光、生物景观、天象与气候景观）与人文旅游资源（包括遗址遗迹、建筑与设施、旅游商品、人文活动）的数量比达到 4:5 时，可视为两者并重。若该比例大于 4:5，则该地区以自然旅游资源为主；反之，小于 4:5 时，则以人文旅游资源为主。当然，这一判断标准，有时还需结合具体旅游资源单体的数量进行适当校正，以确保其准确性[①]。

二、品质特性的表述

（一）资源单体质量层级构成

通常而言，资源单体间的质量差异颇为显著。为此，可以将各类资源单体按照五级至一级的划分标准，详细列出其数量，并分别计算出各等级单体在所属类型中的百分比。此外，还可进一步展示各区域内不同质量等级资源单体的数量及其占比，以此为依据，评估并表述基本类型的优劣程度。

（二）自然与人文资源分级质量差异

统计各等级旅游资源单体中属于自然旅游资源和人文旅游资源的单体数量及其占比，能够揭示调查区资源结构的丰富性与完整性。同时，通过绘制资源质量等级变化趋势图，即将各级旅游资源基本类型按其数量反映在曲线图上，来洞察自然与人文资源从

---

① 尹泽生. 北京市旅游开发中资源的区域表达程式和内容 [J]. 北京联合大学学报，2003（1）：127-131.

五级向一级上升或下降的动态变化,为区域未来资源开发策略的制定提供前瞻性视角。

在评估各类资源的分级构成时,依据五级(权重10)、四级(权重7)、三级(权重5)、二级(权重3)和一级(权重1)的数量乘积之和($\sum n_i m_i$),再除以各等级的总数量(n),计算出每一类型的分级品质总分(M),即 $M = \sum n_i m_i / n$。[①] 这一方法能够深入分析自然和人文旅游资源的丰富度、门类完整性,以及每一基本类型中不同质量等级旅游资源单体的数量分布与比例关系。

(三)资源基本类型等级结构划分

深入剖析各质量层级下资源基本型单体的数量分布,不仅能够揭示调查区域内各级旅游资源基本类型的品质差异、结构演变规律,还能够说明资源品种的广度与深度,以及资源搭配方式的合理性,从而为资源优化配置提供数据支撑。

(四)调查小区资源质量等级构成

为全面评估各调查小区的资源质量,采用五级至一级资源赋值法(分别为10、7、5、3、1),通过计算综合评判总分,实现对调查小区资源质量的量化排序与分级,其公式如下[②]:

$$R = \sum (10N_{5i} + 7N_{4i} + 5N_{3i} + 3N_{2i} + N_{1i}) / 5$$

式中,R 代表各级文化和旅游资源的综合评分,N_{5i} 至 N_{1i} 则分别代表五级至一级旅游资源单体的总量。据此,可以对各调查小区旅游资源的整体质量等级进行排序,并依据 R 值的高低,将其划分为五个级别:$R \geq 90$ 分为富有级(Ⅴ级),60~89 分为丰富级(Ⅳ级),40~59 分为中等级(Ⅲ级),20~39 分为一般级(Ⅱ级),$R < 20$ 分为贫乏级(Ⅰ级)。

(五)资源等级的地域性分布特征

针对各调查区域的旅游资源质量层级展开剖析,需统计其基本类型及资源单体的数量,并细化至五级至一级的基本类型与资源单体数量。同时,记录各调查区域基本类型的总数,及其五级至一级的具体数量与占比。基于此数据架构,可系统评估该区域各级别基本类型的资源分布特征,以及各调查区域内部不同层级旅游资源基本类型的构成比例。

[①] 尹泽生.北京市旅游开发中资源的区域表达程式和内容[J].北京联合大学学报,2003(1):127-131.
[②] 同上。

三、组合区域的表述方式

（一）组合关系的地域性描述

资源基本类型的数量和资源单体的数量及其质量等级是它所在区域的资源组合关系的主要标志。调查区域内不同类型资源组合关系的优劣程度，能够为资源的高效整合与利用提供理论依据。依据尹泽生[①]的观点，可参照下述公式提供的方法建立自己的旅游资源组合关系分析模式。

$$S = J \times 5.52 \times 0.2 + (\sum a_i \times 10 + \sum b_i \times 5 + \sum c_i \times 3 + \sum d_i \times 1) \times 2.63 \times 0.8$$

式中，S 代表旅游资源组合状况的量化评分；J 则指该区域内旅游资源基本类型的数量。系数 5.52（1000/181）用于在总分设定为 1000 时，计算各旅游资源基本类型的得分（该公式是按 181 种旅游基本类型的分类法制定——作者注）；0.2 为该基本类型得分所占的权重。a_i、b_i、c_i、d_i 分别代表该区域内五级至二级的旅游资源单体数量。系数 2.63（3538/1223）基于全区 1223 处旅游资源单体所得总分 3538 分计算得出（调查统计了该区域 1223 处旅游资源单体后得出该结论——作者注），用于衡量各单体得分；0.8 为旅游资源单体得分所占的权重。通过此公式，可计算出各普查区域旅游资源组合关系的基础数值，并据此数值大小排序，以评估其组合关系的优劣程度。具体应用时要根据调查区域单体数量情况和具体分类标准进行调整。

（二）资源调查小区质量等级的序列化判定

借助精心设计的经验公式，对调查小区内的各级资源基本类型及其单体进行加权统计，得出反映资源组合关系质量的综合分数，并据此确定各小区在区域资源体系中的相对地位，为区域发展规划的制定提供重要参考。

（三）资源组合线路的表述与解析

针对组合线路带内的资源基本型单体，通过严谨的统计分析与赋分机制，本部分精确计算出每条线路的得分值，并据此划分其质量等级，为旅游线路的规划与设计提供了科学依据。

（四）资源组合区的界定与表述

基于调查小区资源质量等级的评估结果，采用同等级小区合并策略，构建出若干具有明确开发方向与重点的资源开发区域与地带。

---

① 尹泽生. 北京市旅游开发中资源的区域表达程式和内容［J］. 北京联合大学学报，2003（1）：127-131.

（五）资源集合区的界定与表达

在区域资源组合的表达体系中，"资源单体集合区"（简称"集合区"）这一概念得以应用。集合区的界定可通过"不规则边界法"或"圆周法"来实现，即将所有普查过的资源单体标注于平面地图之上，并利用不规则图形或圆形边界加以圈定，从而界定出资源单体的高密度区域。集合区的质量等级评定，则是基于区内各等级资源单体，按五级至一级分别赋予 10、7、5、3、1 的权重值计算得分，单体得分累加得到集合区总分。在区域性封闭式评价框架下，依据集合区总分的最高值与最低值区间，通过数学归纳法划分为最优、优、良、中、一般五个等级，未达到最低分数者则归为等外级。

 文化和旅游资源普查报告示例

示例一　第一次全国可移动文物普查工作报告[①]

国务院第一次全国可移动文物普查领导小组办公室　国家文物局

2012 年至 2016 年，国务院统一部署开展了第一次全国可移动文物普查。普查范围是我国境内（不包括港澳台地区）各级国家机关、事业单位、国有企业和国有控股企业、中国人民解放军和武警部队等各类国有单位收藏保管的可移动文物。经过各级政府和普查机构努力，普查工作有序推进。目前，全国 31 个省、自治区、直辖市全部通过普查验收，普查工作总体完成。

在国务院统一领导下，全国成立 3600 余个普查机构，投入 10.7 万名普查人员、12.45 亿元经费，调查 102 万个国有单位，普查全国可移动文物共计 10815 万件/套。其中按照普查统一标准登录文物完整信息的国有可移动文物 2661 万件/套（实际数量 6407 万件），纳入普查统计的各级档案机构的纸质历史档案 8154 万卷/件。普查摸清了我国可移动文物资源总体情况，新发现一批重要文物，健全国家文物资源管理机制，建立起国家文物身份证制度，建设了全国文物资源数据库，夯实我国文物基础工作，全面提升我国文物保护管理水平。

一、我国国有可移动文物资源总体情况

通过对普查结果统计分析，我国国有可移动文物呈现出资源总量庞大、收藏体系多元、收藏主体集中、文物类型丰富、文物数量快速增长等特点。

截至 2016 年 10 月 31 日，普查统计的全国国有可移动文物共计 108,154,907 件/

[①] 国务院第一次全国可移动文物普查领导小组办公室.国家文物局第一次全国可移动文物普查工作报告[EB/OL].（2017-04-07）[2023-12-20].http://www.ncha.gov.cn/art/2017/4/7/art_1984_139379.html.

套。其中按照普查统一标准登录文物完整信息的为 26,610,907 件/套，实际数量 64,073,178 件。

按登录文物的实际数量统计（下同），北京、陕西、山东 3 省市登录文物数量超过 500 万件，河南、山西、江苏、浙江、湖北、四川、甘肃、湖南、天津、广东、辽宁、内蒙古、重庆、河北、安徽等 15 省区市超过 100 万件。全国共登录珍贵文物 3,856,268 件，其中一级文物 218,911 件，二级文物 551,192 件，三级文物 3,086,165 件。

按文物类别统计，钱币、古籍图书、档案文书、陶器、瓷器 5 个类别数量最大，占总量的 70.78%；漆器、甲骨、珐琅器、交通运输工具 4 个类别数量最少，占总量比例均不足 0.1%。按时代统计，文物总量最多的依次为清、宋、中华民国、汉以及中华人民共和国成立以来，比例分别为 34.23%、18.42%、17.13%、8.75%、6.78%；西晋、隋、五代十国、辽、西夏文物数量最少，均不足 0.2%。

按收藏主体统计，全国登录的 11162 家收藏单位中，博物馆（纪念馆）、图书馆、档案馆、美术馆和其他类型单位收藏文物比例分别为：65.49%、11.02%、4.15%、0.29%、19.05%。按完残程度统计，完整、基本完整、残缺、严重残缺的比例分别为 23.93%、59.89%、14.43%、1.75%。按文物来源统计，旧藏、发掘、征集购买、接受捐赠的比例分别为 40.53%、17.07%、16.37%、6%。

按保管层级统计，中央属、省属、地市属、县区属收藏保管的可移动文物比例分别为 14.63%、30.78%、27.74%、26.19%，乡镇街道属和其他收藏保管的可移动文物比例不足 1%。

按入藏时间统计，1949 年以前、1949 至 1965 年、1966 至 1976 年、1977 至 2000 年、2001 年至今五个时段，比例分别为 16.21%、13.23%、3.54%、41.01%、26.02%。

二、普查开展情况

2010 年 12 月 3 日，刘延东同志专门批示，要求国家文物局对于在"十二五"期间开展国有可移动文物普查进行认真研究；在 2011 年 12 月召开的国务院第三次全国文物普查工作电视电话会议上，刘延东同志提出国有可移动文物是我国文物资源的重要组成部分，目前尚未开展全面系统调查，这个家底也应当早日摸清，要抓紧提出国有可移动文物普查的具体思路和方案，尽快组织实施。

对此，国家文物局加强前期研究，编制可行性报告，制定技术方案，并在陕西省、北京市朝阳区、军队系统、山东省青岛市开展试点工作。2012 年报请国务院印发了《国务院关于开展第一次全国可移动文物普查的通知》，明确由国务院统一领导，按照普查准备、组织实施、总结验收三个阶段有序推进普查工作。

(一) 组织领导

国务院成立由15个部门组成的第一次全国可移动文物普查领导小组，负责普查工作的组织和领导，刘延东副总理担任组长。普查领导小组办公室设在国家文物局，负责制订公布《第一次全国可移动文物普查实施方案》，组建普查工作机构，承担全国普查组织协调工作。

各级地方人民政府按照属地管理原则，组织实施本行政区域的普查工作，组建普查机构队伍，将普查经费纳入年度预算。全国各级财政累计投入12.45亿元。各级普查机构建立普查协调、督导、咨询、通报等机制，制定人员、安全、档案等管理制度。重点收藏单位建立专门普查工作机制。全国组建以普查员为基础，专家及志愿者参加的10.7万人的专门队伍，实行统一培训、统一管理。

(二) 技术路线

普查按照统一平台、联网直报、属地管理、县为单元的原则开展。全国建立统一标准规范，以单位自查申报与重点排查相结合的方式，由地方政府按照属地开展网格化调查和文物认定。全国各级普查机构共向102万家国有单位发放《国有单位文物收藏情况调查登记表》，实现调查上不漏单位，认定上不漏文物。

普查建设了全国可移动文物信息平台，各地普查机构和收藏单位组建普查人员，对经认定的文物，开展文物定名、断代、分类、编号、测量、计量、拍照等，填写《可移动文物认定信息登记表》和《文物登记卡》，依托互联网在统一平台上进行数据登录、审核。

(三) 质量控制

全国统一制订《第一次全国可移动文物普查数据审核工作管理办法》和评定标准，明确填报规范和评定细则，加强数据审核和质量管理。各地细化普查目标，分解年度工作任务，落实责任，强化进度管理，严把质量关，以自查、督查、评估、验收等多种形式保证普查质量。聘请第三方对各地普查实施情况进行中期评估和结项评估。国家文物局组织普查验收，重点检查普查机构制度建立情况，人员及经费等保障措施，普查覆盖率及数据质量等，组织专家对各省数据抽样审核，数据差错率均在0.5%以下，达到数据质量控制要求。

三、主要成果

(一) 掌握全国国有可移动文物资源总体情况

各级地方政府以县域为单元，对行政区域内文物资源进行普查登记，全面掌握文物资源状况、收藏单位数量和行业分布，建立各级文物资源目录和文物资源地图。普查实现了国有单位的全覆盖，国民经济统计的20个行业划分中，除国际组织外，19个行业均有收藏文物的单位。人民解放军、武警部队独立开展普查，认定军队系统文物92,449件/套。普查还对我国驻外使领馆收藏保管的文物进行了全面调查登记。西藏、青海、浙江、四川等省区对重点宗教场所保管的文物开展了认定登记。普查打破原有行业系统条块分割局限，将文物资源统计从文物系统拓展到全国各行业领域。

普查除对文物本体信息进行逐项登记外，还对收藏单位、保管人员、库房情况、管理制度等同时开展了调查。根据普查结果，全国文物库房面积335.3万平方米，保管人员总数27,985人。全国文物基础数据更加全面翔实准确，为文物资源精细化管理创造良好条件，有力地支持了各级政府文化建设和区域经济社会发展。

（二）新发现一批重要文物

各级普查机构通过实地走访、上门调查、重点认定等方式，加大对新发现文物资源的梳理调查和登记，全国新发现新认定文物共7,084,149件/套。仅北京地区就新登记收藏单位222家，新发现新认定文物2,884,873件/套。

一些文物单位对历史上囿于保护条件所限而封箱保存的藏品进行了全面清理登录。故宫博物院新普查登记了一批重要甲骨文物，社科院考古所整理登记的考古出土文物超过10万件，江苏省完成隋炀帝墓出土文物等一批新出土文物的登记。众多非文物系统的单位通过普查认定，发现了大量具有历史、艺术和科学价值的文物。山西省运城市青龙寺发现完整的《永乐南藏》经书，内蒙古赤峰市发现红山时期陶塑人像，四川省阿坝州发现清代土司铜印，武汉大学、厦门大学、山东大学在普查中认定文物数万件，包含青铜器、陶瓷、玉石、书画、雕塑等多种类型，新疆认定2万余件反映生产建设兵团历史的文物。

（三）建立文物资源数据库和文物身份证制度

第一次全国可移动文物普查采集了27项收藏单位信息和15项文物基础信息，建成国家文物资源数据库，改变过去各单位文物信息零散孤立、互不相通的信息孤岛局面，实现全国国有可移动文物信息的统一集中存储。登录文物照片5000万张，数据总量超过140TB，有效构建全国可移动文物大数据。依托互联网，按照管理层级和行政区域对文物资源信息进行标准化、动态化管理和利用，全面提升文物资源管理能力。

普查按照统一编码规范，对登录文物和单位统一分配标准代码和分类编号，建立文物实物、藏品档案、电子信息关联一体的"文物身份证"编码系统和数据管理系统，对登录的每件文物赋予全国永久唯一的22位数字编码，作为文物属性验证、信息甄别和索引查询的识别标识。

（四）健全国家文物资源调查管理机制

本次普查凸显政府行为，建立起各部门参加、社会广泛参与的协作机制，统一组织、统一平台、统一标准、联网直报，实现登录数据动态管理，建立文物认定机制和数据管理利用制度，是我国文物资源调查模式的重要创新。第一次全国可移动文物普查与同期开展的"全国古籍普查""全国美术馆藏品普查"协作推进，建立信息共享机制，共享数据70余万条。

普查期间，国家文物局组织开展了多项跨省区、跨行业的调查、认定、登记和管理机制专项调查，涉及甲骨、漆木器等9个文物资源类型和宗教场所等3类收藏体系。广东省对民间收藏文物的调查进行有益探索，组织对16家非国有博物馆的藏品进行认定，明确藏品性质、年代、名称等。普查建立的组织体系、标准规范、统一平台和文物资源数据库，以及培养的人员队伍，为完善全国文物资源调查管理机制、建立国家文物登录制度进行良好实践，打下坚实基础。

（五）全面夯实文物基础工作

本次普查制定了文物藏品登录规范，统一了文物藏品档案和登记卡，建立了十余项标准，文物定名、断代、计量、分类等15个核心指标首次实现全国一体化。各单位按照普查要求开展藏品清点，核定账、物对应，补充完善文物信息，健全藏品账目档案，依法向上级文物行政部门备案，使《中华人民共和国文物保护法》及其实施条例关于国有单位收藏文物建档备案的要求真正落实落地。普查期间，全国累计举办培训班11,741次，培训人员28万人次，全国新建重建档案的文物达10,415,363件/套，有6989家单位新建立了藏品档案和账目。中国国家博物馆抽调284名专业人员全职开展普查，登录文物130万件，建馆104年来第一次摸清家底。中国海关博物馆按照普查标准建立起各项藏品管理制度，作为日常业务工作的基本规范。

各地将普查与文物清库建档、鉴定定级工作相结合，各级普查机构指导收藏单位开展文物认定，完善库房管理、文物提调注销、安全保卫和档案等制度。争取财政支持，实施库房展厅维修改造、预防性保护等，改善文物保存条件。甘肃、四川、河南3省考古机构在普查基础上积极向博物馆移交文物。武汉市普查办帮助归元禅寺开展文物藏品清理和保护，修缮破损文物。

（六）初步建立可移动文物社会服务和共享机制

各级普查机构积极推进普查成果共享和利用，举办文物展览，出版各类普查成果图书，建立网上共享平台。全国共举办普查相关展览1901个，展出文物35.7万件，参观总人次达到1.5亿。中国文物交流中心联合各地实施"文物带你看中国"项目，将代表中华文明的数字文物藏品在海外文化中心和博物馆推广展示。甘肃配合"一带一路"倡议，联合各收藏单位赴国内外举办展览。

普查建成全国可移动文物登录网,作为展示普查成果的平台,已向社会开放普查文物信息40.8万件。各地向社会公开的文物资源信息超过228万条。部分高校改变以往校史馆、科研教学点等内部办馆模式,逐步向社会公众开放。银行、科技、地质、卫生等部门成立专题博物馆,贵州茅台酒厂、武汉钢铁集团将普查成果与企业历史研究相结合,提升企业文化。陕西省实施虚拟博物馆建设,湖南省、安徽省利用普查成果开发的文化创意产品受到社会欢迎。

四、基本经验

(一)党中央、国务院重视是普查成功的前提

党的十八大以来,习近平总书记对文物工作作出系列重要指示,明确要求要系统梳理传统文化资源,"让文物活起来"。李克强总理专门批示,要求努力做好全国可移动文物普查工作。刘延东副总理亲自提出开展本次普查并担任领导小组组长,部署安排各项工作。第一次全国可移动文物普查体现了党中央、国务院对文物工作的关心重视。国务院《关于开展第一次全国可移动文物普查的通知》《关于进一步加强文物工作的指导意见》以及国务院办公厅转发《关于推动文化文物单位文化创意产品开发若干意见》等文件都对做好普查、建立国家文物登录制度、加强普查成果管理利用和资源共享提出明确意见,对普查工作进行了正确指引,提供了政策保障。

(二)中央有关部门和各级地方政府支持配合是普查成功的保障

中央有关部门密切配合、形成合力。国家文物局发挥主导作用,做好全国普查的组织实施。教育部、民政部、财政部、文化部、国资委、新闻出版广电总局、人民银行、银监会、档案局等部门及军队系统印发通知,推动本系统普查工作;全国人大、全国政协,中央直属机关事务管理局与国务院机关事务管理局主动承担普查协调工作。国务院办公厅完成紫光阁、武成殿普查,登录近百件重要文物。外交部组织对144个驻外外交机构保管的文物进行清查,认定登记文物2451件。中央财政安排可移动文物普查和平台建设经费6400万元,并对重点中央单位普查经费予以保障。

各级地方政府认真落实国务院要求,由各级政府主管领导担任普查领导小组组长,建立以文物部门为主、有关部门参与的普查工作机构,落实普查经费。四川、广东、浙江等9省市安排普查经费均超过5000万元。各级政府将普查纳入绩效考核,鼓励争先创优,层层签订责任状和任务书,指导督促各单位建立普查机制,按时保质完成任务。

各行业、系统和公众积极参与普查,形成全社会关心支持文物工作的良好局面。各地印发《致国有可移动文物收藏单位的公开信》,进行广泛发动动员,媒体积极关注宣传普查。北京、广东等省市通过公开招标,对部分工作服务外包,吸收社会力量参与

普查。高校、科研机构积极发挥专业优势支持普查，大批志愿者积极申请承担普查任务。各地通过公益节目、展览、微信、短信等方式推广宣传，促进公众了解和共享普查成果。

（三）严控质量是普查成功的关键

普查创新管理手段，充分运用现代信息技术，建设统一平台，加大结构化数据比例，减少人工操作误差。对行业外新建立文物藏品档案的单位，文物部门组织专家队伍上门提供文物认定、断代、定名等专业支持，从源头上保障质量。各地按照进度和质量要求，采集登录文物信息，建立中央、省、地市、区县和收藏单位五级审核体系，统一标准，分级负责，严控质量，确保数据完整规范，信息真实准确。国家文物局安排中国文物信息咨询中心赴各地开展技术支持，进行数据标准化处理。各地采取措施，制定科学流程，确保文物安全，普查中没有发生文物安全事故。南京市江宁区设立专门工作区域，采取分工协作、现场监督审核、流水线作业方式，确保普查进度质量。

（四）普查员敬业奉献是普查成功的基础

本次普查时间紧、任务重、技术环节多、质量要求高，是对普查员能力和敬业精神的全面检验。普查员在没有额外补贴情况下，在本职工作外承担大量普查任务，主要依靠加班加点，放弃节假日休息开展工作。基层普查员秉承守土有责精神，主动服务，消除部分单位对普查工作不理解、不支持、不积极申报的顾虑。各文物收藏单位人员恪尽职守，克服工作强度大、文物库房阴冷潮湿且充斥着预防文物病害的化学药剂等不利条件，夜以继日开展工作。青海、西藏部分高原地区交通、电力、通信条件差，普查员靠马驮人扛自带设备干粮，长期进驻玉树、阿里等低压缺氧、环境恶劣地区开展普查。新疆普查人员直面暴恐威胁，坚持下乡村、进社区开展普查工作。五年来，有身患重病坚持在普查一线的，有常年在外地不能与妻儿团聚的，有退休后仍以志愿者身份投身普查的，特别是四川阿坝州的年轻藏族女普查员尕让机牺牲在普查岗位上，全国普查战线涌现出一批先进典型和感人事迹。

五、普查后续工作措施

通过普查总结分析，我国文物资源管理的基础工作仍然存在不容忽视的问题：

一是本次普查未覆盖我国所有可移动文物，普查后续工作机制急需建立。本次普查的范围为国有文物，非国有文物（包括非国有博物馆收藏保管的文物）未纳入普查范围，数量庞大的民间文物尚缺乏有效统计途径。除部分省市外，大部分宗教场所收藏的数量庞大的可移动文物未纳入普查。普查中少部分国有单位主动申报意识不足，有些单位未全面完整申报文物收藏情况。部分中央、省级重要文物收藏单位因藏品数量较大、人员紧张等因素没有完成全部收藏文物的采集登录。此外，普查后续工作尚未形成常态化机制。随着普查全面结束，各地临时性普查机构和人员解散，普查数据管理审核、更新维护、统计发布等工作缺乏固定机制。

二是保管条件亟须改善，专业人员匮乏。大多数基层单位保管条件差，库房面积小，柜架陈旧，文物得不到妥善保管。少数单位没有文物库房，部分珍贵文物没有专柜囊匣保管，长年裸露在外，受粉尘、光线以及空气中有害气体侵蚀。全国平均每名保管员保管文物2290件，基层保管员兼职现象普遍。文物保护修复设备不完备，修复技术人员缺乏，难以满足文物保护需求。普查结果显示，全国未定级文物占55.97%，亟须按照文物保护法要求区分等级和建档，明确管理责任。此外，新纳入普查范围的非文物单位收藏的可移动文物保护利用问题开始显现，尚未纳入国家文物保护政策资金的保障范围。一些新发现新认定文物后续保护措施没有到位，存在安全隐患。

三是文物资源开放利用意识不强、渠道有限。普查发现，一些收藏单位，特别是党政机关和企业，缺乏文物管理利用的意识和方法，文物长期处于未有效利用状态，甚至存在因管理不善导致的安全隐患，文物的学术研究价值和社会教育功能没有充分发挥，即使是博物馆等文物收藏单位，馆藏文物的利用率也需大幅度提高。

为加强全国文物资源科学有序管理，充分发挥普查成果效益和作用，国家文物局将重点推进以下工作：

（一）落实保护责任，提升保护能力

积极协调各级政府充分发挥文物资源在促进经济社会协调发展、促进传承中华优秀传统文化、满足人民群众基本文化需求等方面的基础性支撑作用，深入挖掘文物资源蕴含的历史价值和时代精神，将文物的资源优势转化为文化优势。利用普查成果，明确保护需求，落实保护责任，将文物保护纳入区域经济社会发展规划，将文物保护经费纳入各级财政预算。普查统计显示，地市和区县级管理的可移动文物占全国文物资源总量的53.93%，应重点加强文物行政部门的管理职能。

国家文物局将积极支持各地将普查中新发现认定的文物全面纳入保护范围，予以政策支持，改善收藏单位文物保存环境和条件，加大预防性保护和修复力度。发挥资源管理在文物工作中的基础作用，通过资源统筹调配各管理要素，提升全行业精细化管理水平。

（二）建立涵盖不可移动文物和可移动文物的文物登录制度，加强文物资源和文物安全管理

在第三次全国文物普查摸清不可移动文物家底及第一次可移动文物普查摸清可移动文物家底的基础上，国家文物局将积极推进建立国家文物登录制度，突出政府文物资

源管理职责，统筹国有文物资源，深化普查成果，建立统一的文物认定标准、采集登录标准、数据更新和定期发布机制，健全文物国家调查登记、认定、保护、管理和利用体系，实现文物资源管理利用的全流程动态监管，规范文物建档备案和库房管理等工作，确保文物安全。发挥资源管理在文物工作中的基础作用，将文物资源作为新建扩建博物馆、地区中心库房等基础设施，博物馆评估定级，实施保护修复项目申请财政补助经费等的测算依据。

（三）创新资源利用手段，促进文物活起来

加强全国文物资源梳理整合，深化部门合作，促进各行业系统文物资源挖掘，促进普查成果利用，实现全国文物资源互通共享。将第一次可移动文物普查中建立的文物资源登录的统一平台打造成为资源开放共享的平台，持续向社会开放普查登录文物信息。通过建立配套制度，采取有效措施，推动各收藏单位、各级文物部门改变观念，增强服务意识，创新开放方式，提供更加丰富多样的文化产品，进一步落实《中华人民共和国公共文化服务保障法》，推动公共文化服务标准化、均等化、专业化。

拓展普查成果，继续建设和完善文物大数据体系，开展"互联网＋中华文明"行动计划。支持各收藏单位利用普查成果，开展联合研究，共同策划展览。促进大型收藏单位文物资源和展览向基层博物馆流动，鼓励各收藏单位之间开展馆际藏品交流，提高文物展示利用率。加强对各行业各系统收藏单位的业务指导，支持其利用博物馆保管展示各类文物资源。更加注重发挥市场化的力量，支持社会力量参与合作，开展文物内涵挖掘和创意设计，开发特色数字文化产品，积极探索创新文物资源共享途径。多措并举，激活中华优秀传统文化的生命力和影响力，促进文物资源活起来，发挥其在传承中华优秀传统文化、培育社会主义核心价值观方面的独特作用。

示例二　株洲市茶陵县文化和旅游资源普查报告（节选）

前言

1.调查地点：×××××。

2.调查时间：×××××。

3.调查所用工具：笔记本、笔、相机、电脑、相关文献。

4.调查人员：×××、×××、×××、×××、×××。

5.调查目的：

文化和旅游资源普查是依据文化、旅游资源标准体系，依托信息化技术，对区域范围内旅游资源单体、旅游区资源分布、旅游资源组合等进行分类、调查、记录、评价和研究，动态掌握区域范围内文化和旅游资源的数量、质量、等级、存续、保护和开发利用状况的系统性工作。做好这些，是文旅融合的基础条件、产业提质的创新源泉、文化强域和旅游强境的重要保障，是贯彻落实习近平总书记对湖南新时期"三高四新"发展战略指示的具体实践。

6. 调查要求：

（1）认识各类旅游资源的分布特征，阐述其在地域空间的分布位置、变化规律、数量、特色、特点、类型组合匹配、组成结构和功能价值等，并进行评价。

（2）了解《旅游资源分类、调查与评价》（GB/T 18972—2017）标准。

（3）保证调查结果质量，强调客观性、科学性、准确性。

第一章 调查区旅游环境

茶陵，是中国唯一以茶命名的行政县，因在"茶山之阴"，又因中华民族始祖炎帝神农氏"崩葬于茶乡之尾"而得名。茶陵县是井冈山革命根据地六县之一，是湘赣革命根据地重点县、模范县，是毛泽东亲手缔造的中国第一个红色政权，历史上，具有"两省交会、兵家必争"的重要战略地位……

一、自然地理

（一）地质地貌

地质：茶陵县境内地壳稳定，无地震；县内出露地层中，从古生界寒武系塔山群至新生界第四系，共10个系，出露面积2155.44平方公里，占茶陵县面积的86.22%。境内大地构造主要形迹属于湘东新华夏系及华夏系。北北东向及北东向构造明显，小褶皱及次级断裂发育。中部凹陷区属茶水拗陷带一部分，自县东北角至西南，斜卧县境中部；东南部万洋山褶断带，属炎陵—资兴隆起带的西北段；西北部武功山褶断带，境内北起太平山，经露岭、云阳山，南至茶陵。全县地质状态表现为周围山地以砂页岩、变质岩、花岗岩和石灰岩为主，中部、西南部以红岩和第四纪松散堆积物为主。

……

（二）气候

茶陵县属于亚热带季风气候区，由于西北有武功山阻挡，减弱了北方冷空气南侵的势力。茶陵县气候温和，雨量充沛，冬寒期短。年平均气温17.9℃，一月最低，平均5.9℃，七月最高，平均29.2℃，稳定通过10℃的天数有233天，活动积温5509℃，平均初霜日为12月3日，终霜日为2月10日，无霜期294天。日平均气温连续三天在零摄氏度或零摄氏度以下。

……

二、经济社会

（一）民族人口

茶陵县历史悠久，从西汉置县至今，其行政归属多次更迭，1949年8月15日茶陵解放，9月相继成立了县和区、乡人民政府，属衡阳专区管辖，至1983年，始归株洲市管辖。经撤村并镇后，截至2021年1月，茶陵县有4个街道、12个乡镇、1个办事处。截至2019年末，茶陵县户籍人口64.45万人，其中：农业人口57.35万人。年末常住人口59.36万人，城镇化率49.81%。分性别看，男性常住人口30.27万人，女性常住人口29.09万人，人口性别比为104∶100（男比女）。全年出生人口6284人，人口出生率为9.67‰，人口自然增长率为4.45‰。

……

第二章 文化和旅游资源开发历史和现状

茶陵县历史悠久、自然地质条件独特，造就了类型丰富的自然、人文旅游资源，集大型山湖、峡谷、瀑布、溶洞、红色纪念地、古代城池、宗教圣迹、茶祖文化、宗族文化、书院文化、古村聚落、地方民俗等为一体，在全省乃至全国具有独特性和典型性。茶陵县的文化和旅游资源整体具有自然韵味足、文化品位高、历史剖面多、综合功能全的特点，为不可多得的区域文旅资源优质组合，是文化休闲、生态观光、红色教育等旅游活动开展的理想之地。

一、开发历史

茶陵县的文化和旅游资源开发可追溯到明朝时期，饱览天下名山大川的明代著名旅行家徐霞客于崇祯十年（1637年）正月十二日慕名到茶陵游览，流连忘返。他在茶陵士子晓霞和灵岩僧人六空上人的陪同下，冒着料峭的寒风冷雨，兴致勃勃地游览了这里的灵岩、对狮岩、伏虎岩、碧泉岩、石梁岩、学堂岩、观音显影岩和仙寨等名胜。后来，他在《楚游日记》中将这些景点概括为"灵岩八景"，生动地描述了这一带的自然风光。

……

二、开发与保护现状

（一）文化和旅游资源开发现状

"十三五"时期至今，茶陵县文化和旅游资源开发成效显著。以"文旅事业升级和湘赣边界中心县建设"为核心目标，深挖特色文化，推进全域旅游，全力推进品牌创建、项目设施建设、招商引资、行业管理和服务提质，进一步将茶陵县文旅事业发展推向新局面。

……

第三章 文化资源类型及评价

一、茶陵县文化资源概况

依据《公共文化资源分类》(GB/T 36309—2018)、《第三次全国文物普查实施方案及相关标准、规范》、《古籍普查规范》、《全国地方戏曲剧种普查报表制度》、《全国美术馆藏品普查工作标准》、《中国非物质文化遗产普查手册》等规范与标准，列入本次普查工作对象的文化资源包括地方戏曲剧种、非遗、文物及《公共文化资源分类》(GB/T 36309—2018)中规定的公共文化资源，并以株洲市现有统计成果录入普查数据系统。目前，茶陵县现有各类文化资源2343项，其中代表性地方戏曲剧种2项、非物质文化遗产67项、文物2025件以及公共文化资源249处，以下针对现有普查成果情况按类进行分析与评价。

（一）地方戏曲剧种

据现有统计结果，茶陵县拥有代表性地方戏曲剧种2项，其中1项为国家级非物质文化遗产"湘剧"，主要流布于长沙、湘潭及湘东地区的茶陵和江西西部等地域；另1项为省级非物质文化遗产"湖南'湘东路子'花鼓戏"，主要流布于株洲渌口区、醴陵市、茶陵县、攸县。此外，茶陵县整理挖掘了17项传统戏剧类的县级非物质文化遗产，包括低牌子、茶陵民间器乐曲、民间曲艺音乐、渔鼓、采莲船、夫妻观灯、金钏生子、磨坊生子、小姑贤、采茶戏、湘子出世、马成逼婚、西湖借伞、张古董磨豆腐、土地背妻、斗子龙灯、善缘桥等。

……

第四章 旅游资源类型与评价

根据《旅游资源分类、调查与评价》(GB/T 18972—2017)和《湖南省旅游资源分类、调查与评价（试行）》《湖南省旅游资源普查工作技术规程》《湖南省旅游资源大数据平台建设指南》等标准文件，依据旅游资源的现存状况、形态、特性和特征等，旅游资源可分为主类、亚类和基本类型三个层次。本报告从旅游资源的地文景观类、水域景观类、生物景观类、天象与气候景观类、历史遗迹类、建筑与设施类、旅游购品类、人文活动类和红色文化类九大主类详细评价茶陵县旅游资源。普查成果显示，在茶陵县旅游资源中，九大主类旅游资源单体数量见图4-2，总量最多的是建筑设施类，其次是水域景观类，呈现出自然和人文旅游资源天然交融的良好禀赋……

一、地文景观

地文景观主类旅游资源包含自然景观综合体（AA）、地质与构造形迹（AB）、地表形态（AC）、自然标记与自然现象（AD）四个亚类，并细分为17个基本类型。茶陵地文景观类旅游资源覆盖3个亚类和8个基本类型，类型丰度一般（详见表4-4）。经普查统计，茶陵县地文景观类旅游资源单体共77个，占茶陵县旅游资源单体总量的5.60%，在九大主类中位列第五（详见表4-1）。

……

第五章 文化和旅游资源等级和空间分布情况及评价
一、文化和旅游资源丰度与品质

根据《旅游资源分类、调查与评价》（GB/T 18972—2017）、《湖南省旅游资源分类、调查与评价（试行）》、《湖南省旅游资源普查工作技术规程》，本次普查的文化和旅游资源可分为9个主类、24个亚类、91个基本类型。根据普查结果，茶陵县1376个旅游资源单体中，地文景观类旅游资源单体有77个，涉及8个基本类型；水域风光类旅游资源单体有317个，涉及8个基本类型；生物景观类旅游资源单体有61个，涉及7个基本类型；天象与气候景观类旅游资源单体有4个，涉及3个基本类型；建筑与设施类单体有486个，涉及40个基本类型；历史遗迹类旅游资源单体有211个，涉及6个基本类型；旅游商品类旅游资源单体有58个，涉及7个基本类型；人文活动类旅游资源单体有42个，涉及3个基本类型，红色文化类旅游资源单体有120个，涉及9个基本类型。

……

第六章 文化和旅游资源开发利用评价
一、价值评价

茶陵，物华天宝、人杰地灵。这里是中华始祖、茶之始祖神农炎帝龙踞之地，因而得名"茶陵"，古因陵谷多生茶茗而又称"茶乡"，神农"南巡"的足迹以及与茶相关的动人传说遍及县域各个角落。这里有距今7000余年的稻作文化遗址、"我国分布第二北点、世界分布北缘"的普通野生稻种群。从独岭坳约600平方米遗址中遗存的稻粒考古发现，早在约7000年以前，茶陵的先民已人工栽培水稻，开创了稻作文化之先河，野生稻的发现也成了"茶陵作为水稻人工栽培的发端之地"的重要佐证。

……

第七章 文化和旅游资源保护与开发建议
一、保护建议与措施

文化和旅游资源及其周边生态环境的保护，是涉及文化和旅游业发展的根本问题，文化和旅游资源与生态环境是旅游业赖以生存和发展的基础。茶陵县高度重视文化和旅游资源开发与保护工作，建立起一整套科学合理的开发保护机制。下一步，一是要多渠道筹集经费，充分调动旅游经营企业、资源管理机构与当地社区等各方积极性。二是在各个旅游区内做好保护宣传与游客量监测,加强当地居民和游客的保护意识。三是协同工业、农业、林业生产,水利设施建设,与文化和旅游资源保护利用协调发展。此次文化和旅游资源普查为建立全县旅游资源保护体系提供了有效的依据。文化和旅游资源只有在科学规范的保护下开发,才能实现永续利用和可持续发展。

……

二、开发和利用建议

由于政府高度重视,经济高速发展,产业基础完善,区位、市场等外部环境不断优化,茶陵县文化和旅游资源开发迎来前所未有的大好机遇,但在文化和旅游资源开发利用过程中应做到定位准确,思路明确,重点突出,内涵丰富,形象鲜明,为茶陵县文化和旅游业的可持续发展奠定良好基础。

……

☞ 思考链接

第十章　资源普查质量管控、安全保密与宣传推介

文化和旅游资源普查与认知构成了旅游资源开发活动的基础，其信息采集的精确性对于资源评价及旅游区域规划具有举足轻重的作用[①]。实现文化与旅游资源普查的高质量开展，关键在于确保调查资料的可靠性，维护作业安全，严格信息保密制度，全面揭示调查区资源全貌，并向公众展示更丰富、更优质、更具特色的旅游资源。

第一节　资源普查的质量管控工作

一、核心原则

为确保普查成果的全面性、客观性、精确性和权威性，必须构建一套科学的质量监管体系，实施全方位的质量管理，涵盖分级管理、全程监控、标准统一及科学评价等关键要素，构成普查成果质量控制的最终保障[②]。

主要有以下四个核心原则。

（一）实施分级质量监管

遵循"自上而下，逐级审核验收"的分级监管原则，在普查的各个阶段、验收节点、复核流程及入库环节，均实施严格的质量审核，确保每一阶段成果均经历外业调查组的自我检查与专家组的复核，形成两级检验机制。同时，清晰界定各级质量责任，深入执行质量监管的各项要求，采用差异化的质量控制策略，确保质量监管的目标、任务和责任得以切实履行。具体而言，普查领导小组办公室作为质量监管的核心，负责制定并监督执行普查成果的质量检查与验收规划，各市（州）普查领导小组负责监督普查项目承担单位及作业团队的质量工作，项目承担与作业单位则需负责本单位任务的质量管理与控制。

[①] 李鹏.基于空间格网化的旅游资源分析与评价方法研究［D］.阜新：辽宁工程技术大学，2019.
[②] 刘振宇.省级基础测绘1∶1万DLG产品质量检查［J］.智能建筑与智慧城市，2020（2）：74-77.

（二）推行全程质量监管

构建全面、系统化的质量监管体系，将质量理念融入普查流程的每一个环节，重点关注普查中的核心要素、关键转折点和潜在薄弱环节。普查实施单位应依据"省级总体方案"，结合自身的技术积累与项目执行状况，严格把控普查流程的质量关键，确保普查成果的高品质。外业人员需遵循质量监管要求，对各市（州）旅游资源进行深入调查，确保过程质量，层层落实质量责任制。质检机构应采用检验人员现场监督的方式，对普查单位的生产过程实施动态的质量监控与随机抽检，确保普查过程中的质量控制措施得到有效执行。

（三）执行标准一体化

依据国家标准《旅游资源分类、调查与评价》（GB/T 18972—2017），并结合湖南省实际情况，制定旅游资源的统一分类体系，涵盖技术标准统一化和质量规范标准化要求。即制定详尽的作业程序规范及外业工作的统一标准（包括操作手册与技术指南），要求所有调查人员严格按照既定的作业程序及普查标准，对资源点进行客观、准确的调查与记录，避免个人主观因素的干扰，同时，对分散于各级各部门的旅游资源及其信息进行全面收集、完善、整合与标准化处理。

（四）实现科学质量评价

严格遵循全国统一制定的旅游资源普查检查验收与质量评定规定，确保质量评价结果的科学性、客观性与公正性。具体而言，普查小组需遵循既定标准，对旅游资源进行严谨的评价与记录，通过多维度资料的交叉验证，实现定量评价与定性评价的有机结合，有效避免质量评价过程中的片面化与主观化。在此过程中，专家组负责监督项目进度，质量监管机构则专注于对质量评价实施全面监管，对评价流程及结果进行实时审核与管理。

二、质量管理目标设定

（一）质量管理的总体目标

为确保普查质量，需严格把控旅游资源普查的质量关卡，从多个维度实现高质量目标。质量管理具体涵盖资料搜集与整理的精确性、针对性与完整性，技术操作的统一性与熟练程度，责任分配的明确性，勘探路线的合理性，定位的精确性，单体信息的准确分类与及时存储，以及定期召开外业团队会议与及时论证汇报等关键环节[①]。要实现资

---

① 戴光全，江璐明，杨丽娟.科学、规范、全面、高质、完整——广州增城市旅游资源普查试点工作体会[J].旅游学刊，2006（2）：9-10.

源普查成果质量达标率100%，首先，旅游资源单体调查表与调查区实际资料表的填写需遵循既定标准，确保内容的科学性、规范性与准确性；其次，旅游资源调查报告的撰写需依据标准模板，确保数据的连贯性、格式的统一性。最后，旅游资源数据库建设需确保软件的安全高效、内容的分类合理与评价的科学性。此外，专题地图制作需科学选择比例尺，合理设计图幅与色彩搭配。

（二）验收管理的具体目标

1. 外业普查的验收

在外业勘查阶段，需对勘查底图的编制、勘查手段的选择以及勘查记录等关键环节实施严格的质量控制。对外业勘查成果的验收，应采取抽样检验策略，确保样本在测区内均匀分布并覆盖所有作业人员。若各勘查小组成员能准确阐述勘查区域概况（通过问答形式验证），勘查路径设计合理（通过GPS轨迹比对，确认是否覆盖旅游资源密集区），资源调查表与实地资料表填写准确无误，资源单体影像资料清晰且真实，则可判定为外业勘查验收达标。

2. 成果入库的验收

成果入库前，需验证前期收集资料的真实性（需加盖资料提供单位公章或领导亲笔签名确认）、完整性、格式标准化、逻辑严密性及科学表达性，以满足验收标准。同时，需对各类基础测绘地理信息成果及跨部门专题成果的完整性和权威性进行全面核查，确保原始资料符合项目设计的各项要求。对于遥感影像的处理，包括正射校正、图像镶嵌、融合处理、自动化解译、信息提取与分类等步骤，需结合内业审核与外业复核，以双重机制确保普查成果质量。

3. 普查报告（图件）验收

在普查报告与图件的验收环节，需确保专题地图比例尺选择恰当、内容准确无误、色彩配置合理、图件制作精良且信息完整。普查报告的撰写应遵循格式规范、风格统一、表述清晰、图表设计科学、逻辑结构严谨的原则，紧密围绕旅游资源普查的核心问题展开。

三、普查质量控制体系构建

（一）人员培训与资质审核

高度重视普查人员的专业素养和技能水平，所有参与普查工作的技术人员和领域专家，均需经过严格的培训考核。培训内容涵盖普查工作的作业流程、技术标准、操作规范以及相关法律法规。培训结束后，需通过考试验证学习效果，确保每位普查人员都具备扎实的专业基础和良好的操作技能。选拔具备地质、文化、旅游、国土、林业、生态、环境等多学科背景的外业普查人员，要求他们熟知普查区的自然环境特征和风土人情，并具备一定的普查工作经验。

（二）设备与软件的高效配置

在普查工具的选择上，坚持高效、快捷的原则。定位、测量、记录等外业普查工具均需经过严格筛选和测试，确保其精度和稳定性满足普查要求。同时，数据库信息系统软件等内业处理设备也需具备高效的数据处理能力和使用体验。

（三）遵循技术标准与规范

在普查过程中，应严格遵守国家或行业技术标准、规范、规定及技术要求。无论是外业调查还是内业处理，都需按照既定的流程和规范进行操作。

（四）数据安全与保密管理

数据安全是普查工作的重中之重。应建立完善的数据安全管理制度，明确规定数据的存储、传输、使用和销毁等各个环节的安全要求。同时，加强对普查人员的安全教育和培训，提高他们的数据安全意识。一旦发生数据信息泄露、毁损或丢失等安全事件，将严格追究相关人员的责任。

（五）工作底图的统一性与精确性

工作底图是普查工作的基础。应确保所有普查工作均使用由自然资源部门提供的工作底图，以避免在普查过程中因底图差异而导致的误差和歧义。

（六）质量监控与问题处理

在质量监控方面，应建立严格的质量检查制度。对质量检查中发现的问题，坚持实事求是、客观公正的原则，不得隐瞒不报、虚报或假报。同时，设立质量举报制度，鼓励知情人士向上级举报项目实施过程中的重大问题。

普查工作过程实行四级核查的质量管理及资源定级机制，分别为乡镇（街道）自查、区县验查、市州核查、省级专查。对全省四级、五级资源，省级组织通过实施专家审定、行业认定的方式进行定级。乡镇（街道）自查：开展区内旅游资源预目录自查，报县级文旅部门汇总。

在检查比例方面，采取内外业相结合的策略。内业检查采取全数检查方式，即对成果资料进行100%两级检查；外业检查则采取抽样检查方式，其中过程检查比例不低于30%，最终检查比例不低于20%。这样的检查比例既能够确保普查成果的准确性，又能够降低检查成本、提高检查效率。

(七)质量控制体系的完善与优化

通过首件成果的试验和总结,不断完善单位质量控制方案,确保质量控制的有效性。同时,定期组织质量控制培训和交流活动,提升普查人员的专业素养和操作技能。建立质量控制激励机制和问责机制,对在质量控制工作中表现突出的个人和团队给予表彰和奖励,对违反质量控制规定的行为进行严肃问责。

第二节 资源普查的安全与保密工作

一、资源普查的安全管理体系构建

(一)强化对野外作业安全风险的全面防控

提升作业人员的安全意识与专业技能培训效能是首要任务。在此基础上,需优化作业装备配置,涵盖交通、通信、后勤、应急响应及劳动防护等方面,确保装备现代化与高效性。同时,制定详尽的应急响应预案,以应对野外作业的各类突发事件。参照《地质勘探安全规程野外作业基本规定》(2005年发布)的指引,除加强安全教育、完善安全管理机制及明确责任主体外,还需针对野外复杂环境作业、事故预防及安全防护措施、交通与装备配置等,实施更为严格的管控措施,从而提升整体作业安全水平。

具体而言,首要任务是确保交通与运输安全,需实施严格的车辆维护制度,严禁违规驾驶行为,如酒后驾车、超速行驶等,并严格管理车辆使用权限。其次,应严格遵守野外作业的安全标准,选择交通便利的地点设立基地,并配备必要的交通工具,以保障与项目团队及上级部门的有效沟通。最后,野外作业人员需经过严格体检,确保身心健康,对于患有特定疾病的人员,应限制其在特定区域作业。作业人员还需掌握必要的防护、自救与互救技能,严格遵守安全生产规定及岗位操作规程,正确穿戴劳动防护装备。进入高风险地区作业时,应由经验丰富的人员带队,并严格禁止单独作业。

(二)提升艰险地区作业的安全管理水平

在冰川、雪地、高原、沙漠、森林、沼泽、放射性异常区及无人区等高风险区域执行资源调查任务时,需强化专项安全教育,完善物资保障,特别是要确保通信设备的适用性与可靠性,以提升野外生存技能与自救互救能力。聘请熟悉当地环境的向导,并严格执行团队作业制度,新区域作业应由资深人员引领。作业期间,每日向所属单位报告安全状况是基本职责。

在作业过程中，需持续确认位置信息，并与团队成员保持紧密联系。同时在行进路线上设置明确标识，以备不时之需。进入林区时，应携带砍伐工具以备开路，并警惕树枝回弹可能造成的伤害。此外，需穿戴专用防护服装，预防森林脑炎及接触性皮炎等疾病；了解当地狩猎活动可能遗留的安全隐患，以防意外发生。

（三）深化野外作业安全管理的精细化程度

在资源调查的野外作业中，临时驻地的选择需综合考量自然灾害及生物风险的防范，包括暴雨、洪水、雪崩等自然灾害以及饮水安全与动物侵袭等潜在威胁。针对不同作业模式，应制定详细的安全管理策略，并严格执行操作规程。

地下管线测量时，需警惕中毒、爆炸及触电等风险，确保作业环境安全。同时，无人机起飞前的设备检查至关重要，应确保各部件稳固，防止脱落伤人。

在野外遭遇动物伤害时，应立即采取紧急救治措施。首先，用清洁流动水或专用洗涤剂彻底清洗伤口至少15分钟，以去除污染物及细菌。随后，使用消毒剂处理伤口，降低感染风险。若伤口严重或污染较重，应立即就医接受专业救治。

（四）加强野外交通安全的系统性管理

在野外作业中，车辆管理至关重要。驾驶员需严格遵守交通规则，严禁无证驾驶、疲劳驾驶及酒后驾车等行为。车辆应配备必要的消防与安全装置，严禁违规停车及随意变道等行为。此外，驾驶员应确保车况良好，文明驾驶。特别是在高速公路作业时，应设置明显的警示标志，确保作业安全。

行程规划需科学合理，尽量避免夜间、极端天气及危险路段行车，严禁疲劳驾驶。进入无人区或高风险区域作业时，不得安排单车单独行动。同时，应引入车辆及人员定位追踪系统，实时掌握野外作业动态。

在超车时，应全面观察前后方车辆动态，确保安全后实施超车。在会车时，如遇对方车辆未关闭大灯，应闪光提示，必要时靠边避让。夜间、雨天、雾天及涉水、冰雪路段行车时，需遵循特定的行车规范。夜间行车时，应正确使用灯光信号，降低车速。雨天行车时，应确保雨刮器性能良好，降低车速，防止侧滑。雾天行车时，应检查防雾灯及灯光系统是否完好，根据能见度调整车速。涉水及冰雪路段行车时，应携带必要的防滑物资，使用防滑链条等安全装置。

车辆发生故障或停车时，应遵循相关规程。发生故障时，应立即停车检查，确保安全。停车时，应选择宽阔地带紧靠道路右侧停放，并设置故障车警示标志。长时间停放时，应选择规定地点停放，切断电源，锁好车门。

(五)全面提升野外安全保障能力

首先构建全面的野外通信保障体系。为野外作业人员及交通工具配备北斗卫星导航终端等精确定位装置。针对丘陵高原、无人区等通信信号难以覆盖的区域，需配备卫星通信设备，确保安全信息的即时传输与接收、预警信息的传递以及搜救指挥通信的畅通。

其次，加强作业装备的安全性能。对于大型作业设备，应持续强化安全质量监管，对老旧装备实施严格的检查与维护程序，加速引入安全性更高的新型作业装备。在引入新技术或新设备时，必须深入了解其安全技术特性，并采取相应的安全防护措施，确保新技术或新设备的应用安全可靠。

最后，构建完善的应急救援装备体系。对于设有野外作业基地的，应配备越野车等应急交通工具，生命探测仪等搜救定位装备，便携式氧气瓶等个人防护装备，以及液压破拆工具等专业救援设备，形成一套完整的应急救援装备体系，以应对可能发生的紧急事件与安全事故。一旦发生紧急情况，需依据相关法律法规，及时向当地政府及相关主管部门（如应急管理、自然资源等部门）报告，并迅速启动救援程序，高效有序地开展救援工作，确保野外作业人员的生命安全[①]。

二、资源普查的保密管理体系优化

(一)明确保密对象的界定与范围划定

在文化和旅游资源调查项目中，保密工作至关重要。具体而言，凡项目过程中收集的、带有明确密级标识或涉及国家及行业特定保密要求的数据、资料，以及基于这些数据资料加工形成的项目数据、文件、图纸、影像等，均被视为项目涉密资料，需纳入严格的保密管理体系。此外，所有接触此类涉密资料的项目工作人员，以及相关的设备、场所等，同样需接受保密管理的约束。保密纪律不仅是硬性规定，更是职业素养的体现，要求普查人员在工作中时刻保持警惕，尤其是在处理普查工作机密内容如单项调查信息、各类基础地理数据及衍生资料时，必须坚决避免通过网络、社交媒体等渠道随意传播。

(二)确定保密要素的精准识别

保密要素的确定应参考《测绘地理信息管理工作国家秘密范围的规定》，以确保保密工作的规范性与准确性。对于规定中未明确提及但可能涉及保密的事项，也应依据

---

① 丁全利.《关于加强地质勘查和测绘行业安全生产管理的指导意见》解读[J].青海国土经略，2021（2）：30-32.

国家和行业相关法规进行审慎定密。特别需要注意的是，比例尺不小于 1∶50000 的地形图，以及包含丰富地理要素的地形图数字化成果；分辨率优于 0.5 米的遥感影像数据；军事禁区及其周边相关数据；重要自然和人文地理实体的位置、高程、深度、面积、长度等关键地理信息数据，这些数据的保密级别较高，必须采取严格的保密措施。同时，对于涉密资料的衍生品，也应视为同等密级进行管理。

（三）构建普查数据保密责任体系

对于参与调查、测试与数据汇总等普查环节的人员，均需签订数据保密协议，明确其在普查工作中所接触的国家秘密及调查对象个人资料的保密义务，严禁泄露或讨论与普查无关的信息，并防止数据在传输过程中的泄露。进一步地，需建立健全普查指导员和普查员工作责任清单，详细列出单位清查、普查登记、查遗补漏等各阶段任务，并实施"项目化、清单化"管理，确保各级普查机构工作人员严格遵守统计法律法规及保密规定。在此基础上，建立由调查小组保密专员、项目实施单位保密主管、项目主管单位保密负责人组成的保密工作网络。其中，调查小组保密专员负责涉密资料及设备的日常管理，项目实施单位保密主管负责监督和管理涉密资料及设备的使用，项目主管单位保密负责人则提供保密咨询和指导，并对项目资料内容进行保密审核。

（四）加强保密人员与保密设备的管理力度

在旅游资源调查工作中，各级普查机构及其工作人员需坚定维护国家安全和发展利益，恪守普查保密职责，确保数据处理活动的规范性与数据资料的安全管理。与项目中所包含的机密信息及相关设备（诸如计算机终端、便携式硬盘、打印输出设备及图像扫描装置等）有所接触的人员，均被界定为项目机密参与者，并要求其签署保密誓约，以此强化其保密职责。此类人员应在指定的作业空间内处理机密信息，严禁私自将信息携出作业区域。若因业务需要必须外携，则需实施严密的专人伴随与专车运输措施，以保障信息安全，防止发生信息遗失或泄露事件。

普查执行人员需严格遵循既定的工作程序，并树立深厚的保密观念。在入户登记工作开展之前，应做好周全的准备，佩戴官方普查证件，身着统一且标识鲜明的红色背心，确保着装整洁。在数据填报环节，普查人员需对各项指标进行深入阐释，实施现场数据校验，及时解决出现的各种问题，以此减少对被调查对象的"二次侵扰"，提升数据精确性。同时，普查人员还需切实履行保密职责，不得将普查所得数据作为行政惩处的依据，以消解被调查对象的疑虑。严格恪守统计领域的法律红线，坚决避免数据违规外泄，确保普查数据的保密特性得以维系。

在文化和旅游资源普查项目中，所有与项目机密信息有所接触的设备均被视作机密设备，需进行严格编号与标记，并实行专人专责管理制度。为了保障机密信息安全，严禁将载有机密信息的设备接入互联网或与任何与互联网相关的设备相连通。机密信息的传递应严格限定在专用的、未接入网络的计算机、图像扫描装置、打印设备及便携式硬盘之间。若需将联网计算机中的信息迁移至非联网计算机，或进行反向迁移，则应采用光盘刻录。购置必要的保密设施及相关辅助设备，以确保档案工作能够有序开展，同时保障信息安全。

（五）深化机密信息管理

各级普查机构需根据有关法律法规和规章制度，制定本级文化与旅游资源普查保密工作实施细则，详尽阐述机密资料与设备的提取、运用及归还流程，明确责任划分，保持高度警觉，防范细微疏漏，确保保密工作万无一失。应设立专门的档案保密存放区域，用于保管普查工作中产生的机密文件及单机运行的机密设备，并严格遵守国家保密法规及相关规定实施管理。

机密信息的传递应严格禁止通过网络途径进行，而应通过专人递送的方式送达质检部门，并详尽记录交接过程。针对旅游资源普查中的核心环节，如机密信息控制、实地校验、质量控制及数据衔接等，可探索采用"智慧旅游＋普查"的创新模式，以实现数据的有效管控与质量的即时监督，提升协同效率与工作质量。机密信息的使用应遵循资料提供方的保密要求及国家和行业保密法律规章，确保机密信息与网络相隔离，联网信息不包含机密内容，实施专人专机专责管理。构建机密信息管理登记簿，详尽记录资料内容、来源、使用时间、责任人、用途、载体及处理方式，避免重复记录，同时遵循各单位档案使用审批流程，规范机密资料借阅程序。

第三节 资源普查的宣传推介工作

资源普查的宣传推介工作非常重要，在一定程度上影响普查工作的成效和影响力。做好资源普查宣传推介工作，有以下几个问题要注意。

（一）明确宣传工作的核心任务

核心任务在于深化公众对普查工作的认知。首先，通过多元化的宣传渠道，提升社会各界对旅游资源普查重要性的认识，增强公众的关注与支持。同时，鼓励文化和旅游企业与当地居民积极融入普查进程，发掘并推荐新兴文化和旅游资源，探索创新性的开发模式。其次，营造积极向上的宣传氛围，紧跟时代潮流，运用多样化的宣传教育手段,拓宽宣传的广度与深度,积极报道普查的进展与取得的成果,塑造文化和旅游普查工作的良好形象。最后,通过展示普查成果,彰显调查区域丰富的文化和旅游资源,吸引投资与游客的关注,促进资源的合理开发与高效利用,进而提升调查区域作为旅游目的地的品牌形象与知名度,为文化和旅游业的可持续发展奠定坚实的基础。

(二)加强宣传工作的组织管理

由调查区域的文化和旅游主管部门、外业调查承包单位的主要领导担任组长,相关处室领导及总承包单位负责人作为成员,确保宣传团队构建与职责分配精准到位,形成资源普查宣传工作全面覆盖、多层次管理的格局。加强与新闻传媒界的协同合作,构建宣传工作的监督机制与目标责任体系,以保障普查宣传活动的有序性与系统性。

(三)丰富宣传工作的具体措施

1. 构建多元化的宣传渠道体系

积极探索并利用门户网站、手机应用程序、微博微信、网站论坛及微电影等"互联网+"新型平台,构建全面覆盖、无缝衔接、多层次的文化与旅游资源普查宣传网络。依托区域权威媒体,开设普查新闻专栏,定期发布普查相关信息。同时,利用车辆、会议、专栏、杂志等多种途径,广泛动员经济普查工作。

(1)省级层面的宣传策略

指导市(州)、县(市区)普查领导小组运用电子显示屏、横幅、微信群等多种手段,制作相关宣传资料,并开展"文化和旅游资源普查进社区、入基层"等宣传活动。同时,在省级主管部门官方网站上设立"资源普查"专题,及时发布信息。

(2)市(州)层面的宣传策略

各市(州)、县(市区)、乡镇(街道)的文化和旅游部门通过官方网站、公众号、短视频平台等新媒体渠道,发布普查信息。各文化和旅游部门向省级主管部门投稿平台上传新闻稿件,包括高清视频、图片及普查现场工作记录,全面展示资源普查的进展情况。归类展示各市(州)、县(市区)、乡镇(街道)的特色资源、特品资源、典型经验等资源普查的相关信息。

(3)普查成果的集中展示策略

召开旅游资源普查成果新闻发布会,邀请国内知名专家与主流宣传媒体,重点推介资源普查的相关工作、特色亮点及重要成果等内容。以展台方式集中展览普查相关成果、市州特色亮点等,通过宣传视频形式展示旅游资源。

2. 细化地域性宣传的职责分工

（1）构建宣传专项团队，实施专人责任制

各市（州）文化和旅游部门需组建专门的资源普查宣传团队，并明确指定责任人，负责与省级资源普查宣传组织的联络工作，确保宣传材料与资讯的及时传递。同时，需精心规划并实施市（州）级的资源普查宣传策略，确保资金与资源的有效配置。此外，应积极邀请省级外业团队开展专业培训，并动员区域内相关机构积极参与、全力配合，确保普查宣传工作的深入推进。

（2）深化普查成果总结，凸显宣传亮点

各市（州）文旅部门宣传团队应发挥引领作用，深入挖掘并总结本地区资源普查的宣传亮点，涵盖重要会议纪要、普查过程中的重大发现及典型经验等，形成高质量的宣传素材，为后续的宣传工作提供有力支撑。

（3）强化稿件征集与投稿，促进信息共享

市（州）级资源普查宣传团队负责人主导新闻稿件及高清图文、视频等宣传素材的收集与整理工作，并及时在指定宣传平台上进行分类发布与更新。同时，应保持与全省宣传团队的密切沟通，关注工作动态，实现信息的及时共享与交流。

（4）融合多元宣传渠道，扩大普查工作影响力

各市（州）文旅部门需牵头整合市（州）、县（市区）、乡镇（街道）三级宣传平台资源，结合省级资源宣传工作要求，通过融媒体中心、微信公众号、广播等多种渠道进行普查工作的广泛宣传与动员，以扩大普查工作的社会影响力。

3. 提升普查团队宣传认知与执行力

（1）设立宣传专员，聚焦现场实录采集

在普查技术团队内部，应专门设立宣传专员岗位，其核心职责在于负责现场工作实录的采集与投稿工作。这包括但不限于对普查地域的详细记录、对重大普查发现的即时捕捉以及对普查工作全过程的细致记录。宣传专员需遵循投稿平台的既定格式要求，提交由文字描述与高清图片（或视频）构成的组合稿件，以确保宣传内容的丰富性与生动性。

（2）资料整合与优选，提升投稿质量

资源普查技术团队在宣传投稿环节的表现，包括资料的数量与质量，将被纳入团队绩效考核体系之中。在整理区县预报送的资源名录时，各技术团队需对地方提供的资源介绍图文、视频等素材进行精心筛选与整合，确保信息的准确性和完整性，为后续的宣传推广提供高质量的素材支持。

（3）培养现场记录习惯，确保新闻时效性

普查技术团队的每位成员都应具备强烈的现场记录意识。特别是在每次重要工作节点和重大资源发现现场，团队成员应养成即时拍照或录制视频的习惯，以捕捉那些稍纵即逝的珍贵瞬间。这些现场记录需通过团队内的宣传专员进行统一整理并上传至宣传投稿平台，确保重要新闻信息能够迅速、准确地传达给公众，从而有效提升资源普查工作的社会影响力和公众参与度。

☞ 思考链接

第十一章　文化和旅游资源保护

第一节　资源的环境容量

一、旅游环境容量基础理论

（一）旅游环境的界定

旅游环境是一个以旅游者为核心，以旅游资源为基石，以旅游目的地为依托的复杂环境系统，该系统由自然生态与人文社会两大环境要素共同构成，为特定区域内的旅游活动提供了必要的条件与背景。具体而言，旅游环境涵盖了旅游资源的固有环境、自然生态环境、人文社会环境以及旅游气氛环境等多个维度，这些维度与旅游资源评价的内容紧密相关。

旅游资源的固有环境构成了旅游活动的核心内容，进一步可划分为自然旅游资源和人文旅游资源两类环境。自然生态环境涉及旅游地或旅游区域的地形地貌、水文气象、土壤植被及整体生态环境状况。人文社会环境则主要关注旅游目的地或旅游资源所在地的政治稳定程度、社会治安情况、经济发展水平、社会风俗习惯以及旅游服务设施的完善程度，这些共同影响着旅游者的目的地选择决策。

旅游气氛环境是指旅游者在旅行过程中对旅游地"人"与"物"所形成的特定环境的感知，具体体现在当地社区居民的热情程度、旅游服务质量、服务态度以及环境承载能力等方面。这些要素共同构成了旅游环境的丰富内涵。

（二）旅游环境容量的概念阐释

1967年，莱佩奇（Lapage）首次提出了环境容量的概念。但对该概念进行深入探讨的则是1977年劳森（Lawson）等人所著的《旅游和休闲的发展：旅游资源评价手册》，该书对旅游环境容量问题进行了专门研究。旅游环境容量是指在维护生态平衡、满足景区环境质量标准、确保游客最低游览体验且不损害当地居民利益的前提下,某一旅游地域单元所能承载的最大游客量。

二、旅游环境容量的构成与量化评价

(一)旅游环境容量的构成要素

旅游景区环境容量作为一个动态概念,其界定应依据规划期限与发展阶段的不同而有所调整,通常涵盖环境的生物物理容量、社会文化容量以及游客心理容量三大类别。依据测算的时空维度,又可细分为一次性游人容量、日游人容量和年游人容量三个层次,以便更精准地进行管理与规划。

1. 生物物理层面的环境容量

主要关联于自然环境、旅游资源及旅游服务设施的自然属性,其本质在于任何生物物理系统均存在开发利用的极限。因此,强化环境影响评估,基于对生态系统脆弱性的深入分析,设定明确的开发与使用边界,显得尤为重要。景区或服务设施的生物物理容量水平,受其总体面积及环境复杂性的双重制约,其中,日环境的生物物理容量因其易测性与实用性,在旅游景区环境管理中应用最为广泛。

2. 社会文化层面的环境容量

关注旅游活动超越一定阈值后对当地社区居民可能带来的社会与文化层面的负面影响,如游憩空间的压缩、强势文化的冲击等。不同主体对此容量的评估存在差异,这反映了利益相关者与无直接利益关联者视角的分野。例如,旅游业从业者与非从业者对游客数量的态度迥异,前者倾向于最大化游客流量以提升收入,后者可能因生活受扰而持反对态度。

3. 游客心理层面的环境容量

游客心理层面的环境容量是指景区在维持高质量旅游体验的前提下,所能接纳的游客最大量。此容量受景区生态环境、资源基础及游客类型等多种因素影响,其中,拥挤度是核心变量。然而,游客心理容量的量化评估较为复杂,需综合考虑多种因素,以实现更为精准的测度与管理。

(二)旅游资源环境容量的评估方法

旅游资源环境容量的评估是保护与开发实践中的关键环节,其中,面积法、线路法与卡口容量法作为三种相对简便且广泛应用的计算方法,对于科学确定环境容量标准具有重要意义。在实践中,通常取这三种方法所得结果的最小值作为旅游资源的环境容量基准,以确保资源可持续利用与游客体验的双重优化。

1. 面积法

面积法主要基于单位时间内每位游客在特定游憩环境或服务设施中所需的最小面积进行计算。该方法实施的首要步骤在于明确旅游资源分区或集聚区的总面积,以及不同环境或服务设施特定的生态容量标准。根据《风景名胜区总体规划标准》(GB/T 50298—2018),风景区内游憩用地的生态容量已有明确规定。面积法的具体应用包含三种策略:一是以整个资源分区或集聚区的总面积为基准进行计算,该方法操作简便,特别适用于旅游环境相对均一、各资源点或设施生态容量差异不大的情境;二是依据资源分区或集聚区的实际可游面积进行计算,这种方法虽提高了准确性,但实际操作中可游面积的界定往往存在挑战;三是基于资源自身的面积进行计算,该方法适应性强,适用于各规划层次,并能有效评估资源分区或集聚区中资源点的分布密度及分区划界的合理性。

2. 线路法

线路法侧重于考量每位游客在同一时间内所占游览线路的长度,尤其适用于游览空间呈狭长形态的资源分区或集聚区,如峡谷型旅游地。即便在较为平坦的景区内,游客亦非均匀分布,而是集中于游览线路上呈线性流动,使得线路成为人流最为密集的区域,因此,仅凭面积容量法难以全面反映旅游资源的接待能力与生态容量。线路容量的大小,主要受景区内实际可游览线路的长度、宽度、通行难易程度、线路交通组织方式及沿线景点布局等因素的影响,通常通过可游览线路的长度、宽度等直观指标进行估算。

3. 卡口容量法

卡口容量,即瓶颈容量,关注的是旅游景区因交通、景观、空间等因素形成的游客进入资源区的限制性"瓶颈"。这些瓶颈往往是生态环境保护与资源持续利用的关键点。旅游资源保护的核心区或知名景点周围,常是人流最为集中的区域,在旅游高峰期易形成人流过度集中、负荷过重的局面,对资源环境或服务设施构成巨大压力。例如,敦煌莫高窟为应对旅游旺季游客过多导致的二氧化碳排放问题,采取增设参观项目、设立旅游接待中心负责预订服务等措施,以有效控制并分流游客数量,减轻对壁画、彩塑等文物的潜在损害。

综上所述,通过综合运用面积法、线路法与卡口容量法,可以全面、科学地计算出旅游资源或游览参观点的接待能力。

三、旅游资源开发对旅游环境的效应分析

（一）对旅游环境的正面效应

旅游资源的开发对地方经济环境产生显著的正面效应。它不仅促进了地方经济的蓬勃发展，增强了市场的活力与稳定性，还有效提升了政府财政收入，并为社区居民开辟了新的收入来源。这一进程进一步催化了交通运输、工程建筑、制造业、服务业、房地产、金融财政等多个行业的联动发展，从而优化了地方经济产业结构，加速了经济转型与升级的步伐。

在社会环境层面，旅游资源的开发利用成为地区间文化交流的重要推手，不仅促进了地方民族文化的保护与传承，尤其对传统手工艺、传统戏曲、民俗节庆等非物质文化遗产起到了积极的推动作用。同时，它也促进了科技交流与发展，并随着地方基础设施的日益完善，显著提升了社区居民的生活品质。

就地方生态环境而言，科学合理的旅游资源开发利用及理性的旅游经营行为，不仅增强了社区居民的环保意识，还通过加强地方环境卫生设施建设、推进园林绿化设计等措施显著改善了区域生态环境。

（二）对旅游环境的负面效应

然而，旅游资源的开发若管理不当，或与地方社区的关系、产权处理不妥，将对地方经济环境造成显著的负面影响，包括物价飞涨、地方原有特色产业消失或产业结构失衡、出现新的贫富差距以及经济产业脆弱性增加等问题。

在社会环境方面，旅游资源的开发必然吸引大量游客涌入，若无法有效控制游客量，将导致社区拥挤，降低当地居民的物质文化生活质量，影响其价值标准和道德观念，甚至对地方社区民俗文化造成冲击，使之因过分商品化而丧失原有意义与韵味。

对于地方生态环境而言，大量游客的涌入及不适当的设施建设将加速对生态环境的破坏，如盘山公路的建设等。同时，游客超载将加重生态环境自我恢复的压力，影响部分生态物种的繁衍。而游客素质不高与管理水平低下，也可能加剧对旅游资源的破坏与生态环境的污染。

四、旅游环境容量的调控

环境容量调控应遵循两大核心原则：一是生态环境保护原则，旨在通过科学的环境容量评估与控制机制，确保游客数量不超过景区环境承载力的阈值，以维护景区的生态平衡与环境质量；二是服务质量保障原则，力求为游客提供多元化的游憩体验与空间配

置,以满足不同游客群体的多元化需求与期望。

在实施环境容量调控措施时,可采取以下策略:首先,通过扩大景区游览空间,有效分散热门景点的游客流量;其次,推行预约服务制度,以解决景区实际游客量超常设定上限的问题,避免直接拒客带来的负面体验;最后,建立景区客流预警系统,对各资源点的游客流量进行预测,为游客提供前瞻性的决策支持,以实现游客体验与环境保护的双重优化。

第二节 文化和旅游资源保护的重要性及影响因素

一、资源保护的意义和价值

(一)推动旅游业的可持续发展

资源作为文化和旅游开发的核心要素,其品质直接关乎产业的生产与发展。资源的开发利用过程,虽能赋予资源文化和旅游产品新形态,但同时也可能带来不同程度的损害或破坏,进而削弱自然资源的美学魅力与观赏价值,侵蚀人文资源的历史文物价值,最终影响资源的吸引力及文化和旅游产品的核心竞争力,阻碍资源的"再利用性",并对地方文化和旅游经济的长远发展造成不利影响。因此,保护资源及合理有序地开发利用资源,是促进文化和旅游业可持续发展的核心。

(二)改善地方生态环境

自然资源作为自然地理环境的瑰宝,历经漫长岁月的自然演化与人类活动而得以保存,具有极高的旅游价值。尽管部分资源具有再生性,但多数自然资源属于非可再生资源,一旦受损,几乎无法复原,如桂林山水、黄山等自然景观。自然资源与生态环境相辅相成,生态环境健康是其存续的基础。因此,资源保护亦是对生态环境的间接维护。

(三)传承与培育历史文化环境

人文资源作为地方资源中最为生动且具吸引力的部分,是祖先与自然互动的智慧结晶,如宏伟的建筑、文物古迹、地方民俗文化及戏曲等,它们不仅是宝贵的资源,更因其深厚的历史、文化与艺术价值而被视为世界文化遗产。这些遗产一旦损毁,便无法复原其原貌,即便能够复制,也会丧失其原有的精神内涵。因此,资源保护不仅是对资源本身的维护,更是对其所处环境的保全,有利于人文旅游环境的培育与人文资源精神内涵的传承。

二、影响资源保护的因素

（一）自然因素

1. 渐进性自然侵蚀

在自然力的长期作用下，许多历史悠久的遗迹因风、雨、日晒及外部环境和生物的持续作用，逐渐发生物理和化学变化，形态与性质悄然改变，此即缓慢性风化。例如，鸟类的粪便对雕塑和建筑类资源具有显著的化学分解作用，其影响远超工业废气。甘肃敦煌莫高窟的环境质量监测揭示了二氧化碳和氨氧化合物的存在，以及对壁画有害的硫化氢、臭氧等气体，导致石窟出现十余种病害，壁画遭受脱落、起甲、酥碱、烟熏、变色等多重损害。自20世纪70年代以来，西安大雁塔地基逐渐下沉，塔身向西北方倾斜，经专家十年观测与数据分析，确认此现象系塔下地面不均匀沉降所致，而地下水的过量开采加剧了地面下沉和裂缝活动。此外，虫害亦是资源损毁的重要因素，尤其是白蚁对古建筑的破坏尤为显著。

2. 突发性自然灾害

自然界的地震、火山爆发、海啸、山火、台风等灾害，对资源构成巨大的突发性破坏。此类破坏在短时间内即可完成，力度极大，可能导致整个资源瞬间毁灭。例如，世界古代七大奇迹之一的罗德岛太阳神像即毁于地震；中国历史文化名城云南丽江大研镇的部分建筑也在1994年的地震中受损。

（二）人为因素

相较于自然因素的偶然性、突发性或缓慢性，人为因素的破坏更为多样且严重。根据破坏的根源，可将其分为战争性、建设性、生产性和经营性破坏四种类型。

1. 战争导致的资源损毁

战争是对资源最具毁灭性的行为。战争的炮火能在短时间内将物质性资源化为乌有。历史上，集中西园林风格于一体的圆明园在1860年被英法联军纵火烧毁，珍宝被劫掠一空，大量文物至今流落海外。2001年，阿富汗塔利班政权炸毁了世界文化遗产巴米扬大佛，此举引发了全球范围内的愤慨。

2. 建设活动中的不当干预

建设性破坏主要指工程建设、市镇建设和资源开发建设中规划不当导致的资源损毁。具体形式包括：一是直接拆毁或占用文物古迹。随着城市化进程的加速，拥有悠久历史的文物古迹遭受重大破坏，如中国很多地区的古城墙被拆除，苏州大量古典园林和庭院遭到破坏。二是工程建设破坏了景观环境。风景名胜区内的不当建设破坏了周围的和谐景观及古建筑的风格意境，如杭州西湖四周的现代建筑、沈阳故宫周围的高楼等。三是资源自身开发建设不当引起的破坏。在资源开发过程中，不符合当地生态环境特征或"画蛇添足"的现象屡见不鲜，开发者受文化素养限制，对资源的文化价值认识不足，导致造成景点建设中的破坏现象，如古建筑修复的不伦不类或盲目采用现代工艺技术和建筑材料等。

3. 生产活动引发的资源破坏

生产性破坏是指工农业生产对资源的破坏和对旅游环境的污染。工业生产对资源及自然生态环境的破坏尤为严重。以富春江为例，过去其碧波荡漾、清澈见底，但受沿江小化肥厂、小农药厂、小水泥厂与小造纸厂的污染与非法挖沙的影响，江水变得浑浊不堪。同时，落后的农业生产方式、无计划的过度采石、伐木、取水，对风景资源的破坏不仅严重，而且不可逆转。

4. 经营活动中的资源损耗

除了上述非旅游性破坏因素，还存在与旅游业经营管理直接相关的破坏性因素。这主要表现在两个方面：一是因游客量过大，加速了自然风化的速度，导致古迹受到破坏。尽管许多旅游景区在规划设计时都设定了生态环境容量，但受多种因素影响，往往无限制地接待游客。二是由于游客自身素质较低而导致环境污染加剧与资源破坏。

第三节 文化和旅游资源保护的困境与对策

一、资源保护面临的困境

（一）法律法规体系尚待健全

当前，资源保护的相关法律法规体系建设仍显不足，存在着法律条款不具体、操作性不强的问题。一些法律法规未能紧跟自然资源变化的新情况、新问题，导致在实际应用中难以有效规范各类开发与保护行为，为资源的非法开采和滥用留下了法律空隙。此外，不同层级、不同领域的法律法规衔接不够紧密，有时甚至出现冲突，降低了法律法规的整体效能。

（二）资源保护意识薄弱

社会公众对资源保护的意识普遍不高，这很大程度上是因为资源保护的宣传教育工作尚未形成广泛而深入的社会影响力。尽管近年来状况有所改变，但仍存在宣传方式单一、覆盖面有限、针对性不强等问题，未能充分调动社会各界参与资源保护的积极性和主动性，导致资源浪费和环境破坏行为时有发生。

（三）规划缺乏科学性与协同性

部分资源保护与利用的规划缺乏长期性与连贯性的科学指导，以及跨部门、跨区域的有效协调机制，这导致规划在实际执行中难以发挥其指导与约束作用，甚至出现过于侧重短期经济利益而忽视资源可持续利用与生态平衡的现象。

（四）政府行政监管力度不足

监管机制不健全、执法力量薄弱以及执法手段滞后，使得政府在资源保护的实际执行过程中面临严峻考验。一些地方存在执法不严、违法不究等现象，以及对资源破坏行为处罚力度不足，这些都严重削弱了法律的震慑力。

（五）资源保护研究与人才匮乏

资源保护领域需要大量具备专业知识与技术的人才，但目前人才培养与引进机制尚不完善，导致专业人才尤其是复合型人才匮乏，这直接制约了资源保护政策的制定、技术的研发及推广应用。

（六）资源保护响应速度与效率问题

面对资源消耗与环境退化，现实中一些地方对资源保护的响应不够快、效率不高，资源再生与生态修复跟不上，生物多样性受到影响，生态系统遭到破坏。

二、突破资源保护困境的对策建议

资源衰败或遭受破坏的根源复杂多样，因此，相应的对策措施也需呈现多元化特征。在坚守开发与保护并重、群众性与专业性保护相结合、综合保护与防治结合、依法保护等基本原则的基础上，应采纳"预防为主、治理为辅、防治结合"的综合性保护措施。尽管自然灾害等自然破坏因素难以抗拒，但仍可采取相应措施以降低其风化速度或破坏程度；而对于人为破坏因素，则可通过完善法律法规、加强宣传教育、科学规划设计、优化经营管理等多种途径予以有效遏制。因此，为加强资源与环境保护，加强文化资源的保护传承，应从以下几个方面进行探索与实践。

（一）完善法律法规，强化资源保护法制基础

为加强文化和旅游资源保护，应进一步完善法律法规，强化资源保护的法治监管，可着重做好以下工作。首先，全面系统整理现行相关法律法规，如有必要可进行修订完善，尤其要注重各法律法规之间的协调性与一致性。其次，适应时代、结合实际制定新

的国家法律法规，对文化资源和旅游资源进行系统保护，各部门、各地方也可结合自身实际制定、修订有关规章和管理规范。在此过程中，应避免两种极端倾向：一是因噎废食，因担心破坏而绝对保护，拒绝利用和开发；二是垄断资源，担心他人破坏而拒绝其参与开发和保护。这两种做法都是不可取的。

（二）提升公众的资源保护意识，加强宣传教育

保护资源不仅是当地政府的责任，也是游客和居民共同负有的责任。因此，应加大宣传教育力度，提升广大人民的资源环境保护意识。具体而言，应做到以下几点：首先，要针对当地社区居民加强宣传教育，让他们深刻认识到资源与人、与社会经济的关系，以及资源保护的重要性和资源环境破坏的严重性。例如，可以在学校乡土教育中开设环境保护讲座，让每一个孩子从小就认识到保护环境的重要性。其次，要加强对旅游者的宣传教育，可以通过旅游地的各种宣传媒体、旅游指南、旅游宣传册等途径进行宣传，亦可以通过导游人员进行宣传教育。再次，要加强对旅游从业人员的宣传教育，消除他们长期以来认为旅游业是"无烟工业"或"绿色工业"的看法，要在从业人员中树立绿色旅游、低碳旅游的意识，使其自觉成为资源保护的执行者与监护者。最后，要加大对违法、违规者的惩罚力度，使违规、违法者受到相对严厉的惩处，使违法、违规成本高于其获利成本。

（三）强化规划权威，促进资源可持续利用

应制订可持续发展的资源总体规划设计方案，通过规划对景区内各种旅游活动、服务设施进行合理布局与建设。同时，加强环境影响评估工作，合理确定资源的环境容量与功能分区，使区内的生态环境、社会经济效益达到最优化。为确保规划的权威性与有效性，应加强对规划编制后的实施情况的监督，防止"只规不做"或"规划无用论"的不良现象出现。此外，应发动广大社区居民共同参与规划、建设、经营与管理监督，最终实现景区的持续发展。

（四）加大政府行政监管力度，发挥宏观调控职能

在我国经济建设中，如何发挥政府的行政干预和调节作用对资源进行保护，是进行资源保护和管理的重要方面。为此，应做到以下几点：首先，加强研究，发布行政命令、决定或通知。这些命令、决定或通知可由旅游环境保护的各个主管部门单独制定、发布，若涉及几个主管部门，则可以联合下发。其次，不予审批、勒令整改或予以关闭一些破坏资源的企业。再次，由旅游、园林、公安、建设、工商、交通、物价、文物等部门共同对资源进行综合治理。最后，加大对环保质量不达标企业和对资源造成破坏的单位和个人的惩罚力度。

（五）加强资源保护研究与人才培养，提供智力支撑

鉴于资源类型多、分布广、遭受破坏的原因多种多样，资源的保护涉及诸多学科和技术。因此，资源的保护研究是一项重要的科研项目，涉及资源保护政策的制定、资源保护工程的实施、资源保护的技术方法创新等相关研究。与此同时，更需要培养相应的专业人才，涉及旅游管理、环境保护、文物考古、地质勘探、生物学、化学等相关领域的人才。为此，应加大对资源保护专项研究的投入力度，并建立健全人才培养机制，为资源保护提供智力支持。

（六）加快资源抢救性保护，实施有效修复与重建

为挽救受损资源，应加大挽救性保护的力度。具体而言，要做到以下几点：首先，对受损文物古迹进行修复和重建。在坚持"修旧如旧"与"两保持两保存"原则的基础上，应以修复为主，重建为辅。其次，减缓资源的自然风化。针对历史文物古迹等裸露于地表的资源，我们应尽可能改变环境条件以减缓其风化过程。比如，为裸露的资源加罩或盖房予以保护。通过这些措施的实施，有效挽救受损资源并延长其使用寿命。

第四节 文化和旅游资源保护的典型案例

本节介绍黟县历史文化名城保护和歙县传统村落保护两个案例，介绍其文化和旅游资源保护、利用的做法、经验和成效，供读者参考。

一、案例一：黟县历史文化名城保护——活化古城 涅槃重生

黟县始终秉承古城"见人、见物、见生活""留形、留人、留乡愁"的要求，开展活态保护，复原古城文化肌理，尽可能保存原真生活。以古城保护复兴试点为契机，摒弃"造城"旧观念，牢固"强城"新理念，避免大开发，提倡微更新，实施微改造，进行活态改造，复原古城文脉样貌。引导社会资本共同参与名城微改造，鼓励民间力量参与古民居的流转、维修与保护利用，改造、提升古城内居民住房，有序开办餐饮店、文创店、民宿，有效增加居民收入。结合全县不可移动文物数字化展示系统平台建设，以文字、图片、语音等数字化形式展陈不可移动文物。实施非遗、民俗活动进景区，主动向游客展示非遗民俗，扩大县域非遗知名度。完善古民居信息档案和徽州古建筑谱系建设，利用自媒体及主流媒体等多渠道推广，展现黟县"小而特、小而精、小而美"的徽州文化独特

风采。依托古城区内古街巷、古建筑、临水两岸、街巷肌理等文化遗产元素，融合"商、养、学、闲、情、奇"旅游"新六要素"，打造古城休闲度假旅游新业态。接续举办元宵灯会、古城年货节、徽文化交流论坛、写生艺术季、国际乡村摄影大展、山地车节、民宿大会等主题活动，吸引本地居民和外来游客休闲游玩、购物休憩、摄影写生、文创体验，持续聚人气、扩大影响力，彰显烟火气、古城味、文化潮、国际范的新形象。①

二、案例二：歙县传统村落保护——以用促保 振兴乡村

歙县着力构建全域覆盖、全民参与、整体保护、传承发展的历史文化保护传承体系，实施传统村落保护工程，大力实施传统村落集中连片保护利用，不断推进活化利用、以用促保，为推进乡村全面振兴发挥积极作用。歙县结合美丽乡村建设"五微"行动，在严格保留村庄肌理、保存乡土韵味的基础上，创意打造村落景致。出台服务业、旅游业资金、闲置农房盘活利用等政策，吸引本地居民等社会各个阶层的支持参与，也吸引外来社会资本注入，形成了社会参与认养、认保、认租、认购、认转机制。保护项目完成修缮的古民居中有一半以上开发利用为博物馆、农家书屋、老年（少年）活动中心、民宿客栈等，通过保护，一大批传统村落重新焕发了生机活力。②

第五节 文化和旅游资源的可持续发展路径

一、可持续发展理论的演进脉络

可持续发展理论自20世纪80年代末期兴起，其核心理念与思想实质已在全球范围内获得广泛接纳，成为众多国家发展战略的理论基础，并逐渐渗透到各行各业及各个层面之中。

可持续性概念最初在林业与渔业管理中得到应用，旨在阐述一种维持资源持续利用的管理策略。事实上，我国古代已有"莫涸泽而渔，毁林而猎"的智慧，强调自然资源的休养生息以确保其长期利用。然而，在古代社会，人类活动能力有限，自然资源相对丰富，人类对自然多持敬畏态度，因此，从整体来看，经济活动与自然环境的冲突并不

---

① 黟县住房和城乡建设局.千年古城涅槃重生［EB/OL］.（2022-09-02）［2023-10-19］.https://baijiahao.baidu.com/s?id=1743095347372682052&wfr=spider&for=pc.
② 吴炯，顾雪菲.歙县：保护村落肌理 留住你我乡愁［EB/OL］.（2022-11-18）［2023-10-19］.https://baijiahao.baidu.com/s?id=1749803893850086717&wfr=spider&for=pc.

显著，人类对自然资源的开发利用也大多处于自然环境的承载能力范围之内。

工业革命之后，人类凭借现代科学技术之剑，驾驭并征服自然。然而，在人类为科技与经济发展的辉煌成就欢欣鼓舞之际，却发现自己已悄然陷入自掘的陷阱。臭氧空洞的扩大、珍稀动植物的濒危以及各类自然灾害的频发，使人类深刻意识到自身在自然面前的渺小与脆弱。正是在环境生态危机威胁人类生存与发展、传统发展模式严重制约经济发展与社会进步的背景下，可持续发展理论逐渐形成。

人类对经济与环境影响关系的研究可追溯至20世纪50年代末。1962年，美国海洋生物学家雷切尔·卡逊在深入研究杀虫剂使用的危害后，发表了环境保护科普著作《寂静的春天》，其中蕴含了可持续发展思想的萌芽。1968年，来自世界各地的科学家、教育家和经济学家在罗马聚会，成立了以关注、探讨与研究人类面临的共同问题为主要目标的非正式国际协会——罗马俱乐部。该俱乐部于1972年发表了《增长的极限》，深刻阐述了环境的重要性以及资源与人口之间的基本联系，其所提出的"合理的、持久的均衡发展"理念为可持续发展思想的孕育提供了土壤。同年，联合国人类环境会议在斯德哥尔摩召开，首次将环境与发展问题纳入世界各国政府和国际政治的事务议程，并通过了《联合国人类环境会议宣言》（简称为《人类环境宣言》）。然而，作为当代科学术语，"可持续发展"的确切定义最早见于《世界自然保护大纲》。此后，随着世界环境与发展委员会的成立及其提交的《我们共同的未来》报告，人类对环境与发展的认识实现了重要飞跃，从单纯考虑环境保护转向将环境保护与人类发展切实结合。1992年6月，联合国环境与发展会议在巴西里约热内卢召开，会议通过了《里约宣言》和《21世纪议程》等纲领性文件，标志着可持续发展得到了世界最广泛和最高级别的政治承诺，人类对环境与发展的认识也提升到了一个崭新的阶段。

二、可持续发展的基本原则

（一）公平性：确保代际与区域间的资源公平分配

强调资源系统内各层面的平等选择、权利享受与义务承担的对等性，具体分为两个维度：一是代内横向公平，鉴于当今世界以和平与发展为主题，而发展进程中存在两极分化与贫富差距问题，实现全球可持续发展需赋予各地区人民平等开发文化和旅游资源、推进文化和旅游业发展的机会与权利；二是代际纵向公平，鉴于自然资源的有限性，当代人在追求自身发展与需求时，不得损害后代人满足其发展需求的条件，如自然资源、生态环境、历史文化遗产等，需确保后代人享有公平利用自然资源的权利。

（二）持续性：维护资源与环境的长期承载能力

可持续发展受多重因素制约，其中资源与环境为主要限制因素。旅游资源及其环境条件构成文化和旅游业发展的基石，因此，资源的永续利用与生态环境的可持续性成为可持续发展的关键保障。旅游发展进程中，任何人均需以不损害文化和旅游资源及其周边自然环境（包括空气、水域、土壤、生物等）为前提，充分考虑资源临界性，适应资源与环境的承载能力，以实现可持续发展。

（三）共生性：促进经济、社会与环境的和谐共生

倡导"保护人类共有的地球"与"共建共享我们的家园"，作为全球可持续发展目标，在旅游产业等领域同样适用，其所蕴含的公平、发展与可持续性原则，是全人类应共同遵循的普遍准则。

三、可持续发展的核心议题与实践导向

《我们共同的未来》报告将可持续发展定义为一种既能满足当代人需求，又不损害后代人满足其需求能力的发展模式。其核心思想蕴含三大支柱：首先，可持续发展倡导经济增长，强调不仅需关注经济数量的增长，更应追求质量的提升，倡导转变传统的"高投入、高消耗、高污染"生产及消费模式，推行清洁生产与文明消费理念。其次，可持续发展的核心标志在于资源的长期可持续利用与良好生态环境的维护，它要求在严格控制人口增长、提升人口素质及保护环境与资源永续利用的前提下进行经济建设，确保自然资源与环境成本的使用方式具有可持续性，使人类发展活动保持在地球承载能力范围内。最后，可持续发展的终极目标是促进社会的全面进步，在这一系统中，经济发展是基础，自然生态保护是必要条件，社会进步则是最终追求。

自19世纪中叶兴起以来，旅游业作为曾经的"无烟工业"典范，经历了显著的飞跃，跃升为全球最大的产业。然而，伴随着文化和旅游业的迅猛扩张，其对部分地区环境、生态及社会造成的负面影响日益显著。尽管该行业促进了社会经济与文化的繁荣，但对文化和旅游资源的过度开发、旅游景区的粗放管理、对环境的污染、对文化氛围的破坏以及对文明行为的忽视等问题频发，进而削弱了其社会经济与文化效应。因此，人们逐渐意识到，旅游业并非天生的"无烟工业"，唯有从资源高效利用与环境保护的视角出发，方能实现文化和旅游业的可持续发展，确保其作为永久朝阳产业的地位。

文化和旅游业的可持续发展是指在深入考量文化和旅游活动与自然资源、社会文化、生态环境及产业间相互作用与影响的基础上，将文化旅游开发活动控制在环境可承

受范围内，以寻求文化和旅游业与自然、社会文化及人类生存环境之间的协调发展模式。面对现代社会日益恶化的生态环境，特别是城市居民被钢筋水泥所包围、饱受汽车尾气与噪声困扰的现状，人们对清新空气、清澈水流、有机生态食品、优美居住环境的渴望愈发强烈。因此，文化和旅游业的可持续发展，必然以满足人类多样化、多层次的需求作为其根本宗旨。

☞ 思考链接

第十二章　文化和旅游资源开发与利用

文化和旅游资源开发是一项旨在发掘、提升与优化文化和旅游资源对游客吸引力的技术经济活动，其核心在于将潜在的文化和旅游资源优势转化为实际的经济优势，并促进文化和旅游活动的有效实现。此过程实质上是以文化和旅游资源作为"原材料"，经由特定形式的发掘、加工与完善，旨在充分展示其价值，以满足旅游者的多元化需求。

第一节　资源开发与利用的基本原则

文化和旅游资源开发的终极目标是追求以经济效益为核心的最大化综合效益。为实现这一预期的开发成效，遵循以下五项基本原则显得尤为重要。

一、生态环境优先原则

生态环境优先原则强调在文化和旅游资源开发过程中，应将生态环境保护置于首要地位。文化和旅游资源是文化和旅游业发展的基石，生态环境则是这一基石的土壤，它不仅深刻影响着文化和旅游业的发展质量，而且与人类的生存与生活品质息息相关。因此，在文化和旅游资源开发进程中，保护生态环境既是最基本的原则，又是实现经济、社会可持续发展的根本路径。依据可持续发展理论，坚持生态环境优先原则，实质上要求文化和旅游资源开发应具备综合性的生态思维，即在保护资源与生态环境的基础上，积极培育环境，进而开展相关的开发与建设活动。在文化和旅游资源开发的规划、建设与管理等不同阶段，需科学处理人与自然、人造景观与自然、资源利用与保护间的三重关系，确保生态平衡与可持续发展和谐共生。

二、均衡利益原则

均衡利益原则是在文化和旅游资源开发及其产业发展过程中应遵循的利益分配机制原则。作为文化和旅游业发展的一个核心原则，均衡利益的关键在于在实践中探索出一条路径，使所有利益相关者都能得到公平对待，确保各方愿望受到尊重、利益得以实现。这一原则的实施，有助于构建和谐的利益共享机制，促进文化和旅游资源开发的长期稳定性与可持续性。

三、市场需求导向原则

市场需求导向原则指的是文化和旅游资源开发应以市场需求为导向的原则。作为推动经济发展的手段，文化和旅游资源开发的根本目的在于改善社区生活质量、增加居民收入、促进地方经济发展。因此，开发后的产品能否适应市场需求成为一个核心问题。中国文化和旅游业的发展，在开发领域经历了从资源导向到市场导向两个阶段。在文化和旅游业发展初期，文化和旅游规划主要局限于少数拥有顶级或一流资源的地区。此阶段的文化和旅游开发主要基于资源的转化和直接利用，旅游形式也主要以文化观光或自然观光为主。然而，随着文化和旅游业的重要性逐渐被社会广泛认识，文化和旅游资源开发成为一种更为普遍的经济行为时，文化和旅游产品的供需关系发生了显著变化。特别是当观光性旅游产品由供不应求转变为供大于求时，市场的主导作用日益凸显，也越来越受到业界的重视。因此，文化和旅游资源开发模式逐渐从传统的"资源导向型"转变为"市场导向型"。这一转变不仅反映了市场需求的变化，也体现了文化和旅游资源开发策略对市场需求的适应性增强。

四、特色原则

特色作为事物独有的风貌与气质，具有时空维度下的独特性与排他性，是构筑旅游资源核心吸引力的基础，也是其竞争优势的源泉。在旅游资源的开发利用中，特色原则占据核心地位，其精髓蕴含三重维度：首先，应聚焦于那些独具特色、具备垄断性或难以复制的资源，以"差异化竞争"为策略，确保"独一无二，优中更优"；其次，开发过程中需秉持原真性保护原则，精心维护资源原貌，谨防过度雕琢与同质化改造，保留其天然韵味；最后，新景点的规划与设计应避免模式化复制，倡导创新思维，虽可借鉴先进理念，但务必融入原创精神，确保"一景一特色，处处显个性"。综上，特色不仅是旅游资源生命力的体现，更是确保其市场竞争力与持续吸引力的关键。因此，强调

"优势凸显，独具匠心"，融合"民族文化与地方风情"，追求"鲜明个性"，均为特色原则在旅游开发中的深刻体现。

五、资源活化与创新原则

旅游者的猎奇心理与对新奇体验的偏好，构成了推动旅游业持续进化的内在动力。旅游资源的创新不仅是行业发展的必然需求，更是景区吸引回头客、维系生命力的关键策略。若旅游资源长期故步自封，缺乏新意，其吸引力将迅速衰减，难以维系游客的重游意愿。因此，创新原则在旅游资源开发与管理中占据核心地位。实施创新原则，需从多维度切入：一是深度挖掘或创新开发新型旅游资源，以丰富旅游体验；二是在既有资源基础上巧妙融入新元素，力求新旧元素相得益彰而非画蛇添足；三是创新旅游产品营销策略与活动组织形式，持续激发市场兴趣。总之，旅游资源开发应秉持迭代升级的理念，不断注入创意与活力，以满足旅游者日益增长的多元化需求，从而在激烈的市场竞争中稳固市场地位，赢得广泛客源[①]。

第二节 资源开发内容与利用策略

文化和旅游资源的开发与利用是一项系统工程，其核心任务不仅在于对文化和旅游资源（景点）进行优选开发与合理布局，而且涵盖了交通网络的精心规划、目的地辅助设施体系的完善建设以及文化和旅游市场的深度开拓等多个维度。

一、深入挖掘旅游资源价值，实施功能优化与整修

旅游资源处于核心地位是由于其价值与功能，二者构成了其存续与发展的内在动力。旅游资源开发的首要任务，即深入发掘并充分利用这些资源的多元价值与功能。针对待开发资源，需基于翔实的调查与评估，精准定位其旅游价值，辅以有效的宣传推广策略，以吸引游客体验其独特魅力。至于已开发资源，则需持续探索其潜在价值，拓宽利用范畴，深化利用层次，进而激发更广泛的旅游活动参与。旅游资源的多功能性，源于不同视角与层次的开发策略，如冰雪资源，具有观赏、运动、艺术等多重属性，从而使开发工作呈现创意与艺术性。然而，旅游资源的存续亦遵循自然规律，易受内外因素侵蚀。因此，及时、科学地维护与修复，对于保持资源生命力至关重要，此乃旅游资源

---

① 王德刚，焦连安，董宪军，等.旅游资源开发与利用[M].济南：山东大学出版社，1997：24-27.

管理不可或缺的一环，其重要性堪比工业资产的定期维护。

二、重点推进景区景点的精品化建设

景点和景区建设是文化和旅游开发中的关键，其核心在于依托特定性质与规模的景观区域，与周边要素及关联旅游资源协同构建独特的旅游空间。旅游资源的开发实践本质上是对特定景点或风景区的打造，这要求制定详尽的开发规划与设计方案，该方案需深度融合资源开发、环境整治、结构布局优化、基础设施升级等多方面考量，确保发展路径的明确性与科学性。此规划与设计过程，作为技术密集型任务，不仅是旅游资源开发的具体实践，更是旅游资源开发成功与否的关键枢纽。其涵盖两大核心建设类型：一是景区的初始构建，奠定基础框架；二是既有景区的深度挖掘与品质提升，旨在持续增强旅游吸引力与综合竞争力。

三、优化旅游目的地的内外交通网络布局

文化和旅游活动的空间位移特性，决定了旅游者在追求体验时须跨越地理界限，长途跋涉至目的地。由此，优化目的地内外部交通体系成为文旅开发的关键议题之一，其涵盖线路规划、设施配套及交通工具选型等多维度考量。交通之于旅游，其重要性堪比资源本身，即便是瑰宝级旅游资源，若受制于交通，其吸引力亦将大打折扣。因此，提升旅游地可进入性，构建便捷交通网络，是资源开发不可或缺的环节。这不仅意味着要确保游客能顺畅抵达，还需保障其在目的地内的自由流动与高效疏散，即实现"易达、畅行、易离"的综合交通环境。具体而言，需兼顾对外连接的强化、内部交通与通信的完善、交通工具的升级以及管理、安全、服务等软件系统的优化，共同构筑起高效、安全、舒适的旅游交通体系。

四、科学规划并建设旅游辅助设施体系

成功的文旅项目开发需深化对辅助设施的规划与建设，以优化目的地环境，促进文化和旅游融合发展，同时，助力地方社会进步与民众生活质量提升。辅助设施广泛覆盖文旅活动的多个维度，其完善程度直接关系到旅游活动能否顺畅进行及资源开发的深度与广度。学术界常将旅游设施划分为基础设施与上层设施两大类别。前者指主要服务于当地居民，但与旅游者生活需求密切相关的设施，涵盖公共事业系统（如水电供应、通信交通网络及交通枢纽）及社会生活基础服务（如医疗、金融、零售与休闲空间）。后者则专指以服务外来游客为主、推动旅游业发展的专项设施，如住宿餐饮、信息咨询、

购物娱乐等场所。鉴于旅游设施建设成本高、周期长,其规模、标准及布局须经严谨论证,确保配套协调,规避资源冗余或短缺,实现高效利用与可持续发展[①]。

五、积极开拓旅游市场,有效扩大客源基础

文化和旅游开发要取得经济、社会与环境效益,需敏锐洞察并顺应市场需求之变化。唯有精准对接市场需求,方能实现自身利益最大化。开发策略应立足于本地资源的独特性与优势,明确目标市场定位,实施定制化开发与精准营销,旨在拓宽客源基础,深化市场拓展,确保文旅项目的可持续发展。

第三节 创新视角下的资源开发利用策略

一、资源创新开发利用的理论框架

目的地的生命周期理论揭示了其发展演变的内在规律,这一理论框架由加拿大知名学者巴特勒教授系统阐述,他将目的地的自然生长过程划分为六个阶段,并对每一阶段的核心特征进行了详尽的定性分析。最初的探查阶段,仅有少量游客且缺乏专门设施;参与阶段,游客增长与旅游活动初步组织化;发展阶段,旅游市场扩张、外来投资激增、设施现代化;巩固阶段,游客量稳定增长,地方经济对旅游产生深度依赖;停滞阶段,吸引力衰退,面临市场维系挑战;最终的衰落或复苏阶段,目的地可能因市场衰落而陷入困境,或通过创新策略实现复兴。

"创新理论"源自美籍奥地利经济学家熊彼特在《经济发展理论》中的开创性论述,核心在于将前所未有的生产要素与生产条件新组合引入生产体系,推动经济发展。这一理论视角下,文化和旅游产品同样遵循由盛转衰的生命周期规律。因此,要实现资源生命周期的延续或循环再生,创新理论的引入显得尤为关键。文化和旅游资源创新开发的核心驱动力在于市场需求的变动,其根本任务在于吸引力的持续更新与再生。据此,文化和旅游资源创新理论的基本主张可阐释为:鉴于文化和旅游资源内涵的丰富性及主体动机与兴趣的多样性,该类资源能够顺应市场需求的变化,不断更新与再生其吸引力要素,从而将有限的生命周期转化为无限的循环过程。

---

① 王德刚,焦连安,董宪军,等.旅游资源开发与利用[M].济南:山东大学出版社,1997:20-24.

二、资源创新开发利用的基本原则

（一）可持续性最大化原则

资源是一个历史性概念，其内涵与外延随生产力进步、技术革新及审美变迁而不断演化。传统上，文化和旅游资源的分类往往局限于既有概念，忽略了资源的拓展性。实际上，这类资源既涵盖现实存在，也包含潜在可能，既涉及有形实体，也触及无形文化。无限化原则倡导突破既定概念束缚，通过科技力量的持续提升，将潜在的文化和旅游资源转化为现实的载体，实现有形资源的文化赋值与无形资源的实体化显现，从而充分发挥各类资源的优势互补效应。

（二）地域特色原则

特色原则体现为三个层面：一是民族特色的彰显，即利用少数民族风情的独特优势、超越自然风光的传统吸引力；二是地方特色的凸显，通过展现浓郁的地方古朴性与乡土性，营造亲切、真实、淳朴的异地体验，塑造具有竞争力的文化和旅游产品；三是历史特色的发掘，悠久历史与灿烂文化，作为不可多得的文化和旅游资源，同时也是全球文化和旅游发展的重要基石。

（三）动态调整原则

面对市场需求的持续变化与科技手段的日新月异，文化和旅游资源的开发必须保持与时俱进，甚至适度超前。创新开发本身是一个突破旧有模式、塑造新模式的动态历程，即便人造资源建成后，也需关注其更新与变化的需求。因此，文化和旅游资源的创新开发应视为一系列动态过程的有机衔接，旨在达成"人无我有，人有我新，人新我变"的创新格局。

三、资源创新开发利用的实践路径

文化和旅游资源的创新开发利用，本质上是对既有惯例与传统模式的超越，旨在探索并实施新的开发利用范式。这一过程不仅关乎新型现代人造景观的创造与建设，更侧重于在传统文化和旅游资源的开发实践中融入创新元素，运用先进的技术手段，使传统资源焕发新生，展现出独特的魅力与活力。具体而言，实践路径可从以下三个方面展开。

（一）主题构思与形象创新策略

主题与形象作为塑造旅游目的地独特性的关键要素，对于吸引游客、提供丰富而深刻的旅游体验具有不可估量的价值。主题创新可通过两种策略实现：其一，基于传统资源的固有主题，深入挖掘其文化内涵的新维度，赋予主题以新意，或使之更加鲜明突出；其二，明确一个特定的主题，并围绕这一主题创造性地开发与之相契合的新的文化和旅游资源，以实现主题的物化与体验化。

（二）环境友好型创新与生态保护策略

环境创新涉及两个层面：一是自然生态系统的保护与优化，这是旅游资源可持续开发的基础；二是目的地文化氛围的营造，需体现主题主导性与个性化的和谐统一。自然生态系统的维护，要求我们在开发中坚持生态保护原则，确保自然资源的永续利用。而文化氛围的营造，则应深入挖掘并展示地方特色与文化内涵，既包含民族、地域、历史的元素，也不乏现代文明、知识与娱乐的融合，以此构建一个多元共生的文化生态。

（三）技术手段革新与应用策略

手段创新是指将最新的科学技术手段应用于旅游资源开发之中，以进一步挖掘和提升文化和旅游资源的吸引力。除了已广泛应用的声光电技术外，还应积极探索程序控制、计算机技术等高新科技在资源开发中的融合应用，通过技术手段的创新，为游客带来更为丰富、互动、沉浸式的旅游体验，从而增强文化和旅游资源的整体吸引力与竞争力。

第四节 文化和旅游资源开发利用典型案例

本节介绍安吉余村转型发展乡村休闲旅游和长春沉浸式商业综合体景区"这有山"两个案例，介绍其文化和旅游资源开发利用的做法、经验和成效，供读者参考。

一、案例一：安吉余村何以成为乡村休闲旅游胜地

安吉县天荒坪镇西侧的余村，石灰岩资源丰富。从20世纪70年代起，余村人开始开矿山、造水泥、烧石灰，矿山整天炮声隆隆，大卡车、拖拉机来回穿梭运输矿石。20世纪90年代，造纸、化工、建材、印染等企业相继崛起，安吉县"村村点火、户户冒烟"，工业废水直接排放到安吉县的"母亲河"、太湖流域的主要源头西苕溪中，造成严重污染。1998年，在太湖治污"零点行动"中，安吉被国务院列为太湖水污染治理重点区域。痛定思痛，安吉县于2001年提出"生态立县"发展战略，顶着巨大压力"铁腕治污"，鼓励发展休闲旅游。安吉县以壮士断腕的决心，关停污染严重企业33家，

直接导致财政收入减少 7000 多万元。2005 年 8 月 15 日，时任浙江省委书记习近平到安吉余村考察，肯定了余村关停矿山和水泥厂的做法，并首次提出"绿水青山就是金山银山"的论断。由此，安吉县坚定了生态立县的道路，推动乡村休闲旅游发展。2008 年，安吉县出台《建设"中国美丽乡村"行动纲要》，在全国率先开展"中国美丽乡村"建设。安吉县用 10 年时间，把整个县当作一个景区来规划，将一个村当作一个景点来设计。安吉县农业农村局重点治理乡村污水、推广垃圾分类、加强森林保护，按照宜工、宜农、宜游、宜居、宜文的原则将建制村分类规划为 5 类，着力体现一村一业、一村一品、一村一景。安吉县还出台了《休闲旅游产业导向目录》，对旅游项目招商开展预审评估，坚持一张蓝图绘到底，统一规划、统一品牌、统一运营，做到了资源统筹"一盘棋"。如今的余村别墅林立，拥有电影院、运动场、乡村舞台、文化礼堂等完善的文化设施。村民们发自内心地热爱家乡，人文素质也有很大提高，主动为游客提供贴心服务，乡村旅游的口碑也就渐渐树立起来。村里专门制定了农家乐管理条例，明确规定污水处理、明码标价等方面内容，实现了合理竞争、有序发展。村民积极主动抱团发展，余村乡村旅游发展的内生动力更足了。[①]

二、案例二：沉浸式商业综合体——这有山

"这有山"项目地处长春市红旗街，是集旅游、美食、商业、休闲为一体的 24 小时不闭店夜经济项目，开业就被评为 AAAA 级景区的商业综合体。采取山坡和山洞两种不同的建筑形式和风格设计，从街到巷再到院落，空间层次分明，打造出具有强烈年代感的现代山丘景区小镇。项目拥有眼花缭乱的美食、氛围浓厚的酒吧、烟火热闹的夜市、清幽暖人的客栈、花样繁多的文创等多元业态，是一家短时间无目的休闲与度假的社交目的地、城市微度假平台。它带给游客的沉浸式体验不只体现在建筑形态上，它将传统的街市空间立体化。项目不局限于购物，而是将自然元素融入室内设计和各种各样的商业品牌上，使街景变成了风景，为游客呈现出更加舒适、丰富的出行体验。项目规划了休闲逛玩组团、小吃街组团、嘉年华组团、聚会餐组团、电影院组团、夜生活组团六个内容组团。其中休闲逛玩组团是整个山坡都围绕咖啡、书吧、甜品店、奶茶店、杂货店等休闲业态，将边逛边体验的特质发挥到极致。多元化的业态组合，多种品牌的入驻，为"这有山"沉浸式的商业体验又增加了一道筹码，让人进去了就"无法自拔"。因此，当业界已经遵循通过盒子、环廊、顶棚、扶梯等元素构建 Shopping Mall 多年之

---

① 吴炯，顾雪菲.歙县：保护村落肌理 留住你我乡愁［EB/OL］.（2022-11-18）［2023-10-19］.https://baijiahao.baidu.com/s?id=1749803893850086717&wfr=spider&for=pc.

时,"这有山"却创造了一种完全不同的设计手法,不仅可以移植景区、传统街市的体验感,还可以尝试把任何有吸引力的元素组合进来。不论是景致前拍照打卡的游客,还是乐不思蜀的食客,抑或欣喜的文创爱好者,他们都能在"这有山"看到不一样的风景,沉浸在这短途的度假和游玩的旅途中。①

☞ 思考链接

---

① 林晓岚.安吉何以成为乡村休闲旅游胜地[EB/OL].(2021-05-12)[2023-11-23].http://journal.crnews.net/ncpsczk/2021n/d8q/xccy/935190_20210512105721.htm.

第十三章 文化和旅游规划与策划

第一节 文化和旅游空间布局规划策划

在文化和旅游领域的规划、开发与管理实践中,空间配置与功能区划举足轻重,其深刻影响着后续的文化和旅游项目发展、建设及运营策略。

一、空间布局的概念界定

在文化和旅游语境下,空间配置旨在通过空间维度的精准定位,实现发展目标与任务具象化。这一过程不仅明确了核心区域、增长引擎、功能区块、游览线路及关键文旅区域等关键要素,还促进了各组成部分间的协同作用,共同构筑起一个动态平衡、和谐共生的文旅发展生态系统。

二、空间布局的结构构成

(一)空间布局结构的组成要素

文化和旅游空间布局结构是系统内各要素间复杂空间关系的集中体现,包括但不限于文化和旅游资源、住宿设施、旅行社、商店、娱乐设施等,它们在空间中的相互位置、关联与作用方式,共同构成了空间布局的基本框架。

从定义来看,空间布局结构是一定区域内文化和旅游要素在空间上的投影与映射,反映了这些要素之间的相对区位关系与分布特征,既受到自然地理条件的影响,也受到社会经济因素的制约。空间布局结构的合理性与否,直接关系到目的地能否实现健康、可持续发展。

1. 文化和旅游供给的构成

在供给要素方面,文化和旅游资源无疑是空间布局的核心。这些资源的空间分布、吸引力强度以及游客停留时间等因素，直接决定了配套服务设施（如住宿、餐饮、娱乐等）的布局策略与规模大小。由于资源和设施的不可移动性，空间布局往往需要围绕核心资源展开，通过科学合理地规划与设计，实现资源与服务设施的有机结合与高效利用。

例如，住宿设施、娱乐设施及商店等配套服务设施一般布局在客流集散地或主要交通节点附近，以便更好地满足游客的多样化需求。同时，为了提升游客体验与延长逗留时间，还可在主要景点周边开发次级景点或文旅活动项目，形成集散效应与规模效应，增强景区的整体竞争力。

当然，文化和旅游设施的空间布局还可能呈现等级性特征。不同等级、不同类型的设施在布局上遵循着一定的规律与原则。例如，对于单个景点而言，一般配备简单的商店和娱乐设施即可满足游客的基本需求；对于停留时间较长的游客群体，则需建设更为完善的住宿设施以满足其住宿需求。

2. 文化和旅游需求的动因

需求要素是空间布局的动力之一，其变化与发展趋势对空间布局产生着深远的影响。在市场经济条件下，文化和旅游市场需求的变化不仅改变了过去资源主导型空间结构的格局与模式，还通过影响资源配置与空间布局的方式与方向来引导未来发展方向。

具体而言，文化和旅游需求要素主要包括客源市场范围、分布特征、人口结构、消费模式等多个方面。通过深入分析这些要素的变化趋势与内在规律，可以更加精准地把握市场需求动态与游客行为特征，从而为空间布局的优化与调整提供有力支撑。例如，在了解客源市场分布特征的基础上，可以合理规划交通线路与旅游线路以缩短游客旅行时间并提高旅行效率；在掌握游客消费模式的基础上可以优化服务设施配置以提升游客满意度与忠诚度等。

3. 文化和旅游通道及线路

通道与线路是连接旅游资源与客源市场的关键纽带与桥梁。由于旅游资源与客源市场空间上的分离性特征，使得旅游者必须借助交通设施来完成旅游活动，从而形成了空间结构中的线状要素——通道与线路。

根据范围的不同，这些线状要素可以分为文化和旅游通道和文化和旅游线路两类。其中文化和旅游通道主要承担目的地与客源市场之间的交通连接功能，一般可采用多种交通方式，以满足不同游客群体的出行需求；文化和旅游线路则是指旅游区内游人参观游览所经过的路线，即旅游者到达目的地后，在文化旅游资源及配套设施之间的活动轨迹。合理规划通道与线路，不仅可以提高游客出行效率与便利性，还可以促进区域内各景点之间的均衡发展与相互协作，共同推动文化旅游产业的繁荣与发展。

(二) 空间布局的具体内容

文化和旅游空间布局旨在通过土地资源的精细化划分，对文化和旅游资源、设施进行科学分区与定位。这个过程不仅界定了次一级区域的具体名称、发展主旨、形象塑造、功能区划、突破策略、规划风貌及选址考量，还勾勒出文化和旅游六大要素在未来空间格局中的蓝图。空间布局内容具体包含以下四个维度。

1. 命名界定

为文化和旅游景区、通道及城镇赋予恰当的名称，是空间布局的首要任务。名称作为信息传递的媒介，需精练且富有辨识度，既利于规划实施、项目开发、管理维护及市场推广，又需承载地域文化特色。命名应遵循地方风俗，依托山名、地名、景观特征或历史遗迹，可采用"名称＋功能"的构词法，如"某某休闲度假胜地"或"某某文化园区"，力求雅俗共赏，避免粗俗或过度文饰，确保名称的普适性与文化深度。

2. 范围划定

空间布局需明确界定各区域的具体范围与形态。对于面状景区，需划定其方位边界，明确面积与形状；对于线状通道，则需明确其走向、长度与宽度，确保交通流线的合理性与高效性。此外，针对景区的详细规划，还需深入评估土地利用现状与开发潜力，为资源优化配置提供科学依据。

3. 主题提炼

每个文化和旅游景区都蕴含着独特的资源禀赋与文化底蕴，在空间布局过程中，需深入挖掘其文化内涵，提炼核心主题，以作为后续开发建设的导向。

4. 定位明确

资源品质、环境条件和交通可达性等因素共同决定了文化和旅游开发的定位方向。定位策略应涵盖产品类型与市场细分两大层面。例如，高山地区可以侧重于原生态观光体验，面向自驾游与高端生态旅游市场；中东部山地则更侧重于休闲度假与山地运动，吸引大众度假与商务会议客源；至于丘陵地带，乡村与古镇文化旅游能够成为主打产品，面向广泛的散客市场。

三、空间布局的策略方法

在探讨文化和旅游产业的空间布局时，需要深入剖析其背后的动力机制，这一机制由多重因素交织而成，包括但不限于自然条件、文化旅游资源特性、区位条件与集聚效应、经济发展水平、规划与开发策略、市场需求动态以及相关政策导向等。这些要素相互关联、深度融合,共同塑造了区域文化和旅游产业空间布局的独特面貌,成为推动区域经济一体化进程中不可或缺的一环。

其中,区域协调发展的理念要求制定空间布局策略时,必须紧密配合区域发展的总体战略,以文化和旅游资源为核心驱动力,依托高速交通网络的便捷性与都市群的经济辐射力,通过实施分区指导与示范引领策略,构建起一个既特色鲜明又优势互补且充满活力的文化和旅游生产力布局体系。

从宏观层面看,文化和旅游产业的空间布局呈现出一种以特大文化和旅游城市为中心(辅以次级中心中小型城镇),以文化和旅游经济区(或板块)为坚实支撑,以文化和旅游线路(特别是交通网络)为纽带连接的点网状分布格局。这种布局模式不仅体现了空间上的层次性与有序性,还彰显了功能上的互补性与协同性。具体而言,空间布局策略可细化为以下4个方面。

(一)城市核心驱动策略

城市作为文化和旅游产业的重要载体与目的地,其整体形象、功能分区、服务设施、环境品质及文化底蕴等共同构成了强大的文旅吸引力。因此,以城市为中心的产业布局策略显得尤为重要。通过优化城市文旅功能分区、提升服务设施水平、营造幽雅的城市环境以及培育深厚的城市文化底蕴等措施,可以进一步增强城市的文旅吸引力与竞争力。同时,城市作为经济、社会、文化的中心地带,其发达的经济基础、丰富的社会资源以及先进的技术信息条件为文旅产业的发展提供了坚实的物质基础与广阔的发展空间。

(二)经济区面状辐射拓展策略

文旅经济区作为文化和旅游产业的重要集聚地,通过整合文旅景区、城镇、村落及通道等空间要素,形成了产业集群效应与完整的文旅产业链。在这一区域内,文旅景区以其独特的自然风光与人文景观为核心吸引物,驱动着旅游者的流动与消费;文旅城镇与村落提供综合配套服务,以满足旅游者的多样化需求;文旅通道作为连接各点的景观纽带,增强了区域的整体连通性与可达性。文旅经济区内部呈现出明显的"核心—边缘"特征,即以文旅景区为核心向外辐射带动周边城镇、村落及交通等相关产业的发展形成点网状分布格局。

(三)优先开发区的重点支撑策略

根据旅游资源分布与空间组合特征确定优先发展文旅区,是区域文旅规划工作的重要任务之一。优先发展文旅区不仅应具备丰富的文旅资源基础,还应具备完善的管理机构与服务设施,能够独立开展文旅活动并在区域经济中占有重要地位。通过集中力量优先发展这些区域，可以迅速形成示范效应，带动周边地区文旅产业的快速发展。

（四）交通干线经济带的主导引领策略

交通干线作为连接文旅城市、城镇与景区的重要纽带，对于文化和旅游产业空间布局至关重要。依托交通主干线如国道、省道、高速公路及文旅快速通道等，通过合理的交通组织，可以优化文旅资源的空间配置，促进沿线地区文旅产业的协调发展。在较大区域范围内，可以文旅线路为主脉，沿线开发相关景点，并进行文旅服务"六要素"配套建设，形成各具特色与功能的文旅线路；也可以若干景点为支点构建环状文旅线路，形成文旅圈，增强区域文旅产业的整体竞争力与影响力。

四、文化和旅游的功能区域划分

（一）文旅功能分区的基本原则

1. 主题形象鲜明

作为文旅空间规划的灵魂，主题形象的塑造与强化是首要原则。通过精心设计的自然景观、独特的建筑风格、匠心独运的园林布局、个性化的服务体验以及富有地方特色的节庆活动，全方位展现文旅区的独特魅力。此外，当地居民的文化生活方式及对游客的友好态度，也是构成主题形象不可或缺的元素。

2. 功能单元集中

为实现资源的高效配置与服务的便捷获取，各类文旅设施如住宿、娱乐、商业等应遵循相对集中的布局原则。尤其是高频次、高密度的商业娱乐区，更应选址在中心地带或交通便利之处，如主要景点周边，以形成服务综合体，促进集聚效应的产生。这样不仅能够降低基础设施成本，提升运营效率，还能在市场规模扩大的过程中为新兴文旅服务部门创造更加有利的生存环境。同时，集聚式布局还能促进游客与当地居民的交流互动，丰富社会文化生活，优化区域环境，实现经济效益、社会效益与环境效益的多赢。

3. 功能区域协调

文旅功能分区的划分需充分考虑与周边环境的和谐共生，以及各功能区域间的内在联系与相互作用。在规划设计中，应明确界定生态保护区的范围，确保其不受外界干扰；旅游娱乐区则可在合理范围内适度开发，以满足游客需求。同时，还需对各类文旅活动进行深入分析，明确其互补、相依或相斥关系，以科学划分功能区域，为各类设施与活动安排最适宜的空间位置。此外，还应注重主要景观结构与功能小区之间的协调，确保整体景观的连贯性与和谐性。

4. 交通线路优化布局

交通作为文旅区域的动脉，其规划布局应充分考虑游客的游览体验与心理需求。通过符合人体工程学的动线规划，确保游客在游览过程中能够顺畅、舒适地移动。在内部交通网络的构建上，应追求高效、优化的布局，将路径与园林景观巧妙融合，打造宜人的步行环境。同时，应大力发展公共交通系统，鼓励采用步行、骑行等低碳环保的交通方式，限制高速行车以减少噪声与污染。在景点间配置适宜的交通工具如公共汽车、人行道、缆车等，以实现低污染、高效率的交通优化。

（二）典型功能区的实践模式

1. 国家公园模式

国家公园作为自然生态系统保护的范例，其核心使命在于维护国家代表性自然生态的完整性，实现科学保护与合理利用和谐共生。这些区域不仅承载着具有全球价值的自然遗产，更是生物多样性最为富集之地，其广阔的保护范围确保了生态过程的连续性与完整性。

2. 风景名胜区模式

风景名胜区是指那些蕴含观赏、文化或科学价值，自然景观与人文景观相对集中，环境优美，适宜人们游览或进行科学、文化活动的区域。这类区域涵盖了具有观赏、文化或科学价值的自然景观，如山河、湖海、地貌、森林、动植物、化石、特殊地质、天文气象等，以及人文景物，如文物古迹、革命纪念地、历史遗址、园林、建筑、工程设施等，还包括这些景物所处的环境及风土人情等元素。根据我国风景区的资源价值和特性，通常将风景区划分为5个功能区：生态保育区、特殊景观区、文化遗产保护区、服务设施区和一般控制区。

3. 森林公园模式

森林公园以森林景观与生态环境为核心，融合自然与人文之美，为公众提供了集游览、度假、休憩、保健疗养、科学教育及文化娱乐于一体的综合性场所。其功能区设置要因地制宜，既要满足游客的多样化需求，又能确保生态环境可持续发展。游览区、游乐区、狩猎区、野营区等各具特色，生态保护区则严格限制人类活动，以维护森林生态系统的原真性。

4. 自然保护区模式

自然保护区作为生物多样性保护的前沿，依法划定特定区域，对珍稀濒危物种及其栖息地实施特殊保护与管理。在自然保护区内，核心区、缓冲区与实验区的划分，既保障了保护对象的绝对安全，又为人类探索自然奥秘、增进生态意识提供了场所。

5. 文旅度假区模式

文旅度假区以提供高品质休闲度假体验为目标，通过打造舒适环境、策划趣味活动、提供特色服务，吸引游客前来调整身心、放松自我。其功能区布局兼顾了游客的多元化需求，包括公共设施、度假居住、游乐观光、文化娱乐、运动健身等多个方面，形成了集休闲、娱乐、康养于一体的综合型旅游目的地。

6. 地质公园模式

地质公园是以拥有特殊地质科学意义、稀有自然属性、较高美学观赏价值，且具备一定规模和分布范围的地质遗迹景观为核心，同时融入其他自然景观与人文景观，从而形成的一种独具特色的自然区域。它是地质遗迹景观和生态环境的重要保护区，也是地质科学研究与普及的基地。

根据《国家地质公园规划编制技术要求》(2010)，该功能区的划分应遵循土地使用功能差异、地质遗迹保护需求，并结合旅游活动特点。在公园或独立的园区内，可适当划分出以下功能区：门户区、游客服务区、科普教育区、地质遗迹保护区、自然生态区、游览区（涵盖地质、人文、生态、特别景观游览区）、公园管理区以及居民点保留区等。

7. 主题公园模式

主题公园作为现代旅游业的创新产物，以特定主题为灵魂，运用现代科技手段与多层次活动设置，汇聚了广泛的娱乐体验、休闲元素及完善的服务接待体系。其内部功能区布局紧密围绕主题展开，游乐活动、餐饮商业、后勤服务等设施相互衔接，共同营造出一种沉浸式的体验氛围。同时，主题乐园在规划时还需考虑各主题区域之间的过渡与分隔，以确保整体环境和谐统一。

8. 文旅城镇模式

文旅城镇作为小城镇发展的新模式，以文旅产业为主导产业，通过深入挖掘地方文化资源与旅游资源，推动休闲、娱乐、餐饮、购物等相关产业发展，构建以文旅为主导的城镇发展模式。其发展目标在于，通过文旅产业的兴盛带动城镇整体发展，适度拓展文旅产业链，最终塑造成为环境幽雅、设施齐全、功能完善、居住便捷的文化旅游型小城镇。文旅城镇的功能区域可细分为旅游门户区、城镇核心区、历史风貌区、商业繁荣区、文化旅游街区及服务接待区六大板块。

9. 历史城镇模式

针对历史城镇的功能区域划分，依据其开发保护程度的不同，可归纳为四大功能区：核心历史遗迹保护区，旨在严格保护历史文化遗产；史迹文化体验区，强调历史文化的活态传承与展示；文化休闲游憩区，提供丰富多样的文化旅游休闲活动；旅游综合服务区，负责满足游客的各类服务需求。

10. 露营地模式

露营地作为户外休闲旅游的重要形式之一，以其独特的自然风光与丰富的娱乐活动吸引着越来越多的游客。依据地理位置与环境特征的差异，露营地可细化为山地型、海岛型、湖畔型、海滨型、森林型及乡村型六大类别。其功能布局通常涵盖生活居住区、休闲娱乐区、商务服务区及运动休闲区等多个区域，以满足游客的多样化需求。每个露营地都配备了完善的生活设施、娱乐设施及安全保障设施，同时配有运动游乐设备以及安排有娱乐活动、演出节目的公共服务设施，为游客提供了一个安全、舒适、便捷的休闲度假环境。

第二节　文化和旅游产品规划策划

一、文化和旅游产品的理论界定

文化和旅游产品是文化和旅游资源经过精心策划、创新开发与系统建设后，面向市场呈现的璀璨成果，其定义需从供给与需求两个维度进行深刻剖析。

从供给视角观之，文化和旅游产品是供给主体将丰富的文化资源与旅游资源转化为多元化、高质量的服务体验，精心设计的设施体系，以及富有特色的商品集合。这一转化过程不仅赋予了传统资源新的生命力，更将其打造成为吸引游客的核心要素——文化和旅游吸引物、服务、设施及购品的综合呈现。这一综合体不仅体现了供给方的创意，也满足了旅游市场日益增长的需求。

从需求视角审视，文化和旅游产品则成为旅游者自主选择、亲身体验并深刻铭记的个性化旅程。在这一旅程中，旅游者不只是被动的接受者，而是主动的探索者与创造者。他们通过规划行程、沉浸体验，将每一次旅行转化为独一无二的个人经历，这种经历融合了文化熏陶、情感共鸣与心灵触动。

二、文化和旅游产品的分类体系

（一）基于旅游者参与度的分类

1. 观光型文化和旅游产品

作为文化和旅游业发展初期成长起来的一种产品，观光型产品以其直观性、普及性著称。它主要满足旅游者对于自然美景与文化遗迹的初步认知需求，旅游方式以静态观赏为主，参与性较弱。此类产品虽看似简单，却是激发旅游兴趣、拓宽视野的起点，为更深层次的文化体验奠定基础。

2. 主题型文化和旅游产品

相较于纯粹的观光产品，主题型产品更加注重对文化内涵的深度挖掘与主题特色的鲜明呈现。它通过构建具有特定自然、历史、文化等联系的主题线路，引导旅游者从"参观"走向"探索"，满足其对于特定领域知识的渴望与好奇心。

3. 参与型文化和旅游产品

此类产品强调旅游者的主动参与、互动体验。通过设计丰富多样的参与性活动，如乡村旅游、烹饪体验、民俗节庆等，不仅增强了旅游过程的趣味性与吸引力，还促进了旅游者与当地居民之间的文化交流与情感共鸣。

4. 体验型文化和旅游产品

作为旅游体验的高级形态，体验型产品追求的是旅游者全身心的投入。它要求旅游产品具有高度的个性化、定制化特征，能够满足旅游者对于独特体验、深度探索的强烈需求。在此类产品中，旅游者的满意度与忠诚度往往更高，市场潜力也更为巨大。

（二）基于客户需求的分类

根据马斯洛需求层次理论，旅游需求同样可划分为生理及心理需求、精神需求、体验需求以及拓展生活方式需求等多个层次。

（三）基于产品功能层次的分类

这种分类可分为基础型、提高型和发展型文化和旅游产品，其功能层次逐步升级，体现了旅游产品从满足基本需求向追求更高层次体验的转变。基础型产品以观光游览为主，适应广泛的市场需求；提高型产品则在此基础上增加了休闲度假等功能；发展型产品则更加注重探险、修学、文化体验等深度游内容，满足特定旅游群体的专业化需求。

（四）基于时代特征的分类方法

随着时代的发展与变迁，文化和旅游产品也呈现出鲜明的时代特征。传统文化和旅游产品承载着历史的记忆与文化的传承；新兴文化和旅游产品则紧跟时代步伐，融入现代科技与创意元素，满足现代旅游者的多元化需求。

（五）基于产品性质的分类标准

在国际、国内旅游市场上，文化和旅游产品根据其性质可划分为观光、度假、专项与生态四大类。这一分类方法（见下表）体现了旅游产品的多样性与丰富性，为分析不同旅游产品的市场定位、竞争优势与发展潜力提供了工具。

基于性质划分的旅游产品分类[①]

类别	类型	产品特征	产品类型
观光文化和旅游产品	自然观光	风景秀美、独特、神奇，具有视觉美感或视觉冲击力	气象观光、山地观光、湖泊观光、草原观光、沙漠观光等
	人文观光	历史、文化、生活、艺术、科技等要素的物化品和载体	名胜古迹观光、城市观光、主题公园观光、工业观光、园林及建筑观光等
度假文化和旅游产品	滨水度假	气候宜人，亲水休闲、放松休养场所，设施高档	海滨海岛度假、邮轮度假、温泉度假、湖泊度假、滨河度假
生态文化和旅游产品	山地度假	良好的生态环境，完善高档的休闲度假设施	山地度假、森林度假、高山雪原度假等
	温泉度假	优质的温泉水资源和自然环境，设施卫生高档	矿泉SPA（温泉、冷泉等）、按摩康体、中医中药疗养、保健体检、芳香疗法等
	城乡度假	离开居住环境，比较幽静，具有独特的自然、人文环境或民族风情的休闲空间	城郊度假、乡村度假、小镇度假等
专项文化和旅游产品	文化旅游	注重体现知识性和文化性	民俗文化、宗教文化、历史文化、艺术文化等
	节庆旅游	人群集聚，气氛浓郁、欢乐	民族节日、文化节、旅游节、地方特色节日等
	商务旅游	以商贸交流、各类会议为主要内容	博览会、交易会、发展论坛、研讨会等
	生态旅游	环境良好、重视环保	湿地生态、森林生态、草原生态、遗产旅游国家公园等
	康体旅游	以疗养、养生、恢复健康为吸引	温泉疗养、医药疗养、饮食疗养、运动疗养等
	体育旅游	以参与、观看体育竞技活动和比赛为吸引	奥运会、世界杯、汽车拉力赛等
	购物旅游	以购物为主要吸引	购物城市、购物街、免税店等
	教育旅游	以教育学生、知识学习、培养爱国主义精神为吸引	修学旅游、校园旅游、夏令营、爱国主义教育基地等
	农业旅游	以农业历史展示、农业耕作体验、农产品等为吸引	农业观光园、农业培育基地、新农村等
	工业旅游	以工业流程和工业产品制作为吸引	新农村、民俗村、农家乐等

[①] 吴殿廷，王欣，联建忠，等.旅游开发与规划［M］.北京：北京师范大学出版社，2010.

续表

类别	类型	产品特征	产品类型
专项文化和旅游产品	主题公园	以某一方面为主题的公园，以人造景观为主	迪士尼、影视城、海洋公园、游乐园等
	探险旅游	富有挑战性、刺激性、参与性	海底探险、古迹探险、高山探险、沙漠探险、极地探险等
	……	……	……

三、文化和旅游产品的开发策略

（一）开发理念的革新与深化策略

文化和旅游产品的开发作为一项融合经济、技术与文化艺术的系统工程，其成功与否不仅依赖于资源禀赋与市场需求，更在于开发理念是否先进以及是否具有科学性。

1. 大旅游、大开发理念

大旅游理念作为一种综合性的发展观念，涵盖了资源观、产品观、产业观、区域观、协作观及形象观等多个维度，强调以全局性、系统性的视角审视旅游开发的全过程。大开发则是对此理念的实践深化，要求实现旅游资源、产品、产业、形象及其相关要素的全面整合与协调优化。具体而言，需秉持旅游资源无限化的理念，突破传统旅游吸引物的局限，拓展大旅游产品观的边界，以此推动旅游产业的跨越式发展。

2. 市场化、企业化运作理念

在市场经济体制下，文化和旅游产品的开发必须紧密贴合市场需求，树立强烈的市场意识。通过科学的市场定位，精准把握目标市场的特性、容量及变化趋势，为产品开发提供明确的方向指引。同时，企业化运作模式的引入，促使旅游企业在产品开发过程中，充分考虑营利目标与可操作性，确保资源的有效配置。这不仅要求产品具有吸引投资者的潜力，还需保障企业在人力、物力、财力及智力上的充足投入，为产品的顺利开发与市场推广奠定坚实的基础。

3. 特色化、品牌化塑造理念

特色与品牌是旅游产品在激烈的市场竞争中脱颖而出的关键。特色化强调产品须具备鲜明主题与独特文化内涵，以区别于同类产品。品牌化则是通过塑造良好的品牌形象与提升品牌认知度，增强产品的市场吸引力与溢价能力。在开发中，应深入挖掘地方文化特色与资源优势，打造具有鲜明特色的旅游产品体系，并通过品牌建设与营销策略实施，提升产品的市场竞争力与品牌价值。

4. 绿色化、生态化可持续发展理念

随着全球对环境保护与可持续发展的重视，绿色化与生态化已成为旅游产品开发不可或缺的理念。这要求在产品开发过程中，始终遵循生态优先原则，注重保护自然生态环境与文化遗产资源。通过采用环保材料、推广绿色消费、建设生态设施等措施，降低旅游活动对环境的负面影响。同时，将生态旅游理念融入产品设计之中，提升旅游产品的生态价值与教育意义，引导旅游者形成绿色、低碳的旅游消费习惯。

5. 多层次、多样化满足需求理念

从旅游产品的功能来看，可以将其划分为基础型产品、提高型产品和发展型产品三个层次（见下表）。面对旅游市场需求的多元化与细分化趋势，构建多层次、多样化的产品体系成为提升旅游目的地综合吸引力的关键。因此，在产品开发过程中，既要重视基础型产品的开发建设，如观光型产品等；又要注重提高型与发展型产品的开发创新，如表演式、参与式、体验式产品等。通过不断丰富产品种类、优化产品结构、提升产品品质等措施，形成互补发展的综合性文化和旅游产品体系与旅游目的地体系。同时，还需考虑产品的档次结构问题，以满足不同消费水平游客的需求，实现旅游收益的全面提升。

旅游产品层次及功能[①]

层次	特征	项目内容	产品功能
基础型	陈列式观览	自然与人文景观	属于最基本的旅游形式，是旅游规模与特色的基础
提高型	表演式展示	民俗风情与购物	满足旅游者由"静"到"动"的多样化心理需求，通过旅游文化内涵的动态展示，吸引旅游者消费向纵深发展
发展型	参与式互动	亲身体验与娱乐	满足旅游者自主择项、投身其中的个性化需求，是形成旅游品牌特色与吸引旅游者持久重复消费的重要方面

6. 整合创新理念

整合创新是文化和旅游产品开发的核心。通过对已有产品的整合优化与对新产品的创新开发，不断挖掘资源潜力、拓展市场空间、提升产品竞争力。具体而言，需定期跟踪、分析产品市场生命周期的变化趋势，根据需求变化及时调整产品策略；同时，加强对老产品的改造升级与对新产品的创意策划，确保产品体系的持续更新与升级。此外，还需注重科技手段在产品开发中的应用，通过技术创新提升产品附加值与吸引力；加强品牌建设与营销创新，提升产品的市场影响力与美誉度。

---

① 何雨，等.旅游规划概论［M］.北京：旅游教育出版社，2004.

（二）产品开发程序

文化和旅游产品的开发，建立在对资源、市场与产品的深刻分析基础上，其流程可分为资源调研评估、市场需求剖析及产品创意营销三个阶段。

1. 资源调研评估阶段

核心在于全面审视调查区的概况、资源禀赋、开发条件及环境保护现状，通过科学的方法对资源特性、价值及开发环境进行深度剖析与综合评价。

2. 市场需求剖析阶段

主要聚焦于对旅游者行为、动机及市场环境的综合调查，涵盖政治、法律、经济、科技、社会文化及地理等多维度的分析，以精准把握市场动态，为产品开发提供市场导向。

3. 产品创意营销阶段

涵盖从创意收集、筛选到产品概念确立、商业分析、试销、正式推广乃至后续维护与更新的全过程。这一过程强调规划编制团队与地方相关部门的紧密合作，通过反复构思、讨论与反馈，最终形成系统化、前瞻性的产品开发规划方案，并融入规划文本与说明书中，以指导实践。

第三节　文化和旅游项目规划策划

一、文化和旅游项目的基本概念

文化和旅游项目作为依托丰富文化和旅游资源精心打造的旅游吸引物，旨在为旅游者和旅游地居民提供多元休闲体验与深度文化沉浸。此类项目规模灵活多变，既可宏大如整个景区，亦可精细至单一的旅游活动、单体酒店建筑、地方特色美食、独特景观带，乃至旅游开发主体及其形象设计等，都可以被纳入其范畴。其核心在于，通过创造性思维对文化和旅游资源及其构成要素进行创新整合与优化，打造具有高度吸引力的文化旅游产品。

二、文化和旅游项目的创意设计策略

（一）文化和旅游项目创意设计的原则

1. 人无我有，人有我新，人新我转

"人无我有"强调原创性，即创造独一无二、填补市场空白的旅游项目，以绝对的新颖性吸引游客；"人有我新"侧重于改造性创新，通过本土化改造，赋予现有旅游项目新的生命力与地域特色，实现差异化竞争；"人新我转"体现了灵活应变的市场策略，当面对难以超越的竞争对手时，主动调整方向，开拓新的市场空间，创造体现本地特色且能满足游客新需求的旅游项目。

2. 因地制宜、综合考量

在项目设计过程中，需严格遵循因地制宜的原则，深入挖掘特定区域的自然、人文资源潜力，结合地理环境、历史文脉、经济基础等因素，打造具有鲜明地域特色的旅游项目。综合设计则强调对项目全要素的统筹考虑，确保各要素间的和谐共生，减少对周边环境的负面影响，实现经济与生态效益的双赢。

3. 可行性分析原则

文化和旅游项目设计应立足于旅游地开发实际，建立在扎实的可行性分析基础之上，从资源禀赋、投资能力、科技支撑、市场需求等多维度进行综合评价，确保项目具有现实可操作性和经济合理性。

4. 可持续发展原则

文化和旅游项目的创意设计应着眼于长远，坚持可持续发展原则，注重经济、社会、环境效益的协调统一。避免短视行为，确保项目既能满足当代游客的需求，又能为后代保留宝贵的旅游资源与生态环境。

（二）文化和旅游项目创意设计的内容构成

1. 项目命名

项目名称作为连接项目与游客的纽带，其重要性不言而喻。一个富有创意、易于记忆且能准确传达项目特色的名称，能够迅速吸引游客的注意，激发其探索欲望。因此，在命名过程中，需充分考虑游客的心理需求与审美偏好，力求达到艺术性与市场性的完美融合。

2. 项目风格定位

项目风格是项目特色与文化内涵的直观体现。在规划与开发过程中，需通过精心设计的建筑形态、色彩搭配、材料选择以及内部装修等细节元素，营造出独特的文化氛围与视觉体验。同时，旅游辅助设施与服务也需与项目风格保持一致，共同构成完整的文化体验体系。

3. 项目地理位置及占地面积

作为有形的实体存在，文化旅游项目在地域空间上需有明确的布局规划。这包括项目的占地面积、地理位置、建设规模等具体要素。通过精准定位与合理规划，确保项目能够充分利用土地资源，实现空间利用最大化，并为游客提供便捷的交通与舒适的游览环境。

4. 项目主题确立

项目主题是项目的核心与灵魂，是吸引游客的关键因素。一个鲜明且富有吸引力的主题能够有效区分项目与其他同类产品的差异，提升项目的市场竞争力。在确定主题时，需充分考虑项目目标、信息个性以及游客心理需求等多方面因素，确保主题既具有独特性又易于被游客接受与记忆。

5. 项目功能设定

项目的功能定位直接关系到游客的体验质量与项目的整体效果。在创意设计过程中，需对项目功能进行准确界定与合理布局。明确项目的主导功能（如观光、度假、专项体验等）以及支撑体系或子项目系统（如餐饮、住宿、购物等），确保各功能板块间相互衔接、相互支撑，共同构成完整的旅游体验链条。

6. 项目内容与表现形式规划

文化和旅游项目是一个综合性的产品体系，其内容构建与表现形式需体现高度的创新性与综合性。在明确项目所包含的具体内容与子项目的基础上，需进一步探讨所采用的表现手法与呈现方式。通过多样化的表现形式与创意性的内容构建，使项目在激烈的市场竞争中脱颖而出，成为游客心目中的独特记忆点。

三、文化和旅游项目策划的程序

（一）文化和旅游项目环境综合分析

环境分析是项目策划流程的起点，旨在全面审视项目所处的内外部环境。内部环境聚焦于旅游地的资源禀赋，包括自然资源、人力资源、物力资源及财力资源的综合评估，以明确开发潜力与限制条件。外部环境侧重于市场需求分析，预测文化和旅游市场的动态趋势，以把握市场脉搏。

（二）文化和旅游资源特色挖掘

资源特色是项目差异化的核心。通过系统调查与客观评价，识别并提炼出旅游地独特的文化和旅游资源,这些特色资源将成为项目策划的竞争优势。此过程强调对资源独特性的深刻理解与精准定位,以满足多元化的市场需求。

(三)文化和旅游项目的初步构思

项目构思是基于资源特色与市场需求的创新过程。通过激发规划人员的创造性思维,结合来自旅游者、专家学者、竞争对手及旅游中介等的多方反馈,形成对潜在需求与欲望的功能性描述。这一过程强调思维的开放与创新性,力求在准确把握资源特色的基础上,提出新颖且可行的项目构想。

(四)文化和旅游项目构思的评估

在初步构思形成后,需进行严格的评估与筛选。利用前期论证成果,对项目构思的可行性、市场潜力及实施难度进行综合评判,剔除不切实际或难以实现的方案,保留并优化具有价值的项目构思。

(五)文化和旅游项目的设计深化

设计阶段是将项目构思转化为具体创意的关键。根据项目创意的内容要求与技术规范,制定详细的设计方案,确保创意的落地实施。同时,通过招标等方式吸引投资建设,为项目的顺利推进提供资金与技术支持。

(六)文化和旅游项目策划书的撰写

策划书撰写是项目策划成果的最终呈现。内容需涵盖项目创意的可行性分析、开发建设的时序安排与空间布局规划,以及投入产出的基本预算。策划书应体现可行、合理的严谨态度,确保项目策划的逻辑性、科学性与可操作性,为项目的后续实施提供指导。

第四节 文化和旅游线路规划策划

一、文化和旅游线路的基本概念

作为旅游活动的重要组织形式,文化和旅游线路旨在通过优化资源配置与空间布局,使旅游者在有限的时间内获得最大化的旅游体验。具体是指由旅游经营主体精心策划,依托交通网络,将一系列具有独特魅力的文化和旅游节点(包括景点、城市或乡镇)串联起来,形成具有鲜明特色与连贯性的游览路径。其形成过程受到多重因素制约,包括但不限于旅游资源的地理分布、交通基础设施的完善程度、旅游市场的供需状况,以及旅游者的时间偏好与消费能力等。这些线路既可独立存在于某一特定旅游区域或行政区域内,形成闭环系统;也可跨越区域界限,实现跨区域协作,构建出更为宏大的旅游网络。

二、文化和旅游线路的基本类型划分

(一)基于空间尺度的分类标准

1. 短程旅游线路

聚焦于区域内部,通常覆盖一个地区级旅游城市及其周边城镇或县区,适合短途休闲与周末游憩。

2. 中程旅游线路

跨越省级或邻近省级旅游区的边界,连接多个重要旅游节点,适合中长途旅行爱好者。

3. 远程旅游线路

涵盖跨省级乃至跨国界的广阔地域,包括海外旅游线、边境旅游线及国内远距离旅游线,能够满足深度探索与跨国体验的需求。

(二)基于时间维度的分类

1. 一日游旅游线路

强调高效利用时间,适合时间紧凑的游客,实现快速游览与即时返程。

2. 多日游旅游线路(如二日游、三日游、多日游)

提供更为充裕的时间安排,允许游客深入体验各旅游节点的文化魅力与自然风光。

(三)基于线路性质的分类

1. 普通/综合旅游线路

主要面向广大无特定偏好的旅游者,提供全面而均衡的旅游体验。

2. 专项/专题旅游线路

针对具有特定兴趣或需求的游客群体,如文化探索、自然探险、宗教朝圣等;线路设计围绕特定主题展开。

(四)基于旅游目的的分类

1. 观光旅游线路

以游览观光为主要目的,串联多个知名景点,展现多样化的旅游资源。

2. 度假旅游线路

侧重于休闲度假,多选择环境优美、设施完善的旅游目的地,提供放松身心的体验。

3. 探险考察线路

面向寻求刺激与挑战的游客,设计包含探险元素与科学考察内容的线路。

4. 文化旅游线路

深入挖掘地方文化内涵,通过参观历史遗迹、体验民俗风情等方式,增进游客对文化的理解与认同。

5. 宗教旅游线路

围绕宗教圣地与宗教活动,为信徒与宗教文化爱好者提供朝圣与学习机会。

(五)基于市场范围的分类

1. 国际级旅游线路

依托世界级旅游景点,吸引全球游客,展现国家形象与文化魅力。

2. 国家级旅游线路

针对国内游客市场,打造具有全国影响力的旅游品牌。

3. 省级旅游线路与地方旅游线路

聚焦区域特色,满足地方游客的出游需求,促进地方经济发展。

(六)基于空间布局形态的分类

1. 两点往返式旅游线路

简单直接,往返于两个主要旅游节点之间。

2. 单通道式 / 单线贯通式旅游线路

沿单一路径串联多个旅游节点,形成线性游览路线。

3. 环通道式 / 环行贯通式旅游线路

形成闭环,游客可沿旅游环线游览并返回起点。

4. 单枢纽式 / 单点轴幅式旅游线路

以一个核心旅游节点为中心,辐射周边旅游点。

5. 多枢纽式 / 多点轴幅式旅游线路

多个核心旅游节点相互连接,形成复杂的网络结构。

6. 网络分布式旅游线路

旅游节点间通过多条线路相互连接,形成高度灵活与多样化的旅游网络。

(七)基于交通工具的分类

根据所采用的交通工具,可分为徒步旅行线、自行车旅游线、水上旅游线、航空旅游线、铁路旅游线、海洋旅游线及混合交通旅游线等,每种类型都体现了不同的旅行体验与交通特色。

(八) 基于使用对象的分类

针对不同的旅游群体,如团体游客、散客及自助游者,设计相应的旅游线路,以满足其个性化的旅游需求与偏好。

三、文化和旅游线路规划的内容构成

(一) 文化和旅游线路规划设计的原则

文旅线路规划设计的核心在于遵循一系列原则,旨在实现安全与经济性、效益最大化、顺序与节奏的科学性、主题鲜明与特色突出、交通衔接顺畅与方式多样性,以及市场导向下的创新与多样性。

(二) 文化和旅游线路规划设计的内容

1. 文化和旅游线路名称的确定

文旅线路的命名需精练而富有深意,以不超过 10 个字为宜,既要体现线路的核心特质与设计思路,又要直观反映主题,同时融入创新元素,以产生鲜明的品牌识别度与强烈的广告效应,确保名称在受众心中留下深刻印象。

2. 线路的定位分析

线路定位需深入分析旅游者的多元化需求,包括但不限于其年龄、职业、教育背景、经济能力及个人偏好,以此为基础设计多样化的线路类型,确保满足不同游客群体的特定需求。

3. 文化和旅游节点的选择

文旅线路节点,即景区与城市的选择,需围绕线路主题、客源市场、交通便捷度及行程时长等核心要素进行综合评估,确保各旅游节点间既相互关联又各具特色,共同构建起完整的文旅体验链条。

4. 交通线路和方式的确定

交通线路与方式的选择是实现文旅线路目标的关键。需兼顾现状条件与未来发展,力求在空间距离与时间效率上达到最优,同时确保交通方式的多样性与便捷性,为游客提供舒适高效的旅行体验。

5. 住宿、餐饮、娱乐购物场所的选择

住宿、餐饮、娱乐、购物等服务配套是文旅线路的重要组成部分。其选择需基于价格合理性、地理位置便利性及与线路主题的契合度等进行综合考虑,以强化整体旅游体验的深度与广度。

6. 旅游线路的编排

文旅线路的编排需对选定的节点、交通及服务配套等元素进行有机融合，形成逻辑清晰、节奏恰当的旅游路线。这包括空间顺序的合理安排及时间分配的精确控制，确保游客在有限的时间内获得最丰富的文旅体验。

7. 文化和旅游线路价格的确定

对于旅行社推出的文旅线路而言，价格需基于市场分析与成本核算进行灵活调整；对于区域旅游线路及景区内游览线路的设计而言，虽不直接涉及定价问题，但需关注市场动态与消费者心理预期，为相关方提供有价值的参考。

8. 多方案的比选与优化

最后，通过多方案比选机制对设计出的文旅线路进行全面评估与比较，选取最符合要求的线路作为正式方案。这一过程不仅是对设计成果的检验与优化，更是对未来实施效果的科学预测与保障。

第五节　文化和旅游形象规划策划

一、文化和旅游形象的调研分析

（一）文化和旅游形象的理论界定

文化和旅游形象作为旅游者对特定目的地文化体验与旅游活动感知的综合体现，是目的地信息在游客认知框架内主观构建的结果。这一概念不仅涵盖了旅游者对目的地物理环境、文化景观的直接感知，还融合了其情感共鸣与价值认同，是目的地形象在游客心中的深刻烙印。

"形象策划是企业身份的确定，通过具有个性的身份，树立鲜明的形象，在企业内外加以传播，内部形成一个企业'共同体'，外部使企业成为对社会有所贡献的重要成员。这两方面要求企业必须有明确的理念基础和行为表现，通过相应的视觉形象策划，形成面向社会的宣传系统，以形象导向促使'行销'，独树一帜，成为众所周知且愿意与之"交易"因而生意兴隆的信得过的企业。"[①]

---

① 陈传康，王新军. 神仙世界与泰山文化旅游城的形象策划（CI）[J]. 旅游学刊，1996（1）：48-52.

（二）文化和旅游形象的调研方法

1. 文化和旅游形象现状调研与识别

文化和旅游形象的现状调研，是科学规划与设计的前提。这一过程通过量化分析知名度、美誉度及认可度三大维度，全面评估旅游地在公众心目中的综合形象。其中，知名度作为识别的基础，反映了旅游地对潜在游客的吸引力；美誉度则体现了游客对目的地正面评价的程度，是口碑效应的关键；认可度则进一步将形象转化为消费动力，衡量了旅游地产品与服务的市场竞争力。

2. 文化和旅游形象调研的技术手段

文化和旅游形象调研需采用社会学与市场营销结合的方法，确保数据的全面性与准确性。首先，明确调研目标，确保研究方向的聚焦性；其次，界定调研对象，确保样本的代表性；再次，依据研究设计选择适宜的抽样方法，如系统随机抽样、分层随机抽样等，以控制误差并提升数据质量；最后，精心设计调查问卷，确保问题的有效性与信效度，为数据分析奠定坚实的基础。

二、文化和旅游形象的定位与设计策略

（一）文化和旅游形象的定位方法

1. 定位的基本流程框架

文化和旅游形象的定位是一个系统性的分析与决策过程，包括感知形象分析、区域文脉把握、形象遮蔽分析及差异化形象叠加 4 个核心步骤。感知形象分析旨在洞察游客偏好，为定位提供市场依据；区域文脉把握则强调地域特色与文脉传承，为定位奠定文化基础；形象遮蔽分析揭示区域内旅游资源的同质性竞争，促进定位策略的创新与突破；差异化形象叠加则通过区域内各旅游地的差异化定位，形成合力效应，提升整体竞争力。

2. 定位的方法选择

文化和旅游形象定位的方法应遵循尊重历史、体现时代、立足本土、放眼全球的基本原则，灵活运用领先定位法、比附定位法、逆向定位法、空隙定位法、重新定位法等多种策略。

（二）文化和旅游形象的设计策略

1. 理念识别的构建

理念识别是文化和旅游形象设计的灵魂，它通过对目的地自然、社会、历史、文化等特征的提炼，形成具有独特内涵与广泛认同的核心理念。这一理念贯穿于视觉、行为

等所有形象元素之中,成为文化和旅游地形象的核心竞争力。

2. 视觉识别的塑造

视觉识别系统作为文化和旅游形象最直接的表现形式,通过旅游地名称、标徽、标准字、吉祥物及纪念品等基本要素的设计,构建了一套具有鲜明特色的视觉符号体系。这些视觉元素不仅承载着旅游地的文化信息,还通过视觉冲击力与美感体验,加深了游客对目的地的印象与记忆。

3. 行为识别的规范

行为识别系统是理念识别的具象化体现,涵盖了文化和旅游从业人员的服务形象及当地居民的日常行为表现。通过制定统一的服务标准与行为规范,文化旅游地能够展现出良好的职业风貌与地域文化特色,进而提升游客的整体满意度与忠诚度。

三、文化和旅游口号的创意设计

文化和旅游口号作为形象定位的语言表达形式,是旅游地品牌形象的高度凝练与集中展现。其设计应紧扣旅游地的核心优势与文化内涵,通过简洁明了、朗朗上口的语言表达,激发游客的出游欲望与探索兴趣。同时,口号还应具备时代感、独创性与深刻寓意,以在游客心中留下深刻印象并引发共鸣。

四、文化和旅游形象的传播与推广策略

文化和旅游形象的传播与推广是一项系统工程,需要综合运用形象广告、网络宣传、艺术作品、事件营销、公关活动等多种手段与渠道。通过构建立体化的宣传传播体系,文化旅游地能够实现对潜在游客的有效触达与深度影响,从而增强旅游地的市场竞争力与品牌影响力。在这一过程中,应注重传播内容的创新性与互动性,以激发游客的参与热情与分享欲望;同时,还应关注传播效果的评估与反馈机制建设,以不断优化传播策略,提升传播效果。

第六节 文化和旅游基础设施与服务设施规划策划

一、文化和旅游基础设施的规划策略

(一)文化和旅游交通规划

在文旅融合的背景下,交通系统的构建成为促进文化体验与旅游活动高效衔接的关

键。旅游者对交通的期许不仅在于通达性，更涵盖了高效性、安全性、舒适性、经济性及便捷性等多维度的要求。因此，文旅交通规划需细致划分为对外交通与内部交通两大维度，以系统性思维构建全方位交通网络。

1. 对外交通规划的要求和具体内容

（1）核心要求

对外交通规划的首要任务是确保游客的顺畅流动，同时兼顾安全性与经济性，充分考量游客的出行习惯、经济能力及其对便捷性的要求。此外，还需实现内外交通的无缝对接，提升中转效率，并针对不同交通方式（如航空、铁路、公路、水运等）进行定制化设计，确保设施充足与高效利用。

（2）实施策略

通过构建多层次的交通接驳体系，优化交通枢纽布局，增强交通信息的透明度与可及性，利用智能交通技术提升管理效能，确保游客能够安全、经济、便捷地进出旅游目的地。

2. 内部交通规划的要求和具体内容

（1）内涵界定

内部交通聚焦于旅游地核心区域与各大景区、景点之间的连通，其核心在于构建高效、环保且融入自然景观的交通网络。

（2）关键要素

①旅游地公路网络：强调路面质量与自然环境的和谐共生，采用生态友好型材料与技术，保障行车安全与景观保护的双赢。

②游步道设计：依据地形地貌，巧妙融合自然元素，设置安全护栏与扶手等辅助设施，提升步行体验的趣味性与安全性。

③特种交通工具规划：鼓励创新设计，突出地域特色，使之成为旅游体验的重要组成部分，增强游客的参与感与体验感。

④交通配套设施：完善停车场、旅游码头、加油站及维修站等配套设施，确保游客在旅途中的各项需求得到满足。

（3）交通引导系统的规划

交通引导系统分为一般道路标志系统与旅游交通导引系统两部分，旨在通过智能化手段提升交通信息的传递效率与准确性。

①一般道路标志系统：运用标准化、国际化的图形、符号与文字，清晰指示道路方向，保障行车安全。

②旅游交通导引系统：在旅游目的地的关键节点设置中英双语标识，结合数字化手段（如手机 APP、电子导览屏等），为游客提供全方位、多渠道的交通信息服务。

（二）文化和旅游通信规划

文化和旅游通信系统作为旅游业的信息枢纽，其建设水平直接关系到旅游业的现代化进程。因此，构建集信息收集、处理、传递于一体的电子化、数字化、智能化通信系统，成为推动文旅融合发展的重要支撑。

首先是文化和旅游区内的通信设施规划。在旅游景区、游客集散中心等关键区域，合理布局电话亭、无线网络接入点等通信设施，确保游客通信畅通。

其次是邮政和网络规划。根据旅游地的实际情况，灵活规划邮政局、邮箱及互联网接入设施，满足游客的寄递与上网需求。

最后是文化和旅游信息中心规划。建立多功能、综合性的文旅信息中心，为游客、旅游企业、管理机构等提供全方位的信息服务，推动信息资源的共享与高效利用。

（三）文旅安全卫生体系的全面构建

1. 应急救援体系的规划

应急救援体系建设旨在当文化和旅游活动中发生突发事故时，能迅速响应并为游客提供高效、专业的紧急救援与医疗服务，确保游客生命安全。

2. 医疗健康服务的布局

文化和旅游发展规划中的医疗健康服务布局强调，在城市旅游区域设立具备国际服务标准的定点医疗机构；在旅游目的地内，融入特色医疗资源如名医诊疗、保健养生设施及康复产品；在景区核心区域构建医疗急救站；在酒店、游乐场等旅游服务场所及旅游线路上，合理配置医疗服务点。

3. 安全保障设施的规划

安全保障设施规划涵盖 3 个方面核心内容：首先，针对自然灾害如洪水、海啸、水库泄洪、雷电、地热等制定防护策略；其次，加强基础设施如电力线路、道路工程、桥梁索道、安全防护设施（如栏杆、扶手）、消防设施、避雷系统的建设、维护与监测；最后，实施水上活动、登山路径、野生动物防护、狩猎安全、露营用火、紧急疏散程序及地下空间应急照明与供氧等全面安全管理。

4. 社会安全治理的规划

社会安全治理规划聚焦于就业与居住管理、危险物品控制，以及治安维护等方面，构建包括设施监控、警民联防、应急响应在内的综合安全网络，配备先进技术与人员装备，形成旅游区内高效协同的治安管理体系。

5. 食品安全管理的规划

强化旅游食品卫生监管体系，通过科学管理与技术手段，确保食品供应链全程安全，提升游客饮食健康保障水平。

6. 消防体系的构建

在旅游密集区域如城镇中心、游客聚居地等，规划布局相匹配的消防设施与装备，建立健全消防管理与应急联动机制，加强消防知识普及与应急逃生技能培训，提升整体消防防御能力。

7. 防震减灾的战略规划

针对历史上自然灾害频发的旅游区域，实施系统性防震减灾规划与人员培训，增强区域抵御自然灾害的能力，完善应急响应机制，提升综合防灾救灾效能。

8. 环境卫生设施的优化

环境卫生设施的优化设计是维护旅游区域环境卫生质量的关键。优化设计内容包括公共卫生间、垃圾分类收集系统、垃圾处理设施及粪便无害化处理设施等的合理布局与高效运营，以确保旅游环境整洁、健康。

二、文化和旅游服务设施的规划策略

（一）住宿设施的规划设计

在文旅产业中，住宿设施作为游客体验的重要组成部分，其规划需兼顾标准化与多元化。依据国家标准《旅游饭店星级的划分与评定》（GB/T 14308—2023），旅游饭店依据服务品质与设施完备度被划分为 5 个星级档次，自一星至五星，星级高，则代表更高的服务水准与豪华程度。然而，市场需求的多元化促使住宿设施类型不断丰富，从传统的酒店到度假村、家庭旅馆、托管公寓、汽车旅馆、青年旅舍乃至帐篷营地与拖车营地等，每一种类型都是针对特定消费群体（如家庭游客、背包客、自驾游客等）的特定需求而设计，形成了覆盖广泛、功能多样的住宿体系。此外，充分利用地方特色建筑改造而成的民宿与青年旅舍，不仅丰富了住宿选择，也促进了地方文化的传承与交流。

（二）餐饮设施的规划设计

餐饮设施规划是文旅服务设施体系中的关键环节，其布局与规划需考虑独立性与附属性的双重特性。独立的餐饮设施，以其庞大的建筑规模、复杂的内部功能及高度的游客聚集性，成为景区内的重要服务节点。此类设施的规划应着重于选址的合理性，力求在接待区、游览区及游览线路中间实现均衡分布，既满足游客即时用餐需求，又避免对景区整体景观造成不利影响。同时，设计时应融入地方特色，使之成为景区内的一道亮丽风景线，并具备多功能性与环境容量弹性，以适应不同规模的游客群体。相比之下，附属于宾馆的餐饮设施则更侧重于与住宿服务的无缝衔接，为住客提供便捷、舒适的用餐体验。

（三）康体娱乐设施的规划设计

康体娱乐设施作为提升游客满意度与忠诚度的重要手段，其规划应围绕身心健康与休闲娱乐两大核心目标展开。康体设施可细分为室内社会文化活动、陆地运动设施、陆上游憩设施及水上游憩设施四大类，每一类都包含丰富的子项目，旨在满足不同年龄层、不同兴趣爱好游客的需求。在规划过程中，需遵循科学性与前瞻性原则，通过市场调研与需求分析，确定适宜的主题与项目组合。同时，选址需综合考虑地区经济发展水平、客源市场规模、交通便捷度、用地条件及环境因素，确保设施的可达性与吸引力。此外，康体娱乐设施的设计应体现个性与地方特色，创造独特的体验价值，给游客留下深刻印象。

（四）购物设施的规划布局

购物作为旅游活动中的重要环节，其设施的规划对于提升旅游收入与增强游客体验具有重要意义。旅游购物设施的选址应遵循便捷性与趣味性原则，即在游客游览路线上的关键节点（如景区入口、休憩点、交通终端等）设置购物点，以方便游客随时购物。同时，购物设施的设计应融入地方文化元素，打造具有地方特色的购物环境，激发游客的购买欲望。此外，购物品种的选择也应多样化，既要包括满足日常需求的食品与日用品，也要涵盖具有地方特色的文化和旅游纪念品，以满足不同游客的购物需求。

（五）解说系统规划

1. 以文字标牌为主体

鉴于人类认知习惯与景区实践经验的累积，文字标牌在解说系统中占据核心地位。它不仅承载着信息传递的基本功能，更是景区文化、历史与特色的直观展现。未来，随着技术的进步与审美观念的变化，文字标牌的形式与内容或将不断创新，但其作为解说系统主线的地位预计将在较长时期内保持稳定。

2. 以物、人、技术的解说为辅助

技术解说的引入为传统解说方式带来了革命性的变化。通过对原物进行物理处理或数字化呈现，技术解说不仅提高了信息传递的效率，也拓宽了解说的边界。但是，技术解说的应用需谨慎平衡效率与信息完整性的关系，避免在追求高效的同时丢失关键文化信息。此外，人与物的直接互动解说，如导游讲解、现场演示等，也能为游客带来更加真实的体验，应作为技术解说的重要补充。

3. 定级分层管理

为解决解说内容参差不齐、缺乏统一标准的问题，需建立由政府主导的定级分层管理机制。具体而言，酒店以文化和旅游部的评定为准，风景区以住房和城乡建设部的定论为依据，文化遗产以文化部门的评价为准。

4. 音像解说系统规划

音像解说系统以其直观、生动的特点，成为提升游客体验的重要手段。在规划过程中，应注重以下几个方面：一是影像放映厅的建设，通过高清视频展示景区风光与特色，加深游客对景区的认知；二是投影屏幕与触摸屏的布置，利用现代科技手段实现自助式解说，满足游客个性化需求；三是广播及背景音乐系统的运用，营造舒适的游览氛围，同时传递重要信息；四是便携式语音解说系统的开发，为游客提供便捷、灵活的导览服务。

5. 印刷物解说系统规划

印刷物解说系统具有便携性、可保存性的特点。在规划时，应注重内容的丰富性、形式的多样性及设计的艺术性。包括文化和旅游地图、旅游风光画册、景区资料展示栏及书籍等多种形式，这些印刷物不仅能为游客提供详尽的景区信息，还能作为纪念品保存，延长旅游体验的时间跨度。

（六）游客中心规划

游客中心作为景区的核心服务设施，其规划与设计需兼顾功能性与美学性。根据《旅游区（点）质量等级的划分与评定》（GB/T 17775—2003）标准，游客中心应集信息咨询、交通疏导、游憩休闲等功能于一体，为游客提供全方位的服务。

1. 游客中心的功能

游客中心的功能包括信息咨询与宣传、交通疏导与游客集散、游憩休闲等。为实现这些功能，需配备先进的信息查询系统、完善的交通设施、舒适的休憩空间及多样化的服务设施。同时，还应关注特殊游客群体的需求，提供必要的辅助服务设施。

2. 游客中心的规划布局

在游客中心的规划过程中，需注重选址的合理性、规模的适应性及设施的完善性。选址应便于游客进出且预留足够的活动空间；规模应根据景区游客规模的变化进行动态调整；设施则应涵盖展示、服务、管理等多个方面，确保游客中心功能的全面实现。此外，游客中心的建筑风格也应体现地域文化特色。

第七节　文化和旅游营销规划策划

一、文化和旅游营销的理论基础

文化和旅游营销是指旅游地运用市场营销的科学体系吸引旅游者前往旅游地旅游的策略和方法。其核心在于运用市场营销学的系统理论，提升目的地的文化内涵与旅游价值，进而塑造独一无二的品牌形象。这一过程涵盖了增强目的地吸引力、创新旅游产品体系、强化市场推广力度以及激发游客消费潜力等多个维度。具体而言，通过精准提炼目的地的文化特色与旅游资源，设计富有吸引力的旅游产品与服务，结合多元化的宣传渠道，实现对目标市场的有效触达与深度影响，最终驱动游客流量的增长与消费行为的提升。

二、文化和旅游营销规划

（一）市场营销环境分析

文化和旅游营销的环境分析是对影响营销活动的所有内外因素的全面考察。外部环境涵盖政治（Political）、经济（Economic）、社会文化（Sociocultural）、技术（Technological）等多方面的宏观因素（PEST分析），内部环境则聚焦于企业资源、能力、组织结构等微观层面，运用SWOT分析法，对这些因素进行深入剖析，为制定科学合理的营销策略提供坚实的依据。

（二）文化和旅游营销规划的核心内容

在文化和旅游营销的具体规划中，需遵循一套逻辑严密、内容丰富的框架体系。首先，要明确营销目标，即确立市场营销活动的核心追求，包括量化指标（如市场份额、销售额）与质性指标（如品牌形象、顾客满意度）的双重考量，并依据时间维度划分为短期、中期与长期目标。其次，实施市场细分与目标市场选择策略，通过科学的细分标准将市场划分为若干子市场，评估各子市场的吸引力与可行性，最终确定目标市场并进行精准定位。再次，制定市场营销组合策略，即综合运用产品、价格、渠道、促销四大营销策略，形成差异化的竞争优势。最后，编制详细的市场营销计划，包括现状分析、战略制定与行动方案等，确保营销策略有效执行并持续优化。

三、文化和旅游目标市场的精细化划分与策略

目标市场营销策略,也称 STP(Segmentation,Targeting,Positioning)营销框架,是旅游目的地与旅游企业基于自身核心竞争力,深入实施的一项系统性营销活动。此策略要求广泛且细致地开展文化和旅游市场的调研分析,并将整体市场划分为具有相似需求特征的若干子市场。在此基础上,旅游目的地与企业需精准识别并选定与自身资源禀赋及战略定位相契合的目标市场。随后针对这些特定目标市场的独特需求与偏好,定制开发相应的文旅产品与服务,并设计一套包括产品差异化、价格策略、渠道布局及促销手段在内的营销组合策略,以确保在目标市场中有效定位并占据竞争优势。它一般包括市场细分、目标市场选择和市场定位3个方面。

1. 市场细分

市场细分作为 STP 策略的起点,是依据旅游者需求的差异性,运用科学指标与方法,将整体客源市场划分为若干具有鲜明特征的细分市场的过程。在国内,常见的细分维度包括地理特征、社会经济与人口学特征、心理学特征及旅游者行为特征四大类。这一划分过程,不仅有助于旅游地更清晰地识别不同游客群体的需求偏好,也为后续的目标市场选择与市场定位奠定了基础。

2. 目标市场选择

目标市场选择是在市场细分的基础上,旅游地与旅游企业根据自身资源与能力,结合营销目标,对各个细分市场的规模、增长潜力、需求特点以及自身生产与经营能力进行综合评估后做出的重要决策。这一过程涉及3个关键步骤。

(1)细分市场的综合评估

评估需综合考虑细分市场的规模与增长率、市场结构的吸引力、旅游地营销目标与资源匹配度等因素,确保所选市场既具潜力又符合实际。

(2)目标市场的确定

通过深入分析旅游地区位优势(如交通便捷性、与客源地距离等)、旅游资源特色(如文化内涵、资源品质等)、开发成本、销售潜力、服务能力及竞争态势,运用 SWOT 分析法,识别自身优势与劣势,把握市场机会与威胁,最终选定最具吸引力的目标市场。

(3)市场战略定位

市场定位的核心在于使旅游地提供的价值主张与目标市场游客的期望高度契合。这要求旅游地深入剖析目标市场旅游者的需求与偏好,识别竞争对手的弱点,凸显自身差异化优势,构建独特的品牌形象,并通过有效的传播策略,激发旅游者的出行意愿。

3. 市场营销策略的选择与优化

在目标市场明确后，旅游地与企业需量身定制市场营销策略。常用的策略包括无差异性、差异性和集中性三种，每种策略各具特色，适用情境各异。

（1）无差异性市场营销策略

此策略基于市场需求的共性，将整体市场视为无差异的整体，提供统一的文旅产品与服务。其优势在于规模效应显著，经营成本与营销费用相对较低。然而，忽略个体差异可能导致需求满足不足，市场适应性差，增加经营风险。该策略适用于需求差异小或具有强垄断性的文旅产品。

（2）差异性市场营销策略

此策略强调针对不同细分市场的特异性需求，设计并提供多样化的文旅产品与服务，采用差异化的营销组合。其优势在于能够精准满足多元需求，增强市场竞争力，分散经营风险；但也可能因资源分散而削弱规模经济效应，增加运营成本。该策略适用于规模较大、实力雄厚的旅游企业，以及市场需求差异显著且各细分市场吸引力均衡的情境。

（3）集中性市场营销策略

此策略聚焦于少数几个性质相似的细分市场，集中优势资源，采用高度针对性的营销组合。其优势在于能够迅速在特定市场建立竞争优势，降低成本。但该策略市场风险相对集中，需警惕市场突变与强势竞争者的威胁。该策略尤其适合中小型旅游企业及拥有独特旅游资源的旅游地。

4. 目标市场营销策略选择考量因素

在具体选择目标市场营销策略时，旅游地与旅游企业应综合考量多方面因素，包括但不限于以下内容。

（1）资源条件与经营能力

评估自身资源储备、技术实力、管理能力等，确保策略实施的可行性。

（2）文旅产品特性

分析产品的独特性、创新性及市场适应性，确保产品能够满足目标市场需求。

（3）市场特点

深入了解目标市场的规模、结构、增长潜力及消费者行为特征。

（4）产品生命周期阶段

根据产品在生命周期中的位置，制定相应的营销策略，以最大化市场价值。

（5）市场竞争状况

评估竞争对手的策略、实力及市场动态，确保策略的有效性与竞争力。

（6）营销环境

关注宏观环境（如政策、经济、社会、技术等）的变化趋势，灵活调整策略以应对不确定性。

四、文化和旅游营销组合策略

关于文化和旅游营销组合策略，美国营销专家麦克塞提出的"4P"组合理论——产品（Product）、定价（Price）、销售渠道（Place）、促销（Promotion）——提供了一个系统性的分析框架。

（一）文化和旅游产品策略

作为文化和旅游市场营销组合的核心，文化和旅游产品策略直接关系到游客需求与期望的满足。其涵盖了产品生命周期管理、产品组合优化以及新产品开发等多个维度，共同构成了产品策略的完整体系。

1. 生命周期各阶段策略

文化和旅游产品的生命周期是产品从市场引入至最终退出市场的全过程，可划分为投入期、成长期、成熟期和衰退期四个阶段。每个阶段均呈现出独特的市场特征与消费者行为模式，要求文旅企业采取差异化的营销策略以应对市场变化。

（1）投入期

此阶段的关键在于快速建立市场认知与接受度。企业可采用快速渗透策略，通过低价进行促销迅速占领市场并树立品牌形象；或选择缓慢渗透策略，以高价格低促销的方式最大化初期利润，寻求以成本效益为导向的市场渗透。

（2）成长期

随着市场认知度的提升，文旅企业应着眼于巩固市场份额并寻求进一步扩张。这包括：提升产品质量、丰富产品线以满足不同消费者需求；加强产品特色宣传，构建品牌忠诚度；拓展销售渠道，提升市场覆盖率；适时降价以应对市场竞争，同时避免潜在进入者的威胁。

（3）成熟期

在此阶段，销售增长率趋于稳定甚至下滑，企业需通过市场改进、产品改进或营销组合改进等手段延长产品生命周期。市场改进旨在挖掘新市场潜力，产品改进则聚焦于提升产品附加值与服务水平，营销组合改进则通过调整价格、渠道、促销等策略组合以激发新的市场需求。

（4）衰退期

面对市场需求的减少与竞争压力的增加，文旅企业需审慎决策以决定是否继续经营该产品。继续营销策略，维持现状直至产品自然退出；集中营销策略，聚焦于有利可图的市场细分；收缩策略，通过减少营销投入以最大化当前利润；放弃策略，则是果断退出市场，将资源转向更具潜力的领域。

2. 文化和旅游产品组合策略

产品组合策略的核心在于根据旅游区的经营目标、资源禀赋、市场需求及竞争态势，科学配置产品组合的宽度、深度与关联性。这要求文旅企业具备敏锐的市场洞察力与灵活的产品调整能力。扩大产品组合策略旨在拓宽产品线，覆盖更广泛的消费者群体；缩小产品组合策略则聚焦于精简产品线，提升核心竞争力；改进现有产品策略强调持续优化产品性能与服务质量；高档品与低档品策略则是分别针对高端与低端市场进行差异化布局。

3. 文旅新产品开发策略

"旅游目的地的核心竞争力在于其具有与其他地方不同的地方特色景观，包括目的地自然景观（自然地理特征）或人文景观（地方历史文化内涵和地方风情民俗）特征，为了使文旅新产品开发尽可能取得成功，旅游区必须根据旅游市场需求、竞争态势和自身的经营实力，选择开发文旅新产品的策略。"[①] 可供选择的新产品开发策略有独创策略、仿制策略、改进策略、扩大策略和合作开发策略等。其中，独创策略强调通过创新设计与独特体验打造具有唯一性的文旅产品；仿制策略则通过学习借鉴成功案例，快速推出相似产品以满足市场需求；改进策略是在现有产品基础上进行微创新，提升产品吸引力；扩大策略则通过产品线延伸或跨界合作拓展新的市场空间；合作开发策略则通过资源共享与优势互补，共同打造具有市场竞争力的文旅产品。

（二）文化和旅游产品定价策略

文化和旅游产品的价格不仅关乎企业的盈利能力，更是塑造品牌形象、引导市场需求、构建竞争优势的重要工具。在规划产品营销策略时，旅游地和相关企业必须审慎考量价格因素，通过科学合理的定价方法与技巧，实现产品价值与市场需求的精准对接。

1. 定价方法的选择与运用

（1）成本导向定价法

此方法主要基于产品成本结构，强调以总成本（包括变动成本与固定成本）为基础，通过成本加成或目标收益率等方式确定价格。其优势在于确保了企业的基本盈利，但需注意避免成本转嫁导致的市场接受度下降。

---

① 张捷，程章灿，刘泽华. 作为地方文脉的古典诗词的旅游规划模式：以江苏省吴江市江南水乡古诗词文化旅游产品规划为例[J]. 浙江师范大学学报（社会科学版），2007（5）：1-6.

（2）需求导向定价法

该方法聚焦于旅游者对文旅产品价值的主观认知，通过市场调研、消费者行为分析等手段，捕捉并响应市场需求变化，以价值感知为定价依据。此策略有助于提升产品附加值，但需精准把握市场需求动态，以防定价偏离市场实际。

（3）竞争导向定价法

在高度竞争的市场环境中，此方法以竞争对手的价格为参照，通过价格跟随、价格领先或价格差异化等策略，构建自身的市场定位。其优势在于快速适应市场竞争态势，但需警惕价格战的风险，确保长期盈利能力稳定。

2. 定价策略的实践与创新

（1）新产品定价策略

对于文旅新产品而言，合理的定价策略是其成功打入市场、建立品牌形象的关键。撇脂定价策略通过高定价快速回收成本并树立高端形象，渗透定价策略则以低价快速占领市场；二者各有千秋，需根据产品特性、市场接受度及企业战略目标综合考量。

（2）折扣定价策略

通过现金折扣、数量折扣、季节折扣、同业折扣等多种形式的折扣策略，旅游地能够有效激励中间商和旅游者，促进销售增长。此策略需精准把握折扣力度与时机，避免过度打折损害品牌形象或引发价格战。

（3）心理定价策略

利用旅游者的心理特征进行定价，如整数定价传递品质感，尾数定价营造性价比，声望定价彰显品牌地位，分档定价满足不同消费层次需求。心理定价策略要求深刻理解消费者心理，精准把握价格敏感度，以实现最佳市场效果。

（4）促销定价策略

在促销活动期间，旅游地需根据促销目标灵活调整产品价格，使价格与促销活动相互协调，共同推动销售增长。此策略需注重促销活动的整体策划与执行，确保价格调整既能吸引消费者又能实现促销目标。

3. 门票价格制定的综合考量

门票价格作为旅游地接触旅游者的第一道门槛，其制定需综合考虑多方面因素，以平衡旅游地收入、旅游者满意度及市场稳定性。

（1）文旅业与文旅产品的综合性特点

鉴于文旅业的综合性和文旅产品的多元化特点，门票价格的制定需充分考虑旅游者在旅游地的整体消费体验。通过合理设置门票价格与二次消费的关系，引导旅游者进行多元化消费,提升旅游地的综合收入。

(2)旅游者的价格敏感程度

旅游者对门票价格的变化往往具有较高的敏感度。因此,在制定门票价格时,需谨慎评估价格变动对旅游者购买意愿的影响,避免频繁或大幅度提价导致的市场波动。同时,通过透明化价格政策、提供增值服务等方式,增强旅游者对价格的接受度。

(三)文化和旅游产品销售渠道策略

1. 渠道类型的划分与特点

根据是否经过旅游中间商,文旅产品的销售渠道可分为直接销售渠道与间接销售渠道两大类。直接销售渠道通过减少中间环节,实现企业与旅游者的直接对接,有助于提升信息传递效率和服务质量;间接销售渠道则借助旅游中间商的专业能力和市场网络,扩大产品市场覆盖面,降低销售成本。

2. 渠道选择的影响因素与策略

在选择销售渠道时,旅游地和旅游企业需综合考虑多方面的因素。

(1)文旅产品特征

产品性质、知名度、季节性及生命周期等因素直接影响销售渠道的选择。例如,季节性强的产品可能更适合通过间接渠道进行预售;而高知名度的产品则可能更倾向于直接渠道以维护品牌形象。

(2)目标市场特征

目标市场的规模、购买习惯、集散程度及地区分布等因素对销售渠道的选择具有重要影响。例如,针对大规模市场或集散程度高的地区,需要建立更广泛的销售网络;针对特定细分市场或地区,则更适合采用定制化销售渠道。

(3)旅游地、旅游企业自身因素

在选择销售渠道时,需全面审视旅游地与旅游企业的内在特质,如经营规模的大小、营销管理能力的强弱、过往经验的丰富程度及产品组合策略的布局等,这些因素构成了决策的重要内部依据。

(4)其他因素

政治、经济、自然环境也会对旅游地和旅游企业的销售渠道产生影响。外部环境中的政治稳定性、经济景气度及自然环境状况等亦不容忽视,它们作为外部变量,对销售渠道的选择与布局产生着不可忽视的影响。

3. 旅游地销售渠道的构建

对于旅游地而言,构建全面而高效的销售渠道体系,需采取多元化策略。这包括但不限于以下策略：在核心目标市场设立官方旅游代表处，以强化直接销售能力；与旅游中间商建立紧密合作关系，拓宽代理销售渠道；携手专业旅行社，共同研发并推广特色旅游产品；深化与专业团体市场的联系，实现定制化旅游服务的精准对接；打造中央预订系统（CRS），提升预订效率与服务质量；积极参与全球分销系统（GDS），融入全球旅游市场网络，以拓宽国际视野。

（四）文化和旅游产品促销策略

旅游促销的目的在于通过有效的信息传递与沟通手段，增强目标市场对文旅产品的认知与兴趣，进而促进销售量的提升。促销策略的制定与实施，需以促销组合为基础，综合运用广告、公共关系、销售促进、人员推销四种促销方式，形成协同效应。其中，人员推销属直接促销，前三种属于间接促销。

1. 广告策略

广告作为间接促销的重要手段之一，通过非人员媒介传播文旅产品信息，具有覆盖面广、影响力强的特点。根据广告目标的不同，可将旅游广告细分为通知广告、说服广告与提醒广告三种类型，分别适用于市场开拓、竞争对抗与品牌维护等不同阶段。

2. 公共关系营销

公共关系营销（简称公关）强调通过传播手段处理企业与社会公众的关系，以树立良好企业形象并促进产品销售。旅游地与旅游企业可采用新闻发布会、节日庆典、专题活动、展览博览会、社会公益活动赞助等多种公关营销手段，提升品牌知名度与美誉度。

3. 销售促进策略

销售促进又称营业推广，是指旅游地通过提供价格优惠或增值服务等短期诱因，激励消费者与中间商购买或代理文旅产品。其特点在于针对性强、短期效果显著且形式灵活多样。旅游地可通过折扣促销、赠品促销、捆绑销售等多种方式实施销售促进策略，以快速提升市场份额与销售额。

4. 人员推销策略

人员推销是最古老的一种传统促销方式，是指旅游地派出专职或兼职推销人员与消费者面对面交流，实现产品信息的精准传递与购买意愿的有效激发。常用方式包括派员推销、电话推销与营业推销等，各具特色且适用场景广泛。

（五）互联网营销

互联网作为当今最为经济高效、广泛覆盖且潜力无限的营销渠道，深刻改变着旅游业的促销格局。文旅营销深度融入互联网策略，涵盖新闻资讯传播、在线广告推广、市场调研（含在线交易、定制化文旅产品开发）等多个维度。针对特定旅游目的地，应优先优化其官方网站，构建集区域旅游精粹于一体的信息系统与平台，同时推动各景点及旅行社的网页建设，确保它们能作为独立门户吸引流量。这些网页需积极寻求主流搜索引擎及热门网站的合作链接，以扩大曝光度。此外，利用电子邮件营销发送定制化电子资讯，建立全方位在线预订系统，覆盖交通、住宿、门票等，并通过旅游网站实施精准广告投放与市场调研，针对用户偏好开展网络问卷，甚至可以设置奖励机制吸引网站访问者参与线下旅游体验，以此促进旅游地的品牌认知与市场渗透。

第八节　文化和旅游规划策划的投资及效益综合评估

一、文化和旅游投资估算的科学方法

（一）旅游投资估算的基本概念与依据

1. 投资估算的定义

投资估算作为文化和旅游项目规划与管理中的关键环节，基于建设规模、产品规划、技术选型、设备配置、工程布局及实施时间表等核心要素，科学预测并合理确定项目全生命周期内所需资金总额及其年度分配计划。这是对项目经济可行性的初步验证，也是后续融资、成本控制与财务管理的重要依据。

2. 投资估算的依据

（1）工程内容与规模

明确界定主要工程、辅助工程及单项工程的具体建设内容与工程量，作为估算的直接基础。

（2）造价指标与计算方法

参考权威机构发布的工程造价估算指标、费用构成及计算方法，确保估算的科学性与合理性。

（3）政策与市场信息

结合政府部门发布的物价指数、费用标准及市场动态因素（如利率、汇率、税率变动），调整估算参数，以反映市场实际情况。

（4）历史数据与案例

借鉴已建同类工程项目的投资档案资料，通过类比分析，提升估算的准确性和可参

考性。

（5）动态因素考量

充分考虑影响投资估算的各类动态因素，如政策调整、市场波动等，确保估算结果的前瞻性与适应性。

（二）旅游投资估算内容

1. 开发建设投资

作为旅游规划的核心板块，旅游项目开发建设投资聚焦于土地获取、基础设施建设、环境整治与美化等方面。具体而言，包括土地征用与拆迁补偿、专业设计服务费用、建筑物改造与修复成本，以及环境保护与绿化工程的投入。

2. 旅游基础设施投资

旅游基础设施是支撑旅游业发展的基础，主要包括交通、给排水、供电及通信四大系统。其中，交通系统尤为关键，不仅涉及外部交通网络的接入（如机场、铁路、公路），还涵盖景区内部交通设施的建设（如公路、游步道、停车场、索道、游船等）。

3. 接待服务设施投资

接待服务设施投资涵盖了从旅游服务中心、住宿餐饮设施到购物娱乐场所的全方位布局。通过提升接待服务设施的品质与多样性，不仅能够满足游客的多样化需求，还能增强旅游目的地的吸引力与竞争力。

4. 形象推广与市场营销投资

在激烈的市场竞争中，形象推广与市场营销成为旅游目的地脱颖而出的关键。该领域的投资涉及品牌形象设计、营销渠道拓展、公众宣传、广告投放及促销活动策划等多个方面。

5. 人力资源开发与管理机构建设投资

人力资源是旅游业发展的核心资源。为了提升旅游服务质量与管理水平，需要加大对人力资源开发的投入力度。这包括员工培训、人才引进及激励机制建设等方面。同时，建立健全的管理机构与高效的管理体制也是保障旅游业持续健康发展的必要条件。

二、文化和旅游效益评估

（一）效益评估的基本原则

1. 客观公正与科学实际

评估过程应秉持客观公正的态度，避免主观臆断与偏见干扰。通过收集真实可靠的数据与信息，运用科学的评估方法与标准，确保评估结果的准确性。同时，评估工作应建立在扎实的理论基础与丰富的实践经验之上。通过综合运用多学科的理论与方法（如数理统计、经济学、生态学等），并紧密结合实际情况与市场动态变化，确保评估结果具有现实指导意义。

2. 全面系统性与适度超前

旅游效益评估应具备全面系统的视野与适度超前的意识。既要综合考虑经济、社会、环境等多方面的效益与影响，又要具备一定的预见性。通过构建科学合理的评估指标体系与模型方法，实现对旅游效益的全面评估与长期预测。

3. 量化分析与可持续性

评估过程中应注重量化分析的应用与可持续性的考量。通过对投入产出的量化分析与效益比较，揭示旅游开发的经济效率与潜力。同时，从可持续发展的角度出发，评估旅游开发对社会、经济、环境等方面的影响与贡献，为旅游业的可持续发展提供有力支撑。

（二）经济效益评估

1. 经济效益评估的内容

（1）微观经济效益评估

微观经济效益评估聚焦于旅游企业及部门在文旅产品开发、生产、运营全链条中的投入—产出比分析。这一过程通过详尽对比预期与实际的财务表现，揭示企业在特定市场环境下的运营效率与盈利能力。具体而言，它涵盖了对企业成本结构（如营业成本、期间费用等）的精准核算，以及对企业收益来源（如经营收入、投资收益等）的全面审视。在此基础上，通过对流动资金占用率与利用率的动态监测，进一步评估企业资本运用的效率与效果。最终，以投资盈利率与投资回收期等关键指标为基准，综合评价企业的经济效益水平。

（2）宏观经济效益评估

相较于微观层面，宏观经济效益评估关注旅游经济活动对整个社会经济系统的贡献与影响，旨在通过比较宏观成本与宏观收益，衡量旅游业在促进经济增长、优化产业结构、提升社会福利等方面的综合效益。具体而言，评估内容涵盖旅游业对国民经济增长的贡献率、对产业结构调整的推动作用，以及其在国民经济体系中引发的乘数效应与关联作用。

2. 经济效益评估的方法体系

（1）微观经济效益评估的方法

在微观层面，经济效益评估主要依托成本—收益分析法，结合旅游企业的实际情况，构建出一套完整的方法体系。首先，通过细化成本核算，确保企业成本数据的准确性与完整性；其次，运用收益核算方法，全面反映企业的经营成果与财务状况；最后，借助流动资金占用率与利用率等指标，评估企业资本运用的效率与效果。在此基础上，进一步引入投资盈利率与投资回收期等关键指标，对旅游企业的经济效益进行综合评价与排名。

（2）宏观经济效益评估的方法

在宏观层面，经济效益评估更加注重方法的创新性与实用性。一方面，通过构建旅游业与国民经济之间的关联模型，揭示旅游业在经济增长中的贡献率与影响力；另一方面，运用投入产出分析法，量化旅游业对产业结构调整的推动作用与效果。此外，还需充分考虑旅游业的乘数效应与关联作用，通过构建动态模拟模型，预测旅游业在未来一段时间内对国民经济的潜在贡献与影响。这些方法的综合运用，不仅提高了宏观经济效益评估的准确性与科学性，也为政策制定者提供了更为全面、深入的决策支持。

（三）环境效益评估

1. 环境效益评估的核心理念

旅游规划与开发作为一项系统工程，其环境效益评估显得尤为重要。这一评估过程不仅关注于旅游资源的开发与利用，更强调对旅游地生态环境的保护与改善。通过环境效益评估，可以全面了解旅游开发活动对当地环境质量的影响程度，为制定科学合理的环保措施提供有力支撑。

2. 环境效益评估的实施方法

一方面，可以借助环境影响评估模型，对旅游开发项目进行全面的环境影响预测与评价。这一模型通过识别并分析各类环境影响要素（如空气污染、水污染、噪声污染等），评估其影响类型与程度，为制定环保措施提供科学依据。另一方面，还可以引入环境生态容量的概念，通过量化旅游地生态环境的承载能力，为旅游开发活动的合理布局与规模控制提供重要参考。

（四）社会效益评估

1. 社会效益评估的社会视角

旅游活动的开展不仅带来了显著的经济效益与环境效益，还对社会产生了深远的影响。社会效益评估正是从这一视角出发，全面审视旅游活动对当地社会结构、文化风貌、居民生活等方面的综合影响。通过社会效益评估，可以更加全面地了解旅游活动在推动社会进步与发展中的积极作用与潜在问题。

2. 社会效益评估的综合评价体系

在进行社会效益评估时，需要综合考虑多方面的因素与影响。一方面，要关注旅游活动对当地基础设施建设的推动作用以及对居民生活质量的改善效果；另一方面，也要警惕游客数量激增对居民生活造成的负面影响以及可能引发的社会矛盾。在此基础上，要深入分析旅游活动对当地文化交流的促进作用以及对社会文化的整体影响。通过综合考量这些因素与影响，更加全面、客观地评估旅游活动的社会效益水平，为制定科学合理的旅游发展规划提供有力支持。

第九节　文化和旅游规划策划的保障体系构建

一、政策保障体系

（一）整体发展战略的宏观指引

作为指引行业长远发展的蓝图，文化和旅游整体发展战略不仅确立了总体方向与阶段，更强调了可持续发展的核心理念。该战略不仅设定了宏观目标，还细化了各领域的发展路径，确保文旅产业各环节的协同推进。

（二）促进文化和旅游发展的政策工具箱

鉴于政府在我国经济中的双重角色，其对文化和旅游业的宏观调控与深度介入显得尤为重要。通过制定和实施一系列扶持政策，政府不仅规范了市场行为，还促进了资源优化配置，为文旅产业的蓬勃发展提供了强有力的制度保障。

（三）旅游企业组织结构优化与政策扶持

旅游企业作为行业的微观基础，其组织结构的合理性直接关系到行业的整体竞争力。因此，依据现代企业制度原理，对旅游企业的产权结构、融资机制及外部环境进行优化，旨在激发企业内在活力，提升管理效能，从而增强文旅产业的经济效益与社会效益。

（四）区域合作与政策协调

"要建立目标明确的文化旅游区域协同发展模式和路径，加强文化协同、组织协同和战略协同，保护文化空间和文化资源的整体性、延续性和特色性，形成协同互助、特色鲜明的发展态势。"[①] 通过构建协同发展的区域模式，强化文化、组织与战略层面的深

---

① 范周. 文旅融合的理论与实践[J]. 人民论坛·学术前沿，2019（11）：43-49.

度融合，保护文化资源的独特性与完整性，促进旅游市场拓展与影响力提升。

(五)基础设施建设与政策支持

旅游基础设施作为支撑行业发展的物质基础，其建设往往需要巨额投资与长期规划。鉴于其公共性与战略性，政府应成为主要推动力量，通过政策引导与资金支持，确保基础设施建设的高效推进，为文旅产业的持续发展奠定基础。

(六)旅游人才培养与引进政策

面对旅游业专业化人才紧缺现状，构建完善的人才培养体系成为当务之急。政府应发挥主导作用，通过设立专业院校、科研机构及实习基地，为行业输送知识丰富、技能精湛的专业人才，从而推动旅游服务与管理水平的全面提升，为文旅产业的可持续发展提供坚实的智力支撑。

二、法规与管理体制保障体系

(一)文化和旅游法规保障体系

1. 基本法律

当前，我国已构建起以市场经济为核心的基本法律体系，其中《中华人民共和国公司法》、《中华人民共和国反不正当竞争法》、《中华人民共和国消费者权益保护法》及《中华人民共和国价格法》等关键立法，不仅为市场经济活动设立了基本规则，也深刻影响着旅游业的健康发展，为旅游市场的规范运作提供了坚实的法律基础。

2. 旅游法（专门法）

《中华人民共和国旅游法》作为旅游行业的专门性法律，已趋于成熟，但在文旅深度融合的背景下，其对文旅融合领域的规范尚显不足。正如于干千教授所言，通过修订《中华人民共和国旅游法》这一引领性法律，统筹相关法规的完善，并鼓励地方立法创新，开展文旅融合政策的类型化研究，是探索制度化路径的优选策略。

3. 国务院法规

《旅行社管理条例》与《导游人员管理条例》作为国务院层面针对旅游业的专项法规，为行业管理提供了直接依据。这些法规的实施，有效规范了旅游市场主体的行为，保障了旅游消费者的权益。

4. 地方旅游管理条例

现今，全国范围内已有20余个省份及城市制定了地方性旅游业管理条例，这一趋势不仅体现了地方对旅游业发展的重视，也为法规的完善提供了丰富的实践样本。未来，地方性法规的继续出台，将进一步夯实全国旅游法规体系的基础。

5. 旅游部门规章

旅游部门规章作为行业内部的重要约束力量，涵盖了一系列规定与技术标准。尽管现有法规体系已相对完善，但旅游执法的实际效果仍有待提升，需通过加强监管、优化执法流程等手段，确保法规有效实施。

（二）管理体制保障体系

1. 决策与协调机制的构建

旅游产业的健康发展离不开高效的决策与协调机制。在省、市级旅游业发展规划中，应明确设立由多部门参与的决策及协调机构，负责研究、协商并解决旅游产业发展中的重大问题。这些机构的成立，有助于形成跨部门协作的良好局面，推动旅游产业的协同发展。

2. 旅游行政管理体系的强化

我国旅游行政管理机构层次分明，从国家级到县市级均有相应设置。为进一步提升管理效能，需根据管理权限与范围，适度调整各层次之间的关系，明确职责分工，形成上下贯通、职责清晰的管理体系。同时，加强信息化建设，提升管理效率与透明度。

3. 行业自律组织的培育与发展

在市场经济条件下，旅游行业协会作为行业自律的重要力量，应加快成立并不断完善。行业协会应充分发挥桥梁纽带作用，加强企业间的联系与合作，推动行业标准的制定与实施，促进旅游市场的健康有序发展。

三、人力资源保障体系

（一）旅游人力资源的开发与培养

旅游人力资源的培养需注重教育培训的多元化与实效性。一方面，应拓宽教育渠道，加强与高校、职业培训机构等的合作，培养符合市场需求的专业人才；另一方面，应改进教育方法，注重实践教学与创新能力的培养，提升旅游从业人员的综合素质。

（二）旅游高端人才的引进与激励

旅游企业应建立公平、合理的人才引进机制，吸引素质高、能力强的旅游人才加入。同时，建立宽松的人才流动机制，促进人才在行业内的合理流动与优化配置。此外，通过建立旅游人才信息库系统，实现人才资源的信息化管理与共享，为旅游企事业单位选用人才提供便捷条件。

四、资金保障体系构建

（一）政府财政资金的引导

政府作为关键的资金供给方，应通过专项拨款形式，确保旅游业基础建设与长远规划的资金需求。此部分资金应专款专用，覆盖基础设施建设、可持续性发展规划、市场营销推广、公共服务设施及非营利性项目等领域，以营造良好的投资环境，激发社会资本活力。

（二）招商引资与市场化运作

鉴于政府资金有限，应积极实施招商引资策略，通过精准评估与策划，将优质旅游资源及项目包装成具有吸引力的投资标的，并积极参与国内外招商活动，拓宽融资渠道，吸引外部资本注入。

（三）社会资本的激活与利用

随着经济发展水平的提升，社会资本寻求多元化投资渠道的需求日益增强。旅游业以其高回报与易获得社会效益的双重优势，成为吸引社会资本的重要领域。通过制定优惠政策，鼓励社会资本投资旅游设施，实现资源与资金的优化配置。

（四）资金来源的多元化探索

除上述渠道外，还应积极探索新的融资模式，如设立旅游发展基金、运营旅游国有资产公司、利用税收优惠政策、推动旅游企业股份制改革及建立旅游信托平台等，以丰富资金来源，增强旅游产业的资金保障能力。

五、科技保障体系

（一）建立现代旅游目的地管理系统

旅游目的地营销系统（Destination Marketing System，DMS）是由政府主导、企业参与建设的一种旅游信息化应用系统。此系统由政府引领、企业协同，集旅游信息化之大成，不仅详尽展示目的地资源、服务设施与线路规划，更实现了在线预订与交易的便捷化，极大地提升了管理效能与作业效率，是推动旅游管理向技术化、最优化转型的关键路径。

（二）旅游信息服务体系的智能化升级

科技创新为旅游信息服务体系提供了坚实的支撑，通过构建现代旅游信息网络，实现产业链上下游（涵盖旅行社、住宿业、景区、购物场所等）信息的对接共享，确保游客能够迅速获取所需信息，享受高效的、个性化的信息服务体验。

（三）生态环境保护技术的科技应用

生态环境保护离不开科技的保驾护航。运用高新技术手段保护旅游资源，实施科学规划、管理与服务策略，将科研成果深度融入旅游资源开发与保护的全过程，是确保旅游业可持续发展的必由之路，体现了科技在促进人与自然和谐共生中的重要作用。

☞ 思考链接

参考文献

一、著作

1. 王子平. 资源论［M］. 石家庄：河北科学技术出版社，2001.
2. 黄永林. 从资源到产业的文化创意：中国文化产业发展现状评述［M］. 武汉：华中师范大学出版社，2012.
3. 丹增. 文化产业论［M］. 北京：人民出版社，2008.
4. 田川流. 艺术管理学概论［M］. 南京：东南大学出版社，2011.
5. 申维辰. 评价文化：文化资源评估与文化产业评价［M］. 太原：山西教育出版社，2004.
6. 牛淑萍. 文化资源学［M］. 福州：福建人民出版社，2012.
7. 姚伟钧. 从文化资源到文化产业：历史文化资源的保护与开发［M］. 武汉：华中师范大学出版社，2012.
8. 尹泽生. 旅游资源详细调查实用指南：GB/T 18972—2003《旅游资源分类、调查与评价》理解与实施［M］. 北京：中国标准出版社，2006.
9. 郎富平. 旅游资源调查与评价［M］. 北京：中国旅游出版社，2011.
10. 羊绍全. 旅游资源调查与评价实训教程［M］. 北京：北京理工大学出版社，2019.
11. 卢云亭. 现代旅游地理学［M］. 南京：江苏人民出版社，1988.
12. 国家文物局. 第三次全国文物普查工作手册［M］. 北京：文物出版社，2007.
13. 国家文物局第一次全国可移动文物普查工作办公室. 第一次全国可移动文物普查工作手册［M］. 北京：文物出版社，2013.
14. 中国艺术研究院. 中国非物质文化遗产普查手册［M］. 北京：文化艺术出版社，2007.
15. 全国地方戏曲剧种普查办公室. 全国戏曲剧种普查报告［M］. 北京：东方出版社，2018.

16. 吴殿廷，王欣，联建忠. 旅游开发与规划［M］. 北京：北京师范大学出版社，2010.

17. 何雨，等. 旅游规划概论［M］. 北京：旅游教育出版社，2004.

18. 张复. 旅游文化［M］. 哈尔滨：北方文艺出版社，1991.

19. 吴必虎. 区域旅游规划原理［M］. 北京：中国旅游出版社，2001.

20. 马勇. 旅游规划与开发［M］. 武汉：华中科技大学出版社，2020.

21. 龚绍方. 旅游规划与开发［M］. 郑州：郑州大学出版社，2007.

22. 王德刚，焦连安，董宪军，等. 旅游资源开发与利用［M］. 济南：山东大学出版社，1997.

23. 马耀峰，宋保平，赵振斌，等. 陕西旅游资源评价研究［M］. 北京：科学出版社，2007.

24. 肖星，方忠权，李庄容. 广州从化市旅游资源普查与开发研究［M］. 天津：南开大学出版社，2010.

25. 董恒年，等. 房山区旅游资源普查与评价［M］. 北京：中国旅游出版社，2017.

26. 陈传康，保继刚. 北京旅游地理［M］. 北京：中国旅游出版社，1989.

27. RICHARDS G. The development of cultural tourism in europe［M］. Córdoba：Estudios Turísticos，2001.

28. URRY J. The tourist gaze：leisure and travel in contemporary［M］. London：Societies，1990.

29. 王法辉. 基于 GIS 的数量方法与应用［M］. 姜世国，滕骏华，译. 北京：商务印书馆，2011.

30. 保继刚. 北京旅游资源定量评价［M］// 陈传康，保继刚. 北京旅游地理. 北京：中国旅游出版社，1989：18.

二、论文

1. 吴圣刚. 文化资源及其利用［J］. 山西师大学报（社会科学版），2005（6）：134-136.

2. 陈志勤. 论作为文化资源的非物质文化遗产的利用和管理：兼及日本的经验与探索［J］. 江南大学学报（人文社会科学版），2021（1）：124.

3. 马敏娜，安佳. 关于文化旅游资源纳入国家普查的思考［J］. 财金观察，2020（2）：309-319.

4. 杨瑾，储著炎，彭秀荷. 黄梅戏文化资源分类初探［J］. 科教文汇（上旬刊），

2013（10）：146-147.

5. 李树榕. 怎样为文化资源分类［J］. 内蒙古大学艺术学院学报，2014，11（3）：10-14.

6. 花建. 经济全球化与中国文化产业的发展导向［J］. 上海改革，2002（12）.

7. 夏梦涵，程明康，刘子宸，等. 不可移动文物的保护现状与对策研究：以铜陵市枞阳县为例［J］. 文化创新比较研究，2022，6（19）：75-78.

8. 孙延凤. 浅谈新时代背景下中国戏剧的发展［J］. 戏剧之家，2018（17）：15-16.

9. 赵兴勤，肖阳. 关于地方戏振兴的几点思考［J］. 江苏师范大学学报（哲学社会科学版），2022，48（6）：31-44.

10. 周晓丽，毛寿龙. 论我国公共文化服务及其模式选择［J］. 江苏社会科学，2008（1）：90.

11. 张泰城. 论红色文化资源的分类［J］. 中国井冈山干部学院学报，2017，10（4）：137-144.

12. 陈云明，刘志臣. 遵义市地文景观类旅游资源特征与开发保护建议［J］. 西部资源，2021（1）：198-200.

13. 刘洋，邵景安，梁修银，等. 全域旅游视角下我国地质旅游资源研究现状与展望［J］. 重庆工商大学学报（自然科学版），2020，37（4）：63-73.

14. 王芳. 基于地质旅游资源的旅游地综合评价系统的研究［D］. 北京：中国地质大学（北京），2018.

15. 马晓，周学鹰. 历史文化名城中古河道景观的认识与保护：以南京内秦淮河城南段为例［J］. 华中建筑，2011，29（4）：147-149.

16. 潘冰，喻孟良，朱阁. 全国地下水资源储存量首次查明［N］. 中国矿业报，2022-01-24（001）.

17. 侯开良. 阆中巴渝物质文化遗存爬梳［J］. 地方文化研究辑刊，2021（1）：47-61.

18. 乔琛. 马克思恩格斯论述物质文化遗存透示的文化艺术观点［J］. 文艺理论与批评，2016（3）：92-95.

19. 刘晓山. 传承弘扬中华优秀文化 巩固拓展非遗扶贫成果［N］. 中国文化报，2020-11-13（004）.

20. 金光辉，罗义朝. 论民族传统文化节体育赛事的传承与保护：以福泉"二郎歌会"为例［J］. 安顺学院学报，2021，23（6）：113-117.

21. 梁丹，连建功.现代节庆活动与旅游产业的耦合机理研究：以郑州国际少林武术节为例［J］.河北企业，2018（7）：71-72.

22. 周凤杰.旅游资源评价标准与评价方法新探［J］.中国市场，2007（40）：10-11.

23. 罗艳，李荣彪.国内外旅游资源评价研究综述［J］.凯里学院学报，2015，33（1）：88-92.

24. 袁合才，辛艳辉.基于主成分分析法的旅游资源评价模型［J］.江苏商论，2011（3）：125-126.

25. 储德平，郑耀星.主成分分析在旅游资源等级评定中的应用：以泰宁大金湖旅游区为例［J］.集美大学学报（自然科学版），2002（4）：354-358.

26. 刘美娥，刘金福，林光美，等.基于模糊聚类的泰宁各乡镇旅游资源评价［J］.福建农林大学学报（自然科学版），2010（4）：426-430.

27. 方幼君，周敏，程玉申.基于单体评价的杭州市旅游资源模糊聚类分析［J］.科技通报，2008（2）：283-288.

28. 陈传康，王新军.神仙世界与泰山文化旅游城的形象策划（CI）［J］.旅游学刊，1996（1）：48-52.

29. 张捷，程章灿，刘泽华.作为地方文脉的古典诗词的旅游规划模式：以江苏省吴江市江南水乡古诗词文化旅游产品规划为例［J］.浙江师范大学学报（社会科学版），2007（5）：1-6.

30. 范周.文旅融合的理论与实践［J］.人民论坛·学术前沿，2019（11）：43-49.

31. 于干千.法律政策学视域下健全文旅融合法律体系路径研究［J］.思想战线，2021，47（3）：132-143.

32. 陆立德，郑本法.社会文化是重要的旅游资源［J］.社会科学，1985（6）：39-44.

33. 彭华.关于旅游地文化开发的探讨［J］.旅游学刊，1998（1）：42-45.

34. 高乐华，段棒棒.文化和旅游融合发展研究综述［J］.中国旅游评论，2021（3）：86-102.

35. 耿松涛，刘玥.系统论视角下的文旅融合动态演进逻辑与发展路径探索［J］.学习与探索，2023（3）：105-112.

36. 肖林.文化和旅游产业融合发展的区域差异及空间效应研究［D］.贵阳：贵州大学，2022.

37. 杨新军，刘家明. 论旅游功能系统：市场导向下旅游规划目标分析[J]. 地理学与国土研究，1998（1）：60-63.

38. 周凤杰. 旅游资源评价标准与评价方法新探[J]. 中国市场，2007（40）：10-11.

39. 华志强，张春生，陈丽莹，等. 基于主成分分析方法的旅游资源吸引力的综合评价[J]. 湖北民族学院学报（自然科学版），2015，33（4）：399-401.

40. 张志斌，樊芳卉. 基于模糊聚类的区域旅游资源评价及开发对策研究：以甘肃省平凉市为例[J]. 干旱区资源与环境，2009，23（10）：182-187.

41. 保继刚. 旅游资源定量评价初探[J]. 干旱区地理，1988（3）：60-63.

42. 黄显勇，毛明海. 运用层次分析法对水利旅游资源进行定量评价[J]. 浙江大学学报（理学版），2001（3）：327-332.

43. 任唤麟. 跨区域线性文化遗产类旅游资源价值评价：以长安—天山廊道路网中国段为例[J]. 地理科学，2017，37（10）：1560-1568.

44. 周美岐. 昆明市康养旅游资源空间分布及价值评价[D]. 昆明：云南大学，2022.

45. 周莹，彭鹏. 昆明市康养旅游地空间结构及差异研究[J]. 湖北文理学院学报，2019，40（5）：33-38.

46. 袁君梦，葛幼松. 养老设施空间分布及可达性研究：以杭州市主城区为例[J]. 上海城市规划，2019（6）：99-105.

47. 尹雪华，李翔，尹传存. 基尼系数与洛伦兹曲线的等价分类[J]. 统计与决策，2021，37（24）：28-32.

48. 李新运，郑新奇，范纯增，等. 山东省旅游资源开发潜力评价研究[J]. 地理科学，1997（4）：85-89.

49. 杜焱. 旅游产业发展潜力的测度与评价：以湖南省为例[J]. 经济地理，2014，34（6）：176-181.

50. 郭彦丹，张玉钧. 森林类自然保护区生态旅游资源综合评价：以黑里河国家级自然保护区为例[J]. 河北林果研究，2015，30（2）：191-195.

51. 闫记影，何志明，金贤锋，等. 重庆市生态旅游资源潜力与开发利用条件评价[J]. 地理空间信息，2019，17（5）：111-115.

52. 宋娜，周旭瑶，唐亦博，等. 基于DEMATEL-ISM-MICMAC法的康养旅游资源评价指标体系研究[J]. 生态经济，2020，36（5）：128-134.

53.尹泽生.北京市旅游开发中资源的区域表达程式和内容[J].北京联合大学学报，2003（1）：127-131.

54.TRANFIELD D，DENYER D，SMART.Towards a methodology for developing evidence-informed management knowledge by means of systematic review[J].British Journal of Management，2003，14（3）：207-222.

55.CLARKE M，OXMAN A.Cochrane database of systematic reviews[M].Cochrane：Reviewers Handbook，2001.

56.姚秀颖.专业英语文献检索与写作教学方法探索[J].教育教学论坛，2022（1）：115-118.

57.KLASSEN T P，JADAD A R，MOHER D.Guides for reading and interpreting systematic reviews：I getting started[J].Arch Pediatr Adolesc Med，1998，152（7）：700-704.

58.张雁泠.基于网络爬虫技术的企业大数据采集系统设计[J].信息与电脑（理论版），2023，35（12）：154-156.

59.吴飞.从北京市两次地名普查实施看测绘技术发展[J].北京测绘，2021，35（2）：178-182.

60.贺建风.基于多重抽样框的校准估计方法研究[J].统计研究，2018，35（4）：104-116.

61.关发兰.全国旅游资源普查的若干理论问题探讨[C]//中国科学院地学部，中国旅游协会，北京旅游协会，山东旅游协会，青岛旅游协会.区域旅游开发研究，1991：5.

62.丁全利.《关于加强地质勘查和测绘行业安全生产管理的指导意见》解读[J].青海国土经略，2021（2）：30-32.

63.卢映雪.探寻历史文脉普查传承现状:《田野回响——新世纪中国传统音乐调研报告》述评[J].人民音乐，2022（7）：92-95.

64.乔建中.后集成时代的中国民间音乐：关于55份民间音乐现状调查报告的报告（上）[J].中国音乐学，2010（3）：57-62.

65.乔建中.后集成时代的中国民间音乐：关于55份民间音乐现状调查报告的报告（下）[J].中国音乐学，2010（4）：86-98.

66.尹泽生.北京市旅游开发中资源的区域表达程式和内容[J].北京联合大学学报，2003（1）：127-131.

三、法律法规、标准规范、通知方案等

（一）国家法律、行政法规及部门规章

1.《中华人民共和国旅游法》

2.《中华人民共和国文物保护法》

3.《中华人民共和国非物质文化遗产法》

4.《风景名胜区条例》

5.《中华人民共和国自然保护区条例》

6.《中华人民共和国公共文化服务保障法》

7.《中华人民共和国网络安全法》

8.《中华人民共和国统计法》

9.《国家级旅游度假区管理办法》

10.《国家旅游科技示范园区管理办法（暂行）》

11.《地质遗迹保护管理规定》

12.《国家文化产业示范园区（基地）管理办法》

13.《国家级文化生态保护区管理办法》

14.《国家级专项规划管理暂行办法》

15.《文化和旅游规划管理办法》

（二）国家、行业标准和规范

1.《旅游资源分类、调查与评价》（GB/T 18972—2017）

2.《公共文化资源分类》（GB/T 36309—2018）

3.《旅游区（点）质量等级的划分与评定》（GB/T 17775—2003）

4.《旅游饭店星级的划分与评定》（GB/T 14308—2023）

5.《旅游规划通则》（GB/T 18971—2003）

6.《旅游基础信息资源规范》（LB/T 079—2020）

7.《旅游信息资源交换系统设计规范》（LB/T 080—2020）

8.《旅游度假区等级划分》（GB/T 26358—2022）

9.《国家生态旅游示范区建设与运营规范（GB/T 26362—2010）》

10.《民族民俗文化旅游示范区认定（GB/T 26363—2010）》

11.《可移动文物三维数字化采集与加工》（WW/T 0115—2023）

12.《可移动文物二维数字化采集与加工》（WW/T 0114—2023）

13.《大遗址保护规划规范》（WW/Z 0072—2015）

14.《文物保护利用规范 名人故居》(WW/T 0076—2017)

15.《文物保护利用规范 工业遗产》(WW/T 0091—2018)

16.《古籍普查规范》(WH/T 21—2006)

17.《美术馆藏品登记著录规范（WH/T 80—2019）》

18.《非物质文化遗产数字化保护 数字资源采集和著录》系列行业标准：

（1）《非物质文化遗产数字化保护 数字资源采集和著录 第1部分：总则》(WH/T 99.1—2023)

（2）《非物质文化遗产数字化保护 数字资源采集和著录 第2部分：民间文学》(WH/T 99.2—2023)

（3）《非物质文化遗产数字化保护 数字资源采集和著录 第3部分：传统音乐》(WH/T 99.3—2023)

（4）《非物质文化遗产数字化保护 数字资源采集和著录 第4部分：传统舞蹈》(WH/T 99.4—2023)

（5）《非物质文化遗产数字化保护 数字资源采集和著录 第5部分：传统戏剧》(WH/T 99.5—2023)

（6）《非物质文化遗产数字化保护 数字资源采集和著录 第6部分：曲艺》(WH/T 99.6—2023)

（7）《非物质文化遗产数字化保护 数字资源采集和著录 第7部分：传统体育、游艺与杂技》(WH/T 99.7—2023)

（8）《非物质文化遗产数字化保护 数字资源采集和著录 第8部分：传统美术》(WH/T 99.8—2023)

（9）《非物质文化遗产数字化保护 数字资源采集和著录 第9部分：传统技艺》(WH/T 99.9—2023)

（10）《非物质文化遗产数字化保护 数字资源采集和著录 第10部分：传统医药》(WH/T 99.10—2023)

（11）《非物质文化遗产数字化保护 数字资源采集和著录 第11部分：民俗》(WH/T 99.11—2023)

（三）公约、通知、方案、意见、制度等

1.《文化和旅游部办公厅关于开展旅游资源普查工作的通知》(办资源发〔2022〕94号)

2.《国务院关于开展第四次全国文物普查的通知》(国发〔2023〕18号)

3.《国务院关于开展第一次全国可移动文物普查的通知》(国发〔2012〕54号)

4.《文化部办公厅关于开展非物质文化遗产普查工作的通知》(办社图函〔2005〕21号)

5.《文化和旅游部关于推荐申报第五批国家级非物质文化遗产代表性项目的通知》(文旅非遗发〔2019〕81号)

6.《文化和旅游部办公厅关于开展第六批国家级非物质文化遗产代表性传承人推荐申报工作的通知》(办非遗发〔2022〕85号)

7.《文化部关于印发〈全国古籍普查工作方案〉等文件的通知》(文社图发〔2007〕31号)

8.《文化部办公厅关于加快推进全国古籍普查登记工作的通知》(办社文函〔2011〕518号)

9.《文化和旅游部关于公布第六批国家珍贵古籍名录和第六批全国古籍重点保护单位名单的通知》(文旅公共发〔2020〕73号)

10.《文化部关于开展全国美术馆藏品普查工作的通知》(文艺函〔2013〕1609号)

11.《文化部关于发布全国美术馆藏品普查工作标准工作规程的通知》(文艺发〔2014〕31号)

12.《文化部关于开展全国地方戏曲剧种普查工作的通知》(文艺函〔2015〕629号)

13.《文化部办公厅关于颁布〈全国地方戏曲剧种普查报表制度〉的通知》(办艺函〔2015〕634号)

14.《第四次全国文物普查总体方案》

15.《第三次全国文物普查实施方案及相关标准、规范》

16.《第三次全国文物普查工作手册》

17.《第一次全国可移动文物普查工作手册》

18.《中国非物质文化遗产普查手册》

19.《全国古籍普查工作方案》

20.《全国古籍普查登记手册》

21.《全国美术馆藏品普查工作标准》

22.《全国美术馆藏品普查工作规程》

23.《全国地方戏曲剧种普查报表制度》

24.《文化保护传承利用工程实施方案》

25.《2016—2020年全国红色旅游发展规划纲要》

26.《关于实施中华优秀传统文化传承发展工程的意见》
27.《保护世界文化和自然遗产公约》
28.《保护非物质文化遗产公约》
29.《国家级非物质文化遗产代表性项目名录》
30.《中华文化资源普查工程实施方案》
31.《旅游资源普查工作技术规程》

后　记

本书是"新时代文化和旅游融合发展研究丛书·应用型本科院校文化旅游专业丛书"中的一本，得到国家社科基金一般项目"民族地区文旅融合发展促进脱贫巩固和乡村振兴研究"（21BKS026）、湖南省社科基金重大项目（"学术湖南"精品培育项目）"湖南民族地区文旅产业促进乡村振兴和共同富裕研究"（23ZDAJ019）、湖南省教育厅科学研究重点项目"可持续生计框架下南岭走廊文旅产业与乡村振兴耦合发展机制和路径研究"（22A0578）、湖南省哲学社会科学重点项目"湖湘文化走出去与传统文化对外传播研究"（20ZDB013）、湖南省社会科学成果评审委员会重大项目"湖湘文化走出去与中国特色哲学社会科学对外话语体系建构研究"（XSP2023ZDA006）、湖南省社会科学成果评审委员会重点项目"构建以对接'一带一路'和粤港澳大湾区为重点的湘南内陆开放合作示范区对策研究"（XSP2023ZDI020）、湖南省社科基金重大委托项目"发挥接合部优势打造大湾区后花园"、湖南省文化和旅游厅试点项目及株洲市文化旅游广电体育局和长沙智成规划设计院有限公司项目"株洲市文化和旅游资源普查服务"等项目资助。

文化和旅游资源普查是利用现代技术手段，对一定区域内的旅游资源开展调查，并进行分类定级和系统管理的过程。普查有利于全面理清文化和旅游资源家底，为优化空间布局、科学编制发展规划提供基础依据，有利于加强资源科学保护和合理开发，促进优质资源向优质产品转化。2019年，文化和旅游部确定在四川、贵州、海南、青海、浙江、内蒙古、重庆7个省市开展文化和旅游资源普查试点工作。2020年2月，湖南省文化和旅游厅采取试点先行、有序推广的办法，明确株洲市、湘西土家族苗族自治州为工作试点区域，率先开展文化和旅游资源普查工作。本书在前期研究的基础上，系统论述了文化和旅游资源普查的意义、依据、原则、方法、过程、结果统计、运用等问题，可供旅游管理、文化产业管理、人文地理、自然地理专业以及其他相关学科专业的本科生、研究生、教师和科研人员以及实际工作部门人员参考。

本书是湖南省文化和旅游厅试点项目、株洲市文化旅游广电体育局和长沙智成规划设计院有限公司项目"株洲市文化和旅游资源普查服务"成果，在本书撰写过程中，湖南科技学院旅游与文化产业学院旅游管理专业2001班、2002班学生做了大量资料收集、整理和编辑工作，郑毅、许彦进行了文字补充完善和修改校对工作，付出了辛勤劳动。同时，本书参考了很多学界同仁和产业同行的资料、数据和观点，有些未一一注明出处，在此一并致谢并致歉。

由于水平有限、时间仓促，书中不当和疏漏之处在所难免，敬请朋友们和读者们谅解并批评指正。

作　者

2023 年 12 月